锦天城法律实务丛书

ALLBRIGHT
LAW OFFICES
锦天城

私募基金法律纠纷全方位实务指南

PRIVATE OFFERING FUND

A comprehensive practical guide to legal disputes of private funds

私募基金

法律纠纷

全方位实务指南

王伟斌　黄忠薇 / 著

法律出版社 LAW PRESS · CHINA

序　言

随着我国经济的不断发展、居民财富迅速累积，私募基金作为配置居民财富的一种手段，其高风险高收益的特性也逐渐获得部分投资人的青睐；此外，资本市场也在各种机遇与挑战中壮大，而私募基金作为其中的重要力量，正在呈现质量与数量不断提升、监管与自律不断规范的良好发展态势，并在资本市场中占据了举足轻重的地位。截至2020年11月末，共有24,611家私募基金管理人在中国证券投资基金业协会登记，正在运作的私募基金数量为94,739只，管理基金规模为人民币15.91万亿元。①

私募基金是以非公开方式向投资者募集资金设立的投资基金。根据投资标的的不同，私募基金可分为私募证券投资基金、私募股权投资基金（包括私募创业投资基金）和投资于特定商品的其他类私募投资基金。私募基金呈现快速发展格局，有其深层次的原因：其一是私募基金给非上市公司特别是对中小科技创新型企业提供了重要的资金渠道，私募基金通过管理人在投资和风控方面的丰富经验，筛选出具有发展潜力的企业，并对其进行投资，以获取高额股权投资收益；其二是私募基金在并购中广泛采用杠杆融资，通过较小的股权融资配套成倍的债务融资，通过较少的资金撬动高昂的资金，从而大大降低资金成本。这种结构满足不同类型主体的需求，拥有较为富余的资金、追求较为稳固收益的主体作为优先级投资人，以获取较为稳固的资金投资收益；同时，这种结构给了经验丰富但资金不足、愿意承担投机风险的主体一种机会，可能以较低的资金成本，获得超高额的投资收益。

---

① 参见《私募基金管理人登记及产品备案月报（2020年11月）》，载中国证券投资基金业协会：https://www.amac.org.cn/researchstatistics/report/zgsmjjhysjbg/202012/P020201216619763527393.pdf，最后访问日期：2020年12月21日。

私募基金与公募基金一起构成《中华人民共和国证券投资基金法》所规制的两大投资基金类型，二者的区别主要体现在是否面向公众公开募集和发行。从监管要求的角度来看，对公募的监管要求和公募机构的准入门槛要求更为严格，而对私募的监管要求和准入门槛要求则较为宽松。这是因为公募面向广大公众进行公开募集，若在监管层面不加以管制，则容易引发社会性大型风险。但是，在强监管以及准入门槛过高的情况下，则不易刺激经济活力，在此背景下私募基金应运而生。

也正是基于公募基金和私募基金的上述特点，相比公募基金，私募基金在运作层面上拥有更高的自主性，主要面对有商务知识和经验、有能力评估和识别投资风险且符合资格的合格投资者，因而对私募基金一般会以相对自治和宽松的原则来进行监管。所以也有人称公募基金是普罗大众投资理财的渠道，而私募基金是面对“富人的游戏”。这里的“富人”不仅代指有充足资金的人员，更是指能够识别和评估风险，能够在投资收益和风险之间达到平衡的有经验人员。

从上述私募基金产生的背景以及最初私募基金产生的意旨可以看出，私募基金作为一种高收益同时伴随高风险的投资方式，本身属于一种中性的投资方式，并无褒贬之义。而且实际情况是，快速发展的私募市场吸引着越来越多的投资者和各路资金参与其中。但不可忽视的是，由于私募基金行业在我国的发展时间较短，我国并没有太多针对私募基金的法律法规，且基金管理机构良莠不齐，行业规范程度和抵御风险能力仍有待提升。2018 年“阜兴系”暴雷，后续良卓资产、金诚财富集团等多家私募基金管理机构相继出现兑付问题，暴露了一定程度的行业风险。从整体来看，相比持牌金融机构，私募基金整体合规风控水平偏低，违法违规行为仍然多发。因此，如何合规运营、风险控制，对基金管理机构来说既是不小的挑战，也是不可避免的要求。

本书作者推出本书的目的就是为私募基金投资者、管理人和律师在私募基金纠纷方面提供实务帮助，为这些私募基金的参与者提供参考和指引。这本书按照常规私募基金募、投、管、退各个阶段，对其中可能的法律纠纷进行了全方位的梳理与解读，力求脉络清晰地为读者提供实务指南。全书共分为七章，将法律法规、行业制度与各个实际案例相结合，在全面展现法律纠纷的同时，给予了纠纷解决方面的建议。从这本书的内容可以看出,作者不仅希望可以呈现私募基金发展过程中存在的问题,同时也希望能给予读者解决方法上的启发。

本书前四章按照私募基金募、投、管、退不同阶段的顺序,对相关制度、常见纠纷进行了归纳与分析。在第一章中,作者着重介绍私募基金募集阶段的法律问题,从实务中受到重点关注的合格投资者制度、投资者适当性管理制度、私募基金的刑事风险三个角度,对相关法律法规和案例做出梳理与解读。在第二章中,作者立足私募基金设立筹备阶段,对一些常见问题进行了归纳和分析,如私募基金管理人的信义义务、私募基金结构化安排、刚性兑付条款以及通道业务等主体,希望能够给私募基金的管理人和投资者带来启发和帮助。在第三章中,作者进一步总结了投资管理阶段的私募基金可能出现的问题,对投资阶段基金管理人违背职责,如产品备案、尽职调查、投资方向不合规、关联交易等情形下带来的法律问题进行梳理,同时用多个案例详细阐释了资本维持原则与清偿能力标准在对赌协议案件中的适用问题;此外,作者对名股实债以及投资中的知情权纠纷等问题进行了深入探讨,力求全方位展现并提醒读者,在这一阶段的私募基金可能出现的各种纠纷。在第四章中,作者着眼于私募基金退出阶段,选取上市退出锁定期、股权转让退出特殊方式、回购退出这几个常见热点问题对退出阶段的法律纠纷进行分析;并对投资人退出救济途径,如更换管理人、委托人介入权、代位诉讼以及派生诉讼进行解析和总结。

接下来,本书在第五章至第七章中,对私募基金运行中涉及的其他重点问题,如私募基金托管纠纷、私募基金争议解决之程序问题进行深度解读。第五章中,作者着重介绍私募基金托管纠纷的实务问题,对私募基金托管人的法律定位与职责进行分析,并具体探究了私募基金托管人具体职责的监管边界,另外,对托管人召集私募基金份额持有人大会义务进行探讨。第六章从程序入手,在诉讼和仲裁两个方面,研究了两种争议解决途径涉及的重点问题。最后在第七章中,作者对私募基金中一些其他纠纷也作了介绍与分析,通过判例研究、以案说法的方式探讨了民刑交叉下私募基金纠纷的民事问题,力求更全面细致地展现私募基金可能出现的纠纷以及防范和救济机制。

本书对于私募基金法律纠纷的实务问题进行了较为全面的分析和解读,既有整体性的法律法规总结、行业风险分析,也有细致性的热点问题探究,比如结合热门案例对对赌协议的效力进行剖析、对"萝卜章事件"予以介绍。从这本书中我们可以看到,作者希冀借总结私募基金行业目前的监管体制以及各种行业和法律风险,为参与私募基金的相关主体提供一定参考;同时也为实务中处理私募基金纠纷案件提供些许助益。我在阅读这本书的时候,也感受到作者希望在各位读者了解私募基金风险的同时,也能够学习到如何提前规划以防范风险,或者在纠纷出现时能够找到最优的解决方案。相信随着资本市场的发展,我国的私募基金行业也能够更加成熟稳定,为经济和社会的进步贡献力量。

顾功耘

2020 年 12 月

缩 略 语 表

为简便阅读,本书对部分法律文件使用简称,具体如下表。

全　　称	简　　称
《中华人民共和国民法典》	《民法典》
《中华人民共和国刑法》	《刑法》
《中华人民共和国合伙企业法》	《合伙企业法》
《中华人民共和国合同法》	《合同法》
《中华人民共和国担保法》	《担保法》
《中华人民共和国公司法》	《公司法》
《中华人民共和国证券法》	《证券法》
《中华人民共和国信托法》	《信托法》
《中华人民共和国仲裁法》	《仲裁法》
《中华人民共和国民事诉讼法》	《民事诉讼法》
《中华人民共和国证券投资基金法》	《证券投资基金法》
《中华人民共和国电子签名法》	《电子签名法》
《中华人民共和国发票管理办法》	《发票管理办法》
《全国法院民商事审判工作会议纪要》	《九民纪要》
《最高人民法院关于审理非法集资刑事案件具体应用法律若干问题的解释》	《非法集资司法解释》
《中国人民银行、中国银行保险监督管理委员会、中国证券监督管理委员会、国家外汇管理局关于规范金融机构资产管理业务的指导意见》	《资管新规》
《证券期货经营机构私募资产管理业务运作管理暂行规定》	"新八条底线"

续表

全　　称	简　　称
《证券期货经营机构落实资产管理业务"八条底线"禁止行为细则》	"旧八条底线"
《证券期货经营机构私募资产管理计划备案管理规范第4号——私募资产管理计划投资 房地产开发企业、项目》	《4号备案管理规范》
《最高人民法院关于适用〈中华人民共和国合同法〉若干问题的解释(一)》	《合同法司法解释(一)》
《最高人民法院关于适用〈中华人民共和国合同法〉若干问题的解释(二)》	《合同法司法解释(二)》
《最高人民法院关于适用〈中华人民共和国公司法〉若干问题的规定(三)》	《公司法司法解释(三)》
《最高人民法院关于适用〈中华人民共和国公司法〉若干问题的规定(四)》	《公司法司法解释(四)》
《最高人民法院关于适用〈中华人民共和国担保法〉若干问题的解释》	《担保法司法解释》
《最高人民法院关于适用〈中华人民共和国仲裁法〉若干问题的解释》	《仲裁法解释》
《最高人民法院关于在审理经济纠纷案件中涉及经济犯罪嫌疑若干问题的规定》	《民刑交叉司法解释》

目　录

第一章

私募基金募集阶段常见纠纷

第一节　私募基金募集行为概述

一、私募基金募集行为监管概述

根据《私募投资基金监督管理暂行办法》第2条的规定，私募基金是指在中国境内以非公开方式向投资者募集资金设立的投资基金。私募基金财产的投资包括买卖股票、股权、债券、期货、期权、基金份额及投资合同约定的其他投资标的。与公募基金相比，私募基金具有募集方式非公开性与募集对象特定性两个特点，非公开性侧重于对募集方式的限制，一般不得采用广告、公开劝诱或变相公开方式募集；募集对象特定性一般通过募集对象人数总和，以及特定的募集对象来体现。

2018年4月，中国人民银行、中国银行保险监督管理委员会、中国证券监督管理委员会、国家外汇管理局联合颁布的《资管新规》按照证券法的公募和私募理论对资管产品作了类型化的区分，对公募和私募作出了不同的监管要求。公募与私募相比而言，从监管要求的角度来看，公募的监管要求和公募机构的准入门槛要求更为严格，对私募的监管要求和机构准入门槛要求则更为宽松。这是因为公募是面向广大公众进行公开募集，若在监管层面不加以管制，则容易引发社会性大型风险。但若在监管过强以及准入门槛过高的情况下，则不易刺激经济活力，在此背景下私募基金应运而生。不过，这不意味着私募完全不受监管政策的管制。对私募的监管宽松的前提条件是私募的募集对象和募集方式应受到严格的限制，这样才能在放宽管理人准入门槛的前提下保障投资者利益。①

① 参见陈颖健：《私募资管产品募集规则法律问题研究》，载《上海金融》2019年第9期。

基金业协会在《私募投资基金募集行为管理办法》起草说明中所言："在私募基金的资金募集、登记备案、投资运作等各个环节中，资金募集是发起设立私募基金的一个重要环节。募集行为规范是防范违规风险的第一道防线，是事中监管的一项重要体现。"在私募基金的设立和发行过程中，募集制度构成私募监管规则的核心内容，募集程序关系到私募基金发行的成败，对私募基金的运行也有重大影响，具有重大的意义。

表1-1 私募资管产品募集行为主要监管文件

实施时间	法律法规和自律规则	颁布机构
2014年8月21日	《私募投资基金监督管理暂行办法》	证监会
2015年4月24日	《证券投资基金法》	全国人大常委会
2016年5月5日	《中国银监会关于规范商业银行代理销售业务的通知》	银监会①
2016年7月15日	《私募投资基金募集行为管理办法》	基金业协会
2017年7月1日	《证券期货投资者适当性管理办法》	证监会
2017年7月1日	《基金募集机构投资者适当性管理实施指引（试行）》	基金业协会
2018年4月27日	《关于规范金融机构资产管理业务的指导意见》	央行、银保监会、证监会、外管局
2018年10月22日	《证券期货经营机构私募资产管理业务管理办法》	证监会
2019年11月8日	《全国法院民商事审判工作会议纪要》	最高人民法院
2019年12月23日	《私募投资基金备案须知》（2019年版）	基金业协会

二、合规募集流程

募集程序是私募基金与公募基金区分的最重要的方面之一。在私募基金领域，基金业协会于2016年7月15日发布《私募投资基金募集行为管理办法》规定了募集行为、募集主体、募集对象、募集程序等内容。

（一）募集行为

根据《私募投资基金募集行为管理办法》第2条的规定，私募基金管理人、

① 2018年国务院机构改革，将银监会与保监会的职责整合，组建为银保监会。

在中国证监会注册取得基金销售业务资格并已成为中国证券投资基金业协会会员的机构（以下统称募集机构）及其从业人员以非公开方式向投资者募集资金的行为适用《私募投资基金募集行为管理办法》的规定。据此可知，私募基金募集行为可界定为以非公开方式向投资者募集资金的行为及资金使用相关的活动。具体而言，募集行为包括推介私募基金，发售基金份额（权益），办理基金份额（权益）认/申购（认缴）、赎回（退出）等活动。除了上述明确规定的行为之外，《私募投资基金募集行为管理办法》还对合格投资者识别、投资者适当性管理、风险揭示、冷静期及回访等行为作了规定。

对于募集机构推介私募基金的媒介渠道，《私募投资基金募集行为管理办法》第25条明确规定募集机构及其从业人员不得通过下列媒介渠道推介私募基金："（一）公开出版资料；（二）面向社会公众的宣传单、布告、手册、信函、传真；（三）海报、户外广告；（四）电视、电影、电台及其他音像等公共传播媒体；（五）公共、门户网站链接广告、博客等；（六）未设置特定对象确定程序的募集机构官方网站、微信朋友圈等互联网媒介；（七）未设置特定对象确定程序的讲座、报告会、分析会；（八）未设置特定对象确定程序的电话、短信和电子邮件等通讯媒介；（九）法律、行政法规、中国证监会规定和中国基金业协会自律规则禁止的其他行为。"

上述规定表明，私募募集行为不得采用广告或者变相广告的形式进行推介，一旦突破非公开募集的界限，可能因涉众广泛而增加系统性风险。私募基金的募集行为应当以非公开募集为原则，在向投资者宣传推介的过程中应当注意合法合规性。①

（二）募集机构

根据《私募投资基金监督管理暂行办法》第16条的规定，私募基金管理人可以采取自行销售私募基金以及委托销售机构销售私募基金两种方式。《私募投资基金募集行为管理办法》第2条第2款规定，在基金业协会办理私募基金管理人登记的机构可以自行募集其设立的私募基金，在中国证监会注册取得基金销售业务资格并已成为中国基金业协会会员的机构（以下简称基金销售机

---

① 值得注意的是，《私募投资基金募集行为管理办法》第16条规定："募集机构仅可以通过合法途径公开宣传私募基金管理人的品牌、发展战略、投资策略、管理团队、高管信息以及由中国基金业协会公示的已备案私募基金的基本信息。私募基金管理人应确保前述信息真实、准确、完整。"该规定表明，《私募投资基金募集行为管理办法》仅要求在推介特定基金产品时，以非公开方式募集，而对于基金管理人相关品牌的推介则不受非公开方式的限制。

构)可以受私募基金管理人的委托募集私募基金。其他任何机构和个人不得从事私募基金的募集活动。

据此可知,只有私募基金管理人和基金销售机构可以从事私募基金的募集活动,其他任何和个人不得从事私募基金的募集活动。私募基金管理人和基金销售机构的资质与要求如图 1－1 所示。

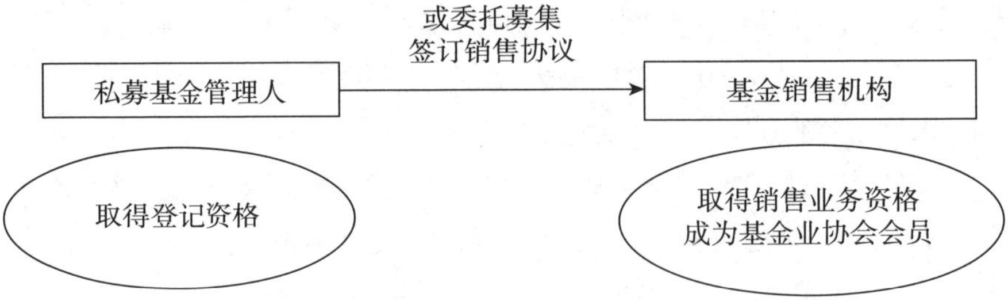

图 1－1　募集机构的资质与要求

募集机构承担包括宣传推介、特定对象确定、投资者适当性、合格投资者确认、投资冷静期、回访确认在内的私募基金募集各环节的责任。与管理人自行募集相比,委托募集存在基金的销售机构与管理人相分离的情形,为防止信息不对称和责任推诿,除了图 1－1 的资质和要求之外,《私募投资基金募集行为管理办法》第 7 条、第 8 条规定,管理人不因委托募集免除其应依法承担的责任;管理人应与基金销售机构签订书面形式的基金销售协议,就权利义务划分进行约定,并将涉及投资者利益的部分作为基金合同的附件。基金销售机构负责向投资者说明基金销售协议的相关内容。此外,最高人民法院印发的《九民纪要》第 74 条规定:"金融产品发行人、销售者未尽适当性义务,导致金融消费者在购买金融产品过程中遭受损失的,金融消费者既可以请求金融产品的发行人承担赔偿责任,也可以请求金融产品的销售者承担赔偿责任,还可以根据《民法总则》第 167 条的规定,请求金融产品的发行人、销售者共同承担连带赔偿责任。"

对于基金业务外包服务机构,即包括为私募基金管理人提供募集服务的基金销售机构,为私募基金募集机构提供支付结算服务、私募基金募集结算资金监督、份额登记等与私募基金募集业务相关服务的机构,应当遵守中国基金业协会基金业务外包服务相关管理办法,并就其参加私募基金募集业务的环节适用《私募投资基金募集行为管理办法》的规定。

（三）募集流程

《私募投资基金募集行为管理办法》第 15 条规定："私募基金募集应当履行下列程序：（一）特定对象确定；（二）投资者适当性匹配；（三）基金风险揭示；（四）合格投资者确认；（五）投资冷静期；（六）回访确认。"

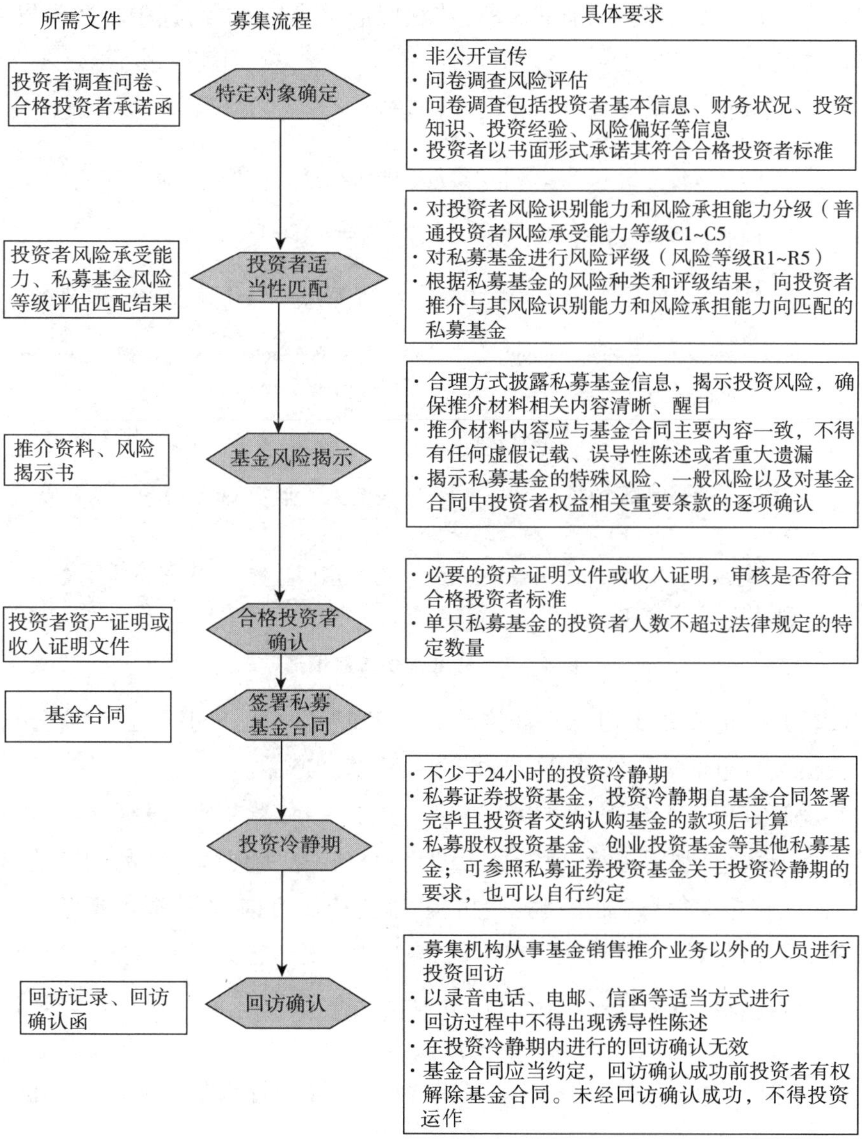

图 1-2　私募基金募集流程

三、违规募集行为

结合《私募投资基金募集行为管理办法》起草说明可知，随着私募基金行业的发展日益壮大，风险事件陆续暴露。在基金业协会办结的涉嫌违规的私募案件中，案件涉及的主要违法违规类型表现为公开宣传、虚假宣传、保本保收益、向非合格投资者募集资金、非法集资、非法吸收公众存款等，其中多数为发生在募集环节的问题（见图1－3）。①

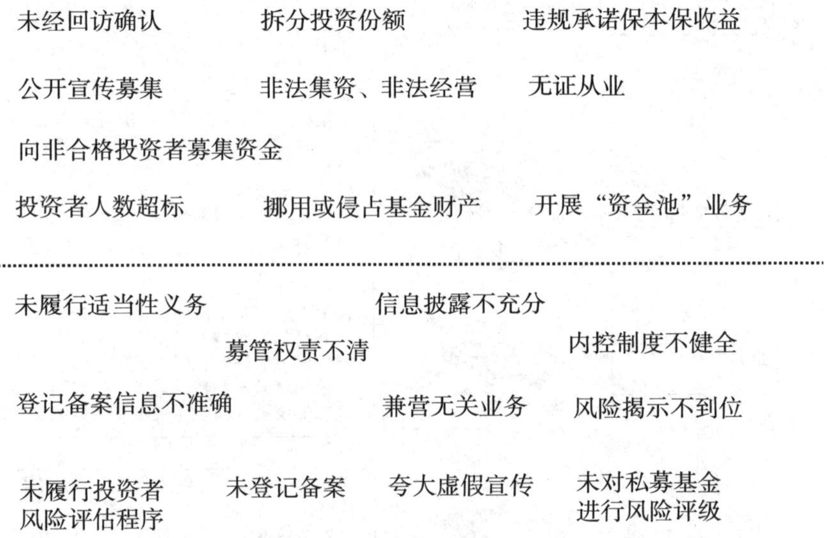

图1－3　常见违规募集情形

1. 公开宣传或者变相公开宣传。主要表现为通过公司网站、微信公众号、工作人员拨打电话等方式公开宣传推介私募基金产品。

2. 虚假宣传。主要表现在以下三个方面：(1)私募基金募集机构向投资者混淆管理人角色，利用银行、证券公司的客户资源来实现基金产品的迅速募集；(2)虚假宣传重要信息，如虚构托管机构，虚构担保机构，虚构律师事务所、会计师事务所等，利用投资者对此类机构的信任来实现迅速募集的目的；(3)以保本保收益引诱投资者，以许诺固定收益等方式诱使投资者进行投资，使投资者误以为自己所购私募基金为保障本金的固定收益产品。

3. 向非合格投资者募集资金。未审查投资者是否满足合格投资者的相关

① 参见《私募投资基金募集行为管理办法》起草说明。

条件,未对投资者的风险识别能力和风险承担能力进行鉴别,未履行投资者适当性审查义务。

4. 部分从业人员非法售卖“飞单”。基金销售“飞单”现象,是金融机构员工借助其职员的身份,为获取第三方理财机构提成,利用金融机构营业场所,在其公司不知情的前提下私自销售非本公司自主发行的或同其公司不存在委托销售关系的第三方机构的基金的现象。[①] 在私募基金募集相关环节中,存在一些从业人员未经正式授权即从事募集活动的现象,该类私募基金的风险一旦暴露,投资者维权将遭受重重阻碍。

图 1 –4 的统计数据[②]显示,2014 ~2017 年各类监管机构[③]主要惩处的违规行为的类别按惩处次数占比从高到低排序依次是投资者适当性(97 起,占比23.26%)、登记备案(70 起,占比 16.79%)、公开宣传(57 起,占比 13.67%)、投资行为(48 起,占比 11.51%),这四大类别的违规行为的惩处次数占比超过了 65%。

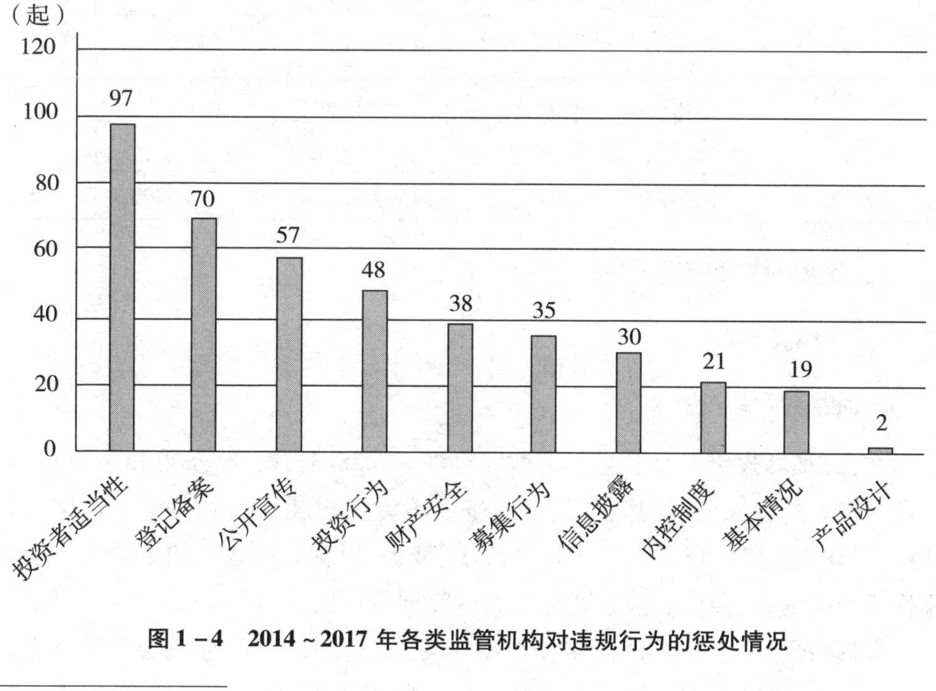

图 1 –4　2014 ~2017 年各类监管机构对违规行为的惩处情况

① 谭振宁:《基金销售“飞单”现象监管机制研究》,载《决策探索》(下)2019 年第 9 期。

② 数据来源于《【深度】从监管机构角度全面分析私募违规情况》,载微信公众号“站长的 PE 早餐”,2018 年 3 月 1 日。

③ 私募基金管理人的监管部门,主要包括证监会及各地方证监局、基金业协会、全国中小企业股份转让系统等。

2018年上半年，证监会组织对453家私募机构开展了专项检查，共涉及基金4374只，管理规模2.08万亿元，占行业总管理规模的17.2%，本次检查发现139家私募机构存在违法违规问题。表1-2为本次检查违法违规情况。[①]

表1-2 2018年上半年证监会专项检查违法违规情况

类型	违法违规情形	数量	占比
严重违法违规行为	涉嫌非法集资、挪用基金财产、从事损害基金财产和投资者利益等行为	10家	2.21%
违规募集行为	公开宣传推介、向非合格投资者募集资金、未履行投资者风险评估程序、未对私募基金进行风险评级、承诺保本保收益等	59家	13.02%
违规运作行为	开展"资金池"业务、证券类结构化基金不符合杠杆率要求、未按基金合同约定进行信息披露、未按规定保管基金相关材料、基金合同约定不托管但未在基金合同中明确基金财产安全保障措施等	48家	10.6%
其他违规行为	私募基金未按规定备案、登记备案信息更新不及时不准确、证券类私募基金从业人员未取得基金从业资格、证券类私募基金委托个人提供投资建议、不配合监管检查等	54家	11.92%
不规范问题	内控制度不健全、兼营与私募基金无关业务等	200家	44.15%

四、违规募集的法律后果

（一）行政责任

1.证监会行政处罚

结合《私募投资基金监督管理暂行办法》第38条、第39条等相关规定，对于私募基金管理人、私募基金托管人、基金销售机构及其他私募服务机构及其从业人员的违法违规行为，给予责令改正、警告、罚款等行政处罚措施。对于涉嫌构成犯罪的，也会依法移送司法机关追究刑事责任。

根据《证券期货市场诚信监督管理办法》的规定，"中国证监会及其派出机构作出的行政处罚、市场禁入决定和采取的监督管理措施"属于证券期货市场

① 参见《证监会通报2018年私募基金专项检查执法情况》，载中国证券监督管理委员会网站：http://www.csrc.gov.cn/shanxi/xxfw/sxgzjx/201810/t20181015_345274.htm，最后访问日期：2020年4月13日。

的诚信信息,需记入诚信档案。表 1 – 3 为证监会及其派出机构作出的行政处罚案例。

表 1 – 3　证监会及其派出机构作出的行政处罚案例

处罚机构	违法违规事项	处罚措施
深圳证监局①	未按规定办理基金备案手续、变相向投资者承诺本金不受损失和最低收益、未对投资者进行风险识别能力和风险承担能力评估、未对私募基金进行风险评级、侵占基金财产	给予警告,并处以 3 万元罚款;对直接负责的主管人员给予警告,并分别处以 3 万元罚款
四川证监局②	以与投资者签署补充协议的形式书面承诺投资者投资本金不受损失或承诺最低收益	对直接负责的主管人员分别处以 3 万元、3 万元、2 万元、1 万元罚款
北京证监局③	未按规定办理基金备案手续、向合格投资者之外的个人募集资金且投资者数量超过法定限额、向不特定对象宣传推介基金产品、未落实投资者风险评估要求、未按规定进行信息披露	责令改正,给予警告,并处以 3 万元罚款; 对直接负责的主管人员给予警告,并分别处以 3 万元和 1 万元罚款
广东证监局④	向合格投资者之外的个人募集资金、向投资者承诺投资本金不受损失或者最低收益、未落实投资者风险评估要求、未对私募基金进行风险评级、不按照约定履行职责	给予警告,并处以 3 万元罚款;对直接负责的主管人员给予警告,并分别处以 1 万元罚款
广东证监局⑤	向不特定对象公开宣传推介其私募产品、未落实投资者风险评估要求、未对私募基金进行风险评级、利用基金财产为关联企业提供无息借款	给予警告,并处以 3 万元罚款;对直接负责的主管人员给予警告,并处以 2 万元罚款
广东证监局⑥	向不特定对象宣传推介私募基金、未严格落实投资者风险评估、未向投资者披露投资经理变更信息、未及时报告并更新登记备案信息	责令改正,给予警告,并处以 3 万元罚款;对直接负责的主管人员给予警告,并分别处以 2 万元和 1 万元罚款

① 参见中国证券监督管理委员会深圳监管局行政处罚决定书〔2019〕9 号。
② 参见中国证券监督管理委员会四川监管局行政处罚决定书〔2019〕4 号。
③ 参见中国证券监督管理委员会北京监管局行政处罚决定书〔2019〕5 号。
④ 参见中国证券监督管理委员会广东监管局行政处罚决定书〔2019〕8 号。
⑤ 参见中国证券监督管理委员会广东监管局行政处罚决定书〔2019〕7 号。
⑥ 参见中国证券监督管理委员会广东监管局行政处罚决定书〔2018〕5 号。

续表

处罚机构	违法违规事项	处罚措施
北京证监局①	未按规定办理基金备案手续、向合格投资者之外的个人募集资金、向投资者承诺最低收益、挪用私募基金财产	责令改正,给予警告,并处以3万元罚款;对直接负责的主管人员给予警告,并分别处以3万元和2万元罚款
证监会②	未按规定审查、了解客户真实身份	给予警告,没收违法所得1800万元,并处以540万元罚款

目前由证监会直接作出的行政处罚主要针对上市公司的股权交易、内幕交易等违法违规行为,而对于如基金备案、资金募集、承诺本息保障、合格投资人风险评估等多发生于私募基金募集阶段的违法违规行为,则主要由各地证监局作出处罚。

2. 基金业协会纪律处分

根据《证券投资基金法》、《私募投资基金信息披露管理办法》、《私募投资基金管理人内部控制指引》、中国证券投资基金业协会《关于进一步加强私募基金行业自律管理的决定》、《私募投资基金监督管理暂行办法》、《基金从业人员执业行为自律准则》、《中国证券投资基金业协会纪律处分实施办法(试行)》等法律法规和自律规则的相关规定,基金业协会可视情节轻重,对基金管理人给予公开谴责、暂停办理相关业务、撤销管理人登记或取消会员资格等纪律处分;对直接负责的主管人员和其他直接责任人员,基金业协会可给予要求参加强制培训、行业内谴责、加入黑名单、公开谴责、认定为不适当人选、暂停或取消基金从业资格等纪律处分,并记入诚信档案。

对于存在经营异常的基金管理人,经基金业协会下达书面通知后,未在规定时间内向协会提交专项法律意见书的,基金业协会有权注销其私募基金管理人登记,并且注销后不得重新登记。

① 参见中国证券监督管理委员会北京监管局行政处罚决定书〔2017〕2号。

② 参见中国证券监督管理委员会行政处罚决定书〔2016〕126号。

如图 1－5 所示，笔者查询基金业协会官方网站的信息公示信息显示，[①]截至 2019 年 12 月 31 日，2019 年度基金业协会公示的违法违规的纪律处分决定共计 23 起，而基金业协会在 2015～2018 年公示的纪律处分案例分别为 8 起、5 起、3 起以及 28 起，可见近年来基金业协会对于违法违规行为的监管力度不断加强。

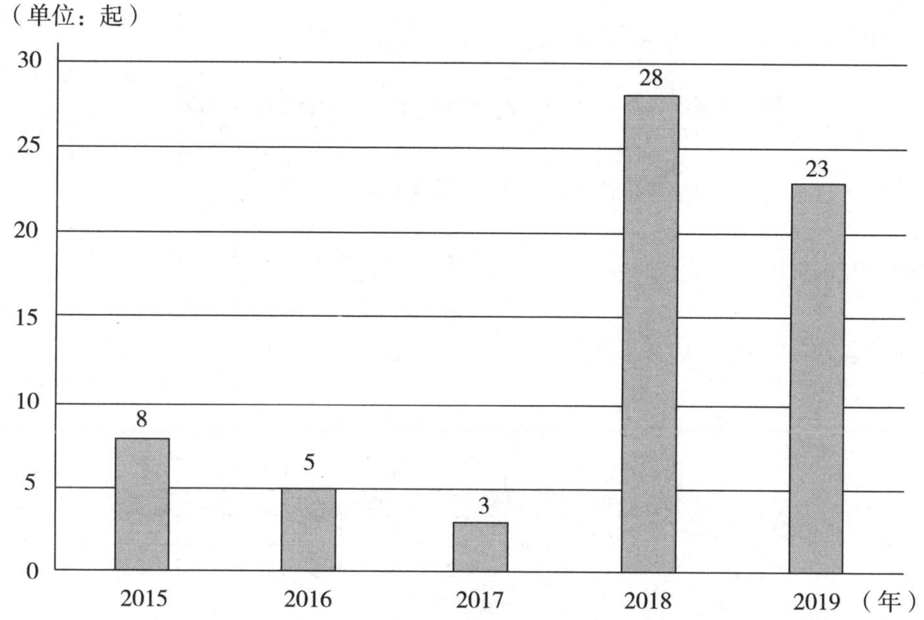

图 1－5　2015～2018 年基金业协会公布的纪律处分案例

如图 1－6 所示，根据笔者统计，2019 年度基金业协会对私募机构及相关人员惩处的违法违规行为，发生于私募基金募集、投资、管理等不同阶段，但主要集中在募集阶段。根据相关机构及人员违法违规行为的类别不同，按惩处次数占比从高到低排序依次是：操纵证券市场、基金未按规定办理备案手续或与实际情况不符、未按规定配合协会或行政机关检查、承诺保本保收益、向非合格投资者募集资金、重大事项未按规定向基金业协会报告、未按规定如实填报登记信息等。

在 2019 年度基金业协会公示的违法违规的 23 起纪律处分中，有 11 起涉及

① 参见中国证券投资基金业协会官网：http://www.amac.org.cn/xxgs/jlcf/，最后访问日期：2019 年 9 月 19 日。

了对于个人的纪律处分，占比近50%。对个人处罚的理由主要为“为违法行为直接负责的主管人员”“未尽勤勉义务”“为本人或者投资者以外的人牟取利益”等，被处罚对象包括公司在基金业协会登记的法定代表人、高级管理人员以及经协会认定的实际控制人。

（单位：起）

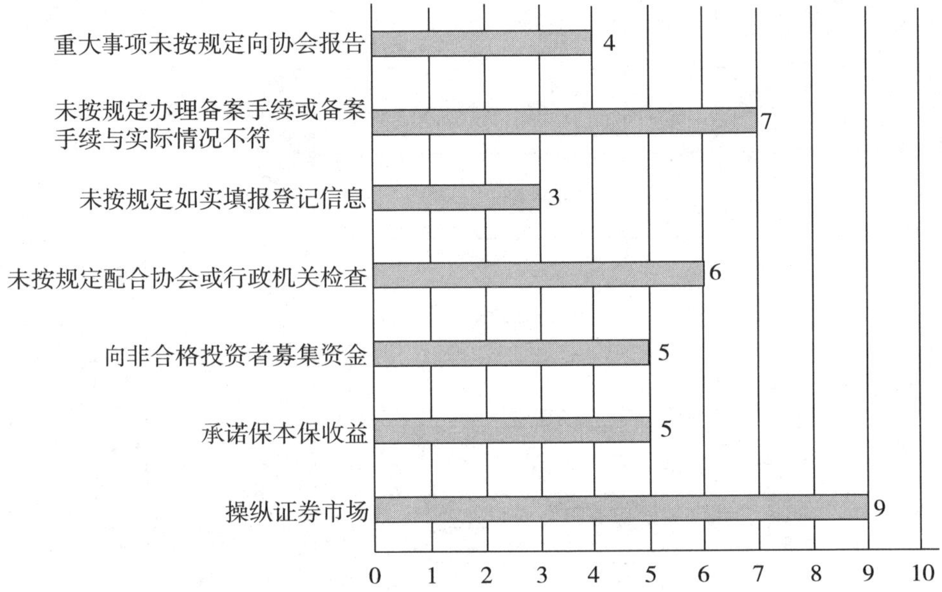

图1－6　违法违规行为分析

在对于从业人员个人的处罚措施中，加入黑名单是基金业协会主要采取的基本纪律处分措施，除此之外通常单独或与其他多种处罚措施合并适用。加入黑名单的期限视从业人员违规行为情节严重而定，期限自12个月至10年不等，甚至在部分案例中还出现对于个人的黑名单纪律处罚期限为终身。

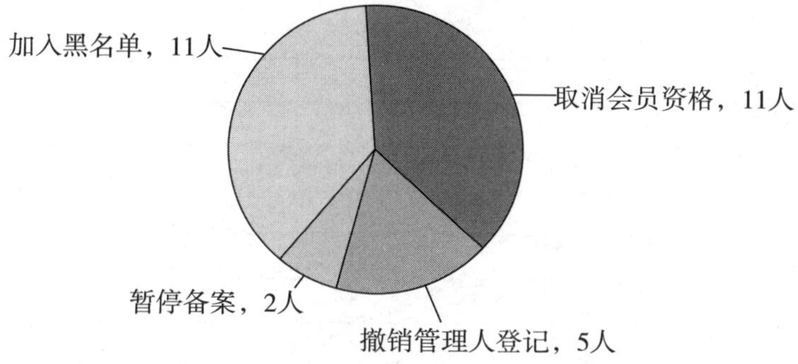

图 1－7　2019 年基金业协会纪律处分处罚措施分析

(二)刑事责任

实践中,一些私募基金机构的高管和从业人员缺乏必要的法律知识、专业能力、合规意识和职业道德,涉嫌违法违规的案件频繁爆发,私募基金行业风险事件陆续暴露,对于涉嫌构成非法集资、非法吸收公众存款等犯罪的案件,大多发生于募集环节,私募基金成为被从事非法集资的犯罪分子利用的高发领域。

笔者于 2019 年 12 月 23 日以“私募基金管理人　刑事”为全文检索的关键词在“威科先行法律信息库”中检索,显示生效裁判文书一共 199 份,其中刑事裁判文书 115 份,民事及行政裁判文书一共 84 份,见图 1－8。

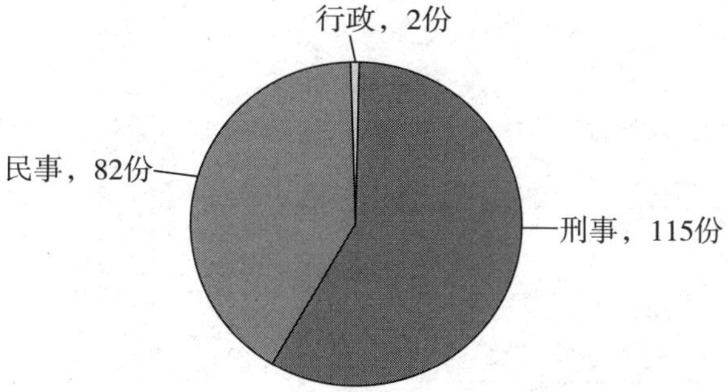

图 1－8　检索生效裁判文书类型分布

图 1－9 显示,在 115 份刑事裁判文书中,北京的案件数量最多,高达 53 件,占比 46.09%;上海的案件数量有 15 件,占比 13.04%;广东的案件数量有 14 件,占比 12.17%,北京、上海、广东的案件数量超过 70%。

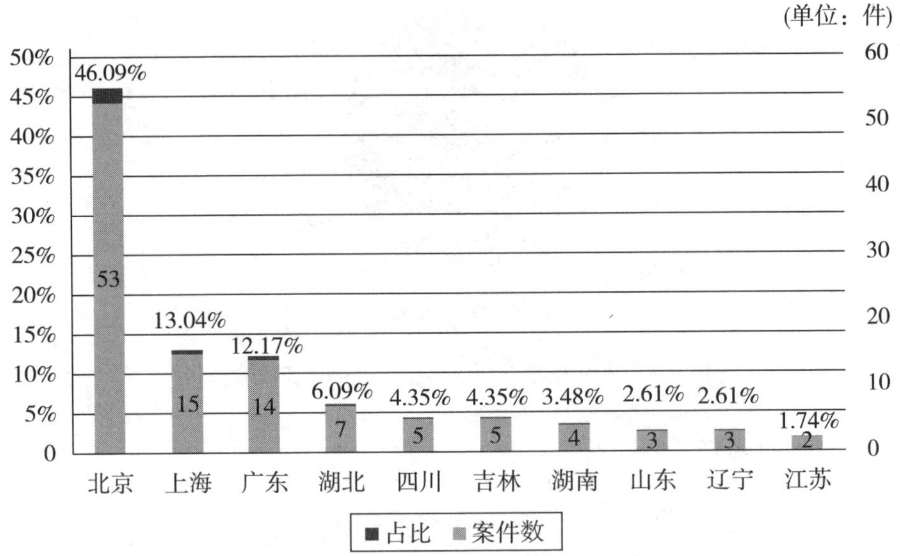

图 1-9　115 份刑事裁判文书的地区统计

图 1-10 显示，在 115 份刑事裁判文书中，裁判日期在 2019 年的有 25 份，在 2018 年的有 50 份，在 2017 年的有 33 份，而在 2016 年之前出现的私募基金刑事案件为 0，这说明近几年是私募基金刑事风险高发的时段。

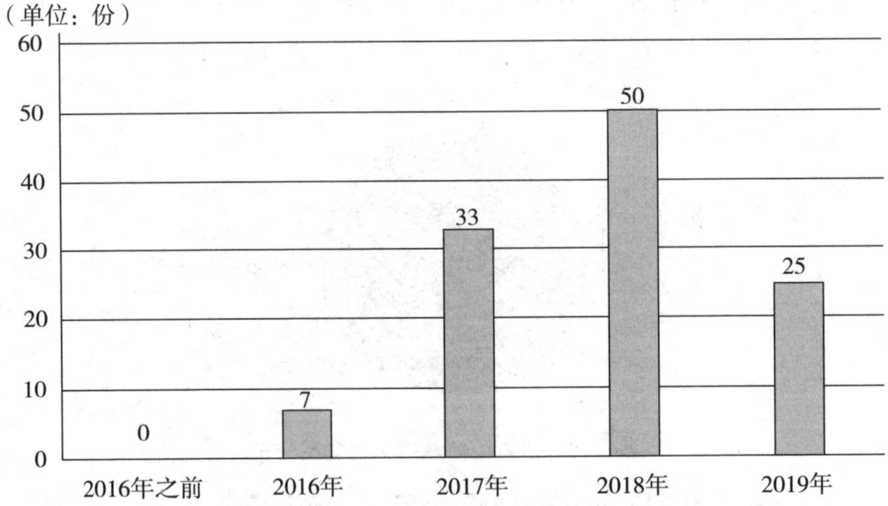

图 1-10　按裁判日期统计 115 份刑事裁判文书

图 1-11 显示，在 115 份刑事裁判文书中，非法吸收公众存款罪高达 92 份，

集资诈骗罪高达14份。这说明私募基金募集阶段刑事案件所涉罪名主要包括非法吸收公众存款罪、集资诈骗罪等非法集资类犯罪。

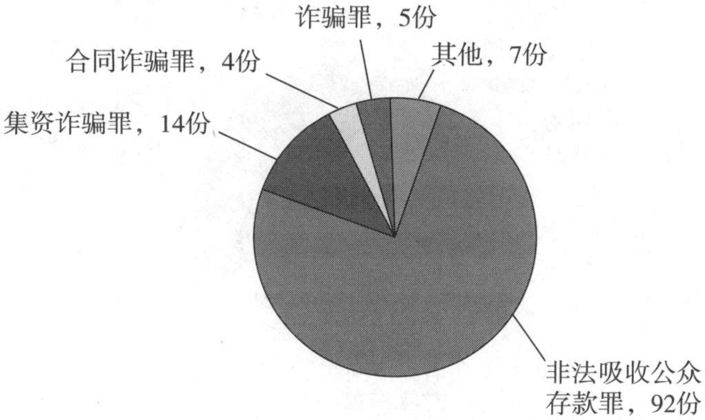

图1－11　115份刑事裁判文书所涉罪名(罪名有重复)

(三)民事责任

当私募股权投资基金损害投资者利益时，除了对基金管理人进行行政、刑事责任角度的惩戒外，还可以从民事责任角度对投资者进行保护。笔者于2020年1月9日以“私募基金管理人”为全文检索的关键词在“威科先行法律信息库”中检索，选择民事案由，显示相关的民事案件裁判文书共536份，其中合同纠纷高达353份，与公司、证券、保险、票据等有关的民事纠纷有82份(见图1－12)。

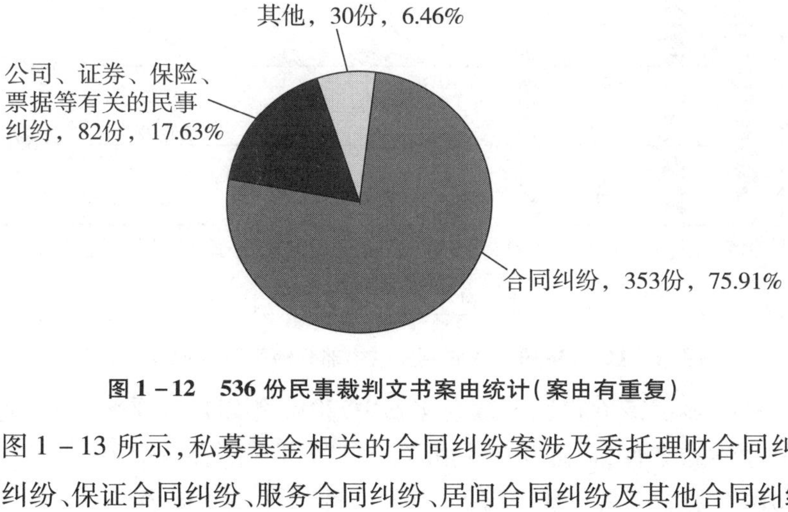

图1－12　536份民事裁判文书案由统计(案由有重复)

如图1－13所示，私募基金相关的合同纠纷案涉及委托理财合同纠纷、借款合同纠纷、保证合同纠纷、服务合同纠纷、居间合同纠纷及其他合同纠纷等案由。在与“私募基金”相关的合同纠纷案件中，涉及委托理财合同纠纷的有76件，借款合同纠纷的有77件，合伙协议纠纷的案件有24件。

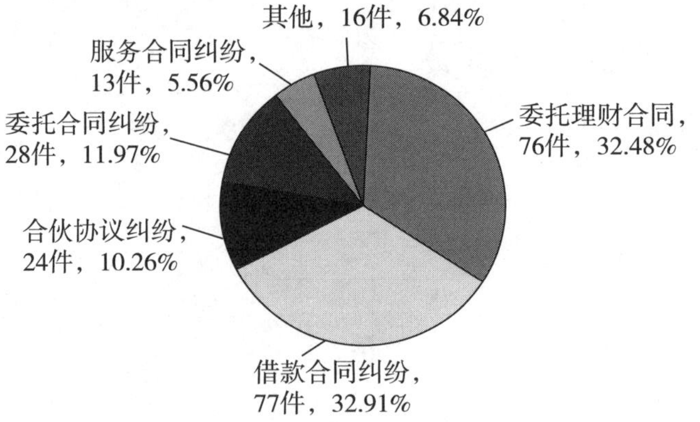

图1-13　与“私募基金”相关的合同纠纷案件案由统计

图1-14表明，就“私募基金”相关民事案件的地域分布而言，北京案件数量最多，高达115件，占比21.46%；上海次之，共有104件案件，占比19.4%；广东有88件相关民事案件，占比16.42%，三省市案件之和占比过半。

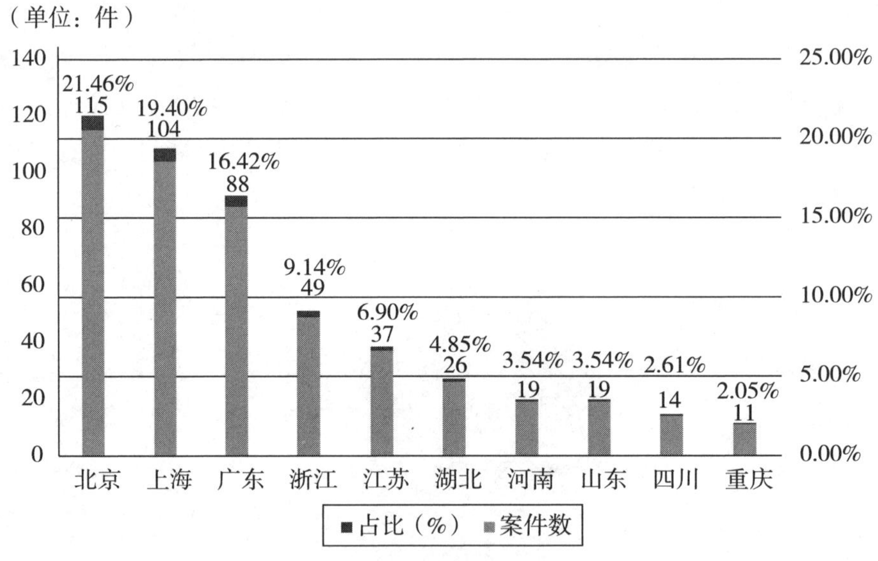

图1-14　536份民事裁判文书中部分地区案件数及占比

图1-15显示，536份民事裁判文书中，2016年以前几乎没有与私募基金相关的民事纠纷案件，而近几年来相关民事纠纷案件有激增趋势。2017年有84份，2018年有162份，2019年的裁判文书最多，共有258份。

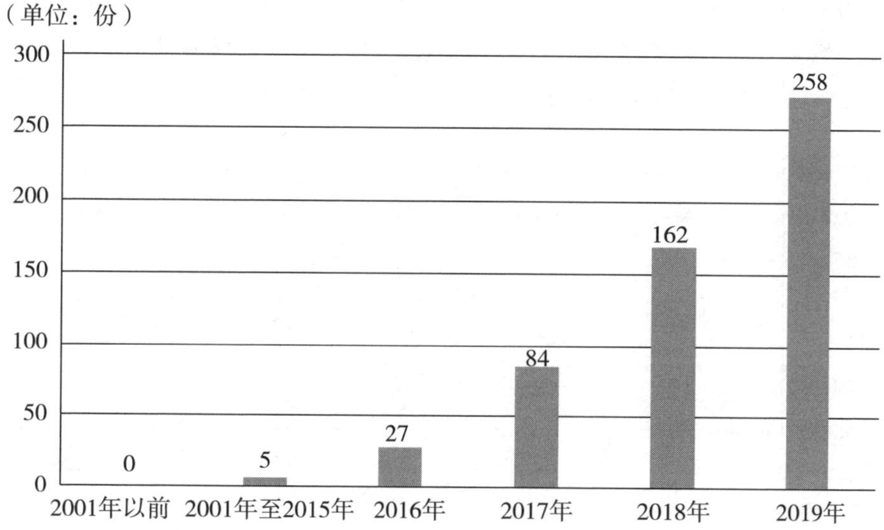

图 1－15　536 份民事裁判文书的年份统计

图 1－16 显示，在 536 份民事案件裁判文书中，过半数案件标的在 50 万元以上，其中标的在 100 万～500 万元的案件最多，占比 31.02%，标的高于 5000 万元的占比 4.38%。在标的低于 50 万元的案件中，有 25.18% 的案件标的在 10 万～50 万元内。

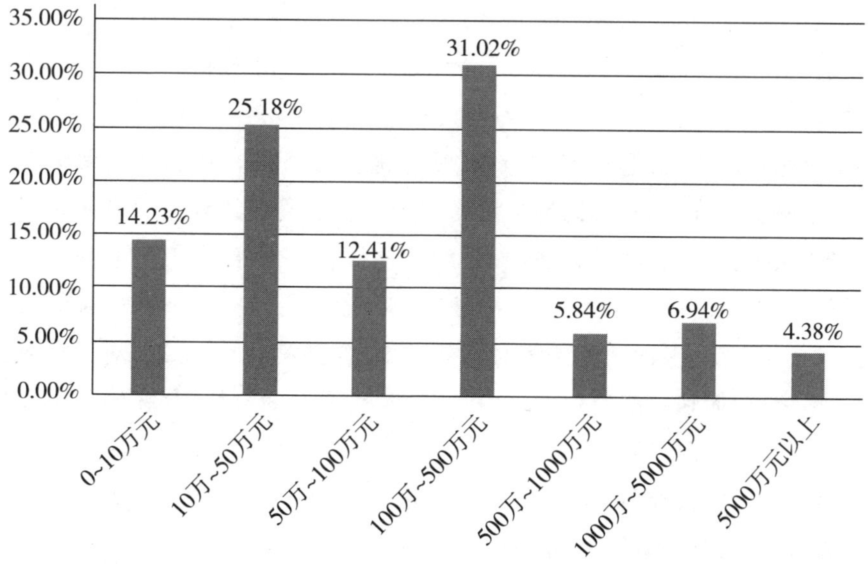

图 1－16　536 份民事裁判文书案件标的区间统计

图 1－17 显示,536 件私募基金相关的民事案件中,在 31 日至 90 日内审结的案件最多,占比 32.83%,91 日至 180 日内审结完毕的案件占比 22.39%,而有4.48%的案件需 365 日以上时间审结完毕。

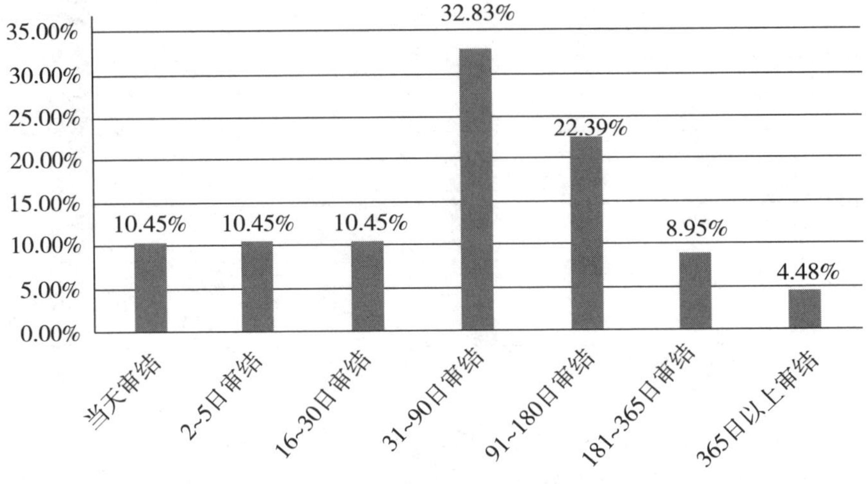

图 1－17 "私募基金"相关民事案件审结时间占比情况

第二节 私募基金合格投资者制度

合格投资者、非公开发行和投资者适当性作为募集发行阶段三大核心制度,从不同方面发挥着保护私募投资者的作用,而合格投资者制度又是投资者适当性制度的基础以及非公开发行制度的关键。

业内通常认为,公募重在注册制,私募重在合格投资者制度。无论是公募发行还是私募发行,证券市场的宗旨均在于保护投资者的利益。要使投资者获得适当的保护,一般有两种路径:一是对产品发行人设定严格条件和标准("合格发行人");二是对投资者设定门槛("合格投资者")。公募销售对象具有不确定性,受众广泛,因而监管大多对公募采取"合格发行人"标准,对发行人资质进行严格审核;而私募销售对象具有特定性,投资周期较长,存在易受市场内在信息不对称影响等特性,为满足不同风险偏好投资者的需求,并在一定程度上保护投资者的利益,监管一般采取"合格投资者"标准予以规范,防止缺乏风险识别、防范和承担能力的投资者陷入金融陷阱。

私募基金领域的高风险特性要求投资者有足够的资金或资产背书,虽然大多数投资者有投资的欲望,但并非所有投资者都具备风险识别和承担能力。若私募产品面向非合格投资者开放,会导致大量缺乏风险承担能力或资金不够雄厚的投资者涌入自己缺乏经验予以筛选、判断的私募市场,饱受欺诈之苦却因“买者自负”原则而投诉无门。[①] 私募基金市场充斥着高风险,也充满机会,对私募基金的监管并非要消灭或绝对降低风险,而是防止不具备相应风险承受能力的投资者进入市场。

合格投资者制度是私募基金重要的监管制度,贯穿了整个私募基金的募集过程,是私募基金市场健康发展的基石,也是私募基金市场的准入门槛。[②] 当前违法违规私募现象屡禁不止,一个很重要的原因是个别募集机构资金募集不合规,未审查投资者是否满足合格投资者的相关条件,未对投资者的风险识别能力和风险承担能力进行鉴别,未履行投资者适当性审查义务,甚至向非合格投资者募集资金,给投资者造成其无法承受的后果。因此,制定适当、统一、合理的合格投资者标准,能够发挥类似于防火墙的功能,在一定程度上起到风险提示与风险阻遏的机能,对私募基金的投资运行尤为重要。

一、我国现行法律规制下合格投资者的界定

总体来说,目前我国对私募基金合格投资者制度的规定散见于《证券投资基金法》《私募投资基金监督管理暂行办法》《私募投资基金募集行为管理办法》等法律法规及规范性文件中。《证券投资基金法》作为我国私募领域的上位法,2012 年修订后增加了非公开募集基金的内容,其中第 88 条[③]首次在法律层面对合格投资者进行了原则性界定,规定非公开募集基金应当向合格投资者募集,合格投资者累计不得超过 200 人。前款所称合格投资者,是指达到规定资产规模或者收入水平,并且具备相应的风险识别能力和风险承担能力、其基金份额认购金额不低于规定限额的单位和个人。但《证券投资基金法》并未规定合格投资者的具体标准,而是授权由国务院证券监督管理机构规定。

---

① 参见张雅:《合格投资者制度:从美国证监会最新改革建议审视我国改革路径》,载《西南金融》2016 年第 12 期。

② 参见邓寰乐:《合格投资者制度和私募监管逻辑》,载《银行家》2016 年第 5 期。

③ 2015 年修正《证券投资基金法》后,已将该条调整为第 87 条。

实践中，因私募发行的产品①种类众多，导致之前关于不同类别私募产品的合格投资者标准的规定散见于各个具体的法律法规、部门规章或规范性文件之中，规定较为分散、混乱且存在冲突，给合格投资者标准的法律适用带来了困难。表1－4为不同类别私募产品的合格投资者适用标准汇总。

表1－4　不同类别私募产品的合格投资者适用标准汇总

类别	规　　定	备　注
私募基金	《私募投资基金监督管理暂行办法》第12条规定："私募基金的合格投资者是指具备相应风险识别能力和风险承担能力，投资于单只私募基金的金额不低于100万元且符合下列相关标准的单位和个人：(一)净资产不低于1000万元的单位；(二)金融资产不低于300万元或者最近三年个人年均收入不低于50万元的个人。前款所称金融资产包括银行存款、股票、债券、基金份额、资产管理计划、银行理财产品、信托计划、保险产品、期货权益等。" 第13条规定："下列投资者视为合格投资者：(一)社会保障基金、企业年金等养老基金，慈善基金等社会公益基金；(二)依法设立并在基金业协会备案的投资计划；(三)投资于所管理私募基金的私募基金管理人及其从业人员；(四)中国证监会规定的其他投资者。以合伙企业、契约等非法人形式，通过汇集多数投资者的资金直接或者间接投资于私募基金的，私募基金管理人或者私募基金销售机构应当穿透核查最终投资者是否为合格投资者，并合并计算投资者人数。但是，符合本条第(一)、(二)、(四)项规定的投资者投资私募基金的，不再穿透核查最终投资者是否为合格投资者和合并计算投资者人数。"	
信托计划	《信托公司集合资金信托计划管理办法》第6条规定："……合格投资者，是指符合下列条件之一，能够识别、判断和承担信托计划相应风险的人：(一)投资一个信托计划的最低金额不少于100万元人民币的自然人、法人或者依法成立的其他组织；(二)个人或家庭金融资产总计在其认购时超过100万元人民币，且能提供相关	

① 广义上说，私募基金、信托计划、期货资管、券商资管、保险资管等均可归为大资管产品，上述产品向特定对象募集的，本质上属于私募行为。

续表

类别	规　　定	备　注
	财产证明的自然人;(三)个人收入在最近三年内每年收入超过 20 万元人民币或者夫妻双方合计收入在最近三年内每年收入超过 30 万元人民币,且能提供相关收入证明的自然人。”	
证券期货经营机构①设立的资管产品	《证券期货经营机构私募资产管理计划运作管理规定》第 3 条第 1 ~2 款规定:“资产管理计划应当向合格投资者非公开募集。合格投资者是指具备相应风险识别能力和风险承受能力,投资于单只资产管理计划不低于一定金额且符合下列条件的自然人、法人或者其他组织: (一)具有 2 年以上投资经历,且满足下列三项条件之一的自然人:家庭金融净资产不低于 300 万元,家庭金融资产不低于 500 万元,或者近 3 年本人年均收入不低于 40 万元;(二)最近 1 年末净资产不低于 1000 万元的法人单位;(三)依法设立并接受国务院金融监督管理机构监管的机构,包括证券公司及其子公司、基金管理公司及其子公司、期货公司及其子公司、在中国证券投资基金业协会(以下简称证券投资基金业协会)登记的私募基金管理人、商业银行、金融资产投资公司、信托公司、保险公司、保险资产管理机构、财务公司及中国证监会认定的其他机构;(四)接受国务院金融监督管理机构监管的机构发行的资产管理产品;(五)基本养老金、社会保障基金、企业年金等养老基金,慈善基金等社会公益基金,合格境外机构投资者(QFII)、人民币合格境外机构投资者(RQFII);(六)中国证监会视为合格投资者的其他情形。合格投资者投资于单只固定收益类资产管理计划的金额不低于 30 万元,投资于单只混合类资产管理计划的金额不低于 40 万元,投资于单只权益类、商品及金融衍生品类资产管理计划的金额不低于 100 万元。资产管理计划投资于《管理办法》第三十七条第(五)项规定的非标准化资产的,接受单个合格投资者委托资金的金额不低于 100 万元。”	证券期货经营机构设立的资管产品中的合格投资者制度,原散见于各规范文件中。2018 年 10 月 22 日,为统一证券期货经营机构私募资管业务,证监会发布《证券期货经营机构私募资产管理业务管理办法》和《证券期货经营机构私募资产管理计划运作管理规定》,废止了之前涉及不同证券期货经营机构资管产品的规范文件,并对合格投资者制度条件作出统一规定。

① 包括证券公司、基金管理公司、期货公司及前述机构依法设立的从事私募资产管理业务的子公司。

续表

类别	规　定	备　注
银行、信托、证券、基金、期货、保险资产管理机构、金融资产投资公司等金融机构发行的资管产品	《资管新规》第5条规定:"……合格投资者是指具备相应风险识别能力和风险承担能力,投资于单只资产管理产品不低于一定金额且符合下列条件的自然人和法人或者其他组织。(一)具有2年以上投资经历,且满足以下条件之一:家庭金融净资产不低于300万元,家庭金融资产不低于500万元,或者近3年本人年均收入不低于40万元。(二)最近1年末净资产不低于1000万元的法人单位。(三)金融管理部门视为合格投资者的其他情形。合格投资者投资于单只固定收益类产品的金额不低于30万元,投资于单只混合类产品的金额不低于40万元,投资于单只权益类产品、单只商品及金融衍生品类产品的金额不低于100万元。……"	

二、私募基金合格投资者标准的法律适用

《资管新规》的发布有利于统一合格投资者的适用标准及同类资管产品的监管,但由于《资管新规》与目前现行有效的部分规定所采取的标准不统一,特别是私募基金合格投资者的适用标准,在实践中仍存在较大争议。为此,对比《资管新规》与《私募投资基金监督管理暂行办法》的异同,探讨私募基金适用何种合格投资者的标准尤为必要。

(一)《资管新规》与《私募投资基金监督管理暂行办法》中合格投资者标准的异同

表1-5　《资管新规》与《私募投资基金监督管理暂行办法》中合格投资者标准的比较

	认购最低限额	资产规模或收入水平		风险识别能力和风险承担能力
		法人单位	个人	
《资管新规》	固定收益类　30万元 混合类　40万元 权益类　100万元 商品及金融衍生品类　100万元	近1年净资产不低于1000万元	家庭金融净资产*不低于300万元,家庭金融资产不低于500万元,或最近3年年均收入不低于40万元	2年以上投资经历

续表

	认购最低限额	资产规模或收入水平		风险识别能力和风险承担能力
		单位	个人	
《私募投资基金监督管理暂行办法》	100 万元	净资产不低于1000 万元	金融资产** 不低于300 万元，或最近 3 年个人平均收入不低于 50 万元	

* 家庭金融净资产是指家庭金融总资产减去全体家庭成员的全部负债。

** 金融资产包括银行存款、股票、债券、基金份额、资产管理计划、银行理财产品、信托计划、保险产品、期货权益等。

结合表 1 – 5 可知，相比《私募投资基金监督管理暂行办法》关于合格投资者的规定，《资管新规》的不同之处在于：

1. 依据产品种类对投资者认购最低限额进行区分

总体来说，风险越高的产品，投资金额的最低限额越高。不同类别的产品的风险等级不同，《资管新规》根据产品种类设置不同的投资限额，一方面可指引部分投资者谨慎投资风险过高的产品，另一方面放宽了部分风险较低的产品的投资门槛，增强了市场的投资活力。

2. 增加了个人投资者 2 年以上投资经历的要求

《资管新规》的这一变化表明，监管层意识到如资产、收入状况及投资金额等客观标准虽在一定程度上可保护部分资产状况较差、风险承受能力较低的投资者，却无法确保投资者有效识别投资风险。

目前，关于个人投资者 2 年以上投资经历的具体证明文件《资管新规》未作出规定，但可参考现行关于个人投资者投资经历的证明文件规定。依据《证券期货投资者适当性管理办法》第 8 条第 5 项关于自然人专业投资者的规定，自然人专业投资者应具有 2 年以上证券、基金、期货、黄金、外汇等投资经历，或者具有 2 年以上金融产品设计、投资、风险管理及相关工作经历。由于上述规定为专业投资者的准入条件，因此笔者认为可参照上述规定认定投资者是否符合《资管新规》对合格个人投资者投资经历之要求。除此之外，募集机构也可以要求个人投资者另行出具承诺函。

3. 对个人投资者的财富标准，以“家庭金融净资产”“家庭金融资产”取代“金融资产”的概念，并对个人收入数额作出调整

《资管新规》以“家庭金融净资产、资产”作为个人投资者的财富衡量标准，扩大了个人投资者进入市场的资产认定范围，体现了在财富标准方面对个人投资者的放宽。但相较于个人投资者的金融资产，其家庭的总资产、负债等信息具有更为明显的私密性，在披露与证明要求上也具有更高的操作难度。

4. 关于非个人投资者，《资管新规》强调“最近1年末”净资产不低于1000万元的要求，同时将“单位”限定为“法人单位”

根据《私募投资基金监督管理暂行办法》的规定，以合伙企业、契约等非法人形式投资于私募基金的，私募基金管理人或者私募基金销售机构应当穿透核查最终投资者是否为合格投资者。因此，笔者理解，将“单位”限定为“法人单位”，直接穿透合伙企业核查最终投资者，实际上免除了对合伙企业净资产的要求。

5. 投资者不得使用贷款、发行债券等筹集的非自有资金投资资产管理产品

《资管新规》对投资者的投资资金来源作出明确限定，严格排除非自有资金投资，从而规制可能发生的非法募资、贷款违约等情形，以实现投资资金的来源合法。

《资管新规》的变化总体贯彻了《中国人民银行有关部门负责人就〈关于规范金融机构资产管理业务的指导意见（征求意见稿）〉答记者问》（以下简称央行就《资管新规》答记者问）中第4条所提及的“合适的产品卖给合适的投资者”①原则，沿用《私募投资基金监督管理暂行办法》的二重认定标准，即以最低认购限

① 《中国人民银行有关部门负责人就〈关于规范金融机构资产管理业务的指导意见（征求意见稿）〉答记者问》第4条明确，对产品依据以上两个维度进行分类的目的在于：一是按照“实质重于形式”原则强化功能监管。实践中，不同行业金融机构开展资管业务，按照机构类型适用不同的监管规则和标准，导致监管套利等问题，因此，需要按照业务功能对资管产品进行分类，对同类产品适用统一的监管标准。二是贯彻“合适的产品卖给合适的投资者”理念：一方面公募产品和私募产品，分别对应社会公众和合格投资者两类不同的投资群体，体现不同的投资者适当性管理要求；另一方面根据资金投向将资管产品分为不同类型，以此区分产品风险等级，并要求资管产品发行时明示产品类型，避免“挂羊头卖狗肉”、损害金融消费者权益。

额以及资产规模或收入水平综合考量合格投资者范围，从多维度对合格投资者进行认定，进一步强调了合格投资者的风险识别能力和承担能力，但实践中的具体操作与执行细节有待监管机构进一步落实。

（二）《资管新规》与《私募投资基金监督管理暂行办法》的衔接适用

鉴于《资管新规》与《私募投资基金监督管理暂行办法》对于合格投资者标准存在差异，在国务院《私募投资基金管理暂行条例》尚未出台之前，如何适用以及衔接前述法规下的合格投资者标准尤为重要。

1.《资管新规》是否适用于私募基金及私募基金管理人是否属于金融机构

结合《资管新规》第2条、第3条的规定，《资管新规》中的资产管理业务是指银行、信托、证券、基金、期货、保险资产管理机构、金融资产投资公司等金融机构接受投资者委托，对受托的投资者财产进行投资和管理的金融服务。资产管理产品包括但不限于人民币或外币形式的银行非保本理财产品，资金信托，证券公司、证券公司子公司、基金管理公司、基金管理子公司、期货公司、期货公司子公司、保险资产管理机构、金融资产投资公司发行的资产管理产品等。同时，《资管新规》第30条第1款规定："资产管理业务作为金融业务，属于特许经营行业，必须纳入金融监管。非金融机构不得发行、销售资产管理产品，国家另有规定的除外。"由此可见，《资管新规》中的资产管理业务限定于金融机构提供的资产管理业务，除国家另有规定之外，非金融机构不得发行、销售资产管理产品。

对于私募基金管理人是否属于金融机构，私募基金管理人发行私募基金产品是否适用《资管新规》的规定等问题，央行就《资管新规》答记者问中指出，《资管新规》第30条提出的"国家另有规定的除外"主要指私募投资基金的发行和销售，私募投资基金适用私募投资基金专门法律、行政法规，私募投资基金专门法律、行政法规中没有明确规定的，适用《资管新规》。《资管新规》第2条第3款亦规定："私募投资基金适用私募投资基金专门法律、行政法规，私募投资基金专门法律、行政法规中没有明确规定的适用本意见，创业投资基金、政府出资产业投资基金的相关规定另行制定。"

综上，笔者理解，《资管新规》的出台目的是避免金融机构通过资管产品形成监管套利，虽私募基金管理人不属于《资管新规》中的金融机构，私募投资基金适用私募投资基金专门法律、行政法规,但私募投资基金专门法律、行政法规没有明确规定的,适用《资管新规》的规定。

2. 私募基金相关法律法规现状

在法律层面,目前仅有《证券投资基金法》对私募证券投资基金作出了原则性规定;在行政法规层面,国务院法制办与证监会起草的《私募投资基金管理暂行条例》仍然处于征求意见阶段,尚未正式出台。除此之外,在私募基金方面目前暂无其他的专门法律、行政法规。实践中,对私募基金的规制主要来源于证监会等监管部门发布的部门规章以及基金业协会的自律规则,例如,2014 年证监会发布的《私募投资基金监督管理暂行办法》在效力层级上属于部门规章,不属于法律、行政法规的范畴,因此目前仍然欠缺专门的私募基金上位法。

鉴于《私募投资基金管理暂行条例》目前处于征求意见的阶段,而其中第 17 条第 3 款明确规定"合格投资者的具体标准由国务院证券监督管理机构规定",从《资管新规》颁布到《私募投资基金管理暂行条例》正式稿出台以及证监会制定具体的私募基金合格投资者标准之间,私募基金合格投资者监管将存在一段过渡期。有观点认为,由于目前私募基金专门的法律、行政法规并未明确合格投资者标准,私募基金应遵守《资管新规》中的新的合格投资者标准,以统一市场准入与监管标准。即便未来《私募投资基金管理暂行条例》颁布实施并且由证监会制定了合格投资者具体标准,应该也不会突破《资管新规》确定的统一合格投资者标准。①

但也有观点认为,在私募监管具体实施规则制定的过渡期,私募基金仍应当沿用《私募投资基金监督管理暂行办法》中规定的合格投资者标准,理由主要有以下几点:

其一,《私募投资基金监督管理暂行办法》作为私募基金监管的专门部门规章,其目前已对私募基金从募集环节到基金备案的全流程作出了详细规定。合格投资者制度作为私募基金监管的关键一环,其在《私募投资基金监督管理暂行办法》的监管要求下已在实践层面形成了稳定的监管操作。

其二,配合《证券期货投资者适当性管理办法》中对合格投资者的监管要

① 参见路银雷:《资管新规系列解读(二):私募基金将适用新的合格投资者标准》,载微信公众号"基小律",2018 年 5 月 1 日。

求,《私募投资基金监督管理暂行办法》对合格投资者准入门槛的要求并不比《资管新规》有过分的放宽。

其三,鉴于《私募投资基金管理暂行条例(征求意见稿)》对私募基金作出了具体定义从而将其作为独立概念,并与金融机构资管业务进行区分,未来《私募投资基金管理暂行条例》的合格投资者标准有可能沿袭《私募投资基金监督管理暂行办法》的相关规定并结合《资管新规》的规定进行进一步优化。若在《私募投资基金管理暂行条例》出台前直接适用《资管新规》中关于合格投资者的规定,因《私募投资基金管理暂行条例》尚未出台的情况下合格投资者标准实施尚未明确,反复变更适用规则容易导致私募基金的监管衔接出现盲区,不利于实践层面的操作。

据笔者目前了解,基金业协会窗口就私募基金是否适用于《资管新规》给出的回复意见是,私募基金应暂时沿用《私募投资基金监督管理暂行办法》的规定并等待具体监管规则的制定出台。①

三、变相突破合格投资者门槛的情形

(一)监管背景

合格投资者制度设定了较高的投资门槛并限定了合格投资者人数。对募集机构而言,较高的投资门槛容易导致募资困难;对部分投资者而言,可能因合格投资者的门槛而限制了其投资的欲望。因此,募集机构或投资者在利益的驱动下,可能采取非法手段突破合格投资者门槛,规避监管。尤其随着互联网金融平台在私募领域的广泛运用,金融创新形式成为私募管理人实现规避合格投资者标准的有力抓手。

实践中,规避合格投资者制度监管最常见的方式为非法拆分转让私募基金份额或其收益权,具体而言,通常存在定向的委托投资或收益权转让两种形式。前者是指在募集资金过程中,以委托理财形式向非合格投资者募集资金,签订委托理财合同,再作为受托人以自身名义认购私募基金份额或份额收益权;后者是指首先作为投资人以自身名义认购私募基金份额或份额收益权,再将收益权以签订回购协议、通过P2P平台发售等途径向非合格投资者进行拆分转让。

① 上述咨询时间截至2019年12月4日,不作为任何官方意见,不保证未来政策发生变化。——笔者注

这两种方式在一定程度上变相规避了传统金融行业的高准入门槛，可能导致投资者投资金额低于最低投资门槛、投资者人数突破200人的上限。更加严重的是，非法拆分转让使许多募集机构以私募基金投资理财之名通过欺诈方式行非法集资之实。

为防止合格投资者制度被架空，《私募投资基金募集行为管理办法》第9条规定："任何机构和个人不得为规避合格投资者标准，募集以私募基金份额或其收益权为投资标的的金融产品，或者将私募基金份额或其收益权进行非法拆分转让，变相突破合格投资者标准。募集机构应当确保投资者已知悉私募基金转让的条件。投资者应当以书面方式承诺其为自己购买私募基金，任何机构和个人不得以非法拆分转让为目的购买私募基金。"基金业协会在《〈私募投资基金募集行为管理办法〉起草说明》中也指出，《私募投资基金募集行为管理办法》第9条的设计目的是"为了杜绝私募行业某些机构投资者将所购买的私募基金份额进行拆分，转售给非合格投资者的乱象"。

在实施层面，2016年3月18日，证监会召开新闻发布会，针对一起交易平台违规开展私募产品收益权的拆分转让业务的案例，强调开展私募投资基金、证券公司及基金子公司资产管理计划等私募产品或私募产品收益权的拆分转让业务，应严格遵守相关法律法规，[①]任何机构或个人不得向非合格投资者募集、销售、转让私募产品或者私募产品收益权，且单一私募产品投资者数量不得超过法定上限。从事私募基金销售、转让、管理等业务的相关主体，以及开展资产管理业务的证券公司、基金公司、期货公司及其子公司等机构，应提高合规意识，规范展业，不得以金融创新的名义变相突破合规底线。

（二）行政处罚案例

《私募投资基金监督管理暂行办法》第33条规定："私募基金管理人、私募基金托管人、私募基金销售机构及其他私募服务机构及其从业人员违反法律、行政法规及本办法规定，中国证监会及其派出机构可以对其采取责令改正、监管谈话、出具警示函、公开谴责等行政监管措施。"非法转让私募基金份额或其收益权的违规行为，轻则被要求责令改正，机构及其主管人员会被处以罚款，重则可能面临私募基金管理人资质被注销的后果。表1－6为监管机构查处变相

① 包括《证券投资基金法》《私募投资基金监督管理暂行办法》等法律法规。

突破合格投资者门槛的案例。

表 1－6　监管机构查处变相突破合格投资者门槛的案例

处罚机构	处罚对象	处罚原因	处罚措施
证监会①	某交易平台	违规开展私募产品收益权的拆分转让业务。具体模式是,先设立关联公司以合格投资者身份购买私募产品,然后通过交易平台将私募产品收益权拆分转让给平台注册用户	责令平台停止开展私募产品拆分转让业务,并对存量业务进行整改
广东证监局②	珠海横琴新区盛世股权投资基金管理有限公司	向非合格投资者募资,部分投资者投资金额不足 100 万元	分别对私募基金管理人及其董事长、总经理给予警告,并处以罚款
浙江证监局③	某互联网平台 C	通过“收益权转让”的模式,将相关主体持有的基础资产收益权拆分转让给平台投资者。平台注册用户也可以通过平台二次转让其持有的私募产品收益权	对平台 C 进行查处
上海证监局④	“××宝”互联网金融平台	“××宝”主要模式为通过其网站、APP 等互联网形式,为产品转让方和受让方提供“收益权转让”服务。由平台运营商全资控股的 SPV 公司作为合格投资者,先行购买相关私募产品,再将私募产品收益权拆分,通过“××宝”转让给注册用户	采取监管措施,责令平台运营商停止相关业务,并有序清理存量产品

① 参见证监会 2016 年 3 月 18 日新闻发布会答记者问。

② 参见中国证券监督管理委员会广东监管局行政处罚决定书〔2019〕8 号行政处罚决定书。

③ 参见《案例:私募基金不可随意拆分转让》,载浙江证监局网站:http://www.csrc.gov.cn/zhejiang/xxfw/tzzsyd/201702/t20170228_312794.htm,最后访问日期:2019 年 11 月 12 日。

④ 参见《投资者应警惕私募产品通过收益权拆分转让规避合格投资者标准和人数限制》,载中国证券监督管理委员会网站:http://www.csrc.gov.cn/shenzhen/xxfw/tzzsyd/jjtz/201907/t20190719_359489.htm,最后访问日期:2019 年 11 月 12 日。

第三节 私募基金投资者适当性管理制度

如本书第一章第二节“私募基金合格投资者制度”中所述，以资产、收入状况及投资金额等客观标准设定准入门槛，在一定程度上可以保护部分资产状况较差、风险承受能力较低的投资者进入私募市场，但无法确保投资者有效识别投资风险。在客观化的合格投资者标准对投资者保护不足的情况下，投资者适当性制度应运而生。投资者适当性制度的核心在于，要求基金管理人在了解客户和相关产品的基础上，按照客户最佳利益原则推销相关产品，借助基金管理人的专业性解决投资者认知能力和水平有限的困境，加强对合格投资者的保护。①

合格投资者制度和投资者适当性制度联系紧密，但二者存在区别。合格投资者制度与投资者适当性制度的交叉之处在于二者都建立在合格投资者的基础上。二者的不同之处在于，合格投资者制度侧重于投资者进入私募基金市场的准入门槛，投资者适当性制度侧重于程序上的规制，体现的是基金管理人对合格投资者承担的信义义务。合格投资者制度是前提，投资者适当性制度是加强投资者保护的程序性手段，两者相辅相成，共同形成对投资者的有力保护机制。

投资者适当性管理是金融服务产业中重要的一环，对实现保护投资者权益和管控金融创新风险的平衡有不容小觑的作用。私募市场是一个必然伴随风险的投资市场，而每一个投资主体的专业判断、投资偏好以及风险承担能力都具有个性化的特征。由于募集机构②与投资者之间的信息具有天然不对称性的属性，因此募集机构向投资者推介适当产品与服务具有重要的意义。投资者适当性管理贯穿私募基金募集行为始终，是私募基金开展募集活动必须执行的制度。

一、投资者适当性管理概述

（一）投资者适当性管理的理论依据

《基金募集机构投资者适当性管理实施指引（试行）》第 3 条对私募基金领

① 参见陈颖健：《私募基金合格投资者制度研究》，载《证券市场导报》2018 年第 10 期。

② 募集机构代指基金管理人及基金销售机构。

域的投资者适当性作出了定义："投资者适当性是指基金募集机构在销售基金产品或者服务的过程中，根据投资者的风险承受能力销售不同风险等级的基金产品或者服务，把合适的基金产品或者服务卖给合适的投资者。"

《证券期货投资者适当性管理办法》第 3 条也指出，经营机构[①]在销售产品或者提供服务的过程中，应当勤勉尽责，审慎履职，全面了解投资者情况，深入调查分析产品或者服务信息，科学有效评估，充分揭示风险，基于投资者的不同风险承受能力以及产品或者服务的不同风险等级等因素，提出明确的适当性匹配意见，将适当的产品或者服务销售或者提供给适合的投资者，并对违法违规行为承担法律责任。

投资者适当性制度的构建目的在于防止"投资者购买与其风险承受能力不相匹配的金融产品"，[②]强调金融产品与投资者之间的双向匹配关系，从而避免募集机构为自身利益而将高风险的金融产品推荐给不适当的投资者，损害投资者利益，破坏金融市场稳定。鉴于募集机构具有信息和专业优势，与投资者之间的信息不对称，监管机构需要对金融交易实施适当干预与监管，赋予募集机构更多义务和责任，以达到双方关系的平衡。

优化与完善投资者适当性管理制度可构筑保护投资者的第一道防线，将监管要求和压力传导至募集机构，督促其将适当的产品或服务销售、提供给适当的投资者，增强投资者保护的主动性，提高服务质量水平，促使金融市场产品交易的风险由"买者自负"的理念向"卖者有责"的转化。

（二）投资者适当性的监管脉络

随着金融服务行业的快速发展，投资者的保护问题日益突出，监管部门逐渐将监管力度侧重于投资者方面的保护并通过出台法律法规不断完善投资者适当性制度。自 2007 年以来，证监会陆续在基金销售、创业板、金融期货、融资融券、股转系统、私募投资基金等市场、产品或业务中建立了投资者适当性制度，起到了积极的效果。但这些制度比较零散、相互独立、未覆盖部分高风险产品，而且提出的要求侧重设置准入的门槛，对募集机构的义务规定得不够系统

---

① 经营机构，是指向投资者销售证券期货产品或者提供证券期货服务的机构。

② 参见侯国跃、刘玖林：《经营机构违反投资者适当性制度的民事责任》，载《证券法苑》2019 年第 1 期。

和明确。

在私募基金领域,《私募投资基金监督管理暂行办法》第16条对投资者适当性作出规定:“私募基金管理人自行销售私募基金的,应当采取问卷调查等方式,对投资者的风险识别能力和风险承担能力进行评估,由投资者书面承诺符合合格投资者条件;应当制作风险揭示书,由投资者签字确认。私募基金管理人委托销售机构销售私募基金的,私募基金销售机构应当采取前款规定的评估、确认等措施。投资者风险识别能力和承担能力问卷及风险揭示书的内容与格式指引,由基金业协会按照不同类别私募基金的特点制定。”

2017年7月1日,证监会颁布的《证券期货投资者适当性管理办法》与基金业协会发布的《基金募集机构投资者适当性管理实施指引(试行)》正式施行,进一步完善规定了基金募集机构在投资者适当性管理制度下的应尽义务。

前述规范性文件建立了国内的适当性管理制度,明确投资者的基本分类、产品分级底线标准,规范募集机构义务,构建了投资者权益的保护体系。

二、投资者适当性的具体流程

《证券期货投资者适当性管理办法》规定,经营机构在投资者适当性监管下的应尽义务包括:(1)将投资者分为普通投资者与专业投资者;(2)经营机构向投资者销售产品或提供服务时应当了解目标投资者,做信息采集并跟进所采集信息的持续更新;(3)对投资者作充分的风险揭示,其中普通投资者在信息告知、适当性匹配等方面享有特别保护;(4)根据风险特征和程度,对销售的产品或提供的服务划分风险等级;(5)根据投资者的不同分类,对其适合购买的产品或者接受的服务作出初步判断。

从上述规定可以看出,投资者适当性管理涉及投资者风险承受能力评级、风险评估、风险告知、风险评级、适当性审查、适当性匹配等内容,核心是对投资者分类、对产品风险分级以及投资者与产品风险相匹配。图1-18为投资者适当性匹配流程。

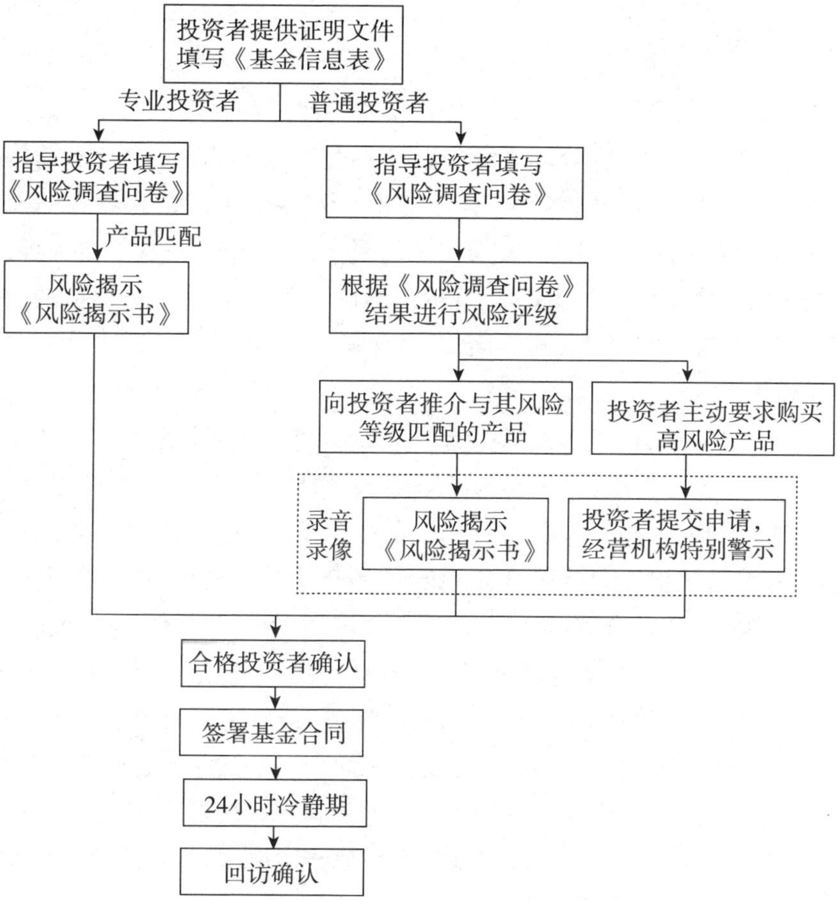

图1－18　投资者适当性匹配流程

三、适当性义务与告知说明义务

适当性义务与告知说明义务是适当性管理过程中募集机构所需承担的两项主要义务。实践中，适当性义务与告知说明义务往往难以区分，在司法判决论证时也出现将两者概念混同的情形。但告知说明义务与适当性义务不尽相同，告知说明义务更为强调对于投资者的信息披露，通过要求募集机构为投资者提供决策所需的必要信息从而减少信息失衡带来的负面影响，以促进交易公平。适当性义务则强调募集机构应当遵循风险匹配的原则，通过主动推介，向投资者提供适当建议与选择，并不局限于信息本身，比如，募集机构虽然披露了产品的信息，但未向投资者推介符合其风险的产品，则违反了适当性义务。

(一)适当性义务

目前,对于适当性匹配义务的规定以监管部门的规范性文件为主,其中《〈证券期货投资者适当性管理办法〉起草说明》中明确指出:"《证券期货投资者适当性管理办法》以严格落实经营机构适当性义务为主线,围绕评估投资者风险承受能力和产品风险等级、充分揭示风险、提出匹配意见等核心内容,通过一系列看得见、抓得着的制度安排,规范经营机构义务,制定一一对应的监督管理措施,同时明确监管机构和自律组织的履职要求,确保各项适当性要求落到实处,保障投资者的合法权益。"

2019 年 11 月 8 日,最高人民法院正式发布《九民纪要》,进一步明晰了募集机构的"适当性义务"的具体内容与监管要求,强调了适当性义务的履行是"卖者尽责"的主要内容,也是"买者自负"的前提和基础,其中第 72 条规定:"适当性义务是指卖方机构在向金融消费者推介、销售银行理财产品、保险投资产品、信托理财产品、券商集合理财计划、杠杆基金份额、期权及其他场外衍生品等高风险等级金融产品,以及为金融消费者参与融资融券、新三板、创业板、科创板、期货等高风险等级投资活动提供服务的过程中,必须履行的了解客户、了解产品、将适当的产品(或者服务)销售(或者提供)给适合的金融消费者等义务。卖方机构承担适当性义务的目的是确保金融消费者能够在充分了解相关金融产品、投资活动的性质及风险的基础上作出自主决定,并承受由此产生的收益和风险。在推介、销售高风险等级金融产品和提供高风险等级金融服务领域,适当性义务的履行是'卖者尽责'的主要内容,也是'买者自负'的前提和基础。"

与传统操作下的产品风险匹配以及形式风险提示相比,《九民纪要》下的适当性义务,从实质层面强调经营机构对于适当性义务的履行,多维度要求募集机构进行投资者分类、全面了解客户、准确了解产品、客观进行产品分级、全面进行风险揭示等义务。

在适当性匹配义务的要求下,募集机构在向投资者销售基金时,应当履行对投资者风险识别能力和风险承担能力评估、风险揭示、对私募基金进行风险评级等义务,对投资者的资质进行实质性审查。同时,还应该主动揭示产品相关风险、提供合适的产品供其选择,并且要求投资者出具合格投资者的证明后,才能签署基金投资合同。

随着互联网平台以金融创新的形式在私募基金销售过程中得到应用，许多募集机构仅依靠投资者作出的书面承诺就当然认定投资者为符合条件的合格投资者，在未对投资者进行风险识别能力和风险承担能力测评的情形下，就向不符合条件的投资者推介不匹配的产品。实践中，募集机构未履行投资者适当性匹配义务通常存在以下四种情形：

1. 未充分了解所推介的产品。募集机构未对产品进行评级，未充分了解产品存在的风险。

2. 未充分评估投资者的风险识别能力和风险承担能力。部分募集机构在对投资者的适当性进行调查时，只要求投资者签署风险揭示书，而未采取问卷调查等方式，对投资者的风险识别能力和风险承担能力进行评估，未将投资者的风险识别能力和风险承担能力与私募基金的风险等级进行匹配。

3. 未穿透核查投资者身份。对投资者来自汇集多数投资者资金的合伙企业或契约型基金，未履行充分调查程序，穿透核查最终投资者是否为合格投资者。

4. 向投资者推介了不符合其风险等级的产品。募集机构应推介符合投资者风险等级的产品，不得主动推介不适合的基金产品。除风险承受能力最低类别的投资者之外，投资者主动要求购买风险等级更高的产品的，募集机构应对其进行特别书面风险警示。

（二）告知说明义务

告知说明义务，是指募集机构负有如实向客户披露并说明该私募基金产品的信息与风险，包括全面风险、特别风险以及基金合同项下双方主要的权利义务的义务。2015 年 12 月 24 日，时任最高人民法院民二庭庭长的杨临萍在《最高人民法院关于当前商事审判工作中的若干具体问题》的讲话中指出，“告知说明义务是‘适当性’义务的核心，是金融消费者能够真正了解产品和服务的投资风险和收益的关键”。

目前，《九民纪要》第 76 条明确规定了告知说明义务的衡量标准：“告知说明义务的履行是金融消费者能够真正了解各类高风险等级金融产品或者高风险等级投资活动的投资风险和收益的关键，人民法院应当根据产品、投资活动的风险和金融消费者的实际情况，综合理性人能够理解的客观标准和金融消费者能够理解的主观标准来确定卖方机构是否已经履行了告知说明义务。卖方机构简单地以金融消费者手写了诸如'本人明确知悉可能存在本金损失风险'等内容主张其已经履行了告知说明义务，不能提供其他相关证据的，人民法院对其抗辩理由不予支持。"《九民纪要》统一了原先司法裁判中在认定告知说明义务时对于采用主观标准还是客观标准的分歧，确定了在认定募集机构未履行告知说明义务时应当采用主客观结合的判断标准。

值得注意的是，《九民纪要》中明确指出，募集机构过往采用的通过投资者出具的"本人明确知悉可能存在本金损失风险"以使募集机构免责的免责条款不能单方证明募集机构尽到了告知说明义务。因此建议募集机构在风险揭示的过程中需要依托于个体投资者的投资风险承担、理解能力等个性化指标实施投资者的分类管理从而制定个性化的风险揭示书而非统一适用一般性的标准。《九民纪要》对于募集机构的告知说明义务提出了更高的要求，加强了对于理解能力较低、风险承受能力较低的投资者的保护，是对通过互联网平台推介基金以注册说明规避告知说明义务的强力规制。

四、违反投资者适当性义务的法律后果

（一）违反投资者适当性的责任定性

《证券期货投资者适当性管理办法》第 28 条规定，对委托销售过程中违反适当性义务的行为，委托销售机构和受托机构应当依法承担法律责任。结合笔者检索的相关案例，过往裁判观点倾向于认为，投资者在私募基金领域的投资不同于一般的商事行为，[①]投资者因经营机构未履行适当性义务而遭受损失的，经营机构需根据其过错程度向投资者承担责任、分担投资者的损失。在司法实践中，法院判决经营机构承担责任的定性依据主要包括"缔约过失责任"、"违约责任"以及"侵权责任"三种情形。

1. 缔约过失责任

在基金合同签订以前，募集机构如果在基金推介的过程中违反告知说明义务或适当性匹配义务等先合同义务，则对投资者的交易损失可能需要承担缔约过失责任。缔约过失责任是基于募集机构在缔约阶段违反先合同义务而产生

① 一般商事行为一般遵循买者自负、风险自担的原则。

的责任。缔约过失的损害赔偿范围通常包括因违反先合同义务对投资者造成的固有利益的损失和合理信赖利益损失。信赖利益损失通常包括缔约过程中发生的费用和损失、为准备履行合同所支出的合理费用，以及丧失与第三方订立合同的机会所产生的损失（又称所失利益）。

例如，在中国民生银行股份有限公司合肥马鞍山路支行、韩某胜委托理财合同纠纷案①中，民生银行理财顾问工作人员在向韩某胜销售开放债券产品、资金托管和咨询服务的过程中，未向韩某胜充分揭示投资风险，未对经营业绩作如实陈述，且违反法律规定向韩某胜承诺收益。一审法院认为双方之间构成委托理财合同关系，而委托理财合同中承诺收益的约定违反了法律的效力性强制规定，合同无效，民生银行应当承担返还投资者财产并赔偿投资者缔约过失损失的赔偿责任。②

不过，缔约过失责任的前提在于违反先合同义务，先合同义务的依据是诚实信用原则和交易习惯等，由于不同交易的具体情况不同，在无合同约定或无法律明确规定的情况下，投资者以缔约过失责任提起损害赔偿有一定困难。③值得一提的是，《九民纪要》在征求意见稿中将适当性义务定性为先合同义务，但在正式稿中却删除了这一部分内容。可见，虽然适当性义务主要集中于基金合同订立前的缔约过程，但是仅将其作为先合同义务并要求经营机构承担缔约过失责任，则可能弱化了对于投资者的保护力度。

2. 违约责任

实践中，部分投资者可能依据与经营机构签署的合同主张违约责任，违约责任的权利救济基础在于投资者与经营机构之间的合同法律关系。主张违约责任可能存在以下两个难点：第一，由于经营机构专业度及获取信息的程度均高于投资者，投资者与其所处的交易地位不平等，导致两者签订的主要为格式合同文本，约定了许多经营机构免责的条款，同时可能并未在合同中对适当性

① 参见安徽省合肥市中级人民法院（2019）皖01民终8545号民事判决书。

② 但该案二审中，二审法院认为双方构成金融产品销售服务合同关系，该金融产品销售服务合同关系合法有效。因此未认定缔约过失损失，而是以民生银行应当就欺诈销售造成的损失承担相应的赔偿责任，即金融消费者所受的实际损失，实际损失应包含本金及利息。

③ 参见袁立志：《违反投资者适当性义务的民事责任》，载刘乃进主编：《私募基金实务精要3》，法律出版社2019年版，第446页。

义务明确约定;第二,考虑到合同相对性,若以违约责任主张救济,在管理人委托基金销售机构销售产品的情形下,投资者难以同时追究基金管理人以及基金销售机构的连带责任。

例如,在吴某与甲银行金融委托理财合同纠纷案[①]中,甲银行理财顾问工作人员在推荐理财产品的过程中,在计算机上代吴某操作购买基金,在购买基金的过程中,甲银行未与吴某办理书面手续,亦未对吴某进行购买基金的风险提示。庭审中,吴某主张其与甲银行之间构成委托理财合同关系,并以甲银行违反合同义务为由主张赔偿其全部损失。二审法院认为,判断是否构成委托理财的标准之一是受托人是否对委托人交付的资产实施了管理行为,即是否存在委托人授权受托人自行决定证券、期货等产品的买卖品种和买卖方式的情形。甲银行在交易过程中并没有对购买基金品种、数额等的决定权。因此,吴某和甲银行之间并不构成委托理财关系。但是作为推介机构,甲银行理应对自己代销的产品有充分的了解,并在销售中对于申购人尽到风险告知义务。甲银行无法证明其已尽到合理的告知义务,应承担相应赔偿责任。在该案中,吴某以甲银行违反合同义务为由主张甲银行赔偿其全部损失,但由于吴某和甲银行之间并不构成委托理财关系,主张违约责任缺乏请求权基础。

3. 侵权责任

鉴于以缔约过失责任以及违约责任的路径救济存在上述困境,司法裁判案例多以侵权责任要求经营机构损害赔偿。在判定损害赔偿时,法院可能会依据《民法典》第1173条[②]的规定,适用过失相抵的原则,根据双方过错酌定当事人的赔偿比例。但是在部分司法案例中,出于对投资者权益的保护,对于募集机构未履行投资者适当性义务,对投资者损失具有重大过错且经营机构的失职行为与投资者的损失之间具有因果关系的,即使投资者也存在一定过错,募集机构也可能面临承担全部责任的风险。随着《九民纪要》的颁布实施,对金融消费者等特殊群体的倾斜保护也在加强。

例如,在严某诚与刘某影、江苏美芝凌股份有限公司基金管理有限公司(以

---

① 参见上海市第一中级人民法院(2012)沪一中民六(商)终字第164号民事判决书。

② 《民法典》第1173条规定:“被侵权人对同一损害的发生或者扩大有过错的,可以减轻侵权人的责任。”因此建议正文改为:原《侵权责任法》第26条。注释把民法典规定加进去。

下简称美芝凌公司）财产损害赔偿纠纷案[①]中，被告作为案涉基金的销售机构，没有按照上述规定，对投资者进行风险识别能力和风险承担能力进行评估，由投资者书面承诺符合合格投资者条件；没有制作风险揭示书，由投资者签字确认；没有自行或者委托第三方机构对私募基金进行风险评级；且在向投资者推介时，只告知投资者可能得到多少收益，却没有提示风险。法院经审理认为，如果侵权人因故意或重大过失造成损害，而被侵权人只有一般过失的，也可以不减轻侵权人的赔偿责任。原告是一名普通的金融消费者，作为缺乏专业知识的金融消费者，但被告美芝凌公司在推介时未履行适当的告知说明义务，具有重大过错。相比较而言，原告疏于依照自身状况进行合理投资的过失较为轻微。因此，法院认为本案不应适用过失相抵的规定，被告美芝凌公司对原告的损失应承担全部的赔偿责任。

（二）管理人、销售机构的连带责任

私募基金的销售业务通常分为自销与代销两种模式，自销模式下由管理人自行销售所发行的产品，代销模式为管理人委托基金销售机构代为销售产品。然而，一些受托的募集机构在销售费用的利诱下，利用信息不对称向投资者推销产品，在基金出现投资风险后以非基金合同当事人为由，不承担募集和信息披露责任，引发“募管权责不清”的道德风险。[②]

为此，在代销模式下，涉及管理人与基金销售机构等多方主体，募集机构在产品销售过程中未尽适当性义务，导致投资者遭受损失的，《私募投资基金募集行为管理办法》第 7 条规定，“委托基金销售机构募集私募基金的，不得因委托募集免除私募基金管理人依法承担的责任”，但《私募投资基金募集行为管理办法》并未明确规定私募基金管理人依法承担何种责任，而在《九民纪要》中，第 74 条[③]明确规定投资者可请求金融产品的发行人、销售者共同承担连带赔偿责

① 参见江苏省南京市玄武区人民法院（2016）苏 0102 民初 3076 号民事判决书。

② 参见《〈私募投资基金募集行为管理办法〉起草说明》。

③ 《九民纪要》第 74 条规定：“金融产品发行人、销售者未尽适当性义务，导致金融消费者在购买金融产品过程中遭受损失的，金融消费者既可以请求金融产品的发行人承担赔偿责任，也可以请求金融产品的销售者承担赔偿责任，还可以根据《民法总则》第 167 条的规定，请求金融产品的发行人、销售者共同承担连带赔偿责任。发行人、销售者请求人民法院明确各自的责任份额的，人民法院可以在判决发行人、销售者对金融消费者承担连带赔偿责任的同时，明确发行人、销售者在实际承担了赔偿责任后，有权向责任方追偿其应当承担的赔偿份额。”

任。在发行人、销售者在实际承担了赔偿责任后，有权向责任方追偿其应当承担的赔偿份额。

《九民纪要》的上述规定极大加重了资产管理人等金融产品发行人的适当性义务，体现了监管当局对于投资者保护的力度以及决心，管理人不得以委托基金销售机构代销为由撇清自身责任。在代销模式下，基金管理人需要更谨慎选择第三方基金销售机构并对其进行尽职调查，建立科学有效的遴选机制，并在服务协议中明确双方的权利义务，以便于承担连带责任后进行内部追责。

（三）举证责任分配

涉及适当性义务纠纷的案件，出于保护处于弱势的投资者一方，一般会参照运用过错推定原则，要求募集机构就其是否履行适当性义务承担举证责任。[①]《九民纪要》第75条重申上述举证责任规则，并进一步规定"卖方机构不能提供其已经建立了金融产品（或者服务）的风险评估及相应管理制度、对金融消费者的风险认知、风险偏好和风险承受能力进行了测试、向金融消费者告知产品（或者服务）的收益和主要风险因素等相关证据的，应当承担举证不能的法律后果"。

例如，在李某德与中国工商银行股份有限公司南京新街口支行（以下简称工行新街口支行）财产损害赔偿纠纷案[②]中，二审法院认为，工行新街口支行未能就其已履行适当性义务完成举证责任，应承担举证不利的法律后果。

（四）免责事由

最高人民法院《关于当前商事审判工作中的若干具体问题》规定："对违反'适当性'义务的损失赔偿，立法例上普遍采用损失填补原则赔偿金融消费者因此所受的实际损失。在卖方机构未尽'适当性'义务的情况下，除了金融消费者故意提供虚假信息这一抗辩事由外，如果根据投资者的既往投资经验、受教育程度等事实，卖方机构能够证明'适当性'义务的违反并未影响投资者的自主决定的，也应当认定免责抗辩事由成立，由金融消费者自负投资风险。"

2019年11月出台的《九民纪要》则进一步明确了募集机构的两种免责事

---

① 最高人民法院《关于当前商事审判工作中的若干具体问题》规定："在案件审理中，金融消费者对其主张的购买产品或接受服务的相关事实，应承担举证责任。卖方机构对其是否履行了了解客户、适合性原则、告知说明和文件交付等'适当性'义务等案件事实，应承担举证责任。"

② 参见江苏省南京市中级人民法院（2017）苏01民终10111号民事判决书。

由:一是因金融消费者故意提供虚假信息、拒绝听取卖方机构的建议等自身原因导致其购买产品或者接受服务不适当;二是卖方机构能够举证证明根据金融消费者的既往投资经验、受教育程度等事实,适当性义务的违反并未影响金融消费者作出自主决定的。除上述两种免责事由外,募集机构应就未尽适当性义务承担责任。

募集机构在向投资者推介产品的过程中,现场告知与警示应当全过程录音或者录像,非现场方式应当完善配套留痕安排,以纸质或者电子版文件的方式向投资者告知其拟购买的产品风险高于其风险承受能力,并由投资者明确自愿承担不利后果。

(五)赔偿比例

经检索相关案例,笔者发现由于募集机构与投资者的交易地位失衡,在适当性义务的过错认定方面,法院对募集机构提出了更为严格的要求,募集机构没有从实质上尽到适当性义务的,其过错责任承担比例会相应加重。对于投资者来说,其在购买金融产品时对于投资风险也应尽到必要的注意义务,尤其对于具有一定投资经验的投资者的注意义务要求更高,否则投资者也会因为存在过错而承担一定比例损失(见表1－7)。

表1－7　募集机构赔偿比例案例汇总

案例	主要案情	赔偿比例
王某辉、中国建设银行股份有限公司甘肃省分行营业部侵权责任纠纷案①	募集机构未进行评估和风险提示;投资者对基金有一定认知能力	募集机构对投资者损失承担50%的责任,投资者自担50%的损失
中国民生银行股份有限公司合肥马鞍山路支行、韩某胜委托理财合同纠纷案②	募集机构存在欺诈销售和未尽适当性义务的行为;投资者在证券投资基金投资人权益须知上签字确认充分理解和认知文中提示的各项风险,其自身就投资损失亦应承担一定的责任	募集机构对投资者损失承担80%的责任,投资者自担20%的损失

① 参见甘肃省兰州市中级人民法院(2019)甘01民终1327号民事判决书。

② 参见安徽省合肥市中级人民法院(2019)皖01民终8545号民事判决书。

续表

案例	主要案情	赔偿比例
李某德与中国工商银行股份有限公司南京新街口支行财产损害赔偿纠纷案①	募集机构未尽适当性义务，以致投资者实际购买了与其风险等级不匹配的产品	募集机构对投资者损失承担100%的责任
任某清与中国农业银行股份有限公司大庆银浪支行财产损害赔偿纠纷案②	募集机构未要求投资者重新填写个人风险承受能力评估问卷，未进行风险评估；投资者非初次购买基金型理财产品、毫无投资经验的投资者	募集机构对投资者损失承担70%的责任，投资者自担30%的损失
谢某清与中国建设银行股份有限公司绵阳滨江路支行证券投资基金交易纠纷案③	未根据投资者风险承受能力向其推介中低风险的理财产品；投资者作为有投资经验的成年人，在购买基金时表明其知悉购买的基金的风险并愿意承担相应的损失和风险	募集机构对投资者损失承担50%的责任，投资者自担50%的损失
招商银行股份有限公司深圳新安支行与吴某苗财产损害赔偿纠纷案④	募集机构向投资者推荐与其风险承受能力不相符的高风险理财产品，未将有关风险评估意见书面告知投资者，未妥善保存有关评估和顾问服务的记录	募集机构对投资者损失承担50%的责任，投资者自担50%的损失
阎某楠、平安银行股份有限公司青岛南京路支行侵犯财产权纠纷案⑤	募集机构未对投资者进行风险承受能力评估，未进行高风险揭示，在未经投资者书面确认的情况下，主动推介不适合的高风险金融衍生品。构成知情权、自主选择服务权、交易安全权的侵权。募集机构对投资者的投资损失应负主要赔偿责任	募集机构对投资者损失承担100%的责任，利息部分未予支持

① 参见江苏省南京市中级人民法院(2017)苏01民终10111号民事判决书。
② 参见黑龙江省大庆市中级人民法院(2017)黑06民终330号民事判决书。
③ 参见四川省绵阳市中级人民法院(2017)川07民终1745号民事判决书。
④ 参见广东省深圳市中级人民法院(2017)粤03民终4424号民事判决书。
⑤ 参见山东省青岛市中级人民法院(2016)鲁02民终4598号民事判决书。

在以往违反投资者适当性义务的案件中，募集机构与投资者分配责任的依据往往是双方的过错程度。法院一般会结合募集机构与投资者各自的过错程度、投资者的经验能力与合理注意义务等因素，酌定赔偿比例。

2019 年 11 月出台的《九民纪要》第 77 条规定："卖方机构未尽适当性义务导致金融消费者损失的，应当赔偿金融消费者所受的实际损失。实际损失为损失的本金和利息，利息按照中国人民银行发布的同期同类存款基准利率计算。"该规定中虽然没有明确提及募集机构需要就违反适当性义务承担全部损害赔偿责任，但是明确实际损失包括损失的本金和利息，这是否会进一步加强募集机构的适当性义务，加重其赔偿责任，有待未来司法实践发展的检验。

五、要点总结与建议

投资者适当性制度是私募基金募集制度的重要一环，募集机构是否切实贯彻投资者适当性管理制度对事后投资风险的产生起着十分重要的作用。在私募基金领域，《私募投资基金监督管理暂行办法》对投资者适当性作出了原则性规定，《私募投资基金募集行为管理办法》规定了投资者适当性的具体要求，而 2017 年 7 月起实施的《证券期货投资者适当性管理办法》与《基金募集机构投资者适当性管理实施指引（试行）》，则进一步完善了基金募集机构在投资者适当性管理制度下的应尽义务。

随着近几年违约事件的频发，在司法层面加强了对投资者适当性的管理，其中 2019 年 11 月最高人民法院发布的《九民纪要》从多个方面强化规范募集机构的销售行为，具体体现在以下几个方面：

（1）总体原则上，《九民纪要》从实质层面要求募集机构履行适当性义务，强调"卖者尽责、买者自负"的原则，规范募集机构的销售行为，强化对投资者的保护；

（2）在责任主体方面，明确代销模式下金融产品的发行人和销售者共同承担责任；

（3）在举证责任方面，投资者仅对其购买产品、遭受损失等事实承担举证责任，是否履行适当性义务的举证责任由募集机构承担，募集机构仅主张"买者自负、风险自担"已经无法完全让其脱责，而应自行举证证明其已经切实履行投资者适当性管理义务；

（4）在投资者适当性基础上还要求募集机构履行告知说明义务，并明确不得简单地以投资者出具的知悉存在风险的函件证明募集机构已履行了告知说明义务；

(5)明确投资者遭受的实际损失包括本金和利息，利息原则上按照央行同期同类存款基准利率计算，募集机构构成欺诈的，在投资者能举证证明合同文本或其他资料载明预期收益率、业绩比较基准或类似约定的，可以约定的预期收益率、业绩比较基准等作为计算利息损失的标准；

(6)募集机构免责的事由范围较窄，只明确规定了投资者主观上故意提供虚假信息、拒绝听取买方机构的建议等自身原因导致投资损失的，募集机构可免除相应责任。

相比于传统操作下的产品风险匹配以及形式风险提示的要求，目前监管层面越来越强调募集机构的卖方责任，司法层面也更容易作出倾向于投资者合法权益的裁判，为此募集机构在销售私募产品时，笔者提供建议如下：

(1)投资者适当性管理已不仅是合同义务或商业伦理，更是法定义务。募集机构在销售产品或服务时，应建立健全投资者适当性管理制度，从实质上对投资者风险识别和承担能力进行评估，借助其他合法途径评估投资者风险识别和承担能力，而不仅依赖于投资者提供的信息，建立合理完善的风险调查问卷等。

(2)投资者适当性义务不仅局限于销售产品前及购买产品时，而应在事前、事中、事后全阶段均应尽到投资者适当性义务，签署前进行风险评估、进行产品匹配、进行合格投资者审查、主动告知说明，签署后给予冷静期、留痕回访，投资运作时及时信息披露并开展自查等环节，均不应忽视。

(3)代销模式下，管理人在与基金销售机构合作前，应特别关注销售机构的资质、内部制度和风险管理体系的建立健全程度，要求基金销售机构严格贯彻落实投资者适当性制度的具体要求。对于包括宣传推介材料、投资者信息、问卷调查表、风险评估结果、风险揭示书、产品销售合同、回访录音录像等在内的募集材料如何保存与存档，因投资者适当性问题导致卖方承担责任时管理人与销售机构责任如何承担等事宜应在合同中明确约定。

(4)妥善保管募集资料，履行留痕的规范要求，并可在投资者主张募集机构责任时作为证据提供，以免除或减轻责任。

第四节　私募基金刑事风险

2015年年初，天津市第二中级人民法院（以下简称天津二中院）发布了《涉私募基金刑事审判白皮书（2013—2014）》。该白皮书显示，2013～2014年，天津二中院辖区法院共审理非法集资刑事案件22件，涉案金额109.95亿元，涉及被害人超过3.7万人，其中有10件上诉到天津二中院进入二审程序。在涉私募基金刑事案件中，非法吸收公众存款罪的定罪率达到了100%。案件发生地分散，影响范围辐射全国。①

近几年，伴随互联网金融的发展，私募基金的刑事犯罪行为也结合了社会发展模式，募资机构违规宣传方式开始借助新兴互联网平台，如微信等现代传播媒介进行宣传，所宣传的私募基金投资行业领域也多为社会新兴热点领域，如养老、创业、科技等。由此可见，涉及私募基金的刑事案件影响广泛，涉案资金总额巨大，宣传内容具有较强迷惑性，给金融秩序稳定以及公众财产安全带来极大危害。

在涉及私募基金的刑事案件中，许多案件在募集方式和对外宣传上存在违法行为，包括但不限于公开推介或变相公开推介私募产品、承诺高额项目收益或保本付息、虚构投资项目、私自挪用资金等行为，而上述行为多发生于募集环节。根据笔者的法律检索，②近几年涉及私募基金的刑事案件的罪名，仍然主要包括非法吸收公众存款罪、集资诈骗罪等非法集资类犯罪。

根据国务院办公厅《关于依法惩处非法集资有关问题的通知》（国办发明电〔2007〕34号），非法集资的主要特征包括：

一是未经有关监管部门依法批准，违规向社会（尤其是向不特定对象）筹集资金。如未经批准吸收社会资金；未经批准公开、非公开发行股票、债券等。

二是承诺在一定期限内给予出资人货币、实物、股权等形式的投资回报。有的犯罪分子以提供种苗等形式吸收资金，承诺以收购或包销产品等方式支付回报；有的则以商品销售的方式吸收资金，以承诺返租、回购、转让等方式给予回报。

① 参见天津市第二中级人民法院：《涉私募基金刑事审判白皮书（2013—2014）》，载微信公众号“中国基金业协会”，2015年5月11日。

② 详见本书第一章第一节“私募基金募集行为概述”。

三是以合法形式掩盖非法集资目的。为掩饰其非法目的,犯罪分子往往与受害者签订合同,伪装成正常的生产经营活动,最大限度地实现其骗取资金的最终目的。

一、非法吸收公众存款罪

我国《刑法》第 176 条规定了非法吸收公众存款罪:"非法吸收公众存款或者变相吸收公众存款,扰乱金融秩序的,处三年以下有期徒刑或者拘役,并处或者单处罚金;数额巨大或者有其他严重情节的,处三年以上十年以下有期徒刑,并处罚金。单位犯前款罪的,对单位判处罚金,并对其直接负责的主管人员和其他直接责任人员,依照前款的规定处罚。"

结合上述规定可知,非法吸收公众存款罪需要满足"非法吸收公众存款或者变相吸收公众存款"以及"扰乱金融秩序"两个构成要件。对于"扰乱金融秩序",有学者认为,只有当行为人非法吸收公众存款,用于货币、资本的经营(如发放贷款)时,才能认定为扰乱金融秩序,否则不成立非法吸收公众存款罪。

(一)非法吸收公众存款罪的构成要件

对于"非法吸收公众存款或者变相吸收公众存款",《非法集资司法解释》第 1 条第 1 款规定:"违反国家金融管理法律规定,向社会公众(包括单位和个人)吸收资金的行为,同时具备下列四个条件的,除刑法另有规定的以外,应当认定为刑法第一百七十六条规定的'非法吸收公众存款或者变相吸收公众存款':

(一)未经有关部门依法批准或者借用合法经营的形式吸收资金;

(二)通过媒体、推介会、传单、手机短信等途径向社会公开宣传;

(三)承诺在一定期限内以货币、实物、股权等方式还本付息或者给付回报;

(四)向社会公众即社会不特定对象吸收资金。"

《非法集资司法解释》第 2 条第 1 款第 6 项规定,不具有募集基金的真实内容,以假借境外基金、发售虚构基金等方式非法吸收资金,符合本解释第 1 条第 1 款规定条件的,应以非法吸收公众存款罪定罪处罚。

结合《非法集资司法解释》的上述规定,可将非法吸收公众存款罪归纳为主体非法性、公开宣传性、承诺投资回报及向社会不特定对象吸收资金四个构成要件,具体要求详见表 1-8。

表1－8　《非法集资司法解释》中四个构成要件的解读

构成要件	规　定	解　读
主体非法性	未经有关部门依法批准或者借用合法经营的形式吸收资金	主体非法性一般表现为两方面：一方面是主体不合法，一般是私募基金管理人本身未在基金业协会办理登记备案手续，无金融许可资质；另一方面是行为方式或内容不合法，部分私募基金管理人虽然已完成登记手续，也并不意味着其具有合法吸收资金的资质。已登记的私募基金管理人在吸收资金的时候，还需要履行基金产品备案、信息披露、监管报备等义务，不得隐瞒或提供虚假信息
公开宣传性	通过媒体、推介会、传单、手机短信等途径向社会公开宣传	“向社会公开宣传”，包括以各种途径向社会公众传播吸收资金的信息，以及明知吸收资金的信息向社会公众扩散而予以放任等情形。 目前伴随互联网金融的不断发展以及私募宣传领域的模式创新，根据现有案例司法实践中关于公开宣传的认定，法院倾向于以宣传信息是否在不特定对象中广为传播作为判断标准，具有一定的灵活性。 不得公开宣传仅针对特定的私募产品或者私募基金项目，募集机构仍然可以通过合法途径公开宣传私募基金管理人的品牌、发展战略、投资策略以及基金业协会公示的已备案募集完毕的私募基金的基本信息
承诺投资回报	承诺在一定期限内以货币、实物、股权等方式还本付息或者给付回报	私募基金投资的本质为风险投资，未来收益具有不确定性，募集机构及其从业人员不得以任何方式承诺投资者资金不受损失，或者以任何方式承诺投资者最低收益或者固定回报。 实践中，以私募基金为名进行的非法吸收公众存款活动，犯罪嫌疑人或被告人一般均会对收益作出承诺，主要方式是按照固定利率标准支付利息，到期还本。因此，行为人是否对投资者作出固定收益或者回报的承诺，构成合法私募与非法集资的重要区别之一

续表

构成要件	规定	解读
向社会不特定对象吸收资金	向社会公众即社会不特定对象吸收资金	合规私募基金的募集对象只能是合格投资者，如果行为人以私募基金为名，却向不特定公众募集资金，则可能构成非法吸收公众存款罪。募集机构在私募基金募集宣传的过程中不得以金融创新的形式和主体资格瑕疵等名义，变相突破合规底线

（二）特殊情形

《非法集资司法解释》第 1 条第 2 款规定，未向社会公开宣传，在亲友或者单位内部针对特定对象吸收资金的，不属于非法吸收或者变相吸收公众存款。但是下列情形不属于《非法集资司法解释》第 1 条第 2 款规定的“针对特定对象吸收资金”，应当认定为向社会公众吸收资金：

1. 在向亲友或者单位内部人员吸收资金的过程中，明知亲友或者单位内部人员向不特定对象吸收资金而予以放任的；

2. 以吸收资金为目的，将社会人员吸收为单位内部人员，并向其吸收资金的。

（三）非法吸收或者变相吸收公众存款的认定条件

非法吸收或者变相吸收公众存款，具有表 1 – 9 中情形之一的，应当依法追究刑事责任。

表 1 – 9　非法吸收或者变相吸收公众存款的认定条件

情形	要求	后果
数额	个人:20 万元以上 单位:100 万元以上	处 3 年以下有期徒刑或者拘役，并处或者单处罚金。 单位犯罪的，对单位判处罚金，并对其直接负责的主管人员和其他直接责任人员，依照前款的规定处罚
对象人数	个人:30 人以上 单位:150 人以上	
给存款人造成直接经济损失数额	个人:10 万元以上 单位 50 万元以上	
其他	造成恶劣社会影响或者其他严重后果的	

具有表1－10中情形之一的，属于《刑法》第176条规定的“数额巨大或者有其他严重情节”。

表1－10 数额巨大或者有其他严重情节

<table>
<tr><th>情 形</th><th>要 求</th><th>后 果</th></tr>
<tr><td>数额</td><td>个人:100万元以上
单位:500万元以上</td><td rowspan="4">处3年以上10年以下有期徒刑，并处罚金。
单位犯罪的，对单位判处罚金，并对其直接负责的主管人员和其他直接责任人员，依照前款的规定处罚</td></tr>
<tr><td>对象人数</td><td>个人:100人以上
单位:500人以上</td></tr>
<tr><td>给存款人造成直接经济损失数额</td><td>个人:50万元以上
单位:250万元以上</td></tr>
<tr><td>其他</td><td>造成特别恶劣社会影响或者其他特别严重后果的</td></tr>
</table>

二、集资诈骗罪

我国《刑法》第192条规定了集资诈骗罪：“以非法占有为目的，使用诈骗方法非法集资，数额较大的，处三年以上七年以下有期徒刑或者拘役，并处罚金；数额巨大或者有其他严重情节的，处七年以上有期徒刑，并处罚金或者没收财产。单位犯前款罪的，对单位判处罚金，并对其直接负责的主管人员和其他直接责任人员，依照前款的规定处罚。”根据该规定可知，集资诈骗罪是指以非法占有为目的，违反有关金融法律、法规的规定，使用诈骗方法进行非法集资，扰乱国家正常金融秩序，侵犯公私财产所有权，且数额较大的行为。

《非法集资司法解释》第4条规定，以非法占有为目的，使用诈骗方法实施《非法集资司法解释》第2条所列的非法吸收公众存款或者变相吸收公众存款的行为的，应以集资诈骗罪定罪处罚。

根据上述规定可知，集资诈骗罪要求行为人具有非法占有目的，而非法吸收公众存款罪则不要求非法占有目的。非法吸收公众存款罪与集资诈骗罪的共同点都是“非法”“吸收了公众的资金”，差异在于集资诈骗罪要求“以非法占有为目的”，两者是法条竞合的关系，前者是普通法条，后者是特殊法条，两者均为非法集资这一类罪名。

(一)“以非法占有为目的”的认定

根据《非法集资司法解释》第4条的规定,使用诈骗方法非法集资,具有下列情形之一的,可以认定为“以非法占有为目的”:

1. 集资后不用于生产经营活动或者用于生产经营活动与筹集资金规模明显不成比例,致使集资款不能返还的;
2. 肆意挥霍集资款,致使集资款不能返还的;
3. 携带集资款逃匿的;
4. 将集资款用于违法犯罪活动的;
5. 抽逃、转移资金、隐匿财产,逃避返还资金的;
6. 隐匿、销毁账目,或者搞假破产、假倒闭,逃避返还资金的;
7. 拒不交代资金去向,逃避返还资金的;
8. 其他可以认定非法占有目的的情形。

(二)主观故意的认定

结合2019年1月30日最高人民法院、最高人民检察院和公安部联合印发的《关于办理非法集资刑事案件若干问题的意见》的规定,应当依据犯罪嫌疑人、被告人的任职情况、职业经历、专业背景、培训经历、本人因同类行为受到行政处罚或者刑事追究情况以及吸收资金方式、宣传推广、合同资料、业务流程等证据,结合其供述,进行综合分析判断犯罪嫌疑人、被告人是否具有犯罪故意。

办案机关在办理非法集资刑事案件中,会特别关注犯罪嫌疑人、被告人是否使用虚假身份信息对外开展业务;是否虚假订立合同、协议;是否虚假宣传,明显超出经营范围或者夸大经营、投资、服务项目及盈利能力;是否吸收资金后隐匿、销毁合同、协议、账目;是否传授或者接受规避法律、逃避监管的方法,等等。

(三)定罪量刑

结合《刑法》第192条可知,集资诈骗罪定罪量刑分为两档:数额较大、数额巨大或者有其他严重情节(见表1-11)。

表 1－11　《刑法》中对集资诈骗罪的定罪量刑

<table>
<tr><th>情节</th><th>行为人</th><th>数额</th><th>后　果</th></tr>
<tr><td rowspan="2">数额较大</td><td>个人</td><td>10 万元以上</td><td rowspan="2">处 3 年以上 7 年以下有期徒刑或者拘役，并处罚金</td></tr>
<tr><td>单位</td><td>50 万元以上</td></tr>
<tr><td rowspan="2">数额巨大或者有其他严重情节的</td><td>个人</td><td>30 万元以上</td><td rowspan="2">处 7 年以上有期徒刑或者无期徒刑，并处罚金或者没收财产</td></tr>
<tr><td>单位</td><td>150 万元以上</td></tr>
</table>

集资诈骗的数额以行为人实际骗取的数额计算，案发前已归还的数额应予扣除。行为人为实施集资诈骗活动而支付的广告费、中介费、手续费、回扣，或者用于行贿、赠与等费用，不予扣除。行为人为实施集资诈骗活动而支付的利息，除本金未归还可予折抵本金以外，应当计入诈骗数额。

三、刑事案例

在笔者检索到的被认定为非法吸收公众存款罪的案例中，法院基本上会依据主体非法性、公开宣传性、承诺投资回报和向社会不特定对象吸收资金四个要件分析是否构成非法集资，大多数的案例具有向社会不特定对象公开宣传推介，突破合格投资者标准及人数并承诺投资回报的共性。同时大量此类案件的发生源于募资的主体被包装为私募基金的形式，而这些募资的主体实质上是不具备私募基金管理人资质或不具备吸收公众资金资质的机构。按照判断主体是否具有吸收资金的资质的不同情形，我们将案例分为以下几种类型。

类型一：私募基金管理人未登记，无吸收存款资质，向社会公开宣传，承诺保本付息

在笔者检索的案例中，大多数案例是行为人在私募基金管理人未登记、私募基金产品未备案，并无金融许可或吸收存款的资质的情况下，假借私募基金的名义，通过网站平台、第三方渠道代销、通过员工对外向社会公开宣传等方式，介绍经其包装过的投资项目，并承诺保本付息；或者通过多家有限合伙企业的形式，向社会不特定对象吸收资金。符合上述情形的，被认定为非法吸收公众存款犯罪的可能性很大。

案例一：曹某林等非法吸收公众存款案①

在本案中，某公司的经营范围为受托管理股权投资基金等，均不含证券期货、保险、金融业务及法律、行政法规、国务院规定需前置审批和禁止的项目，某公司在未经银监会许可的情况下从事金融业务，通过网站平台、第三方渠道代售、拉拢银行客户经理和员工对外向社会公开宣传，承诺按季度付息、到期还本（网站宣传及合伙协议中均有载明），向社会不特定对象吸收资金，应定性为非法吸收公众存款。

案例二：林某非法吸收公众存款、非法拘禁案②

在本案中，某科技有限公司以及某金融服务有限公司由林某成立，前述公司的经营范围均不包括销售私募基金、销售理财产品，亦未取得《中华人民共和国金融许可证》，不具备从事银行业金融机构的业务活动的资格。但前述公司利用互联网媒体宣传、推荐会、电视宣传等形式公开宣传 P2P 网贷平台，向社会公众宣传吸引投资人向该平台上的借款标的进行投资，并承诺有高额利息作为回报。此外，林某成立某基金管理有限公司武汉分公司，该公司经营范围中不包括销售私募基金、销售理财产品。且未登记为私募基金管理人，亦无备案产品。林某指使公司员工以该分公司的名义，通过发送传单等途径向社会公开宣传销售项目投资基金，承诺高额利息，应定性为非法吸收公众存款罪。

类型二：私募基金管理人已登记，基金产品未备案

一般认为，私募基金管理人在基金业协会登记备案，可视为得到基金业协会的认可，具备向不特定对象募集资金的资质。但私募基金管理人登记并非“免死金牌”，实践中，不少已获登记的私募基金管理人，因私募基金产品未备案，并存在公开宣传、保本保收益等情形，私募基金管理人及相关人员也可能被认定为非法集资。

① 参见广东省深圳市福田区人民法院(2016)粤0304刑初631号刑事判决书。
② 参见湖北省武汉市东西湖区人民法院(2018)鄂0112刑初138号刑事判决书。

案例一：上海天蔓投资管理有限公司、朱某等非法吸收公众存款案①

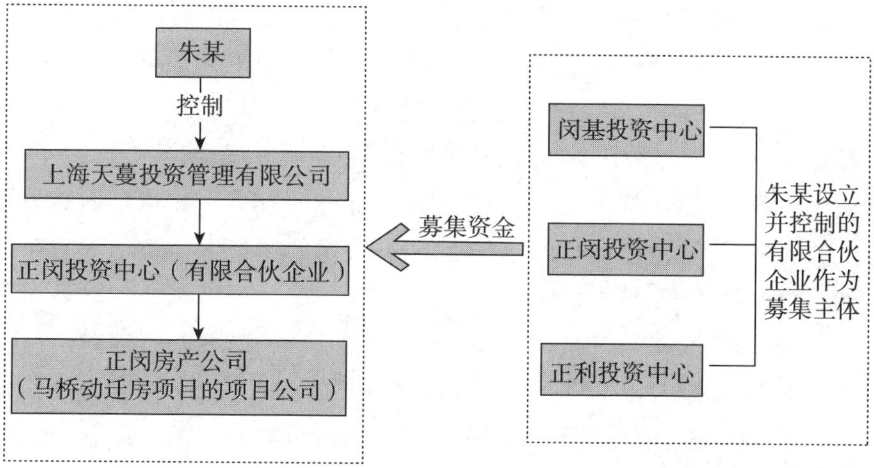

图 1－19　上海天蔓投资管理有限公司、朱某等非法吸收公众存款罪案示意

由图 1－19 可知，在本案中，二审法院认为，被告单位上海天蔓投资管理有限公司以出售三个有限合伙企业份额的方式，向社会公众募集资金的行为完全符合非法吸收公众存款的主体非法性、公开宣传性、承诺还本付息或给付回报、向社会不特定对象吸收资金的特征，并不属于正当的合法的私募行为。

第一，私募基金应备案登记，私募基金管理人必须履行登记备案基金信息的义务，包括基金的名称、成立时间、投资领域等，同时对于投资人应披露投资对象、资产负债、收益分配等重要信息，不得隐瞒或提供虚假信息。本案中所涉基金未进行相关的备案登记，且上诉人朱某控制、支配资金的去向，根本没有向投资人披露所募集资金的真正去向；合伙企业股东方面也仅有正利投资中心的部分人员进行过工商变更登记。上海天蔓投资管理有限公司等涉案相关公司没有存款业务的经营权，其相应的融资行为也未依法履行相关融资法律程序，明显具有非法性特征。

第二，上诉人朱某等人为了规避合伙制基金的人数限制，成立多家有限合伙企业吸收资金，即使从表面上看有的合伙企业的人数没有突破 50 人的人数限制，但实际吸收资金总的人数已远远超过人数上限。本案中，上诉人朱某、孙

① 参见上海市闵行区人民法院（2016）沪 0112 刑初 1545 号刑事判决书、上海市第一中级人民法院（2017）沪 01 刑终 1793 号刑事判决书。

某晔、郭某通过第三方中介和银行理财经理在吸收资金时根本没有了解投资人的财产信息，其集资行为指向根本没有针对性，相反在募集对象的选择上具有普遍性，没有因人而异，只要愿意出资都加以接受，投资人和上诉人之间的关系也仅仅具有利益联系性，明显符合社会性特征。

第三，投资人签订的认购合同、投资推介书、合伙协议、回购协议、有限合伙份额认购书等书证及投资人证言可以证实，上诉人承诺在一定期限内给予投资人固定的回报，并向投资人承诺返本付息，且约定的回报远高于正常的存储或理财产品的收益，符合利诱性特征。

第四，投资人大多通过亲友、邻居、第三方中介的银行经理、理财公司业务员以及上诉人孙某晔、郭某的介绍等“口口相传”的方式知晓上海天蔓投资管理有限公司吸收资金的信息而前来投资，这种口头宣传的方式通过上诉人、知情人、先行投资人对周围人员的广为传播，事实上在不特定人群中构成非法吸存信息的发散性传递，符合非法吸收资金的公开性特征。

此外，本案值得注意的是，被告人孙某晔及其辩护人提出募集文件是由专业律师参与确认的，其对募集资金行为的非法性不是明知。对此一审法院认为：“律师出具的法律意见书并未对该行为给出法律意见，也没有确认朱某、孙某晔等人的吸收资金行为属于合法，相反，法律意见书明确载明融募资行为应当严格遵守各项法律法规、规章与规定，要求融资行为必须在法律法规的框架下进行。授权委托书也仅表明律师代委托人进行工商变更登记事宜，不能据此视为律师作出了对本案的整体吸收资金行为认定合法的意见。”虽然本案中法院并未接受被告人的上述观点，但若参与项目的律师对募集行为作出认定合法的意见，则可能导致相关律师也牵涉其中。因此相关从业人员及中介机构人员在参与相关项目时，务必警惕执业过程中的风险。

案例二：中投互联（北京）股权投资基金管理有限公司与禾中控股集团有限公司战略合作非法吸收资金系列案件①

在本系列案件中，中投互联（北京）股权投资基金管理有限公司（以下简称中投互联）是在基金业协会登记的私募基金管理人，2016 年中投互联与禾中控

① 参见毛某龙非法吸收公众存款一审刑事判决书[北京市石景山区人民法院（2018）京 0107 刑初 150 号]、程某非法吸收公众存款一审刑事判决书[北京市石景山区人民法院（2018）京 0107 刑初 336 号]、丁某等非法吸收公众存款一审刑事判决书[北京市石景山区人民法院（2018）京 0107 刑初 361 号]、查某昆非法吸收公众存款一审刑事判决书[北京市石景山区人民法院（2018）京 0107 刑初 337 号]等。

股集团有限公司签订战略合作协议，中投互联出资人民币 4 亿元入股禾中控股集团有限公司。后中投互联以未在基金业协会备案的“中西凤祥专项投资基金计划”“中国（酒泉）种子产业园项目”，由被告人毛某龙为负责人，被告人程某、王某鹏、丁某为小团队投资经理，以及投资经理分别推荐的下线业务员查某昆等组成业务人员，通过在商场、超市等人口密集区发放传单、在酒店举办推介会等形式，向社会公众公开宣传，并承诺到期返本且给付半年期投资利息 18%、一年期投资 24% 的高额利息，与投资人签订《委托理财协议》（见图 1－20）。

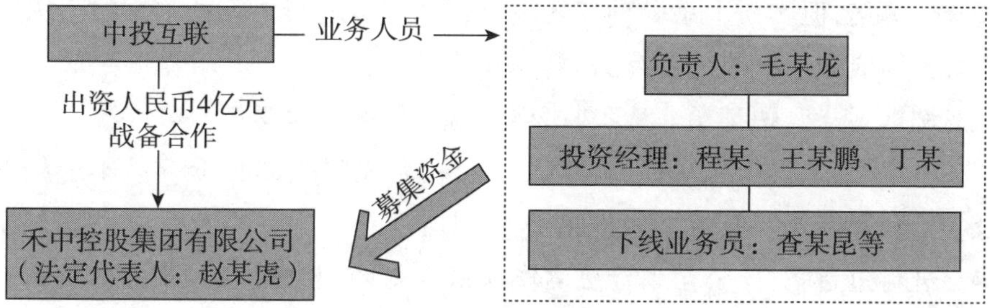

图 1－20　中投互联与禾中控股集团有限公司战略合作非法吸收资金系列案件示意

法院经审理认为，被告人毛某龙、程某、王某鹏、丁某以及查某昆的行为已构成非法吸收存款罪，且数额巨大，依法应予惩处。

类型三：私募基金管理人已登记，产品亦备案

此类案件中，虽然私募基金管理人已获得基金业协会登记备案，涉案的部分基金亦进行了登记备案，但是法院会从募集资金的方式和对象等方面综合判断是否构成非法集资。以私募基金形式开展的业务在合格投资者、发行人数以及资金使用等方面均明显违反了私募基金管理的有关规定，且未按法定要求将募集资金情况在基金业协会备案，存在刻意隐瞒的行为，除了民事责任、行政责任之外，亦可能面临一定刑事风险。

案例一：李某坚非法吸收公众存款案①

在本案中，虽然奥信创投公司于 2014 年 6 月取得私募投资基金管理人资格，被告人王某亦在中国证券投资基金业协会对涉案的部分基金进行了登记备

① 参见湖北省武汉市江岸区人民法院（2019）鄂 0102 刑初 269 号刑事判决书。

案,但是法院认为本案中,从公司募集基金的方式上看,相关基金均是通过公司的业务员或者第三方公司、银行等人员,以互联网、朋友相传等多种方式,向不特定公众宣传募集的;从基金收益上看,募集基金的宣传材料中均有保本付息性质的宣传;从募集对象上看,未对投资人的资产规模、收入水平、风险承担能力进行核实,本案涉案的集资参与人约有70%以上不符合私募基金的合格投资者要求。综上所述,被告人李某坚等人以公开宣传的方式向不特定对象发售私募基金,且向集资参与人承诺保本付息,涉案基金虽采取成立有限合伙的形式进行资金募集,但实质上系一种变相吸收公众存款的行为。故本案被告人李某坚的行为构成非法吸收公众存款罪。

案例二:张某、闫某星非法吸收公众存款、集资诈骗案①

在本案中,上诉人张某提出,其以B公司名义吸收的公众存款不应构成非法吸收公众存款罪。其辩护人提出B公司所涉6个项目中有4个在中国基金业协会进行过备案,B公司系合法运作项目,不具有非法性,张某的行为不符合司法解释关于非法吸收公众存款罪的四个要件,其行为不构成非法吸收公众存款罪。

法院认为,基金业协会对私募登记备案的信息不做实质性事前审查,公示信息也不构成对私募基金管理人投资管理能力及持续合规情况的一种认可。张某等人为了规避合伙制基金的人数限制,成立多家合伙企业吸收资金,从表面上看各个合伙企业的人数没有突破有限合伙制基金合伙人50人的人数限制,但总的人数已远远超过人数上限。此外,上诉人在吸收资金时根本没有了解投资人的财产信息,其集资行为指向根本没有针对性,采取的主要是口口相传的方式放任吸收资金的信息在不特定的范围内传播,明显具有公开性。事实上,上诉人设立"资金池",募集的资金远远大于备案注册的金额,上诉人控制、支配资金的去向,根本没有向投资人披露所募集资金的真正去向。因此,B公司虽然有3只基金注册备案过,但其在募资运作上明显违反私募的相关法律规定,亦不符合私募的本质特征,不能认定其为合法。

类型四:以非法占有为目的,欺诈受害者,构成集资诈骗罪

如前文所述,非法吸收公众存款罪与集资诈骗罪的共同点都是"非法""吸

① 参见上海市第一中级人民法院(2017)沪01刑终1025号刑事裁定书。

收了公众的资金”，差异在于集资诈骗罪要求“以非法占有为目的”。在非法集资犯罪中，犯罪嫌疑人、被告人大多会通过虚构私募基金、投资项目或虚构担保承诺等方式，欺诈投资者，以达到非法占用的目的。募集的资金必须用于约定的投资项目，投资人正是基于对管理人及投资项目的信任才作出投资决定的，未专款专用则改变了投资人交付资金的本意，动摇了合法性的根基。因此，司法实践的裁判规则中，判定资金是否用于表明的项目是认定非法吸收公众存款罪的重要依据，而款项的具体用途、走向则是判断集资诈骗罪中“非法占有目的”的重要客观表现。

案例：刘某清等集资诈骗案[①]

在本案中，王某平作为荣信公司的实际控制人，在刘某清的协助下，明知荣信公司无实际经营项目和资金偿付能力，使用虚构的房产抵押债权及不具备担保资质的德盛昌公司作虚假担保，以承诺高额返利、到期返本付息为诱饵，与被害人签订《出借咨询与服务协议》，其后擅自改变并隐瞒资金用途造成被害人损失。一审法院认为：“被告人王某平以非法占有为目的，使用诈骗方法非法集资，数额特别巨大，其行为已构成集资诈骗罪；被告人刘某清向社会公众吸收资金，扰乱金融秩序，数额巨大，其行为已构成非法吸收公众存款罪。”

四、要点总结与建议

私募基金具有吸收存款的特征，如果私募基金管理人或其从业人员突破私募的限制，公开对外宣传向公众募集资金，通过虚构投资项目、承诺保本保收益等手段，吸收不特定对象资金，则很容易构成非法集资罪，受到刑事处罚。

在司法实践中，法院基本上会依据主体非法性、公开宣传性、承诺投资回报和向社会不特定对象吸收资金四个要件分析私募基金或与其相关单位、人员是否构成非法集资，大多数的案例具有向社会不特定对象公开宣传推介，突破合格投资者标准及人数并承诺投资回报的共性。

从私募基金募集机构的主体资质来看，大量非法集资案件的发生源于募资的主体被包装为私募基金的形式，而这些募资的主体实质上是不具备私募基金管理人资质或不具备吸收公众资金资质的机构，大多数私募基金管理人实际上并未在基金业协会进行登记，或者私募基金产品未在基金业协会备案。

---

① 参见北京市第三中级人民法院（2017）京03刑初149号刑事判决书。

不过,也有案例在私募基金管理人已登记、私募基金产品已备案的情况下,由于私募基金管理人以私募基金形式开展的业务在合格投资者、发行人数以及资金使用等方面均明显违反了私募基金管理的有关规定,且未按法定要求将募集资金情况在基金业协会备案,存在刻意隐瞒的行为,故仍认定为非法集资。这告诫我们,不可仅凭私募基金管理人已登记、产品已备案这一点,便以为不存在刑事风险。私募基金管理人登记、产品备案是基金业协会监管下的自律性要求,但管理人已登记、产品已备案不代表对其资质的保证,不代表投资不存在风险。基金业协会在 2019 年 12 月最新发布的《私募投资基金备案须知》(2019 年版)中也再次强调,协会为私募投资基金办理备案不构成对私募投资基金管理人投资能力的认可,亦不构成对管理人和私募投资基金合规情况的认可,不作为对私募投资基金财产安全的保证。投资者应当自行识别私募投资基金投资风险并承担投资行为可能出现的损失。

从管理人的主体性质来看,结合笔者检索的涉及私募基金管理人的刑事案例,笔者发现涉案基金管理人大多为自然人或民营企业,民营背景的私募基金管理人在一定程度上更易引发私募基金刑事风险。这反映了目前我国金融市场中,民营企业所能获得的金融机构融资资源有限,"融资难""融资贵"等问题迫使民营企业选择监管弹性较大、资金成本较高的融资途径,进而触及刑事犯罪的红线。

从涉案人员来看,非法集资犯罪的重点惩处对象是管理人的组织者、领导和管理人员,涉及上下级单位的核心管理层或骨干人员,包括项目负责人、投资经理或销售经理等。不过在实践中,不乏销售人员、业务人员甚至是法律从业人员牵扯至刑事案件中的案例。由此可见,私募基金相关从业人员在私募基金运作过程中需要注意执业风险,提高法律意识,认清私募与公募的边界,不可存投机与侥幸心理以求规避个人的刑事责任。

鉴于私募基金存在上述刑事风险,除私募基金相关从业人员应当注重执业风险外,对于投资者来说,在投资相关私募基金前,应做好相关尽职调查及背景调查,理性投资,不可盲目相信发行人、管理人保本保收益的相关承诺,从而避免步入投资陷阱。

附:非法集资犯罪热点分析——《关于办理非法集资刑事案件若干问题的意见》

2019 年 1 月 30 日,最高人民法院、最高人民检察院和公安部联合印发《关于办理非法集资刑事案件若干问题的意见》,并在其发布会上进行记者问答,强调将加强对投资理财、私募股权等新兴领域非法集资犯罪的监管,旨在惩治非法吸收公众存款、集资诈骗等非法集资犯罪活动,维护国家金融管理秩序,保护公民、法人和其他组织合法权益。在现今私募基金管理人频频触及刑事犯罪红线、投资者权益难以保障的情形下,该意见的出台对于规制私募基金领域刑事犯罪具有指导意义。

(一)要点梳理

1. 非法集资的“非法性”认定依据

认定“非法性”应当以国家金融管理法律法规作为依据。对于国家金融管理法律法规仅作原则性规定的,可以参考央行、银保监会、证监会等行政主管部门依照国家金融管理法律法规制定的部门规章或者国家有关金融管理的规定、办法、实施细则等规范性文件的规定予以认定。

2. 主观故意的认定

明确应当依据犯罪嫌疑人、被告人的任职情况、职业经历、专业背景、培训经历、吸收资金方式等证据,进行综合分析判断。犯罪嫌疑人、被告人使用诈骗方法非法集资,符合相关司法解释规定的,可以认定为集资诈骗罪中“以非法占有为目的”。

在办理非法集资刑事案件时,办案机关会根据案件具体情况注意收集运用涉及犯罪嫌疑人、被告人的以下证据:是否使用虚假身份信息对外开展业务;是否虚假订立合同、协议;是否虚假宣传,明显超出经营范围或者夸大经营、投资、服务项目及盈利能力;是否吸收资金后隐匿、销毁合同、协议、账目;是否传授或者接受规避法律、逃避监管的方法,等等。

3. 犯罪数额的认定

针对向亲友等特定对象吸收的资金以及重复投资的资金是否计入犯罪数额的问题,明确了向亲友或者单位内部人员吸收的资金应当计入犯罪数额的三种情形。具体情形如下:

(1)在向亲友或者单位内部人员吸收资金的过程中,明知亲友或者单位内部人员向不特定对象吸收资金而予以放任的;

(2)以吸收资金为目的,将社会人员吸收为单位内部人员,并向其吸收资金的;

(3)向社会公开宣传,同时向不特定对象、亲友或者单位内部人员吸收资金的。

该意见明确集资参与人收回本金或者获得回报后又重复投资的数额不予扣除,但可以作为量刑情节酌情考虑。

4. 对涉案财物追缴处置的方式

非法集资刑事案件往往集资参与人数量众多,非法吸收的资金数额巨大,多数案件是因资金链断裂后才案发,追赃挽损难度极大。实践中最大的难点是涉案财物追缴和资产处置问题。根据刑法的规定,犯罪分子违法所得的一切财物,应当予以追缴或者责令退赔;对被害人的合法财产,应当及时返还。

一是明确追缴或者责令退赔的范围。向社会公众吸收的资金属于违法所得,应当予以追缴或者责令退赔。对审判时尚未追缴到案或者尚未足额退赔的违法所得,人民法院应当判决继续追缴或者责令退赔。

二是明确了涉案财物的处置方式。对于查封、扣押、冻结的涉案财物,一般在诉讼终结后,返还集资参与人。涉案财物不足全部返还的,按照集资参与人的集资额比例返还。对于分别处理的跨区域非法集资刑事案件,按照统一制定的方案处置涉案财物。退赔集资参与人的损失一般优先于其他民事债务以及罚金、没收财产的执行。

三是明确了追缴处置涉案财物的工作机制。人民法院对涉案财物依法作出判决后,有关地方和部门应当在处置非法集资职能部门统筹协调下,切实履行协作义务,综合运用多种手段,做好涉案财物清运、财产变现、资金归集、资金清退等工作,确保最大限度追赃挽损,最大限度减少实际损失。

5. 宽严相济刑事政策

宽严相济是一项基本刑事政策。这次制定出台的最高人民法院、最高人民检察院、公安部《关于办理非法集资刑事案件若干问题的意见》进一步明确了宽严相济刑事政策把握问题。

在办理非法集资刑事案件中,主要从以下几方面贯彻宽严相济政策精神:

一是严格把握定罪处罚的法律要件,防止将经济纠纷作为经济犯罪处理。对于非法吸收公众存款,主要用于正常的生产经营活动,能够及时清退所吸收资金的,可以免予刑事处罚;情节显著轻微的,不作为犯罪处理。

二是按照区别对待的原则,对涉案人员分类处理。重点惩处非法集资犯罪活动的组织者、领导者和管理人员,包括单位犯罪中的上级单位(总公司、母公司)的核心层、管理层和骨干人员,下属单位(分公司、子公司)的管理层和骨干人员，以及其他发挥主要作用的人员。对于参与非法集资的普通业务人员，一般不作为直接责任人员追究刑事责任。

三是切实贯彻认罪认罚从宽制度，最大限度地体现政策精神。对于涉案人员积极配合调查、主动退赃退赔、真诚认罪悔罪的，可以依法从轻处罚；其中情节轻微的，可以免除处罚；情节显著轻微、危害不大的，不作为犯罪处理。

（二）小结

《关于办理非法集资刑事案件若干问题的意见》从整体上看，在考虑到互联网金融创新对于非法集资类犯罪行为的方式以及渠道影响，结合司法实践对于非法集资类犯罪定性、案涉资产追缴与处置工作的效能提高等方面具有良好的指导意义。

第二章

私募基金设立筹备阶段常见纠纷

第一节　私募基金管理人的信义义务

一、管理人信义义务的内涵及产生原因

基金法律关系的本质是“受人之托，代人理财”。投资人基于对管理人的信任，将财产委托给管理人，管理人接受投资人的委托，进行投资、运作、管理活动。基金管理人是基金的灵魂，在私募基金管理中处于核心与不可或缺的地位，他们在私募基金管理运作过程中控制投资人的资金并作出投资决策，但由投资人承担投资结果。

在管理人主导投资决策并掌控投资情况收益信息的情况下，管理人违规操作，怠于提供服务，滥用权力甚至从事欺诈行为，会极大损害投资者利益，引发道德风险。正如中国政法大学胡继晔教授所言，正是基于受托人角色，管理人在进行管理时会面对操纵市场获得潜在利益的诱惑，这与其本身承担的为受益人获取最高利益的职责相悖。如果没有强制性忠实义务对资产管理人行为加以监督和约束，受益人利益受损的可能性将大大提高。①

虽然私募基金针对的投资人大多为“具有商务知识和投资经验，有能力评估投资价值和风险”的投资人，私募基金并非如公募基金一般作为普罗大众的理财渠道，理论上应对其贯彻相对自治和宽松的监管原则(原则上不应对私募基金管理人施加如公募基金管理人严苛的义务)，但这不意味着私募基金监管法规未课以管理人职责。私募基金管理人主导基金运作，违规操作、损害投资

① 胡继晔:《金融机构资产管理中受托人信义义务简析》，载《清华金融评论》2018 年第 3 期。

人利益的风险天然存在。特别是近几年由于私募基金管理运作不规范，"爆雷"等风险事件频发，其中相当比例是私募基金管理人恶意欺诈或存在重大过错所致。因此，兑付危机的出现或者其他资管合同纠纷的产生跟管理人信义义务的履行有着十分紧密的联系。

鉴于基金管理人存在滥用权力或者懒惰懈怠的风险，投资人很难完全通过约定和市场的方式来规避这种风险和保护自己的利益，因此需要法律干预约束管理人的行为。基金管理人受托为他人管理事务与财产，负有为他人利益行事的义务，而管理人与投资人之间的关系通常建立在投资人对管理人的信任与信赖基础上，理论上称为"信义关系"。投资人基于信任，给予基金管理人管理和控制的权力，确保管理人有一个具有可强制执行的受托责任，要求管理人为投资人利益行事，限制或禁止管理人滥用权力损害投资人利益。管理人上述受托责任的基础就是信义义务(fiduciary duty)。[①]

信义义务源自英国衡平法。在18世纪晚期，英国衡平法院在对信义关系提供救济时所用的一般原则是："如果有人对另外一人给予了信任，而该信任被后者滥用，衡平法院将予以救济。"从实质看来，无论基金采取何种组织形式，投资人都是基于对管理人的信任将资金交给基金管理人，依赖基金管理人的专业水平进行投资，虽然对投资人与基金管理人的关系是否为信托关系尚待商榷，但将二者关系认定为信义关系应无异议。[②]

信义义务是基金行业的灵魂和根基。信义义务为基金管理人提供了行为标准，也为约束基金管理人提供了事后裁量的依据。基金管理人应恪守信义义务，将投资者的利益置于首位，始终将投资者的利益最大化作为基金活动的行为准则。当事人之间无法在事前预测未来每一种可能发生的事件并达成合意，当合同未约定或约定不明时，信义义务作为法定的义务起到填补空白的作用。就监管层面而言，信义义务可作为监管层在行为规范层面引导管理人行为的依据；就司法层面而言，法院亦可通过信义义务的原则鉴别管理人是否存在过错。[③]

---

① 参见赵明：《大资管背景下信托公司的信义义务》，载《海南金融》2018年第8期。

② 信义关系是信托关系的上位概念，信义关系的含义和外延均大于信托关系。信托关系是典型的一种信义关系，除信托关系之外，某些关系也是将自己的事务或者财产置于他人的控制之下，以实现个人利益保持或升值的目的，亦属于信义关系，如董事与公司、合伙人之间、清算人与企业、父母与子女、医生与病人之间的关系。

③ 参见基金业协会：《基金管理人信义义务研究(上)》，载微信公众号"中国基金业协会"，2019年6月4日。

二、管理人信义义务的规范现状

(一)管理人信义义务的原则性规定

表2-1 管理人信义义务的原则性规定

颁布时间	法律法规	规定
2015年4月24日	《证券投资基金法》(2015年修订)	第9条第1款 基金管理人、基金托管人管理、运用基金财产,基金服务机构从事基金服务活动,应当恪尽职守,履行诚实信用、谨慎勤勉的义务
2014年8月21日	《私募投资基金监督管理暂行办法》	第4条第1款 私募基金管理人和从事私募基金托管业务的机构(以下简称私募基金托管人)管理、运用私募基金财产,从事私募基金销售业务的机构(以下简称私募基金销售机构)及其他私募服务机构从事私募基金服务活动,应当恪尽职守,履行诚实信用、谨慎勤勉的义务
2017年8月30日	《私募投资基金管理暂行条例(征求意见稿)》	第3条 从事私募基金业务,应当遵循自愿、公平、诚实信用原则,维护投资者合法权益,不得损害国家利益、社会公共利益或者他人合法权益。 私募基金管理人和私募基金托管人管理、运用私募基金财产,私募基金服务机构从事私募基金服务活动,应当诚实守信、谨慎勤勉
2018年4月27日	《资管新规》	二、资产管理业务是指银行、信托、证券、基金、期货、保险资产管理机构、金融资产投资公司等金融机构接受投资者委托,对受托的投资者财产进行投资和管理的金融服务。金融机构为委托人利益履行诚实信用、勤勉尽责义务并收取相应的管理费用,委托人自担投资风险并获得收益。金融机构可以与委托人在合同中事先约定收取合理的业绩报酬,业绩报酬计入管理费,须与产品一一对应并逐个结算,不同产品之间不得相互串用。 八、金融机构运用受托资金进行投资,应当遵守审慎经营规则,制定科学合理的投资策略和风险管理制度,有效防范和控制风险。 金融机构应当履行以下管理人职责: (一)依法募集资金,办理产品份额的发售和登记事宜。 (二)办理产品登记备案或者注册手续。 (三)对所管理的不同产品受托财产分别管理、分别记账,进行投资。

续表

颁布时间	法律法规	规　　定
		（四）按照产品合同的约定确定收益分配方案，及时向投资者分配收益。 （五）进行产品会计核算并编制产品财务会计报告。 （六）依法计算并披露产品净值或者投资收益情况，确定申购、赎回价格。 （七）办理与受托财产管理业务活动有关的信息披露事项。 （八）保存受托财产管理业务活动的记录、账册、报表和其他相关资料。 （九）以管理人名义，代表投资者利益行使诉讼权利或者实施其他法律行为。 （十）在兑付受托资金及收益时，金融机构应当保证受托资金及收益返回委托人的原账户、同名账户或者合同约定的受益人账户。 （十一）金融监督管理部门规定的其他职责。 金融机构未按照诚实信用、勤勉尽责原则切实履行受托管理职责，造成投资者损失的，应当依法向投资者承担赔偿责任

2013年生效的《证券投资基金法》将非公开募集资金设立证券投资基金纳入适用范围，其中第9条对管理人的职责作出了原则性的规定，即“基金管理人、基金托管人管理、运用基金财产，基金服务机构从事基金服务活动，应当恪尽职守，履行诚实信用、谨慎勤勉的义务”。而对于私募基金管理人职责的原则性规定，直至2014年证监会出台的《私募投资基金监督管理暂行办法》才得以明确。《私募投资基金监督管理暂行办法》第4条规定“私募基金管理人……应当恪尽职守，履行诚实信用、谨慎勤勉的义务”，对私募基金管理人的义务作出了原则性要求。

2017年8月30日，国务院发布的《私募投资基金管理暂行条例（征求意见稿）》第3条第2款规定，“私募基金管理人和私募基金托管人管理、运用私募基金财产，私募基金服务机构从事私募基金服务活动，应当诚实守信、谨慎勤勉”。2018年4月27日发布的《资管新规》同一金融机构资产管理业务监管标准，明确了诚实信用、勤勉尽责切实履行受托管理职责的原则。至此基本确定了我国私募基金管理人以“恪尽职守、诚实信用、勤勉尽责”为原则履行受托管理职责这一信义义务的雏形。

2019年12月23日,基金业协会发布《私募投资基金备案须知》,对私募基金备案审核实践中凸显问题作出回应。作为一项自律规则,《私募投资基金备案须知》结合私募基金领域的监管实践及问题,明确了私募基金备案的总体要求,并结合私募证券、股权、资产配制基金等不同特点提出了具体要求。在《私募投资基金备案须知》中,基金业协会强调管理人应遵循诚实信用、勤勉尽责原则,并规定管理人尽职尽责的具体要求,这是对管理人应尽的信义义务的规定。

(二)管理人信义义务规范的不足

目前我国对基金管理人的信义义务的规范还不完善,尽管多项法规均规定了基金管理人"恪尽职守、诚实信用、谨慎勤勉"的原则,但是在法律与行政法规层面,《私募投资基金管理暂行条例(征求意见稿)》尚未获得通过,立法与监管中对管理人职责和义务的规定与落实跟不上实践发展的步伐。目前我国管理人信义义务规范的不足主要体现在以下几个方面:

首先,目前对管理人信义义务规范的表述比较笼统,可操作性有所不足。由于我国长期以来施行金融行业分业监管的模式,我国对私募基金管理人义务的规制分散于众多法律、法规、规章以及规范性文件中,有法律的强制性规范,也有自律性规则,还有当事人之间的约定。但是在法律、行政法规层面缺乏明确可预见的包容性的普遍规则,对义务性规定多为原则性概括,同时对于义务尺度高低未形成统一认识,现行关于管理人信义义务的规范存在重复规制、规制遗漏、强度不均等问题。

其次,将信义义务与诚实信用原则混淆,实际上降低了对管理人行为的要求。就实质内容而言,诚实信用的内涵为不违背允诺和不故意损害他人,而信义义务要求受托人在履行职责过程中以受益人最佳利益为行动出发点,这种行为标准超越了公正和诚实的要求。诚实信用作为信义义务的强制性内核,仅构成信义义务最低限度的要求。①

最后,从监管的角度来看,虽然监管规范可在一定程度上规制管理人的行为,但是行业监管与民事主体之间法律义务关系的界定是两个不同的逻辑。

---

① 参见基金业协会:《基金管理人信义义务研究》,载微信公众号"中国基金业协会",2019年6月14日;朱圆:《论信义法的基本范畴及其在我国民法典中的引入》,载《环球法律评论》2016年第2期。

《私募投资基金管理暂行条例(征求意见稿)》的难产,上位法适用范围的限制,导致根据民商事法律的基础理论,对各方之间的民事权利义务关系进行审查存在困境。此外,对于管理人信义义务的规范究竟是任意性规定还是强制性规定,学界与司法实践的观点均存在争议。在信义义务具体规则存在重复规制、规制遗漏、强度不均等情况下,对管理人违反信义义务进行追责时,缺乏相应的请求权基础,在实践运用中争议较大。

因此,我国当前大资管背景下,无论是从资产管理规范的要求上还是司法实践的需要上,基金管理人的信义义务能否发挥实际作用让人质疑。《资管新规》针对资管产品统一管理,提出打破刚性兑付、禁止期限错配与"资金池"、禁止多层嵌套等系列监管措施,基金管理人应当更加慎重尽责,信义义务规范的内容以及责任的承担应当清晰明确,才能确保资管业务的正规化。

三、管理人信义义务的具体内涵

理论上,信义义务既要求管理人不得滥用权力为己谋利,又要求管理人尽到合理注意义务防止疏忽大意带来不必要的风险和损失。因此,一般认为,基金管理人的信义义务包含两部分,即管理人的忠实义务(duty of loyalty)及注意义务(duty of care)。管理人的忠实义务及注意义务是对管理人义务的概括性要求,管理人要始终把投资人的利益放在第一位,防止利益冲突损害投资人利益,并审慎进行投资,勤勉尽责。

(一)忠实义务

忠实义务是与管理人滥用受托财产和权力引致风险相关的义务。忠实义务要求管理人以投资人的利益为唯一出发点和归宿,不得在处理事务时滥用其优势地位考虑自己的或其他人的利益或图利他人,使投资人的权益招致损害,其核心是管理人不能将自己的私利置于与投资人利益相互冲突的位置。①

《私募投资基金备案须知》(2019 年版)第 3 条规定了管理人的职责,即管理人应当遵循专业化运营原则,不得从事与私募投资基金有利益冲突的业务。管理人应当按照诚实信用、勤勉尽责原则切实履行受托管理职责,不得将应当履行的受托人责任转委托。私募投资基金的管理人不得超过一家。该规定体

① 参见孔国荣:《对证券投资基金忠实义务的法律规制探讨》,载《法学论坛》2009 年第 2 期。

现了忠实义务的内涵，强调管理人不能从事与私募基金利益相冲突的业务。当管理人的个人利益与受托职责可能互相冲突时，没有投资人事先授权或同意，管理人不得做出与投资人利益相冲突的行为。

在民商法领域，市场交易公平自由的原则要求交易各方遵守诚实信用的原则，而忠实义务比诚实义务的要求更为严苛，除了诚实守信之外，还要求管理人为投资者履行受托职责时压抑自我利益，恪尽职守，忠于尽责。

根据忠实义务的内涵，其主要包括禁止欺诈义务、公平对待义务、不转移管理义务、公平交易义务等内容，见表 2－2。

表 2－2　忠实义务的具体内涵①

义务	内　　涵	主要阶段
禁止欺诈义务	禁止欺诈义务要求管理人在募集资金、推介基金产品时客观反映私募基金的重要特性和关键事实和信息，充分提示风险，不得违规承诺保本保收益、片面夸大宣传业绩、误导投资者，不得向投资者推介与其风险承受能力不相匹配的产品，不得向社会公开宣传，禁止在推介过程中欺诈投资者	募集阶段
公平对待义务②	一方面要求管理人公平对待每一个投资人，避免投资人之间的利益冲突。不过，笔者认为，对于实践中常见的分级安排，不同投资人之间的收益分配顺序和比例存在差异，管理人在充分说明上述安排并获得投资人同意的情况下，应尊重投资人之间的收益安排	募集阶段、退出阶段
	另一方面要求管理人公平对待其管理的不同基金产品，保证对各基金投入同等的管理时间、精力和同质量的服务，向投资者披露潜在利益冲突的情况。在管理人管理的多只基金产品之间实现公平分配，防范利益输送和利益冲突。例如，实践中时有发生的“募后期还前期”的情形，即是违反公平对待义务的表现	管理阶段、退出阶段

① 参见肖宇、许可：《私募股权基金管理人信义义务研究》，载《现代法学》2015 年第 6 期。

② 基金业协会《私募投资基金备案须知》第 36 条规定，【防范不同基金间的利益冲突】管理人应当公平地对待其管理的不同私募投资基金财产，有效防范私募投资基金之间的利益输送和利益冲突，不得在不同私募投资基金之间转移收益或亏损。在已设立的私募股权投资基金尚未完成认缴规模 70% 的投资（包括为支付基金税费的合理预留）之前，除经全体投资者一致同意或经全体投资者认可的决策机制决策通过之外，管理人不得设立与前述基金的投资策略、投资范围、投资阶段均实质相同的新基金。

续表

义务	内　　涵	主要阶段
不转移管理义务	管理人的能力和经验往往是投资人决定是否投资的重要因素，因此不转移管理义务要求管理人亲自履行管理义务。但是不转移管理义务并不代表管理人任何事宜均应亲自处理，例如在募集环节管理人可委托有销售资质的机构销售基金产品，同时规定管理人与代销机构承担连带责任，以防范管理人以委托销售机构代销为由撇清自身责任	管理阶段
公平交易义务	在投资阶段，公平交易义务发生的常见情形为管理人管理的多只基金，或者管理人自身与基金产品同时投资于一家公司，这种情况下他们同处于交易的一边，各方之间可能出现利益争夺或厚此薄彼的情形。目前对于利益冲突交易并非禁止，而是要求管理人在履行职责时，应遵循投资人利益优先的原则。 实践中，管理人跟投项目的情形较为常见，这一般是为了化解管理人因未出资或出资少，收取较低固定管理费而消极推卸责任的矛盾，不过与此同时，管理人"跟投"情形下，也极易产生管理人选择对其最有利的投资项目，而非对投资人最有利的安排。如果将管理人和投资人的利益绑在一起，对管理人来说既是激励又是约束。判断跟投是否违反公平交易义务，关键看管理人是否将其个人财产与基金财产混同，违背基金财产独立性	投资阶段
	在退出阶段，对于股权转让、并购退出等有交易对手的退出方式，需要管理人以投资者利益最大化为原则，结合转让退出的具体方式（如管理层收购、合作方收购、原股东回购、第三方受让等）、转让价款、转让时点、转让条件等方面，权衡交易价格是否公平公正	退出阶段

（二）注意义务

注意义务是与管理人不当履行造成损失相关的义务，其要求管理人以合理的注意，尽其能力，勤勉地从事管理行为，在充分了解所有可合理取得的重要信息后，方能作出决定。[①] 管理人的注意义务是对管理人能力上的要求，即指管理人在投资时应审慎、勤勉、具有专业水平，在获得最大投资收益的同时，尽可能

① 参见许可：《私募基金管理人义务统合论》，载《北方法学》2016 年第 2 期。

地避免一切风险。

那么管理人履行审慎、注意义务时，应达到何种标准？对此，英美法对“谨慎投资的一般标准”作出过规定，即受托人有义务根据信托的目的、条件、分配要求及其他条款按一位谨慎投资者应有的方式处理信托事务，包括设计投资策略，分散投资、谨慎决定以及广泛的自由裁量权。[①] 换言之，在履行注意义务时，应按照自身进行投资时应达到的注意义务程度。

1995 年为了统一美国各州在谨慎投资者规则立法上的差异，美国统一州法律委员会（National Conference of Commissioners on Uniform State Laws）通过了《统一谨慎投资者法》（Uniform Prudent Investor Act）。根据该法案，审慎投资者规则包括客观标准（objective standard）、[②]注意义务标准（standard of care）[③]和投资组合标准（portfolio strategy）。[④]

客观标准要求信托受托人应像侵权法中的理性人一样，如同一位审慎的受托人一样对信托财产进行投资与管理；注意义务标准则要求信托受托人在管理信托资产时要考虑信托设立的目的、信托条款、分配要求以及有关信托的其他情况；投资组合标准要求受托人不能孤立地作出投资决策，而应考虑整个信托投资组合的背景，将其作为具有合理适合于信托的风险和回报目标的整体投资战略的一部分。

根据注意义务的内涵，其主要包括审慎投资义务、信息披露义务和合法行事义务等内容，见表 2－3。

---

① 参见陈斌彬：《“谨慎投资者规则”与我国基金管理人注意义务的法律完善》，载《现代财经》（天津财经大学学报）2006 年第 2 期。

② 参见《Uniform Prudent Investor Act》Objective standard. “The concept of prudence in the judicial opinions and legislation is essentially relational or comparative. It resembles in this respect the ‘reasonable person’ rule of tort law. A prudent trustee behaves as other trustees similarly situated would behave. The standard is, therefore, objective rather than subjective.”

③ 参见《Uniform Prudent Investor Act》Section 2（a）. “A trustee shall invest and manage trust assets as a prudent investor would, by considering the purpose, terms, distribution requirements, and other circumstances of the trust. In satisfying this standard, the trustee shall exercise reasonable care, sill and caution.”

④ 参见《Uniform Prudent Investor Act》Section 2（b）. “A trustee's investment and management decisions respecting individual assets must be evaluated not in isolation but in the context of the trust portfolio as a whole and as a part of an overall investment strategy having risk and return objective reasonably suited to the trust.”

表 2–3　注意义务的具体内涵

义务	内　涵	主要阶段
审慎投资义务	审慎投资义务体现在两方面:一方面要求管理人在投资阶段应当遵守基金合同中的投资范围和投资方向等相关约定,并不违反法律法规将资金投向禁止或限制的领域;另一方面要求管理人从尽职调查到投资方案设计、从投资协议签署到投资完成,从投资实体权利到程序把控,均应尽到审慎投资的义务,尽到合理的注意	投资阶段
信息披露义务	信息披露义务为投资者监督提供了渠道,也降低了投资者维权的成本。管理人履行信息披露义务时应遵循法律法规及监管政策强制要求的信息披露义务,同时也应按基金合同的约定履行信息披露义务,管理人不得通过基金合同约定排除法定的信息披露义务	募集阶段、管理阶段
合法行事义务	在退出阶段,对于 IPO 退出或解散清算退出等无交易对手的退出方式,面对纷繁复杂的法律法规和监管规定,需要管理人履行审慎注意的义务,遵循监管规定的具体程序要求,严格合法行事	退出阶段

(三)管理人职责的具体表现形式

管理人的具体职责和义务是一个庞大的体系,散见于《私募投资基金监督管理暂行办法》《证券期货经营机构私募资产管理业务管理办法》《资管新规》等部门规章以及自律性规范之中。在募集、投资、管理、退出等不同环节各有具体的表现形式,在不同情境中的尺度亦不相同。

表 2–4　我国私募基金管理人职责具体表现

阶段	基金管理人职责
全阶段	1. 恪尽职守、诚实信用、谨慎勤勉 2. 基金产品备案 3. 依法披露基金产品信息 4. 保守商业秘密 5. 禁止损害投资人利益
募集阶段	1. 非公开募集 2. 揭示投资风险,向合格投资者募集 3. 遵循风险匹配原则,向投资者推荐适当的产品 4. 不得承诺保底保收益、不得夸大预测产品收益 5. 禁止欺诈

续表

阶段	基金管理人职责
投资阶段	1. 管理人应具备专业投资能力 2. 履行尽职调查的义务 3. 按照约定的投资范围及投资方向进行投资 4. 不得从事内幕交易 5. 不得投资具有“资金池”性质的私募资产管理业务
管理阶段	1. 召开基金份额持有人大会 2. 对基金财产分别管理、专业化管理 3. 公平对待各个基金财产 4. 基金产品应符合法定的杠杆倍数 5. 不得利用职务之便进行利益输送 6. 不得进行商业贿赂 7. 不得转移管理义务
退出阶段	1. 依法披露，确定退出价格 2. 按基金合同的约定退出 3. 按照约定及法律规定实施解散清算退出、IPO 退出等程序

四、要点总结与建议

私募基金管理人信义义务的内涵应包含法律法规的强制性规定、自律性规范和合同约定三个层次，在当事人未作约定或约定不明时，有赖于法律法规及自律性规范对管理人信义义务作出强制性规定和自律指引。

不可否认，我国现阶段对于管理人职责的规定存在不足，正如前文提到的，“恪尽职守、诚实信用、勤勉谨慎”的原则表述较为笼统、可操作性有所不足，而且诚实信用原则实际上未完全阐释信义义务的核心理念，同时在民事法律关系上缺乏法律、行政法规的规范，导致在追究管理人职责时欠缺相应的请求权基础。不过，由于管理人在私募基金中扮演着非常重要的角色，掌握着募集资金的流向，相信不久的将来，监管层面对管理人的信义义务的要求将越来越合理且具体，以强化管理人职责及保护投资人的利益。

完善基金管理人的信义义务规范体系应该是在私募基金募、投、管、退各个阶段的全面完善，各类基金合同的管理人，都应秉持忠实尽责和审慎注意的原则和义务。

第二节　私募基金结构化安排的性质和效力的认定

一、私募基金结构化安排概述

(一)基本含义

由于不同投资主体的风险偏好不同,许多私募基金会进行结构化安排,将投资者根据收益分配顺序和比例的不同区分优先级、劣后级等级别,优先级风险承受能力较低,追求稳健的投资收益,劣后级则利用杠杆在承受较高风险的前提下以期获取较高收益。对于结构化安排的概念,2016 年 7 月证监会发布的"新八条底线"第 14 条第 1 项作了界定:"结构化资产管理计划,是指存在一级份额以上的份额为其他级份额提供一定的风险补偿,收益分配不按份额比例计算,由资产管理合同另行约定的资产管理计划……"

《资管新规》第 21 条第 4 款也对结构化产品作出了规定:"本条所称分级资产管理产品是指存在一级份额以上的份额为其他级份额提供一定的风险补偿,收益分配不按份额比例计算,由资产管理合同另行约定的产品。"该定义基本与"新八条底线"对结构化安排的描述一致,即结构化安排通常包含风险补偿条款,该种风险补偿的方式为基金产品的一级份额(通常为劣后级)向其他优先级份额提供风险补偿,而且结构化产品的收益分配不按份额计算而是由基金合同另行约定(见图 2-1)。

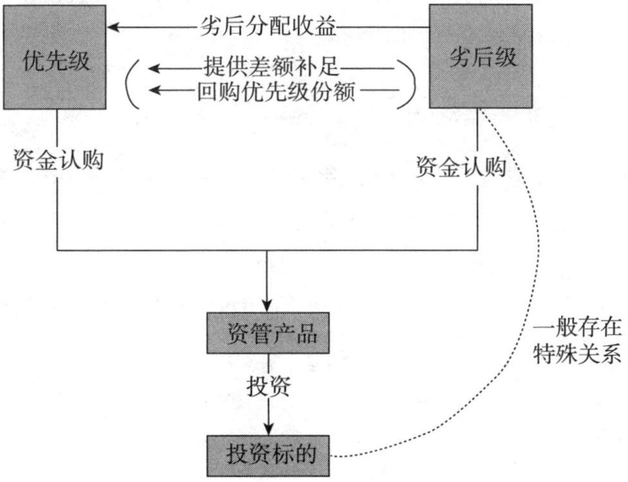

图 2-1　结构化安排简易结构

一般而言，结构化私募基金会根据收益分配顺序和比例的不同安排，将投资人/份额持有人区分为优先级份额持有人和劣后级份额持有人。[①] 优先级份额持有人优先从基金产品中收回其出资本金及预期收益，劣后级份额持有人在优先级份额持有人收回其全部出资本金及预期收益后，方可从基金产品中收回其出资本金并享受剩余收益。[②] 出于对优先级份额持有人风险补偿的目的，许多结构化私募基金经常会存在劣后级向优先级单向补偿的机制，例如，约定计提优先级份额收益、提前终止罚息、劣后级或第三方机构差额补足优先级收益、计提风险保证金补足优先级收益等，使优先级份额持有人的收益有保障。

（二）结构化安排的产生及发展

2007 年 7 月国内首只创新型分级基金——国投瑞银瑞福分级股票型基金成立后，分级基金便迅速发展。根据 Wind 资讯的统计，2015 年 6 月底，分级基金总份额曾达到历史高点的 3764 亿份（由于其中部分产品已清盘，实际总份额或更高）。[③] 虽然经过几次监管政策调整加大监管力度后分级基金有所萎缩，但是 Wind 数据显示，截至 2018 年年底，仍有 131 只分级基金，其市场总规模为 935.24亿元。[④]

这种结构化的安排，对优先级份额持有人、劣后级份额持有人均有巨大的吸引力。对优先级份额持有人来说，其拥有较充足的资金来源，希望收取较低风险的固定收益；对劣后级份额持有人来说，结构化安排实际上是劣后级利用杠杆进行的融资。结构化安排满足了不同投资人的需求因而备受青睐，在强监管的政策背景下仍然保持较高的市场规模。

（三）结构化安排的主要类型

从结构化安排的定义可以看出，结构化的基础在于将投资者进行分级，区

---

① 可能还有中间级份额持有人。

② 参见李金招、黄忠薇：《结构化基金参与上市公司并购重组监管规则探析》，载刘乃进主编：《私募基金实务精要 2》，法律出版社 2018 年版，第 173 页。

③ 参见《分级基金十年发展轨迹：从 60 亿到数千亿　即将画上休止符》，载证券时报网：http://www.stcn.com/2018/0604/14292951.shtml，最后访问日期：2019 年 9 月 16 日。

④ 参见《分级基金规模跌破千亿　预计今年还会加速处置》，载证券时报网：http://kuaixun.stcn.com/2019/0108/14783870.shtml，最后访问日期：2019 年 9 月 16 日。

分不同类型，收益分配不按份额或出资比例计算。实践中，根据是否采取差额补足、回购等安排大致可以将结构化私募基金区分为两种类型：

第一，不同投资人收益分配顺序不同，劣后级或第三方为优先级提供差额补足或回购的承诺。在监管部门尚未采取强监管与金融去杠杆的背景下，劣后级为募集资金进行杠杆融资，优先级基于稳健的考虑，大多数结构化资管产品会采取计提优先级份额收益、劣后级或第三方机构差额补足优先级收益、计提风险保证金补足优先级收益等约定，以保障优先级的收益。

第二，投资人之间仅有收益分配顺序与比例的差别，劣后级或第三方未向优先级提供差额补足或回购承诺。自 2015 年以来，由于"杠杆融资"引发了较大的市场风险，相关监管部门陆续发布监管措施，限制结构化杠杆比例，规定分级资产管理产品不得直接或者间接对优先级份额认购者提供保本保收益的安排。因而，大量资管产品拆除或调整了结构化安排，一方面表现为降低优先级份额与劣后级份额的比例，另一方面则表现为终止差额补足、回购等条款，但仍保留投资人在收益分配、亏损分担在顺序上的差异。

二、结构化安排的监管脉络

（一）"新八条底线"

随着私募资管业务的迅速发展，一些问题和风险隐患也日益显现。为规范证券期货经营机构开展私募资产管理业务，2015 年 3 月，基金业协会发布并实施"旧八条底线"（已废止），明确分级资产管理计划的杠杆倍数①不得超过 10 倍。虽然"旧八条底线"对资管业务有一定的规制监管作用，但有许多资管产品通过多层嵌套等措施逃避监管。2015 年 6 ~ 7 月中国股市出现异常波动，高杠杆的股票型结构化资管产品对股市的暴涨暴跌起了推波助澜的作用，"宝万之争"便是典型。

基于 2015 年股市的异常波动，证监会发布《关于清理整顿违法从事证券业务活动的意见》等强力监管措施，清理整顿场外配资等违规行为。2016 年 7 月，证监会出台"新八条底线"这一部门规章，取代基金业协会"旧八条底线"的自律规则。"新八条底线"对私募资管业务出现的突出问题进行系统性规制，强

---

① 杠杆倍数 = 优先级份额/劣后级份额。有"中间级"份额的产品在计算杠杆倍数时，将"中间级"份额归类为优先级份额。

调“实质重于形式”的监管原则，其中第4条规定，“证券期货经营机构设立结构化资产管理计划，不得违背利益共享、风险共担、风险与收益相匹配的原则”。

对于结构化私募产品，“新八条底线”规定不得“通过穿透核查结构化资产管理计划投资标的，结构化资产管理计划嵌套投资其他结构化金融产品劣后级份额”，明确股票类、混合类结构化资产管理计划的杠杆倍数不得超过1倍，固定收益类结构化资产管理计划的杠杆倍数不得超过3倍，其他类结构化资产管理计划的杠杆倍数不得超过2倍。

“新八条底线”出台前，结构化资管产品利用高杠杆、多层嵌套投向二级市场，严重扰乱了股市。“新八条底线”出台后，其监管对象主要是证券期货经营机构，适用范围包括证券公司、基金管理公司、期货公司及其依法设立的从事私募资产管理业务的子公司，而私募证券投资基金管理人参照执行，证券公司、基金管理公司子公司依法开展的资产证券化业务不适用。换言之，私募证券基金可参照“新八条底线”中关于杠杆倍数限制的规定执行，而私募股权基金、其他类私募基金并未明确要求予以同等适用。

（二）《资管新规》

2018年4月的《资管新规》中对资管产品中常用的“结构化安排”进行了较大的调整。《资管新规》将适用范围扩大至包括银行理财、信托计划、保险资管在内的资管产品，私募投资基金适用私募投资基金专门法律、行政法规，私募投资基金专门法律、行政法规中没有明确规定的适用《资管新规》，创业投资基金、政府出资产业投资基金的相关规定另行制定。笔者认为，《资管新规》已将私募投资基金纳入其监管范围，除与“私募投资基金专门法律、行政法规”存在冲突或者没有明确规定的条款外，《资管新规》的条款应适用于私募投资基金。

此外，《资管新规》对结构化安排可适用范围和杠杆比例进行了规定。《资管新规》第21条明确“公募产品和开放式私募产品不得进行份额分级”，同时规定“分级资产管理产品不得直接或者间接对优先级份额认购者提供保本保收益安排”。

在杠杆比例的规定上，“新八条底线”和《资管新规》均对杠杆比例进行了限制（见表2-5）。

表2-5　“新八条底线”和《资管新规》规定的杠杆比例

产品类别	“新八条底线”	产品类别	《资管新规》
固定收益类	3:1	固定收益类	3:1
股票类	1:1	权益类①	1:1
其他类	2:1	商品及金融衍生品类	2:1
混合类	1:1	混合类	2:1

对比两项监管政策不难发现，“新八条底线”和《资管新规》对基金产品的分类并不完全一致，比如，“新八条底线”主要针对股票类产品设定杠杆比例，不涉及未上市股权类产品，而《资管新规》则将股权类产品也进行了分级杠杆比例的限制，其界定的权益类既包括股票类，也包括股权类，杠杆比例统一适用。另外，混合类资管产品的杠杆比例则扩大为2:1。也就是说，对于私募股权基金和其他类私募基金的分级杠杆比例如今也有了较为明确的规定。这也体现了《资管新规》顺应了“去杠杆”的政策背景。

三、结构化安排中差额补足条款的效力和性质

(一)差额补足条款的效力

如笔者在本节第一部分“私募基金结构化安排概述”中所述，根据有无差额补足条款或回购承诺可将结构化安排分为两种类型。在私募基金设立和投资过程中，为了实现不同投资者的不同利益需求，更好地实现投资目的，往往会在交易中设置差额补足条款作为增信措施。通常的安排是私募投资基金的劣后级或第三方为优先级的本息提供差额补足，或者以回购优先级份额的方式进行差额补足。差额补足条款在结构化安排中，是一种广泛存在和运用的风险补偿措施，其目的是平衡交易中的不对称风险，从而在当事人之间达成补足差额的一种允诺或承诺。

在司法实践中，对于未采取差额补足或回购承诺的结构化安排的类型，其效力基本上被法院认可。而对于设置差额补足或回购承诺的结构化产品，其效力如何会根据情形的不同而有所不同。为便于理解，笔者根据作出差额补足条款的形式和主体不同，将结构化安排中的差额补足条款分为四种情形(见表2-6)。

① 权益类产品是指投资于股票、未上市公司股权的产品。

表 2－6　结构化安排中的差额补足条款的四种情形

情形一	在资管合同中约定劣后级为优先级提供差额补足责任
情形二	劣后级与优先级单独签署补充协议或劣后级出具提供差额补足的承诺函
情形三	第三方(一般是劣后级的关联方)单独向优先级承诺差额补足
情形四①	资产管理人为优先级承诺差额补足

针对情形一、情形二、情形三,劣后级或者第三方为优先级提供差额补足的类型,由于民法遵循当事人意思自治原则,如差额补足的条款不违反《合同法》第 52 条的规定,司法实践中绝大部分案例认定结构化安排中的差额补足条款有效。2019 年 11 月最高人民法院发布的《九民纪要》第七部分“关于营业信托纠纷案件的审理”中,第 90 条针对营业信托纠纷对劣后级受益人的责任承担作出规定,明确信托文件及相关合同将受益人区分为优先级受益人和劣后级受益人等不同类别,约定优先级受益人以其财产认购信托计划份额,在信托到期后,劣后级受益人负有对优先级受益人从信托财产获得利益与其投资本金及约定收益之间的差额承担补足义务,优先级受益人请求劣后级受益人按照约定承担责任的,人民法院依法予以支持。

不过,对于情形四,由管理人或者有限合伙企业的普通合伙人为优先级承诺差额补足,可能会被认定为保本保收益导致合同无效,相关案例见表 2－7。

表 2－7　关于差额补足条款效力的案例

类型及认定效力	案件名称	差额补足条款	裁判要旨
情形四:认定有效	代某明与万达众筹投资管理(北京)有限公司(以下简称万达众筹公司)合同纠纷案②(以下简称“代某明案”)	双方签订《合作书》约定“预定年化收益分别为 8%、10%、12%,风控措施包括水高庄园的全年经营利润、木屋别墅的出租及出售费用回流、项目收益如低于产品预期收益,由管理人进行差额补足,管理人其法定代表人个人名下房产抵押、对本计	①《合作书》是双方真实意思表示,不违反法律、行政法规的强制性规定,合法有效。 ②万达众筹公司既是管理人,也是普通合伙人,虽然法律、法规没有禁止普通合伙人对有限合伙人作出保本保收益

① 鉴于情形四涉及触碰保本保收益是否导致结构化安排无效的问题,因此笔者不在差额补足性质和效力这部分内容中讨论情形四的性质和效力,而在本节第四部分中分析讨论。

② 参见北京市第三中级人民法院(2019)京 03 民终 148 号民事判决书。

续表

类型及认定效力	案件名称	差额补足条款	裁判要旨
		划承担无限连带责任并签署无限连带责任函、管理人旗下万事达SOHO品牌公寓项目每月房屋租金可做此项目汇款保障”	的承诺，但是万达众筹公司核准的经营范围中明确禁止其向投资者承诺投资本金不受损失或者承诺最低收益。该违反规章、行政管理性规定的行为应予以纠正，应由有关部门进行查处
情形二：认定有效	顾某平与上海浦东发展银行上海分行合同纠纷案①	《差额补足协议》第2条差额付款补足义务的约定，顾某平②不可撤销的承诺：如在资产管理计划到期清算时（包括提前终止等情形），资产管理计划项下现金财产不足以覆盖上海浦东发展银行上海分行在资产管理计划项下委托的优先级资金本金及按照资产管理合同约定的优先级委托人预期年化收益率计算的优先级委托人的收益，顾某平应于根据下述第（二）条收到上海浦东发展银行上海分行的付款通知之日起5个工作日内以现金方式向上海浦东发展银行上海分行补足差额部分	顾某平、上海浦东发展银行上海分行与德邦资本公司签订的《差额补足协议》均系各方当事人的真实意思表示，亦不违反法律、行政法规的强制性规定，合法有效，各方均应恪守

① 参见上海市第一中级人民法院（2018）沪01民终1154号民事判决书。

② 在本案中，顾某平为劣后级委托人，向优先级委托人浦发银行提供差额补足承诺。

续表

类型及认定效力	案件名称	差额补足条款	裁判要旨
情形四：认定无效	韩某东与于某伟等股权转让纠纷案[①]（以下简称“韩某东案”）	《补充协议》第35条约定，“对地产基金一期投资期间产生的收益，有限合伙人韩某东每年取得其投资额25%的收益，于其投资款汇入本合伙企业账户之日起每六个月支付一次；若地产基金一期投资期间产生的收益无法支付上述收益，不足之差额部分由普通合伙人予以弥补”	韩某东与于某伟、创投公司签订的合伙协议、补充协议均系当事人之间真实意思表示，均合法有效。但是，补充协议约定了韩某东的保底收益，违反了公司法关于风险共担的规定，属于无效条款，但不影响整个补充协议的效力

从笔者检索到的案例来看，目前法院在认定差额补足条款的效力时，对于由劣后级或者第三方向优先级承诺差额补足，一般会承认差额补足协议书等类似文件的效力。对于情形四，资管产品中资产管理人直接为优先级提供差额补足承诺的类型，由于“新八条底线”、《资管新规》等监管政策多次强调证券期货经营机构“不得直接或者间接对优先级份额认购者提供保本保收益安排”，情形四的安排是否构成保本保收益，被认定为保本保收益安排而导致条款无效，在实践中具有较大争议。

上述案例中，“代某明案”虽认为管理人向投资者承诺投资本金不受损失或者承诺最低收益违反规章、行政管理性规定，但并不因此违反法律、法规的规定而导致合同无效。但“韩某东案”却认定补充协议关于补足预期收益的条款为保底收益条款，违反了公司法关于风险共担的规定，属于无效条款。“韩某东案”的争议焦点主要是《合伙企业法》第33条“合伙协议不得约定将全部利润分配给部分合伙人或者由部分合伙人承担全部亏损”是否属于《合同法》第52条规定的“法律、行政法规的强制性规定”[②]。

笔者认为，管理人或者普通合伙人向优先级承诺差额补足是否导致合同无

① 参见山东省济南市中级人民法院(2014)济商初字第140号民事判决书。

② 2020年5月28日《民法典》颁布并于2021年1月1日起生效，《合同法》自《民法典》生效之日起废止。故与《合同法》第52条相对应的为《民法典》第153条第1款：“违反法律、行政法规的强制性规定的民事法律行为无效。但是，该强制性规定不导致该民事法律行为无效的除外。”

效尚有待考量，同时这种情形是否符合《合伙企业法》的构成要件也存在疑问，而且“韩某东案”也仅是个案看法不能代表目前的司法实践结果。不过不可否认的是，管理人或普通合伙人承诺保本保收益而导致合同无效的额情况的确存在。针对情形四的结构化安排是否构成保底条款而被认定为无效的问题，笔者将在本节第四部分“结构化安排是否因构成保本保收益而无效”中论述。

（二）差额补足条款的性质

对于差额补足回购义务的法律性质，即提供差额补足义务人与差额补足权利人之间的法律关系的性质，业内有不同的看法。有的律师同仁认为，差额补足是保证，有的认为是并存的债务承担（债务加入），还有的将其认定为赠与，或是独立的债权债务关系。在司法实践中，法院基本上会对差额补足条款的效力问题分析得出结论，但是少见案例对差额补足义务的性质作出分析。关于差额补足条款性质的案例见表2－8。

表2－8 关于差额补足条款性质的案例①

案例	性质	裁判规则
徐某珠保证合同纠纷案②	保证	被告红某向原告出具不可撤销保证函，承诺在保证本金安全，且其收益若未达到合同中相应的税后预期收益情况下，无论发生任何形式，被告均承担差额补足责任。 法院认为，依法成立的合同，对当事人具有法律约束力，当事人应当按照约定履行自己的义务。本案中，被告于2014年10月23日向原告出具了承诺协议书，保证在协议书约定的期限届满前返还原告全部本金及支付相应利息。现被告保证付款的期限已到期，应当履行付款责任
杨某与安徽永顺房地产开发集团有限公司（以下简称安徽永顺）、胡某合同纠纷案③	债务加入	融信金世违约向杨某清偿债务系由安徽永顺开发项目存在的问题所导致。安徽永顺为解决该等问题，以《延期承诺函》的形式，承诺向杨某兑付本金、收益及延期利息，应视为安徽永顺加入融信金世与杨某之间所产生的债权债务法律关系中。 安徽永顺同时又向杨某承诺新的债务清偿期限并

① 经笔者检索案例，发现较少生效裁判对结构化安排中差额补足承诺的性质作出分析，故表2－8中所列的案例不局限于结构化资管产品中作出差额补足承诺的案例。

② 参见上海市浦东新区人民法院（2015）浦民一（民）初字第30542号民事判决书。

③ 参见安徽省合肥市瑶海区人民法院（2016）皖0102民初1010号民事判决书。

续表

案例	性质	裁判规则
		提高延期利息的计算标准，允诺承担包括律师费用在内的杨某实现债权的费用，形成新的债务承担内容。故杨某有权要求安徽永顺履行其加入的债务和承诺的新债务，本院予以支持
褚某某与北京中艺共同资产管理有限公司（以下简称中艺公司）等合同纠纷案①	债务加入	中艺公司出具承诺函，内容如下：对杏石公司及中艺公司对于投资人（见附件1：北京投资人及投资本金明细）签署的全部合同责任及全部债务，无条件承担全部连带兑付责任。本承诺函自签署之日起生效，并不可撤销。中艺公司承诺将于2015年5月11日至2015年12月30日完成债务偿还计划如下：(1)从2015年5月11日起开始兑付，2015年5月30日将完全到期的投资人所涉及的投资本金及收益兑付完毕。(2)从2015年6月1日起至2015年12月30日止将北京投资人未兑付的投资本金及收益全部兑付完毕。未到期的视为到期清算。(3)自2015年5月11日起，每月的25日前向所有投资人公示兑付情况。若未能按照如上承诺实现兑付，中艺公司承担相应的法律责任。 法院认为中艺公司于2015年4月13日出具承诺函，承诺承担连带责任及还款计划，应视为债务加入
江苏省国际信托有限责任公司、中国农业银行股份有限公司昆明分行（以下简称农行昆明分行）合同纠纷案②（以下简称"江苏国际信托案"）	独立的债权债务关系	《转让协议》约定由农行昆明分行承担的是特定资产收益权回购到期日之前的差额补充义务。上述义务属农行昆明分行作出的支付承诺，相对于被补充之债权具有独立性，农行昆明分行届期即应如数支付相应款项。此与通常具有从属性、补充性的保证担保不同，并不是在绿园置业公司不履行其回购义务时才由农行昆明分行向江苏信托公司依约履行债务或者承担责任。故其虽然具有增信担保的作用，但并非担保法意义上的保证担保行为。农行昆明分行上诉理由中主张《转让协议》"名为转让实为担保"，理据不足，本院不予支持

① 参见北京市海淀区人民法院(2017)京0108民初2833号民事判决书。

② 参见最高人民法院(2017)最高法民终478号民事判决书。

续表

案例	性质	裁判规则
李某、刘某玲合同纠纷案[①]	独立的债权债务关系	《承诺函》是赵某权向李某一方作出的单方意思表示，自意思表示到达李某一方时起生效……《承诺函》本身是独立的单方意思表示，其与《购买资产协议书》项下蓝色光标公司对李某一方负有的义务属于并列的、选择行使的关系，而非主合同与担保合同的关系

从上述案例可以发现，法院对于差额补足法律性质认定不一。笔者认为，不能一概地将差额补足回购义务定性为保证、并存的债务承担抑或赠与，需要结合相关合同、协议约定的条款具体分析。

1. 保证说

《担保法》[②]第 6 条规定："本法所称保证，是指保证人和债权人约定，当债务人不履行债务时，保证人按照约定履行债务或者承担责任的行为。"《民法典》第 681 条规定："保证合同是为保障债权的实现，保证人和债权人约定，当债务人不履行到期债务或发生当事人约定的情形时，保证人履行债务或者承担责任的合同。"在判断差额补足条款是否实质上构成保证的时候，应探究当事人真实意思是否为在债务人不履行债务时履行债务或者承担责任。若当事人在文件中明确约定了保证、担保等字样，可以认定为保证；若没有声明保证、担保，则应结合保证的法律特征判断当事人的真实意思是否为保证。

差额补足条款一般是优先级份额持有人未实现预期收益而由劣后级份额持有人或第三人提供资金支持而作出的商业安排，具有独立性，差额补足条款中作出的承诺一般不具有从属性，与主交易协议并不构成主从关系，而且差额补足条款没有明确承担保证责任或代为履行债务的意思表示，因而笔者认为如无特殊约定或安排，不宜直接将差额补足条款认定为保证。

若差额补足条款被认定为保证，由于保证具有从属性，主债务无效、有瑕疵或被消灭，都将影响保证责任，在差额补足条款的承诺人担保的主权利不是债权，或是提供担保的主体资质受限的情况下，将会导致优先级份额持有人的风

① 参见最高人民法院(2018)最高法民终 127 号民事判决书。

② 《民法典》自 2021 年 1 月 1 日起生效，《担保法》自《民法典》生效之日起废止。

险骤然增大。此外,保证还受到保证期间的限制。对公司来说,对外担保还受到《公司法》、《证券法》、证券监管规定以及章程的制约,未经合法决议对外提供担保的效力存在很大争议或者瑕疵。[①]

2. 并存的债务承担(债的加入)说

债的加入并无主从之分,债的加入是独立的合同行为,是第三方独立加入一个债务中,与原债务人并存承担债务,但是债的加入的前提是存在一个债务。有律师认为,不应将合伙企业对有限合伙人投资本金返还以及支付固定收益作为一个既存在先的债务,因为如果在先的债务不存在,债的加入便丧失了基础。[②]

司法实践中存在将差额补足条款认定为债的加入的案例,但一个现实的难题是保证与债的加入很难区分。最高人民法院在中国信达资产管理公司石家庄办事处与中国—阿拉伯化肥有限公司、河北省冀州市中意玻璃钢厂保证合同纠纷案[③]中指出,"判断一个行为究竟是保证,还是并存的债务承担,应根据具体情况确定。如承担人承担债务的意思表示中有较为明显的保证含义,可以认定为保证;如果没有,则应当从保护债权人利益的立法目的出发,认定为并存的债务承担"。

3. 赠与说

鉴于差额补足回购往往是义务人对权利人负有单方面的义务,有律师认为这是赠与。这种看法割裂了整个交易环节。实务中,差额补足义务人往往是出于融资的需要,满足投资人锁定和控制风险的要求而作出,承诺人得到的是资金以及扣除融资成本之后的收益,并不是无偿的,认定为赠与应当是不合适的,若认定为赠与也会面临诸多风险如赠与的撤销,等等。[④]

4. 独立的合同义务说

现在越来越多的实务工作者持独立合同义务说,即认为差额补足回购义务

---

① 参见周天林:《"差额补足"法律实务新探(二)——外部关系法律性质与效力的案例研究》,载微信公众号"大成上海",2019 年 7 月 18 日。

② 参见王伟斌、逄丽丽、吴超:《差额补足回购义务司法实证分析——从上市公司公告谈起》,载微信公众号"锦天城律师事务所",2017 年 5 月 17 日。

③ 参见最高人民法院(2005)民二终字第 200 号民事判决书。

④ 参见王伟斌、逄丽丽、吴超:《差额补足回购义务司法实证分析——从上市公司公告谈起》,载微信公众号"锦天城律师事务所",2017 年 5 月 17 日。

是独立的合同义务，是义务人在特定情况下对权利人的一种直接补偿义务，其不依附于合伙企业对有限合伙人本金返还以及支付固定收益的债务的有效性。这一观点在司法实践中也逐渐被认可，例如，在前述提到的“江苏国际信托案”中，最高人民法院认为，“《转让协议》约定由农行昆明分行承担的是特定资产收益权回购到期日之前的差额补充义务。上述义务属农行昆明分行作出的支付承诺，相对于被补充之债权具有独立性”，从而认可了差额补足回购义务是独立的合同义务。有律师也认为，支持劣后级份额持有人或者第三人对优先级份额持有人的投资本金返还以及投资收益承担差额补足回购义务是司法尊重民事主体意思自治，维护促进交易的务实选择。[①]

四、结构化安排是否因构成保本保收益而无效

在结构化安排中，保本保收益条款即保底条款是一种常见的商业条款。保底条款一般是指委托人的投资本金不受损失或取得一定投资收益保底的协议安排，[②]保底条款并不是取得固定收益，而是保本保收益条款，故原则上进行保本保收益安排的当事人之间并不成立借贷关系，而是成立有保底条款的委托代理关系，其实质是投资风险承担之约定。在结构化资管产品中，作出保底承诺的可能是资管产品管理人、劣后级投资者或者第三方。

2018 年 4 月 21 日，基金业协会会长洪磊在 2018 年中国母基金百人论坛上表示，私募基金应坚持“收益自享、风险自担”的原则，做到“卖者尽责”和“买者自负”。[③] 制定“新八条底线”时，监管部门认为：“资产管理计划应当遵守利益共享、风险共担、风险与收益相匹配的基本原则，严格控制杠杆风险，不得直接或间接对结构化资产管理计划优先级份额认购者提供保本、保收益安排。”《资管新规》亦规定，“金融机构应当加强投资者教育，不断提高投资者的金融知识水平和风险意识，向投资者传递“卖者尽责、买者自负”的理念，打破刚性兑付”。

资管业务本质上是“受人之托、代人理财”的金融服务，投资风险应由投资

---

① 参见王伟斌、逄丽丽、吴超：《差额补足回购义务司法实证分析——从上市公司公告谈起》，载微信公众号“锦天城律师事务所”，2017 年 5 月 17 日。

② 参见吴庆宝、赵培元、孟祥刚主编：《委托类合同裁判原理与实务》，人民法院出版社 2008 年版，第 108 页。

③ 《中基协洪磊：私募基金自律管理方向是“卖者尽责”“买者自负”》，载 https://mp. weixin. qq. com/s/0D1wyGoB3fdARbO264Jx5Q，最后访问日期：2019 年 9 月 1 日。

者自行承担,然而保本保收益偏离了资管产品风险自担的本质,可能导致金融机构不尽职尽责,一些投资者冒险投机,引发道德风险。私募基金的风险自担本质与保本保收益冲动之间长期存在矛盾,历年来监管层逐渐加强对保本保收益的监管力度,防范市场和道德风险。

结构化安排是否构成保本保收益,假设构成保本保收益是否因此而导致合同无效,是实务界十分关注的问题。对于上述问题,笔者将分别从法律、行政法规层面以及监管政策层面,结合司法实践进行分析。

(一)保本保收益条款效力的相关规定

1. 法律、行政法规对保本保收益条款效力的相关规定

表 2-9　法律、行政法规对保本保收益条款效力的相关规定

规定内容	解　读
《证券法》(2019 年修正)① 第一百三十五条　证券公司不得以任何方式对客户证券买卖的收益或者赔偿证券买卖的损失作出承诺。 第二百零九条　证券公司办理经纪业务,接受客户的全权委托买卖证券的,或者证券公司对客户	该规定适用于证券公司。在涉及保底条款的委托理财案件中,有些案件会援引 2019 年《证券法》第 135 条规定,认定委托理财合同违反法律、行政法规规定的强制性规定,应属无效。② 关于违反 2019 年《证券法》第 135 条规定是否会导致合同无效的问题,笔者认为应首先分析该条规定是属于效力性强制性规定,还是管理性强制性规定。若属于效力性强制性规定,则合同应认定为无效。③

① 继 2014 年修正《证券法》后,2019 年《证券法》再一次修正,此处引用的为 2019 年修正的《证券法》。2019 年《证券法》第 135 条和第 209 条分别与 2014 年《证券法》第 144 条和第 212 条相对应,且条文未作修改。由于下文中法院的判决是在 2019 年《证券法》修订之前作出的,适用的是 2014 年修正的《证券法》,故本文在此处作此说明。

② 例如,在东北证券股份有限公司与上海解放传媒投资有限公司不当得利纠纷案[(2009)沪二中民三(商)终字第 652 号]中,法院认为,根据东北证券及解放传媒公司的一致确认,赵某某承诺向解放传媒公司提供年利率 8.5% 的固定收益回报,该承诺具有保底条款的性质,违反了 2014 年《证券法》第 144 条规定的证券公司不得以任何方式对客户证券买卖的收益或者赔偿证券买卖的损失作出承诺,因此委托理财合同违反了法律的强制性规定,应属无效。

③ 对于效力性强制性规定的区分方法,中国人民大学王利明教授提出了著名的“三分法”:第一,法律、法规规定违反该规定,将导致合同无效或不成立的,为当然的效力性规定;第二,法律、法规没有规定违反其规定,将导致合同无效或不成立,但违反该规定若使合同继续有效将损害国家利益和社会公共利益,也属于效力性规定;第三,法律、法规没有规定违反其规定,将导致合同无效或不成立,违反该规定若使合同继续有效不损害国家利益和社会公共利益,而只是损害当事人利益的,则属于管理性规定。

续表

规定内容	解　读
买卖证券的收益或者赔偿证券买卖的损失作出承诺的，责令改正，没收违法所得，并处以五万元以上二十万元以下的罚款，可以暂停或者撤销相关业务许可。对直接负责的主管人员和其他直接责任人员给予警告，并处以三万元以上十万元以下的罚款，可以撤销任职资格或者证券从业资格。	笔者倾向于认为，2019 年《证券法》第 135 条只是对涉及证券公司保底承诺的行为作了禁止性规定，但是并未对违反该规定的后果作出规定。从 2019 年《证券法》第 209 条规定可知，2019 年《证券法》明确规定了违反第 135 条的行政责任，但却未规定民事责任。在法律、行政法规没有规定违反该规定导致合同无效或不成立，且不存在损害国家利益和社会公共利益相关事实的情况下，不宜直接否认合同的效力。
《证券投资基金法》 第二十条　公开募集基金的基金管理人及其董事、监事、高级管理人员和其他从业人员不得有下列行为：……（四）向基金份额持有人违规承诺收益或者承担损失…… 第一百零三条　基金投资顾问机构及其从业人员提供基金投资顾问服务，应当具有合理的依据，对其服务能力和经营业绩进行如实陈述，不得以任何方式承诺或者保证投资收益，不得损害服务对象的合法权益。	该规定适用于公募基金的基金管理人及其董事、监事、高级管理人员和其他从业人员；基金投资顾问机构及其从业人员。
《合伙企业法》 第三十三条第二款　合伙协议不得约定将全部利润分配给部分合伙人或者由部分合伙人承担全部亏损。 第六十九条　有限合伙企业不得将全部利润分配给部分合伙人；但是，合伙协议另有约定的除外。	该规定适用于合伙企业。在结构化安排中，合伙人之间分配的优先劣后顺序不同。在合伙型私募基金的场合，对于私募基金管理人同为普通合伙人的情形，当优先保障优先级合伙人的本金和收益时，可能被认定为“将全部利润分配给部分合伙人”，从而需要适用《合伙企业法》第 33 条、第 69 条的规定。 对于违反《合伙企业法》第 33 条、第 69 条的规定是否导致合同无效的问题，在司法实践中存在争议。有案例认为，此种关于保底条款的约定因违反了《合伙企业法》的规定而当然成为无效条款①。也有案例认为，合伙纠纷特别是涉及有限合伙的合伙纠纷与普通

① 例如，“韩旭东案”［山东省济南市中级人民法院（2014）济商初字第 140 号民事判决书］。

续表

规定内容	解　读
	债权投资纠纷的本质区别在于当事人是否对合伙事务承担风险，若当事人的损益情况根据合伙企业的损益而浮动，则为合伙，若当事人不承担合伙企业风险而仅获取固定收益，则该种投资性质为债权型投资，并非合伙企业利润分配纠纷①。 不过经检索案例发现，也有案例认为，"负有保底责任"并非系"全部利润分配给叶飚或者由谷实公司承担全部亏损"，故协议并未违反前述法律的禁止性规定。② 笔者认为，结构化安排中约定优先级合伙人的优先分配顺序，虽然在私募基金的收益不足以分配给优先级合伙人时，存在将全部利润分配给部分合伙人的风险，但并不意味着结构化的安排一定是将所有的风险均由劣后级合伙人承担，是否违背合伙企业背风险共担的原则存在可探讨空间。
《私募投资基金管理暂行条例（征求意见稿）》 第三十条　私募基金管理人、私募基金销售机构应当保证所提供信息的真实性、准确性和完整性，不得有下列行为：……（二）对投资业绩进行预测；（三）承诺收益或者承诺资本金不受损失……	适用于私募基金管理人、私募基金销售机构。

① 例如，"潘忠英案"、湖南卓越投资有限公司、万向信托股份公司合伙企业财产份额转让纠纷案［浙江省高级人民法院（2020）浙民终548号民事判决书］。

② 参见广东省深圳市中级人民法院（2019）粤03民终11949号民事判决书。

2. 监管层面对保本保收益条款效力的相关规定

表 2－10　监管层面对保本保收益条款效力的相关规定

监管规则	解　　读
《信托公司管理办法》 第三十四条　信托公司开展信托业务，不得有下列行为：……（三）承诺信托财产不受损失或者保证最低收益；（四）以信托财产提供担保……	一、从监管规则来看，监管机构对于资管产品的保底安排限制非常严格。那么假设结构化安排违反了监管机关规章，是否会被法院认定为无效？从笔者目前检索的案例来看，答案一般是否定的，即使结构化安排违反了监管机关规章，也不一定会被认定为合同无效，理由主要有： 首先，适用范围。结合 2019 年《证券法》第 135 条，《证券投资基金法》第 20 条、第 103 条以及《合伙企业法》第 33 条、第 69 条的规定可以看出，立法者对禁止保本保收益的主体限制在基金管理人、证券公司以及合伙企业等金融机构或合伙企业范围内。《资管新规》的适用范围扩大至包括银行理财、信托计划、保险资产管理在内的"大资管领域"，但《资管新规》第 19 条的规定仍将禁止刚性兑付的主体限制在"资产管理产品的发行人或者管理人"。① 由此可见，禁止刚性兑付的主体一般是金融机构，原则上劣后级向优先级提供差额补足，不属于上述关于禁止保本保收益、禁止刚性兑付规定的适用范围。不过，"新八条底线"的适用范围为"证券期货经营机构"，但却将"劣后级或第三方机构差额补足优先级收益、计提风险保证金补足优先级收益等"情形认定为保本保收益，表明"新八条底线"实质上也禁止劣后级向优先级提供保本保收益承诺（前提是证券期货经营机构知悉）。 其次，多层嵌套。为逃避监管，许多结构化资管产品多层嵌套，并不直接在资管产品层面进行结构化安排。而禁止保本保收益约束的是资管合同的当事人的行为，对于第三方提供的保本保收益承诺，或者通过多层嵌套在一定程度上逃避了上述规定的适用范围。
《证券期货经营机构私募资产管理业务管理办法》 第四条　证券期货经营机构不得在表内从事私募资产管理业务，不得以任何方式向投资者承诺本金不受损失或者承诺最低收益。 第五十一条　披露资产管理计划信息，不得有下列行为：……（三）承诺收益，承诺本金不受损失或者限定损失金额或比例……	
《证券期货经营机构私募资产管理计划运作管理规定》 第三十一条　分级资产管理计划不得投资其他分级或者结构化金融产品，不得直接或者间接对优先级份额认购者提供保本保收益安排。 证券期货经营机构不得违背风险收益相匹配原则，利用分级资产管理计划向特定一个或多个劣后级投资者输送利益。	

① 赵久光、王悦等：《刚性兑付合同无效这个雷区，你有没有踩到？——环球大资管类争议解决系列文章之四》，载 https://mp.weixin.qq.com/s/mpwhPvpwifEWahM1yOr7wA，最后访问日期：2019 年 9 月 1 日。

续表

监管规则	解　读
《私募投资基金监督管理暂行办法》 第十五条　私募基金管理人、私募基金销售机构不得向投资者承诺投资本金不受损失或者承诺最低收益。	最后,效力层级。《私募投资基金监督管理暂行办法》、“新八条底线”是证监会发布的部门规章,《资管新规》是中国人民银行、中国银行保险监督管理委员会、中国证券监督管理委员会、国家外汇管理局发布的部门规范性文件。最高人民法院《关于适用〈中华人民共和国合同法〉若干问题的解释(二)》第14条将强制性规定明确为效力性强制性规定,明确“强制性规定”的法律渊源层级为法律和行政法规,部门规章并不包括在内。①
“新八条底线” 第四条　证券期货经营机构设立结构化资产管理计划,不得违背利益共享、风险共担、风险与收益相匹配的原则,不得存在以下情形:(一)直接或者间接对优先级份额认购者提供保本保收益安排,包括但不限于在结构化资产管理计划合同中约定计提优先级份额收益、提前终止罚息、劣后级或第三方机构差额补足优先级收益、计提风险保证金补足优先级收益等;……	

① 例如,在史利兴与深圳市融通资本管理股份有限公司委托理财合同纠纷案[(2017)粤03民终7851号]中,对于涉案资管计划杠杠倍数过高的问题,法院认为:“尽管本案进取级B份额实际杠杆倍数约为52.8,违反了中国证券监督管理委员会的监管要求与《资管细则》的规定,但其并不导致本案中史利兴、融通公司之间所签订的《资管合同》无效。”对于管理人是否存在保本保收益的承诺的问题,法院认为:“从史利兴所援引的内容来看,所涉计划倾向于作出保本保收益的安排,隐含有保本保收益的承诺;考察分级资金保护次序、预警线及止损线等条款内容,所涉计划涉嫌存在直接对优先级份额认购者提供保本保收益安排的情形。但从融通公司所援引的内容来看,涉案计划多处条款明确表述不保本不保收益,如合同第十三条第2项‘本合同提及的优先级预期收益率仅为根据本计划的分级比例以及计划份额净值的未来表现而测算的预期收益率,资产管理人并不承诺保证优先级能够按照该收益率取得预期收益,也不保证优先级本金不受损失’……《资管合同》中对于优先级份额权益的设定是享受固定收益,承担较低的风险。但承担较低风险并非没有风险,亦不能等同于保本保收益。”

续表

监管规则	解　　读
《资管新规》 第二条　资产管理业务是金融机构的表外业务，金融机构开展资产管理业务时不得承诺保本保收益。出现兑付困难时，金融机构不得以任何形式垫资兑付。金融机构不得在表内开展资产管理业务。 第二十一条　公募产品和开放式私募产品不得进行份额分级。 …… 分级资产管理产品不得直接或者间接对优先级份额认购者提供保本保收益安排。	

《资管新规》统一同类资管产品的监管标准，对“大资管领域”进行了一次“重整”。《资管新规》之前，对资管产品中劣后级份额持有人承诺回购优先级份额，或对优先级进行业绩补足的安排，从地方司法机关此前的裁判来看，法院基本会尊重当事人意思自治，认可其效力。《资管新规》按照“新老划断”原则设置过渡期至2020年年底（后过渡期延长至2021年年底①），那么《资管新规》过渡期之后，结构化安排的效力是否会存在不确定性？

笔者认为，过渡期结束后此类安排已经违反监管规定，结合现在司法中对监管规定的引用和认可，此类条款被认定无效的可能性很高。

不会在监管要求严格的背景下，明目张胆地超出监管红线的约定很少，进行备案时都将面临问题。通过何种约定能规避法律风险又能实现受益补偿，是各方都要去思考解决的。比如，实践中管理费计提后返还，是否构成刚性兑付目前还不明确，虽然管理人倾向于从严解释，但是仍然存在可探讨空间。

① 2020年7月31日，中国人民银行发布《优化资管新规过渡期安排　引导资管业务平稳转型》公告，考虑到2020年以来新冠肺炎疫情对经济金融带来的冲击，金融机构资产管理业务规范转型面临较大压力。为平稳推动资管新规实施和资管业务规范转型，经国务院同意，人民银行会同发展改革委、财政部、银保监会、证监会、外汇局等部门审慎研究决定，资管新规过渡期延长至2021年年底。

《资管新规》出台之后，笔者尚未检索到法院有关结构化安排是否构成保本保收益、是否被认定无效等方面的案例。在过渡期结束之后，最高人民法院以及各地法院对上述问题会采取何种裁判尺度，《资管新规》等监管规定是否会影响司法机关的审判从而引起诉讼走向变化，仍存在不确定性，尚有待实践检验。

（二）司法层面对保本保收益条款效力的认定

结构化资管产品中，多数的差额补足条款或其他约定，由于存在劣后级、第三方甚至管理人向优先级作出差额补足的承诺，保障优先级的收益，因此被认定为是对优先级份额持有人的保本保收益安排的可能性较高，但是在这个问题上，司法实践尚未形成统一的裁判尺度。实践中，法院很有可能会结合资管合同的具体内容、合同当事人的交易安排综合性考虑，并不是全部的结构化安排均会被认定为保本保收益。

实践中对于保底条款效力的认定主要分为“有效说”、“无效说”及“区分说”三大类。“有效说”认为法无禁止即自由，保底条款是委托人与受托人之间的意思自治的结果，只要不违背强行法与社会公共利益，则应当具有当然的法律效力；[①]“无效说”认为保底条款违背了委托合同中有关责任承担的规定，更是对民法中公平原则的违背；[②]“区分说”认为，对于保底条款的效力，不能全盘肯定或否定，而应根据受托人的身份不同而予以区别对待。比如，受托人为自然人或非金融机构时，应承认保底条款有效，而当受托人为金融机构时，应否定保底条款的效力。

① 参见陈睿：《委托理财协议中的保底条款效力之追问》，载《时代法学》2007 年第 4 期。

② 参见高民尚：《审理证券、期货、国债市场中委托理财案件的若干法律问题》，载《人民司法》2006 年第 6 期。

表2-11　司法实践中对保底条款的裁判规则比较

案例	效力	裁判规则
湖北长江产业(股权)投资基金管理有限公司、眭群合同纠纷案①	有效	所谓保底条款,本质上是当事人之间的一种风险和利益的分配条款。基于前述意思自治原则,当事人约定对一方或部分投资人的投资利益采取保底措施,不仅是市场交易中的常见现象,也存在相应的法理依据。在民商事领域的相关法律规定中,在特定情形下,如证券法、证券投资基金法、中外合作经营企业法等法律中基于公共利益的需要明文规定某些保底条款无效;至于无明文禁止的,则为有效。因此,不应将保底条款无效扩大适用到其他商事协议的效力判定上。
戚某琴与深圳崇融资产管理有限公司、赵亮其他合同纠纷案②	有效	至于两被告所提出的《承诺书》及《还款协议》,因违反了法律法规中有关禁止"保底保收益"之规定而归于无效的主张。本院认为,一方面《崇融资产疾如风系列壹号私募投资基金基金合同》中并无任何"保底保收益"的条款,该基金合同合法有效;另一方面《承诺书》及《还款协议》中有关支付投资本金及收益的内容并非相关法律法规中的"保底保收益"条款,而是在《崇融资产疾如风系列壹号私募投资基金基金合同》到期不能兑付后,两被告对原告既定的损失所进行的自愿补偿,并未违反法律的禁止性规定。两被告理应遵守诚实信用的基本原则,依照相关承诺及协议履行自身义务。
亚洲证券有限责任公司与长沙同舟资产管理有限公司委托理财合同纠纷案③	无效	本案委托理财协议所约定的年10%的固定回报率属于保底条款。尽管该保底条款是资金委托管理协议双方以意思自治的形式对受托行为所设定的一种激励和制约机制,但该条款致使双方民事权利义务严重失衡,既不符民法上委托代理的法律制度构成,亦违背民法的公平原则。为此,本院认定本案委托理财协议中所涉保底条款无效。

① 参见武汉市中级人民法院(2018)鄂01民终6237号民事判决书。
② 参见上海市普陀区人民法院(2019)沪0107民初10417号民事判决书。
③ 参见最高人民法院(2009)民二终字第1号民事判决书。

续表

案例	效力	裁判规则
上海本森投资管理有限公司（以下简称本森公司）诉王奉军委托理财合同纠纷案①	无效	保底条款免除了委托人应承担的部分投资风险，使民事权利义务失衡，既不符合民法上委托代理的法律制度构成，也违背公平原则。本案系争《量化投资委托交易服务合同》主合同中有风险自负的条款，但王奉军与本森公司在此后订立的《附加合同》中却又约定“确保投资者委托资金本金不被挪用，确保委托期满可以取回本金和投资回报”；该约定具有明显的保底条款性质，应属无效。

从上述案例可知，对于保本保收益条款的效力问题，存在不同的审判意见。通过对各地司法裁判规则进行研究，笔者发现各法院在认定保底条款无效时的理由并不完全一致，但也存在一定规律。比较典型的有以下三种观点：一是认为保底条款因违反法律的强制性规定而无效，在涉及证券公司时常见的裁判依据为2014年《证券法》第144条关于禁止证券公司保本保收益的规定，在有限合伙型私募基金涉诉中常见的裁判理由为《合伙企业法》第33条的规定对合伙协议排除风险共担作出了禁止性规定；二是认为保底条款违背了民法中公平原则②和民法上委托代理制度的原理；三是认为保底条款是委托理财合同被认定为“名为投资，实为借贷关系”。

认定保底条款无效后，必然要考虑合同整体有效性的问题。有学者认为，保底条款无效则导致合同整体无效。因为保底条款往往是委托理财合同的核心条款，直接影响委托人的缔约目的，故如果保底条款无效，则整个委托理财合同无效③，典型的案例为上亚洲证券有限责任公司与长沙同舟资产管理有限公司委托理财合同纠纷案；④还有学者认为保底条款无效并不影响合同其他条款

① 参见上海市第一中级人民法院（2016）沪01民终10509号民事判决书。

② 不过在笔者看来，在无其他法律规范援引的前提下，不宜依据民法中的公平原则的而规定认定保底条款无效。因为公平原则的含义是一个合同的当事人之间在利害关系上应当大体平衡。作为民法基本原则之一的公平原则，不具有直接适用的性质。遇到内容违反公平原则的合同，不应直接援引民法中关于公平原则的规定，而应直接适用具体规定。

③ 参见徐子良：《委托理财案件法律适用难点解析——以保底条款负外部性分析及其无效后果处理为重点》，载《法律适用》2011年第1期。

④ 参见最高人民法院（2009）民二终字第1号民事判决书。

的效力①,如“韩旭东案”。

五、要点总结与建议

虽然结构化的安排对优先级及劣后级份额持有人都具有一定吸引力,但是结构化资管产品的杠杆机制在一定程度上引发了严重的亏损效应,例如,结构化的安排干扰投资者的判断,使其低估投资风险,即使有对应的增信措施,优先级投资者仍避免不了遭受损失。2015 年因杠杆融资引发的股市异常波动引起了监管层的重视,因此 2016 年、2018 年监管部门先后出台了“新八条底线”和《资管新规》加强对结构化资管产品的监管。

在强监管的背景下,本书重点分析结构化安排中常见的差额补足条款的性质和效力问题,以及结构化安排是否会被认定为保底条款而无效的问题。对于差额补足条款,在劣后级或第三方向优先级提供差额补足承诺的情形下,其效力基本上被法院所认可,但是对于管理人向优先级作出的差额补足承诺则可能被认定为保底条款进而影响合同效力。差额补足条款作为结构化安排中较为常见的增信措施,其性质虽然还存在较大的争议,但是越来越多的案例以及观点认可差额补足条款应被视为独立的合同义务的观点。

对于结构化安排是否会被认定为保底条款而无效的问题,监管规则对保底条款等偏离资管产品风险与收益对等的行为进行了明确的限制,但分析监管规则可以发现,禁止或限制保本保收益针对的是证券公司、基金管理人、基金销售机构等金融机构,而对于劣后级或第三方向优先级作出的保本保收益承诺并不在上述监管范围之内。

司法实践中对保底条款的效力存在一定争议,在目前认定保底条款无效的案例中,主要的援引依据为《合同法》第 52 条、2014 年《证券法》第 144 条、《合伙企业法》第 33 条、民法中的公平原则的规定等,但是目前尚无法律、行政法规明确规定保底条款无效。笔者认为,对于保底条款效力的认定,并不能简单局限于某个合同条款,而是应该结合整体交易结构以及全部合同条款,分析当事人之间的真实意图从而确认保底条款的效力。虽然监管政策明确禁止或限制进行保本保收益,但监管政策并非法律、行政法规,违反部门规章的规定并不一定直接导致合同无效。但是《资管新规》出台后,不排除未来金融纠纷中法院越

① 参见李永祥:《委托理财纠纷案件审判要旨》,人民法院出版社 2005 年版,第 45 ~ 62 页。

来越多引用监管规定或者行业自律规定等来认定保底条款无效的可能。

由此可见,结构化安排不仅存在商业上的风险,也存在较多法律风险。比如,若结构化安排认定为保本保收益,很有可能导致相关条款无效甚至整个合同无效。再如,假设差额补足条款有效,若其性质被认定为保证担保,可能因为主合同效力有瑕疵或被消灭而影响差额补足条款效力,或者因为未履行《公司法》第16条对外担保的程序而对差额补足条款效力产生影响。

总体来说,虽然相关监管政策已经出台对结构化安排进行规范,但始终缺乏明确的法律规范,最高人民法院也一直没有出台相关的司法解释,因此实践中各个法院对结构化安排中常见的差额补足安排、保底条款设置的裁判规则也存在一定的出入。

第三节 刚性兑付条款的效力分析

一、刚性兑付的内涵及相关规定

(一)刚性兑付的内涵界定

《中国金融稳定报告(2014)》中对刚性兑付作出如下定义:当理财资金出现风险、产品可能违约或达不到预期收益时,作为发行方或渠道方的商业银行、信托公司、保险机构等为维护自身声誉,通过寻求第三方机构接盘、用自有资金先行垫款、给予投资者价值补偿等方式保证理财产品本金和收益的兑付。①

学界对于刚性兑付的外延有广义与狭义之分。广义上的刚性兑付,是指虽可能并未体现在协议或合同的书面条款中,但却在实质上能够保证投资者的本金及其收益的操作行为。其表现形式大致有以下几种:一是延长兑付期限,在信托合同中加入延期支付或通过另行协商的方式使兑付期限展期的内容,以此争取时间争取兑付理财产品的本金及收益;二是由关联公司等第三方接盘,为投资者垫付本金及收益;三是利用受托人的固有资金接盘;四是发新还旧,即通过发行新的信托产品募集资金,再挪用该项资金垫付到期产品本金及收益以解决兑付问题;五是关联方等直接受让信托受益权,原投资者获得约定的本金及

① 参见中国人民银行金融稳定分析小组编:《中国金融稳定报告(2014)》,中国金融出版社2014年版。

收益后退出。[①]

在前述《中国金融稳定报告(2014)》中,中国人民银行指出,近年来,随着银行、信托、证券等各类资管产品的快速发展,刚性兑付现象日益凸显,带来诸多问题。首先,刚性兑付增加了金融体系的整体风险,导致理财产品风险和收益不匹配,诱发投资者资产配置的不合理调整,抬高了市场无风险资金定价,引发了资金在不同市场间的不合理配置和流动。其次,刚性兑付还易引发投资者和金融机构的道德风险。金融机构一旦存在第三方兜底或介入的预期,为吸引投资者,会忽视项目的风险,优先选择收益高的项目,尽职调查和风险控制薄弱。而理财投资者的风险承担意愿远低于股票、外汇、基金投资人,过于追求收益,不愿自担风险,如果不能按照预期兑付,可能会拥堵机构网点,要求机构偿付资金,形成社会不稳定因素。[②]

若将刚性兑付与信托关系的本质进行对比分析,可以发现刚性兑付并不符合信托法律关系的特征,其在信托法律关系中的地位并不应当存在,刚性兑付的适用范围仅在传统的金融性债权债务关系中,并不适用于债权债务关系之外的信托关系。在信托关系中,受托人在没有重大过失的前提下,无须对管理、使用信托财产所产生的风险负责,更无须承担信托期限届至时无论信托财产状况如何均应强制性给付信托财产本金及收益的义务。[③] 在民法层面,所谓的刚性兑付只不过是借款合同的合同义务严守原则的另一种阐释,这一原则也仅仅适用于一般的借款合同中。因此,在信托产品的制度设计中,根本不应存在"刚性兑付"的概念,刚性兑付纯属虚假的风险传导机制,它会误导消费者,混淆信托产品非债权性的本质属性。[④]

《商业银行个人理财业务管理暂行办法》(已失效)第 11 条规定,银行理财计划分为保证收益理财计划和非保证收益理财计划,第 12 条则阐释了保证收益理财计划的含义,这表明刚性兑付在银行领域是曾经合法存在。但随着《商业银行理财业务监督管理办法》与《资管新规》的出台,打破刚性兑付已成共识。

---

① 参见杨柳青:《信托"刚性兑付"的法律分析》,载《经营与管理》2019 年第 1 期。

② 参见中国人民银行金融稳定分析小组编:《中国金融稳定报告(2014)》,中国金融出版社 2014 年版。

③ 参见《信托法》第 37 条。

④ 参见蔡一博:《"刚性兑付"的民法否定分析》,载《黑龙江省政法管理干部学院学报》2016 年第 3 期。

(二)刚性兑付的相关规定

表 2-12 刚性兑付的相关规定

法规文件	具体规定
《信托法》	第 34 条规定,受托人以信托财产为限向受益人承担支付信托利益的义务
《证券法》(2019 年修订)	第 135 条规定,证券公司不得对客户证券买卖的收益或者赔偿证券买卖的损失作出承诺
《证券投资基金法》	第 20 条第 4 项规定,公开募集基金的基金管理人及其董事、监事、高级管理人员和其他从业人员不得向基金份额持有人违规承诺收益或者承担损失
《资管新规》	第 2 条第 2 款规定,资产管理业务是金融机构的表外业务,金融机构开展资产管理业务时不得承诺保本保收益。出现兑付困难时,金融机构不得以任何形式垫资兑付。金融机构不得在表内开展资产管理业务。 第 6 条第 2 款规定,金融机构应当加强投资者教育,不断提高投资者的金融知识水平和风险意识,向投资者传递“卖者尽责、买者自负”的理念,打破刚性兑付。 第 13 条第 2 款规定,金融机构不得为资产管理产品投资的非标准化债权类资产或者股权类资产提供任何直接或间接、显性或隐性的担保、回购等代为承担风险的承诺,并在第 19 条①中详列了

① 《资管新规》第 19 条规定,经金融管理部门认定,存在以下行为的视为刚性兑付:

(一)资产管理产品的发行人或者管理人违反真实公允确定净值原则,对产品进行保本保收益。

(二)采取滚动发行等方式,使得资产管理产品的本金、收益、风险在不同投资者之间发生转移,实现产品保本保收益。

(三)资产管理产品不能如期兑付或者兑付困难时,发行或者管理该产品的金融机构自行筹集资金偿付或者委托其他机构代为偿付。

(四)金融管理部门认定的其他情形。

经认定存在刚性兑付行为的,区分以下两类机构进行惩处:

(一)存款类金融机构发生刚性兑付的,认定为利用具有存款本质特征的资产管理产品进行监管套利,由国务院银行保险监督管理机构和中国人民银行按照存款业务予以规范,足额补缴存款准备金和存款保险保费,并予以行政处罚。

(二)非存款类持牌金融机构发生刚性兑付的,认定为违规经营,由金融监督管理部门和中国人民银行依法纠正并予以处罚。

任何单位和个人发现金融机构存在刚性兑付行为的,可以向金融管理部门举报,查证属实且举报内容未被相关部门掌握的,给予适当奖励。

外部审计机构在对金融机构进行审计时,如果发现金融机构存在刚性兑付行为的,应当及时报告金融管理部门。外部审计机构在审计过程中未能勤勉尽责,依法追究相应责任或依法依规给予行政处罚,并将相关信息纳入全国信用信息共享平台,建立联合惩戒机制。

续表

法规文件	具体规定
	刚性兑付的几大认定标准。 第21条第3款规定，分级资产管理产品不得直接或者间接对优先级份额认购者提供保本保收益安排
《证券公司监督管理条例》	第46条第1项规定，证券公司从事证券资产管理业务，不得向客户做出保证其资产本金不受损失或者保证其取得最低收益的承诺
《信托公司管理办法》	第34条第3项规定，信托公司开展信托业务，不得承诺信托财产不受损失或者保证最低收益
《证券期货经营机构私募资产管理业务管理办法》	第4条规定，证券期货经营机构不得在表内从事私募资产管理业务，不得以任何方式向投资者承诺本金不受损失或者承诺最低收益。投资者参与资产管理计划，应当根据自身能力审慎决策，独立承担投资风险。 第51条第3项规定，披露资产管理计划信息，不得承诺收益，承诺本金不受损失或者限定损失金额或比例
《证券期货经营机构私募资产管理计划运作管理规定》	第31条规定，分级资产管理计划不得投资其他分级或者结构化金融产品，不得直接或者间接对优先级份额认购者提供保本保收益安排。证券期货经营机构不得违背风险收益相匹配原则，利用分级资产管理计划向特定一个或多个劣后级投资者输送利益。 第35条第3~4项规定，证券期货经营机构应当对每个资产管理计划单独管理、单独建账、单独核算，不得在未产生实际投资收益，仅以后期投资者的投资资金向前期投资者进行兑付，不得在资产管理计划发生兑付风险时通过开放参与或者滚动发行等方式由后期投资者承担风险
“新八条底线”	第3条规定，证券期货经营机构及相关销售机构不得违规销售资产管理计划，不得存在不适当宣传、误导欺诈投资者以及以任何方式向投资者承诺本金不受损失或者承诺最低收益等行为，包括但不限于以下情形： （一）资产管理合同及销售材料中存在包含保本保收益内涵的表述，如零风险、收益有保障、本金无忧等； （二）资产管理计划名称中含有“保本”字样； （三）与投资者私下签订回购协议或承诺函等文件，直接或间接承诺保本保收益； （四）向投资者口头或者通过短信、微信等各种方式承诺保本保收益； （五）向非合格投资者销售资产管理计划，明知投资者实质不

续表

法规文件	具体规定
	符合合格投资者标准，仍予以销售确认，或者通过拆分转让资产管理计划份额或其收益权、为投资者直接或间接提供短期借贷等方式，变相突破合格投资者标准； （六）单一资产管理计划的投资者人数超过200人，或者同一资产管理人为单一融资项目设立多个资产管理计划，变相突破投资者人数限制； （七）通过报刊、电台、电视、互联网等公众传播媒体，讲座、报告会、分析会等方式，布告、传单、短信、微信、博客和电子邮件等载体，向不特定对象宣传具体产品，但证券期货经营机构和销售机构通过设置特定对象确定程序的官网、客户端等互联网媒介向已注册特定对象进行宣传推介的除外； （八）销售资产管理计划时，未真实、准确、完整地披露资产管理计划交易结构、当事各方权利义务条款、收益分配内容、委托第三方机构提供服务、关联交易情况等信息； （九）资产管理计划完成备案手续前参与股票公开或非公开发行； （十）向投资者宣传资产管理计划预期收益率； （十一）夸大或者片面宣传产品，夸大或者片面宣传资产管理计划管理人及其管理的产品、投资经理等的过往业绩，未充分揭示产品风险，投资者认购资产管理计划时未签订风险揭示书和资产管理合同。 第4条规定，证券期货经营机构设立结构化资产管理计划，不得违背利益共享、风险共担、风险与收益相匹配的原则，不得存在以下情形： （一）直接或者间接对优先级份额认购者提供保本保收益安排，包括但不限于在结构化资产管理计划合同中约定计提优先级份额收益、提前终止罚息、劣后级或第三方机构差额补足优先级收益、计提风险保证金补足优先级收益等； （二）未对结构化资产管理计划劣后级份额认购者的身份及风险承担能力进行充分适当的尽职调查； （三）未在资产管理合同中充分披露和揭示结构化设计及相应风险情况、收益分配情况、风控措施等信息； （四）股票类、混合类结构化资产管理计划的杠杆倍数超过1倍，固定收益类结构化资产管理计划的杠杆倍数超过3倍，其他类结构化资产管理计划的杠杆倍数超过2倍； （五）通过穿透核查结构化资产管理计划投资标的，结构化资产管理计划嵌套投资其他结构化金融产品劣后级份额；

续表

法规文件	具体规定
	（六）结构化资产管理计划名称中未包含“结构化”或“分级”字样； （七）结构化资产管理计划的总资产占净资产的比例超过140%，非结构化集合资产管理计划（即“一对多”）的总资产占净资产的比例超过200%
《证券期货经营机构私募资产管理计划备案管理规范第3号——结构化资产管理计划》	规定严格按照“利益共享、风险共担、风险与收益相匹配”原则设计结构化资产管理计划。该原则是指在结构化资产管理计划产生投资收益或出现投资亏损时，所有投资者均应当享受收益或承担亏损，但优先级投资者与劣后级投资者可以在合同中合理约定享受收益和承担亏损的比例，且该比例应当平等适用于享受收益和承担亏损两种情况。结构化资产管理计划合同中不得约定劣后级投资者本金先行承担亏损、单方面提供增强资金等保障优先级投资者利益的内容。结构化资产管理计划应当根据投资标的实际产生的收益进行计提或分配，出现亏损或未实际实现投资收益的，不得计提或分配收益。资产管理人可以按照“新八条底线”要求，通过以自有资金认购的资产管理计划份额先行承担亏损的形式提供有限风险补偿，但不得以获取高于按份额比例计算的收益、提取业绩报酬或浮动管理费等方式变相获取超额收益。证券期货经营机构不得以规避“新八条底线”及本规范要求为目的，故意安排其他结构化金融产品作为委托资金，通过嵌套资产管理计划的形式，变相设立不符合规定的结构化资产管理计划，或明知委托资金属于结构化金融产品，仍配合其进行止损平仓等保本保收益操作
《信托公司集合资金信托计划管理办法》	第8条第1项规定，信托公司推介信托计划时，不得以任何方式承诺信托资金不受损失，或者以任何方式承诺信托资金的最低收益。 第33条规定，信托公司应当用管理信托计划所产生的实际信托收益进行分配，严禁信托公司将信托收益归入其固有财产，或者挪用其他信托财产垫付信托计划的损失或收益
《中国银监会关于加强信托公司结构化信托业务监管有关问题的通知》	第6条第4项规定，结构化信托业务运作过程中，信托公司可以允许劣后受益人在信托文件约定的情形出现时追加资金

续表

法规文件	具体规定
《信托公司证券投资信托业务操作指引》	第24条第1项、第2项规定,信托公司开展证券投资信托业务不得有以下行为: (一)以任何方式承诺信托资金不受损失,或者以任何方式承诺信托资金的最低收益。 (二)为证券投资信托产品设定预期收益率
《九民纪要》	第92条规定,【保底或者刚兑条款无效】信托公司、商业银行等金融机构作为资产管理产品的受托人与受益人订立的含有保证本息固定回报、保证本金不受损失等保底或者刚兑条款的合同,人民法院应当认定该条款无效。受益人请求受托人对其损失承担与其过错相适应的赔偿责任的,人民法院依法予以支持;实践中,保底或者刚兑条款通常不在资产管理产品合同中明确约定,而是以"抽屉协议"或者其他方式约定,不管形式如何,均应认定无效

综合表2－12的现行法律法规以及行业规范内容,不难发现刚性兑付无论是在国家法律层面上还是行业制度层面上均为禁止性行为,在金融信托业务中受托人不得实施刚性兑付承诺行为。《九民纪要》更是对前述实践中通过错综复杂的操作途径实现刚性兑付的行为予以正面回应,强调应以穿透式监管的精神否定其效力。

二、典型刚性兑付条款的属性分析

(一)赠与说

该观点认为,对刚性兑付条款的性质,可以认定为赠与关系,依照刚性兑付的具体情形,此种赠与关系应理解为附条件的赠与。该说的不合理之处在于,如果从交易实质和履行结果的角度来看,相比之下,借贷说较其更为接近刚性兑付的实质,没有必要将刚性兑付条款解读为赠与关系;而且即便将刚性兑付条款解读为赠与关系,其与借贷关系说同样是与信托关系本质背道而驰的,应当予以否定。[①]

① 参见田古:《信托"刚性兑付"承诺法律效力辨析》,载微信公众号"柯杰 Cathay Associates",2017年3月14日。

（二）有限的赔偿责任说

该观点认为，对刚性兑付条款的属性判断应当采取二分法。在受托人已审慎行使其权利、履行义务时，刚性兑付条款因违反“买者自负”的金融投资原则而无效；当受托人未尽到受托职责，造成信托资产的不当损失时，受托人应当然对投资者承担损害赔偿责任，此种情况下的刚性兑付条款应当视为对受托人赔偿责任的具体化，此时刚性兑付条款应当合法有效。[①]

但该观点存在两大漏洞：一是刚性兑付条款的效力认定受限于受托人的现实履职情况，而受托人是否未尽到受托职责是一种法律上的认定，无法迅捷地进行客观判断，这将导致刚性兑付条款的效力处于模糊不定的状态，且有可能被推翻，对司法审判工作及实践操作造成极大阻碍；二是若根据该观点的原理，将刚性兑付条款视为对损害赔偿责任的具体约定，而依照信托关系性质及损害赔偿责任的填补原则，刚性兑付条款无论损害大小、是否属于不当损失，一律予以全部补偿的后果与信托关系赔偿责任的实质相去甚远，在本质上该观点仍然混淆了刚性兑付条款和信托关系的实质区别。

（三）担保说

该观点认为，刚性兑付条款的约定并非资管合同的一部分，而是作为其担保合同的存在，在实质上应当是从合同义务，因此并不会导致其效力被否定。例如，在徐某珠保证合同纠纷案[②]中，基金管理人对投资者承诺12%的年收益率并出具不可撤销保证函，法院最终也认可这一约定，并判决由管理人承担本金与12%年收益率的投资收益返还责任。但由于该案裁判于2015年，笔者认为，根据现行相关法律法规及政策规定，就合同双方中受托人对投资者的担保责任的承诺，在实质上仍属于典型的刚性兑付条款，即便将刚性兑付承诺视为相对独立的另一合同，也逃不过以合法形式掩盖非法目的的范畴。

（四）借贷说

该观点认为，从刚性兑付的最终实现情况看，其结果与借贷合同无异，因此

---

① 参见魏婷婷：《金融信托“刚性兑付”风险的法律控制》，载《法学杂志》2018年第2期。

② 参见上海市浦东新区人民法院（2015）浦民一（民）初字第30542号民事判决书。

应当认定为借贷关系。笔者认为,该说最为符合带有刚性兑付承诺的信托合同的交易本质及交易目的,而这也是国家及各行业协会否定刚性兑付条款的直接目的。投资者若欲享有固定收益,则应当投资于金融机构的基本存款业务。而资管产品以委托理财之名,行借贷之实,正属前述央行所意在规制的不法行为,混淆金融市场产品间的区别,败坏投资风气,理应对该种行为予以否定。

三、刚性兑付条款效力认定的法律逻辑

(一)刚性兑付条款是否因违反法律、行政法规的强制性规定而被认定为无效

1. 常见逻辑:违反国家强制性规定无效

对刚性兑付条款的效力判定的明显常见逻辑是通过《合同法》第52条第5项规定认定其无效,该条规定:“有下列情形之一的,合同无效:……(五)违反法律、行政法规的强制性规定。”[①]但《合同法》的司法解释对这一逻辑作出了诸多限制。最高人民法院《合同法司法解释(一)》第4条规定,《合同法》实施以后,人民法院确认合同无效,应当以全国人大及其常委会制定的法律和国务院制定的行政法规为依据,不得以地方性法规、行政规章为依据。《合同法司法解释(二)》第14条进一步规定,《合同法》第52条第5项规定的“强制性规定”,是指效力性强制性规定。因此,通过“违反法律、行政法规的强制性规定”来认定刚性兑付无效,需要法律或行政法规的效力性强制性规定的支持。

以私募基金为例,在私募基金项下,并没有法律明确规定对刚性兑付条款效力予以否定。关于私募基金刚性兑付条款的否定性规定均散见于行业规定或国务院部门规范性文件中。而《信托法》第34条规定与刚性兑付无效挂钩的论证也较为牵强。因此,从现行法律法规的规定看,通过“违反法律、行政法规的强制性规定”认定资管产品中刚性兑付条款无效较难实现。

2. 可行性更高逻辑:违反社会公共利益

既然通过“违反法律、行政法规的强制性规定”来认定的路径难以通行,而

---

① 2021年1月1日起施行的《民法典》第153条第1款规定:“违反法律、行政法规的强制性规定的民事法律行为为无效。但是,该强制性规定不导致该民事法律行为无效的除外。”

刚性兑付的违法违规性又如此明显，对该条款的效力否定依现行规定似乎势在必行。那么是否存在其他路径可以达成同样目的呢？司法实践给出了新的回答。

在福建伟杰投资有限公司、福州天策实业有限公司营业信托纠纷案①中，原告通过与被告签订股权代持协议的方式规避《保险公司股权管理办法》中股东对保险公司持股比例的禁止性规定，最高人民法院认为，违反《保险公司股权管理办法》并非效力性强制性规定，不符合《合同法》第52条第5项，即“违反法律、行政法规的强制性规定”，但该行为会妨害保险行业的健康有序发展。加之由于保险行业涉及众多不特定被保险人的切身利益，保险公司这种潜在的经营风险在一定情况下还将危及金融秩序和社会稳定，进而直接损害社会公共利益。因此认定该行为违反《合同法》第52条第4项规定，即因损害社会公共利益而无效。

《民法典》规定民事主体不得滥用民事权利损害国家利益、社会公共利益或者他人合法权益，但《民法典》已不再将损害社会公共利益作为民事法律行为无效的事由。不过违反公序良俗也是认定民事法律行为无效的事由之一，《九民纪要》第30条也指出，“下列强制性规定，应当认定为‘效力性强制性规定’：强制性规定涉及金融安全、市场秩序、国家宏观政策等公序良俗的”。因此，笔者理解，虽然《民法典》未保留损害社会公共利益导致民事法律行为无效这一情形，但是不排除日后法院以行为违反公序良俗为由，认定民事法律行为无效。

与此类似，在杨某国、林某坤股权转让纠纷案②中，当事人间订立的上市公司股权代持协议违反了《上市公司信息披露管理办法》，虽然违反的规定不具备法律或行政法规层级的效力，但若上市公司真实股东都不清晰，其他对上市公司系列信息披露要求、关联交易审查、高管人员任职回避等监管举措必然落空，必然损害到广大非特定投资者的合法权益，从而损害到资本市场的基本交易秩序与基本交易安全，损害到金融安全与社会稳定，从而损害到社会公共利益，因而认定该协议因违反《合同法》第52条第4项规定而无效。

在施某东与上海灏廷资产管理有限公司委托理财合同纠纷案③（以下简称

---

① 参见最高人民法院(2017)最高法民终529号民事裁定书。

② 参见最高人民法院(2017)最高法民申2454号民事裁定书。

③ 参见上海市金山区人民法院(2016)沪0116民初7192号民事判决书。

"施某东案")中,法院则正面回答了这一问题。上海市金山区人民法院认为,投资者委托受托人(资产管理公司)代其操作资金账户,双方约定"保本增值100%","若账户资金低于初始资金100%,甲方(受托人)补齐到初始资金的100%"的约定属于保底条款性质,该约定无效。原因在于该行为虽然不属于《证券法》及《证券、期货投资咨询管理办法》等法律法规所规定的禁止刚性兑付的约束对象,但究其本意在于规范金融资管产品的合规市场操作,因此法院仍以《合同法》第52条第4项为由认定该资管协议无效。施某鑫与北京金鼎磐石国际投资管理有限公司民间委托理财合同纠纷案①(以下简称"施某鑫案")中法院的分析也与施某东案的分析路径如出一辙。

再如,在王某英与深圳市前海鼎泰亿丰投资管理有限公司、吴某波委托理财合同纠纷案②(以下简称"王某英案")中,法院则详细分析了委托理财合同中的保底条款的性质是当事人对受托行为所设定的一种激励和制约机制,在法律层面上虽属于当事人意思自治范畴,但其在经济层面上却具有极强的信用投机色彩。虚拟经济须以实体经济为基础,脱离实体经济而盲目约定一定收益率的保底条款通过所谓意思自治的法律安排将投资风险完全分配给受托人,严重违背市场经济基本规律和资本市场规则,只能诱导投资非理性地投入金融市场,扭曲市场正常的资源配置功能,严重破坏资本市场直接融资和间接融资间的合理格局。正因如此,我国法律法规对于有关金融机构受托投资的保底收益承诺均作出了禁止性规定。即便相关法律规定可能未直接针对涉诉主体予以规制,但金融监管的目的是维护健康的金融市场秩序,防范系统性的金融风险。由于大量存在的保底条款具有破坏金融市场稳定性、扭曲市场正常资源配置功能乃至损害宏观经济健康运行等不容忽视的负面作用,司法不能以尊重当事人意思自治为由而放任保底条款的合法的存在。因此法院以《合同法》第52条第4项为由认定合同无效。

3. 特殊逻辑:以合法形式掩盖非法目的

如前文所述,金融机构为达成以刚性兑付条款吸引投资者的不法目的,会采取多种多样的方式规避法律法规及行业监管政策对信托理财合同中的刚性

① 参见北京市西城区人民法院(2014)西民初字第7488号民事判决书。

② 参见深圳前海合作区人民法院(2018)粤0391民初759号民事判决书。

兑付条款的否定性规制。

以最高人民法院经典案例健桥证券股份有限公司与陕西健桥投资担保有限公司委托理财合同纠纷案[1]为例。在该案中,投资者与受托人签订投资管理合同,以投资国债的方式进行资产理财管理,双方在合同中明确约定投资者享有其所投资的国债的利息收益,并承担因国债市场价格等因素造成的投资损失,受托人不向投资者承诺收益或分担损失。但投资者又与受托人签订补充协议并由关联方提供担保,约定在受托人不对投资者账户内国债进行擅自买卖交易的前提下,投资者同意受托人可对该部分国债进行回购交易,回购所得资金由受托人自主使用。受托人承诺在国债管理期末,向投资者归还受托本金的同时,按投资年收益率9%支付投资收益,作为对投资者授予回购资金使用权的补偿。最高人民法院认为,双方最初签订的合同属于典型的信托理财合同,但之后的补充协议却将这一关系变为实质上的借贷关系,其目的在于规避国家关于企业间禁止借贷的规定。因此,最高人民法院认为该合同因违反《合同法》第52条第3项"以合法形式掩盖非法目的的合同无效"的规定而无效。

该案例判决于2005年,在当时并未有明确的监管政策对刚性兑付进行说明或定义,并对其进行相应规制。但在该案中最高人民法院及原审法院均看到了该行为背后所隐含的非法性,并通过"以合法形式掩盖非法目的的合同无效"的解释路径来否定金融机构试图通过其他隐性路径实现刚性兑付的目的。

(二)若刚性兑付条款无效,合同整体效力如何

《合同法》第56条规定"合同部分无效,不影响其他部分效力的,其他部分仍然有效"[2],这说明确认合同部分无效应当符合一定的要件。认定合同整体效力的关键在于,保底条款与合同的其他内容是否具有可分性,将无效部分分离出来后,是否仍能使其他合同行为继续存在。若无效部分与有效部分并不相互独立而是存在牵连关系,确认部分内容无效将影响有效部分的效力;或者从行为的目的、交易的习惯以及根据诚实信用和公平原则,履行剩余的有效部分对

---

① 参见最高人民法院(2005)民二终字第29号民事判决书。

② 2021年1月1日起施行的《民法典》第156条规定:"民事法律行为部分无效,不影响其他效力的,其他部分仍然有效。"

于当事人已无意义或已不公平合理，则合同应被全部确认为无效。

一般而言，若没有保底条款的诱惑，投资者通常不会签订委托理财合同，保底条款被确认无效后，投资者的缔约目的几乎丧失，若使其继续履行合同的其他部分，不仅违背投资者的缔约目的，而且几无履约意义。因此在“施某东案”、“施某鑫案”与“王某英案”中法院均认为，保底条款应属委托理财合同之目的条款或核心条款，不能成为相对独立的合同无效部分，故本案中保底条款无效应导致委托理财合同整体无效。这一思路与亚洲证券有限责任公司与长沙同舟资产管理有限公司委托理财合同纠纷案①中最高人民法院的分析逻辑一脉相承，并与谢某兰、深圳市智合信资产管理有限公司民间委托理财合同纠纷案②，王某诠与厦门层林投资有限公司委托理财合同纠纷案③，马某民与北京和众君熙投资管理有限公司、张某生民间委托理财合同纠纷案④，黄某然与上海翮银资产管理股份有限公司、上海翮耀金融服务股份有限公司委托理财合同纠纷案⑤等案件相互印证。

因此，从前述司法案例的角度分析，当信托理财合同内容含有保底保收益的刚性兑付条款时，若该条款的约定属于当事人缔约的核心目的，则整个信托理财合同也会随刚性兑付条款的无效而失去存在意义，因而无效。

（三）过渡期间新老划断原则不影响其效力判断

《资管新规》第29条规定，至2020年年底前，对资管产品施行“新老划断”的监管原则，对存量资管产品鼓励金融机构进行整改，但不直接否定其效力，而对金融机构新设立的资管产品，则严格依照《资管新规》的相关规定予以规制。因此，在司法实践中，部分案件所涉资管产品因不符合《资管新规》的相关规定，虽然法院对其中违反相关现行规定之内容持否定性态度，但却并未直接否认其效力。

例如，在南昌农村商业银行股份有限公司、内蒙古银行股份有限公司合同

---

① 参见最高人民法院（2009）民二终字第1号民事判决书。

② 参见广东省深圳市中级人民法院（2018）粤03民终14568号民事判决书。

③ 参见福建省厦门市思明区人民法院（2019）闽0203民初12383号民事判决书。

④ 参见河南省漯河市源汇区人民法院（2017）豫1102民初1105号民事判决书。

⑤ 参见广东省佛山市南海区人民法院（2018）粤0605民初11107号民事判决书。

纠纷案[①]中，最高人民法院认为虽然通道业务不符合《资管新规》等相关现行规定，但其设立于《资管新规》之前，根据《资管新规》"新老划断"的原则，最高人民法院否认了"以合法形式掩盖非法目的，因此合同无效"的主张，在不鼓励通道业务的前提下认可了该类存量资管合同的效力。

然而，刚性兑付与资管产品通道业务等其他违反《资管新规》的情形有所不同，其他违反《资管新规》监管精神的情形在《资管新规》出台前，在监管层面并未有明确态度认定是否违法违规，因此，此等行为是否属于"以合法形式掩盖非法目的"难以认定。而刚性兑付则是从其行为目的以及行为结果均明显违反金融资管领域"风险自负"的基本原则，《资管新规》乃是对其否定态度的重申，其对社会公共利益的负面影响也可能使法院宣告其无效。

金融领域的刚性兑付条款作为误导消费者的错位产物，其表现形式纷繁复杂，但最终目的均是通过打破金融资管领域"风险自负"的基本原则，以保本保收益的方式诱导消费者投资，攫取不当的市场优势。刚性兑付对金融市场造成的整体风险和对金融消费者带来的利益损害是巨大的，因此在法律法规以及监管政策方面均予以明确反对和禁止。在司法实践中，法院也更多以违反社会公共利益为由宣告含有刚性兑付条款的合同整体无效。

第四节　通道业务的法律风险及通道方职责探析

一、通道业务的定义

通道业务并非法律上的概念，而是一个通用的金融行业术语。目前，在我国现行法律、行政法规中尚没有"通道业务"或类似的概念，但对于"通道业务"不同版本的定义已散见于监管各类文件中（见表2－13）。

---

① 参见（2016）最高法民终215号民事判决书。与此案观点类似的还有北京北大高科技产业投资有限公司、光大兴陇信托有限责任公司借款合同纠纷案［最高人民法院（2015）民二终字第401号民事判决书］。

表 2-13 监管文件中“通道业务”的定义

规定文件	发布机构	对“通道业务”的定义
《关于规范证券公司与银行合作开展定向资产管理业务有关事项的通知》(中证协发〔2013〕124 号)	中国证券业协会	本通知所称银证合作定向业务,是指合作银行作为委托人,将委托资产委托证券公司进行定向资产管理,向证券公司发出明确交易指令,由证券公司执行,并将受托资产投资于合作银行指定标的资产的业务
《商业银行并表管理与监管指引》(银监发〔2014〕54 号)	银监会	本指引所称跨业通道业务,是指商业银行或银行集团内各附属机构作为委托人,以理财、委托贷款等代理资金或者利用自有资金,借助证券公司、信托公司、保险公司等银行集团内部或者外部第三方受托人作为通道,设立一层或多层资产管理计划、信托产品等投资产品,从而为委托人的目标客户进行融资或对其他资产进行投资的交易安排。在上述交易中,委托人实质性承担上述活动中所产生的信用风险、流动性风险和市场风险等
《关于规范银信类业务的通知》(银监发〔2017〕55 号)	银监会	本通知所指银信通道业务,是指在银信类业务中,商业银行作为委托人设立资金信托或财产权信托,信托公司仅作为通道,信托资金或信托资产的管理、运用和处分均由委托人决定,风险管理责任和因管理不当导致的风险损失全部由委托人承担的行为
《关于清理规范保险资产管理公司通道类业务有关事项的通知》(保监资金〔2016〕98 号)	保监会	本通知规定需要清理规范的银行存款通道等业务(简称通道类业务),是指在本通知发布之日前开展的资金来源与投资标的均由商业银行等机构确定,保险资产管理公司通过设立资产管理计划等形式接受商业银行等机构的委托,按照其意愿开展银行协议存款等投资,且在其委托合同中明确保险资产管理公司不承担主动管理职责,投资风险由委托人承担的各类业务

根据上述文件中对通道业务的释义,笔者认为,通常意义下的通道业务是指,由商业银行等资金方主导,通过由证券公司、信托公司、保险公司、基金及子公司等通道方,设立一层或多层信托计划、资管计划、私募基金等投资产品作为通道载体,为资金方指定的融资方进行融资或对其他资产进行投资的交易安排,并且在该类交易中,通道方不承担主动的管理职责,风险管理责任和因管理不当导致的风险损失实质上由资金方承担。

不难发现,通道业务的特征主要体现在以下几个方面:

第一，从资金方的角度，资金方主导整个交易并承担投资风险。具体而言，资金方作为实际出资方，通常负责对项目进行尽职调查以及对项目资金的出资和募集事宜。根据相关交易架构和交易文本的约定，资金方对资金的投向、运用和处分等事宜享有实质的决定权和控制权，在项目运作期间实际上承担项目的管理职责。与此相对，投资项目的相关信用风险、流动性风险和市场风险等投资风险，通常也由资金方承担。

第二，从通道方的角度，通道方根据资金方的意愿和指令开展业务，不承担主动的管理责任和投资风险，且仅收取较低廉的管理费用。在通道业务中，通道方一般仅对通道业务进行事务性管理工作，如账户管理、通知告知、净值计算等，并且根据资金方的指令采取相关行动，不承担主动管理职责和相关投资风险。因此，通道方一般也仅收取比较低廉的管理费用，并且通常会在相关业务合同中设置原状返还条款和概括性责任排除条款等合同条款，从而让渡管理职责和转移投资风险。

第三，通道业务的根本目的为规避监管和“红线”指标，因此，实践中通道业务最终投资的项目通常涉及融资受限的行业或融资方，如房地产行业和地方政府融资平台；并且，资金方通常是商业银行，借由通道业务可以实现信贷资产出表，从而美化各项考核指标。

二、通道业务的发展

通道业务是在我国金融业分业经营和金融牌照管制的背景下产生的一种特殊业态。通道业务的起因在于商业银行在银行业监管下受到的种种投资限制及其不断扩张的投资需求，以及监管对信托公司、证券公司、保险公司、基金公司及其子公司等通道机构投资范围的放开，因而具有资金和客户资源优势的商业银行在不占用表内信贷额度的前提下，借助通道机构的资质将资金放贷给银行客户。

业内通常认为，通道业务10年兴衰的标志性起点是2008年为了应对全球金融危机我国政府推出的“四万亿”刺激计划背景下所兴起的银信合作类通道业务。在当时宽货币、宽信用的刺激政策下，房地产市场被充分激活，加上地方城投平台的活跃参与，导致了基础建设、房地产等重资产行业的融资需求大幅扩张。面对市场上的融资需求，商业银行囿于投资限制迫切寻求投资通道，而投资领域能够横跨货币市场、资本市场和实业投资领域具有全牌照属性的信托公司显然是当时最佳的合作伙伴，银信合作类通道业务作为通道业务自然作为通道业务的先驱,掀起了近10年通道业务的浪潮。

随着银信合作业务的爆发,为了避免通道业务成为商业银行绕开监管指标吸储和放贷的途径,银监会在2008~2011年针对银信合作出台了一系列监管政策,与之相对,商业银行和信托公司为了应对监管措施也进行了层出不穷的交易结构的创新探索。① 与此同时,证监会和保监会自2011年起也出台了一系列文件,进一步扩大了证券公司、基金及子公司、保险公司的投资范围,使这些资管机构也开始作为新的通道机构全面参与到通道业务的浪潮之中,金融混业程度进一步加深。

但自2015年起,监管部门一再收紧通道业务的监管口径,不断在各种文件中和各种场合强调资管机构的主动管理职责,限制通道业务的开展。2018年4月27日由中国人民银行、银保监会、证监会及外汇管理局联合发布实施的《资管新规》更是明确规定了,"金融机构不得为其他金融机构的资产管理产品提供规避投资范围、杠杆约束等监管要求的通道服务"。因此,业内也普遍认为,《资管新规》的出台标志着近10年通道业务的历史时代正式迎来了落幕。

三、通道业务的法律效力

尽管在目前的金融监管政策下通道业务似乎没有什么生存空间,早几年火爆的金融同业业务也迅速降温,但市场上大量的存量通道业务仍然在运作期间,并且因为房地产等行业的下行以及通道业务本身的法律风险,导致很多通道业务并不能按照投资预期顺利地终止和退出。因此,近几年有关通道业务的法律纠纷反倒有激增的趋势,在此背景下,对通道业务本身的法律性质及其相关当事人之间权利义务的分析就十分必要。

在对于通道业务的法律性质进行界定之前,首先需要明确的问题是通道业务相关交易合同本身的法律效力。如上文所述,通道业务缘起于规避监管及监管套利的意图,其本身似乎就带有不合规的基因,也确实对国家的金融秩序造

① 2009年12月发布的《关于进一步规范银信合作有关事项的通知》(银监发〔2009〕111号)中规定,银信合作理财产品不得投资于理财产品发行银行自身的信贷资产或票据资产。根据2010年8月发布的《关于规范银信理财合作业务有关事项的通知》(银监发〔2010〕72号),以及2011年1月发布的《关于进一步规范银信理财合作业务的通知》(银监发〔2011〕7号)等监管文件的规定,商业银行应在2011年年底之前将银信理财合作业务表外资产转入表内,并对融资类业务余额比例、银信理财合作业务的风险资本计提等作了严格要求。为了绕过这些监管政策,实现对银行客户的曲线放款,银行转而将信贷资产装入信托计划之中,通过信托收益权转让的方式将其包装成同业业务,以节约表内资本占用。

成了负面影响，但是司法实践中通常并不会仅因此就否认通道业务相关交易合同的效力。其中的原因，一方面，通道业务虽然是利用政策漏洞、打监管擦边球，但严格上说大多数通道业务毕竟还是在当时监管或政策允许或默许的范畴内开展的业务，因此通道业务相关交易合同在其形式上一般并不违反法律、行政法规的强制性规定，法院基于司法和行政职能分离原则，一般不会对通道业务的合法性提出质疑；另一方面，法院基于维护交易安全和尽量促成商事交易之原则，对于商事合同的无效认定一般都秉持着从严审慎的态度，不会轻易否定通道业务相关交易合同的效力。

正如最高人民法院于2019年11月8日发布的《九民纪要》中第93条明确提及的："……对通道业务中存在的利用信托通道掩盖风险实质，规避资金投向、资产分类、拨备计提和资本占用等监管规定，或者通过信托通道将表内资产虚假出表等信托业务，如果不存在其他违反法律、行政法规强制性规定的情形，对一方当事人主张信托目的违法违规，应确认无效的诉讼理由，人民法院不予支持。"可见，司法实践中对于通道业务前述规避监管的行为态度相对宽容，不会仅因此就否定通道业务相关交易合同效力。

但司法实践对于通道业务效力相对肯定的态度也要根据具体情况具体分析，在以往的案例中，存在案例以损害社会公共利益为由，认定严重扰乱金融秩序、损害社会公共利益的通道业务相关交易合同无效。例如，在福建伟杰投资有限公司、福州天策实业有限公司营业信托纠纷案[①]中，一审福建省高级人民法院认为，《信托持股协议》未违反法律法规禁止性规定，应为有效合同。但是二审最高人民法院却对《信托持股协议》的效力持相反观点，其认为，《信托持股协议》内容明显违反保监会制定的《保险公司股权管理办法》第8条关于"任何单位或者个人不得委托他人或者接受他人委托持有保险公司的股权"的规定，对于该《信托持股协议》的效力审查，应从《保险公司股权管理办法》禁止代持保险公司股权规定的规范目的、内容实质，以及实践中允许代持保险公司股权可能出现的危害后果进行综合分析认定。最高人民法院认为，违反保监会《保险公司股权管理办法》有关禁止代持保险公司股权规定的行为，在一定程度上具有与直接违反《保险法》等法律、行政法规一样的法律后果，同时还将出现破坏国家金融管理秩序、损害包括众多保险法律关系主体在内的社会公共利益的危

① 参见最高人民法院(2017)最高法民终529号民事裁定书。

害后果。因而以损害社会公共利益为由，认定《信托持股协议》无效。不过，2021 年 1 月 1 日起施行的《民法典》未将损害社会公共利益作为无效的事由，未来适用该事由认定通道业务相关交易合同无效的空间将越来越小，法院可能以违反公序良俗 为由认定合同无效。

需要注意的是，尽管法院通常并不会直接否认通道业务相关交易合同的效力，但并不意味着，法院会按照相关交易合同形式上所表现的合同关系来认定各当事方之间的法律关系和权利义务。最高人民法院印发的《关于进一步加强金融审判工作的若干意见》（法发〔2017〕22 号）中明确指出："对以金融创新为名掩盖金融风险、规避金融监管、进行制度套利的金融违规行为，要以其实际构成的法律关系确定其效力和各方的权利义务。"《九民纪要》第七部分也提到："在事务管理信托纠纷案件中，对信托公司开展和参与的多层嵌套、通道业务、回购承诺等融资活动，要以其实际构成的法律关系确定其效力，并在此基础上依法确定各方的权利义务。"由此可知，法院对于通道业务所涉当事方之间的法律关系和效力的问题，一般遵循实质大于形式的原则，根据相关当事方之间实际构成的法律关系来认定。

四、通道载体的法律性质

在明确了通道业务相关交易合同的效力问题之后，需要进一步确定相关交易合同的法律性质，方可明确各方当事人之间的权利义务边界。实践中通道业务常常是层层嵌套、具体交易结构纷繁复杂，但大体上可以划为项目端融资安排和资金端通道安排两大部分。对于资金端通道安排，就单个通道而言，通常会由资金方和通道方签订一份资管业务合同作为通道载体，并在该份合同中对资金方和通道方之间的权利义务进行安排。这里的资管业务合同应作广义上的理解，即委托人将货币等资产交付给受托人，由受托人根据合同约定对资产进行管理，以期达到资产增值目的的一类业务合同，具体通常表现为信托合同、定向资产管理计划合同、专项资产管理计划合同、私募基金合同等形式。而在通道业务中，将在前述资管业务合同的基础架构上，由通道方担任名义上的受托人一职，同时约定通道方仅提供账户管理、净值核算和配合办理赎回或清盘等后台服务，对于资管产品主要运作和管理事宜将由通道方根据委托人或第三人（如委托人指定的投资顾问）的指令行事。因此，想要厘清通道业务中各方的权利义务边界，就不可回避地要对这类资管业务合同的法律性质进行界定，并在此基础上确定通道载体的法律性质。

但是对于资管业务合同的法律性质认定问题，由于法律层面针对资管业务的立法空缺，以及监管层面的刻意回避，司法实践中审判口径的不统一，导致理论界和实务中对此问题的理解一直存在很大的争议，尚无一个官方和权威的机构或文件对该问题进行盖棺定论。争议一般集中在以下三派观点：一派认为资管业务合同构成信托法下的信托法律关系，另一派认为资管业务合同构成合同法下的委托合同关系，最后一派折中了两者观点，认为资管业务合同是兼具信托关系和委托关系部分特征的无名合同。

（一）信托关系说

《信托法》第2条规定："本法所称信托，是指委托人基于对受托人的信任，将其财产权委托给受托人，由受托人按委托人的意愿以自己的名义，为受益人的利益或者特定目的，进行管理或者处分的行为。"持信托关系观点的人认为，在资管业务中，委托人和受托人之间的关系符合信托关系的要件，并且资管业务的相关特征也符合信托法律关系下的原则，比如禁止刚性兑付和"买者自负"，信义义务和"卖者尽责"，资产独立性和禁止"资金池"等业务要求本质上都属于信托法上的原则。

其中，禁止刚性兑付和"买者自负"，主要是指通道业务中通道方不对资金方作刚性兑付承诺，由资金方自行承担相关交易风险。在信托法中，受托人在尽其信义义务的情况下，对于信托的损失是不承担责任的。从这个角度来说，通道业务中禁止刚性兑付、买者自负盈亏的原则是符合信托法特征的。

信义义务和"卖者尽责"，主要是指通道业务中通道方需要尽其信义义务。信义义务（fiduciary duty）是英美法系国家广泛使用的一个概念，通常指受益人对受托人施加信任和信赖，使其怀有最大真诚、正直、公正和忠诚的态度，为了前者的最大利益无私地行事，不得不公平地利用对受益人的优势损害受益人的利益。①《资管新规》中对于管理人职责的规定中明确了通道方需要按照诚实信用、勤勉尽责原则履行受托管理职责，这与信托法下受托人的信义义务相契合。

资产独立性和禁止"资金池"，是指通道业务项下委托资产独立运作，独立

① 范世乾：《信义义务的概念》，载《湖北大学学报》（哲学社会科学版）2012年第1期。

于通道方和资金方。从通道方的角度，委托资产独立于通道方的固有财产。特别是在通道方（含托管人）发生清算事件时，通道业务项下通道方管理的资产不被归入通道方的清算财产，从而起到破产隔离的效果。从资金方的角度，委托资产也与资金方的其他资产相区别。资金方在资管业务成立后失去了直接支配资金的权利，但换取了资管业务合同项下的收益权，[①]其必须通过资产提取、清算和分配等专门程序获得回笼资金或实现投资收益。除此之外，通道业务对应的资管业务根据监管要求一般需要独立运作，单独管理、单独建账、单独核算，不得形成“资金池”业务。[②]《信托法》中亦有规定，信托财产独立于委托人、受托人和受益人，对信托财产具有隔离保护的效果。[③]

此外，从立法层面上来讲，目前的法律法规架构似乎也给资管业务的信托法适用留下了空间。《证券投资基金法》第2条规定：“……本法未规定的，适用《中华人民共和国信托法》、《中华人民共和国证券法》和其他有关法律、行政法规的规定。”而资管业务相关的监管规定又大多援引了《证券投资基金法》作为制定相关监管规定的立法依据。换言之，资管业务的相关监管规范中似乎也随《证券投资基金法》而留有了“未规定的，适用《信托法》之规定”的可操作和解释的空间。

尽管以上理由似乎已足以令人信服，但仍然有一部分人对资管业务合同的信托性质提出挑战或持保留态度。这主要是基于以下几方面原因：

一是源于立法层面上《信托法》本身的法律定位模糊和与资管业务相关法律和行政法规的供给缺失。我国的《信托法》本身就是从英美法系移植到本土的“舶来品”，传统的信托法建立在英美法系双重所有权的理论基础之上，其本身就与我国“一物一权”的理念相冲突。因此，在移植信托法的时候，对于传统信托法中的一些设计和安排（如委托人撤销权的设置）本就存在很大争议，加之信托登记制度的不完善，导致《信托法》在我国本身法律地位就比较模糊，甚至一度有人将信托法理解为特殊的委托关系。而在效力层级较高的法律和行政法规层面，目前又缺少一部规范性文件，对于资管业务的法律性质作一个权威的认定。因此，资管业务的信托法律属性长期处于一个得不到官方认可的模糊

① “收益权”，或称为“受益权”，以下除非另有说明，不对二者作区分。

② 参见《资管新规》第14条、第15条。

③ 参见《信托法》第15条、第16条。

处境。

二是源于实践层面上的资管业务特性和《信托法》的不完全适配。信托制度具有受托人对信托财产积极主动管理的特性，并且《信托法》第30条明确规定了受托人应当自己处理信托事务，转委托他人的，应对他人的行为承担无过错责任。但在实践中，很多资管业务，特别是通道业务的相关业务合同中明确约定受托人仅承担被动管理职责，而受托人事实上也仅提供了净值计算、账户管理、为清算分配提供文件等后台服务。资管业务中这种普遍存在的对于受托人的职责边界的划分明显是有悖于信托制度内核的，也使受托人在侵害委托人或委托财产利益的情况下，委托人或受益人难以通过主张受托人违反信义义务或采取信托法下其他救济机制，对其权益进行有效救济。

三是源于监管层面上分业监管所带来的定位模糊。一方面，监管部门对于资管业务合同的信托法律属性一贯就采取回避态度，在发文时也会刻意回避此类定性问题：另一方面，以金融行业目前的监管格局，信托牌照是由中国银行保险监督管理委员会管理下的68家信托机构独掌，银行、券商或基金公司等非信托机构从事资管业务时也无法承认其从事的是信托业务。因此，监管部门和金融机构都宁可对相关资管业务合同的法律性质抱持一个相对暧昧的态度，不予明确其属于信托法律属性。

正是基于上述原因，导致在信托制度在我国资管业务实践中长期处于“名不正、言不顺”的处境，进而使资管业务后续运作和纠纷处理中权责不清，投资人救济无门。尽管《资管新规》中禁止刚性兑付、禁止让渡管理职责、禁止资金池等的多处规定已隐隐透露出监管有意想将资管业务向信托关系上引导的意图，并且对于资管业务的信托性质的确立起到了不可小觑的积极作用，但无论是从立法层面还是实操层面上都还有很多工作需要完善。

（二）委托关系说

《民法典》第919条规定，“委托合同是委托人和受托人约定，由受托人处理委托人事务的合同”；第922条中规定，“受托人应当按照委托人的指示处理委托事务”。持委托关系观点的人认为，在资管业务中，委托人和受托人构成的是一种委托合同关系，由受托人按照委托人的指示以委托人的资金进行投资，具体原因主要在于：

一方面，《民法典》合同编规定的委托合同中“委托”一词更侧重于“委托代理”的意思，原则上受托人需要在受托权限内按照委托人的指示行事，并由委托人承担相应的法律后果。而在通道业务中，通道方作为名义受托人并不自主对资产进行管理，一般根据委托人或授权第三方的指令行动，仅承担被动的管理职责；并且，通道方仅收取少量的通道费并免除大部分的风险和责任，投资风险主要由作为委托人的资金方自行承担。可见，委托合同的制度内核恰与通道业务所期望达到的法律效果不谋而合。

另一方面，由于《信托法》法律体系本身的不完善、与实操细节的不兼容、监管的定位模糊，以及实践中受托人普遍存在的怠于履职之情形无法得到有效规制，导致一部分人也试图以“旧瓶装新酒”、将这类新型的资管业务放在配套制度较为成熟的委托合同法律框架下进行审视，并试图以委托关系项下相关制度(如间接代理制度)对其权利予以救济。甚至在司法层面也曾一度将委托理财关系认定为是委托合同项下的一种全权代理。①

除此之外，信托登记制度及配套机制的不完善也导致实践中对于受托人方面的风险隔离效果不佳，常有受托人管理下的委托资产因受托人被另案起诉而被有权机关查封、扣押或冻结。而若以委托合同关系的框架去理解资管业务合同，在委托关系下委托资产的所有权仍然归属于委托人，即便受托人受诉或破产清算，委托资产仍然因归属于委托人。从这个角度说，将资管业务合同定性为委托合同的观点确也有其存在的空间。

尽管有以上原因，从资管行业良性发展的角度，越来越多的人并不建议将资管业务理解为《民法典》合同编项下的委托合同，这主要是基于以下考虑：

一是资管业务的设计初衷与委托合同的特性不符。资管业务的设计初衷，或者说监管部门期望构建的金融资管类业务的发展方向是，作为受托人的金融机构利用其行业研究能力、丰富的投资经验为委托人提供专业性的资产管理和投资管理服务；并且，若适格的受托人已经尽其专业所能，以其最大审慎态度，为委托人的最大利益无私地行事，受托人则不承担相应责任，委托资产的投资风险将由委托人自行承担。不难发现，在这种业务模式下，受托人需要根据其专业能力和投资经验积极主动地对委托资产进行管理，并且涉及受托人信义义务的边界问题，与委托合同更侧重于受托人根据委托人的指示行事的特性不符。

---

① 参见高民尚：《审理证券、期货、国债市场中委托理财案件的若干法律问题》，载《人民司法》2006年第6期。

二是将资管业务合同理解为委托合同将不利于资管行业的发展。若将资管业务合同定性为委托合同，受托人的角色相对被动，相关资管业务依旧以渠道为主要导向，与监管部门一再倡导的金融机构以专业为服务导向的理念相悖，不利于建立健康、良性的社会金融秩序；并且，从风险责任承担的角度，也不可避免地会有受托人将委托合同项下的责任承担向委托人身上转移之嫌。除此之外，委托合同关系的法律框架下，委托人对于委托资产运作和管理的控制能力较强，导致在这种视角下规避监管、受托人“出借牌照”的意味更强，相关资管业务的合规性极有可能受到挑战，并且有可能会进一步动摇相关资管业务合同的法律效力。特别是在相关资管业务未获得预期收益的情形下，委托人极有可能以资管业务不合规为由否认合同效力，不利于构建稳定、健康、高效、良性的社会金融秩序和市场交易环境。

（三）折中说

综上所述，不难发现，无论将资管业务合同定性为信托关系还是委托关系，都有一些不能自圆其说的地方，认定为信托关系面临着缺乏法律和实践支撑的困境，而认定为委托关系又与资管业务的设计初衷相悖。并且，考虑到我国现行法律构建的信托制度和委托制度之间本身就存在重叠之处，因此，另有一派观点将两者进行折中，认为资管业务合同是兼具信托关系和委托关系部分特征，甚至涵盖了行纪、融资等法律关系特征的无名合同。并且，进一步呼吁跳出信托关系和委托关系“一刀切”的定性方式，针对具体资管业务合同中当事人之间的权利义务安排进行分析并认定其构成何种法律关系，不必拘泥于信托或委托关系的法律框架。[①]

五、通道方的职责

如上文所述，通道业务相关的资管业务合同通常会规定通道方将其部分管理职能让渡于资金方或第三方，在这种情形下，仅作被动管理的通道方常被视为名义受托人，实际受托人则为对委托资产进行实际运作和管理的资金方或第三方。并且资金方和通道方通常会以书面形式作出一些免除通道方积极主动管理职责、降低通道方注意义务的特殊安排，同时保留通道方的被动管理职责。

---

① 参见缪因知：《资产管理内部法律关系之定性：回顾与前瞻》，载《法学家》2018 年第 3 期。

在此前提下，业内通常认为，作为名义受托人的通道方的职责主要包括以下几个方面：一是通道方应保证其主体适格，即通道方应当保证其具备并且在产品运作期内维持相关业务资质，不因违法违规行为而被撤销或者暂停；二是通道方须履行相关资管业务合同中约定的义务，勤勉地履行其管理职责；三是通道方根据诚实信用原则所应遵守的诸如通知、协助、保密等附随义务；四是遵守合同约定以外的法定或者规定义务（主要是监管合规义务）。①

在上述四方面的职责中，最大的争议焦点集中在通道方勤勉管理职责的界定。特别是针对通道方向资金方或第三方让渡部分管理职责之后是否要对后者的行为承担连带责任的问题，各种理解和观点之间存在较大分歧。考虑到通道载体的法律性质认定将直接影响通道业务当事方之相关权利义务边界的确定，笔者就不同定性下通道业务中通道方的职责，分别进行讨论。

（一）信托法律关系下通道方的职责

《信托法》第30条规定："受托人应当自己处理信托事务，但信托文件另有规定或者有不得已事由的，可以委托他人代为处理。受托人依法将信托事务委托他人代理的，应当对他人处理信托事务的行为承担责任。"换言之，在信托法视角下，受托人委托他人处理信托事务的，须对他人的行为承担无过错责任。若将该条规定直接适用于通道业务的场景中，就会涉及通道方已向资金方或第三方让渡了部分管理职责（并对让渡部分事项作了免责安排）的情况下，是否仍要根据《信托法》第30条的规定对资金方或第三方在前述管理职责范畴内的行为承担责任的问题。

仅从文义去理解《信托法》第30条规定，通道方这种让渡管理权并事先免责的操作似乎并不能免除其对实际受托人行为的责任承担，并且司法实践中似乎也有法院判例对这种理解予以支撑。

在浙江外国语学院（原浙江教育学院）与中投信托有限责任公司（原浙江省国际信托投资有限责任公司）等不当得利纠纷案②中，信托公司作为标的公司的登记股东实际并未履行任何管理经营职责，而是委派了信托委托人的法定代表

---

① 参见雷继平、李时凯：《通道业务中管理人的责任风险和应对》，载威科先行法律信息库：http://lawv3.wkinfo.com.cn/topic/61000000539/5.HTML，最后访问日期：2019年11月7日。

② 参见浙江省高级人民法院（2011）浙民提字第110号民事判决书。

人实际经营管理标的公司。一审杭州市西湖区人民法院认为,根据《信托法》第30条的规定,受托人信托公司将履行股东权利义务这一信托事务实际又交给信托委托人处理的行为,在信托公司和委托人之间又构成了被代理和代理关系,委托人既是信托委托人又是信托事务的代理人。根据代理关系下的相关规定,信托公司作为被代理人对其代理人信托委托人的行为承担民事责任。信托委托人违法进行代理活动的,被代理人信托公司知道或应当知道而不表示反对的,二者互负连带责任。据此,一审法院判决信托公司对委托人承担连带责任。

二审杭州市中级人民法院未对信托公司将其信托事务转移给委托人的事实认定予以支持,并且认为信托公司与委托人之间存在的内部关系不能对抗目标公司的外部债权人,信托公司作为目标公司的登记股东负有维持资本稳定的义务,应在抽逃出资范畴内对公司债务承担连带责任。再审浙江省高级人民法院基本延续了二审法院的观点,不认可信托公司向委托人转让其信托事务的安排,认为信托公司依法应当履行其股东职责,对其放弃股东职责的行为所造成的抽逃出资后果负有不可推卸的责任,故应当在此范围内承担相应责任。否则,委托人可能利用信托制度存在的不健全之处规避法律责任,造成权责失衡或损害第三人利益的不良现象。

但是金融行业内却并不认同上述解读,并针对通道业务这一特殊场景,试图寻求路径突破对《信托法》第30条的理解或适用。常见的观点主要有以下几种:[①]

一是通道方作为受托人承担无过错责任有违收益和风险对等原则和公平原则。在通道业务中,通道方通常仅收取相对低廉的通道费用,若需要对实际受托人的行为后果承担无过错连带责任,则将出现利益失衡的情况。这也是实践中,业内人士对通道业务适用《信托法》第30条时最大的诟病之处。这类观点认为,在信托法律关系下对于在委托人处于类似情况下或者受托人在同等条件下均无法避免损害的场合,委托人是需要承担此种情形下不利后果的。换言之,委托人需要承担正常的经营风险。并且,委托人与受托人之间是一种人身信任关系,选任受托人的本身即存在一定的风险,故委托人也承担选任适当受

① 参见刘光祥:《通道信托的实践与法律冲突》,载刘乃进主编:《私募基金实务精要2》,法律出版社2018年版,第219页。

托人的风险。类比于前述风险划分,若受托人尽到了选任第三人的相关监督义务责任,则受托人不需要承担因为第三人的过失而带来的相应风险。并且,考虑到商业信托的运作本身不可避免地会伴有商业风险,根据收益与风险相一致的原则,应当合理地分担在商业运作过程中可能产生的风险。从这个角度来说,在通道业务中无论名义受托人主观上是否有过错而"一刀切"地要求名义受托人根据《信托法》第30条的规定承担严格责任有违公正。

二是《信托法》的相关制度设计已滞后于实践需求,不应机械套用,为了适应现代商业信托的发展,对于《信托法》第30条的规定应作相应调整。这种观点认为,现代信托已经逐渐从传统信托侧重于对财产的转移功能转向对财产的管理功能,故而受托人的权利需要得到扩张。而为了顺应这种受托人权利扩张的趋势,对于受托人的责任就应作相应减轻,现行法律规定的受托人的严格无过错责任显然与之相悖。除此之外,随着社会化分工的不断深化,受托人须亲自管理信托财产的义务在进一步弱化。基于这两方面的原因,《信托法》第30条所强调的受托人自己处理信托事务,并对转委托他人的事项应承担严格责任的规定不再合理。

三是当代信托业务主流已从早期的民事信托转为商事信托,要求受托人承担严格的无过错责任,有违商事交易倡导的效率价值优先、兼顾安全价值的原则。这种观点认为,在安全优先逐渐让位于效率优先的发展趋势下,受托人、委托人和受益人之间的权利义务分配需要重新进行审视。在现代商事信托中,随着受托人自由裁量权和投资权的进一步扩张,对于受托人的责任也应进行适当的缓和,特别是在受托人按照委托人意愿行使职责时,不应再不分情况地一味要求受托人承担严格的无过错责任。

对于上述观点,笔者并不完全认同。笔者认为,在信托法律关系视角下,目前对于通道业务中通道方突破《信托法》第30条规定适用的种种理由和尝试,尚不充分。

首先,关于收益和风险不对等有违公平的问题,更多的是源自一种因果倒置的误解,即由于通道方仅收取了低廉的通道费用,故要求通道方承担过重的风险是不适当的。但事实并非如此,收取低廉的通道费并非通道方责任承担之因,通道方出借牌照、协助资金方规避监管、跨监管套利才是通道方承担责任的根本原因。大多数通道方在前端营销其通道业务时,对于这种打监管擦边球的做法抱着睁一只眼闭一只眼的侥幸心理,这本就是对其自身职能和责任的一种放任。在后端风险暴露时，通道方强调其在通道业务中收益和风险失衡，并以此作为免责事由，显然是不合适的。从业务逻辑上正确的顺序应当是，通道方根据现行法律法规和监管要求对所谓通道业务可能面临的法律风险和商业风险作合理评估，并据此定价，而不是倒过来以价格低廉作为其免除法律责任的抗辩理由。

其次，现代商事信托对于效率的要求，以及受托人权限的扩张需求，并不是通道业务中名义受托人免责的理由。诚然，由于社会化分工的深化，以及现代商事信托的日益增多，传统民事信托基于对受托人的人身信任所要求的"事必躬亲"在如今确实受到了极大挑战，在商事信托中一味要求受托人必须亲自处理信托事务在很多时候确实没有必要。在这种情况下，允许受托人选任合适的第三人来处理一部分信托事务是合理的，受托人需在选任适格人员方面承担责任，并对第三人的行为进行监督，在此前提下所产生的商业风险应由受益人承担。但大多数通道业务明显不属于此种情形，在这类通道业务中，通道方将尽职调查、投资决策等事宜全部交给实际受托人，并且事实上也不对相关事宜进行监督或审核，而是完全听从实际受托人的指令行事。在这种情况下，通道方对于其怠于履行监督和管理职责所造成的不利后果再要求免责，并不合适。

再次，为了更好地管理信托财产，受托人的权限确实面临着扩张的需求，但受托人权利扩张不应成为倒逼受托人义务缓释的理由，这样的理解也与权责对等的理念相悖。认为《信托法》第30条对于受托人严格责任的约定将对受托人权利扩张造成障碍，其实是一种误解。现代商事信托对于受托人权利扩张的需求，对于信托法制度设计的根本要求并非放松受托人的义务，而应当是在法律上进一步明确受托人的职责边界，从而进一步区分固有的商业风险和受托人失职所带来的风险。事实上，正是因为受托人权利的逐步扩张，对于受托人的义务更需要谨慎对待，特别是对于受托人的忠实义务、谨慎投资义务的评判标准也需要进一步明确。对于信托法律框架下的通道业务而言，名义受托人在让渡投资管理权限的时候依然应当受到忠慎义务的限制，在选任名义受托人的时候应当关注其投资能力、投资经验、品行和信用并对其投资行为进行适当监督。

最后，受托人的信义义务是信托法律关系的基础，不应被轻易打破，即便是所谓的通道业务，通道方的信义义务也不因此被免除。如上文所述，通道方必须具备一定的资质要求（持有相应的金融业务牌照），这种资质要求体现着监管部门对于相关投资范围所要求的专业性门槛。因此，具备相应资质的名义受托人在让渡部分管理职权时,有义务对实际受托人处理相应信托事务的能力作适格性审查,否则将可能出现在处理相关信托事务时实际受托人的专业性和适当性反倒低于名义受托人的情形,这显然是违反信义义务的,也不是监管所鼓励的。并且,即便让渡了部分管理职权,名义受托人仍应对实际受托人的行为进行适当监督,这里的监督义务应限于名义受托人的合理注意范畴。换言之,对于实际受托人在处理信托事务时的不适当行为,名义受托人知道或应当知道的,应承担相应的连带责任。除此之外,对于实际受托人继续处理信托事务将使受益人之利益受损的情形,名义受托人知道或应当知道的,名义受托人为受益人之利益有义务采取合理必要的措施(如结构化证券资管产品中受托人或管理人的强制平仓操作等)。

综上所述,笔者认为,针对通道业务中通道方的责任问题,应当遵循内外有别的原则,并在准确界定通道方信义义务边界的情况下根据具体情况具体讨论。具体而言:

第一,对于资金方和通道方之间的内部纠纷,信托文件中通道方的免责条款可以对抗资金方对通道方的主张。考虑到通道业务中实际受托人一般都是由资金方担任或由其指定,并且资金方在信托文件中通常会认可通道方对于实际受托人行为的免责声明。因此,若是资金方就实际受托人的行为主张通道方未尽其信义义务,据此要求通道方承担责任的,根据当事人意思自治的原则,通道方在信托文件中的免责条款应当可以对抗资金方的主张。

例如,在湖北银行股份有限公司、中国农业发展银行根河市支行合同纠纷案[①]中,一审湖北省武汉市中级人民法院和二审湖北省高级人民法院均认为,信托公司根据商业银行的指示发放了委托贷款,即视为信托公司已履行了恪尽职守、诚实、信用、谨慎、有效管理的义务,从而未支持商业银行对于信托公司未进行贷前审核、贷后管理的责任主张。

在淮南市诚信隆淮南商贸中心与长安国际信托股份有限公司、淮南市鑫诚房地产开发有限公司及中国银行股份有限公司淮南市分行信托合同纠纷案[②]中,一审陕西省西安市中级人民法院和二审陕西省高级人民法院均认为,信托文件中已经对于相关风险进行了揭示,并且在信托文件中明确约定资金方对资

① 参见湖北省高级人民法院(2017)鄂民终 2301 号民事判决书。

② 参见陕西省高级人民法院(2016)陕民终 179 号民事判决书。

金的运用方式、融资方的财务状况等情况有着充分的认识，并自愿承担由此造成的财产损失。该约定有效，资金方应对此承担相应法律后果。故对于资金方主张的信托公司存在重大违约要求解除合同的主张未予支持。

第二，对于通道业务当事人之外的第三人与通道方之间的外部纠纷，信托文件中的通道方免责条款不能对抗第三人。若是资金方和通道方之外的第三人就信托事务向通道方主张权利的，通道方应当根据《信托法》第30条的规定对于实际受托人处理信托事务时的行为承担责任，但其嗣后可向实际受托人追偿。

第三，若通道方未适当履行其事务性管理职责，资金方有权向通道方主张违约责任。这一点并不难理解，在通道业务中，尽管通道方向实际受托人让渡了部分的管理职权，但通常还会保留一部分事务性管理职责。若通道方未能适当履行这些职责，资金方当然有权要求其承担责任。例如，在江苏江山制药有限公司与中泰信托有限责任公司营业信托纠纷案[①]中，江苏省泰州市中级人民法院认为，信托公司作为受托人应按照信托文件的约定履行委托贷款资金的发放和监管义务。信托文件中约定，信托公司应在相关抵押手续及强制执行公证完成后发放贷款，但信托公司在未具备相应放款前提的情况下就发放了委托贷款。信托公司违反了信托文件的约定，对款项的发放、款项的监管、款项的回收等未尽到合理、谨慎的义务，依约应向资金方承担违约责任，赔偿其损失。

（二）委托法律关系下通道方的职责

《民法典》第923条规定："受托人应当亲自处理委托事务。经委托人同意，受托人可以转委托。转委托经同意或者追认的，委托人可以就委托事务直接指示转委托的第三人，受托人仅就第三人的选任及其对第三人的指示承担责任。转委托未经同意或者追认的，受托人应当对转委托的第三人的行为承担责任；但是，在紧急情况下受托人为了维护委托人的利益需要转委托第三人的除外。"

由此可见，若是以委托关系的视角来看通道业务，通道方的责任是相对较轻的，特别是考虑到通道业务中的转委托一般都是经过委托人认可的，并且被转委托的第三人通常都由委托人自身或其指定的第三方担任。因此，在委托关系框架下，作为受托人的通道方一般不对转委托的受托人的行为承担责任。

① 参见江苏省泰州市中级人民法院（2014）泰中商初字第173号民事判决书。

但同样地，上述受托人不承担责任的情况是针对通道业务当事方内部而言的，对于隐名代理情况下以通道方名义进行的活动，通道方不能以转委托为由对抗外部第三人的主张，但若通道方是因资金方的原因对第三人不履行义务的，通道方可以根据《民法典》第926条[①]的规定向第三人披露资金方，第三人可以选择直接向资金方主张权利，从而避免通道方的责任承担。

六、要点总结与建议

随着《资管新规》的发布和实施，我国的金融资产管理业务进入了调整期。曾经在市场上蓬勃发展和活跃的各类通道业务随之面临着重大的合规挑战，与通道业务相关的各类纠纷和争议也相继频发。虽然通道业务源于规避监管及监管套利的意图，也确实在一定程度上对国家的金融秩序造成了负面影响，但是司法实践中通常并不会仅因此就否认通道业务相关交易合同的效力。不过随着监管趋严，加之已有生效案例裁判规则的指引对于将严重扰乱金融秩序、损害社会公众利益的通道业务，不排除法院以违背社会公共利益或者以其他事由来否认合同效力的可能。对于通道业务的性质存在“信托关系说”“委托关系说”“折中说”等观点。正因为通道业务的法律性质不明晰，实践中对通道方忠实勤勉职责的界定存在较大分歧。针对通道业务中通道方的责任问题，应当遵循内外有别和实质大于形式的原则，并在准确界定通道方信义义务边界的情况下根据具体情况具体讨论。

通道业务可谓我国金融资管行业特殊时期的历史产物，并且随着《资管新规》的落地以及过渡期的结束而逐渐落幕。存量通道业务也将在未来的数年内陆续到期，相关的法律风险也势必相继暴露，未来有关通道业务的纠纷将不在少数。因此，关于通道业务相关法律问题的研究和分析，特别是对于通道业务中各方职责边界的确定，对于未来资管类业务前端法律风险防范、存量通道业

---

① 《民法典》第926条规定：“受托人以自己的名义与第三人订立合同时，第三人不知道受托人与委托人之间的代理关系的，受托人因第三人的原因对委托人不履行义务，受托人应当向委托人披露第三人，委托人因此可以行使受托人对第三人的权利。但是，第三人与受托人订立合同时如果知道该委托人就不会订立合同的除外。

受托人因委托人的原因对第三人不履行义务，受托人应当向第三人披露委托人，第三人因此可以选择受托人或者委托人作为相对人主张其权利，但是第三人不得变更选定的相对人。

委托人行使受托人对第三人的权利的，第三人可以向委托人主张其对受托人的抗辩。第三人选定委托人作为其相对人的，委托人可以向第三人主张其对受托人的抗辩以及受托人对第三人的抗辩。”

务后续风险化解和权利救济依然具有重要的启示意义。基于上述分析，笔者对于资管业务的从业人员有以下几条建议：

一是在资管业务相关交易结构的设计层面，尽量尊重监管要求，合法合规地开展业务；尽量对交易结构作扁平化设计，减少层层嵌套的情况，避免交易链条过长的情况；对相关交易结构下的法律风险和商业风险有客观及充分的预估，根据风险和收益均衡原则，合理地确定相关费用或报酬的标准。

二是在资管业务相关协议的起草层面，尽量明确相关主体之间的职责划分，充分揭示相关风险并作适当的豁免安排，公平合理地在各方当事人之间分配权利义务。

三是在资管业务的管理和运作层面，受托人应严格按照法律和相关资管合同的规定履行相应的管理职责，始终保持合理的审慎注意义务，拒绝配合委托人或者资金方的违法违规行为，适当履行其监督义务。

第三章

私募基金投资管理阶段常见纠纷

第一节　投资阶段基金管理人的职责

一般来说，投资人基于对管理人的信任，将财产委托给管理人，管理人接受投资人的委托，进行投资、运作、管理活动。除部分带有特殊的“通道”属性的私募基金之外，管理人在私募基金管理中处于核心与不可或缺的地位，在私募基金管理运作过程中享有实际控制权。正是基于管理人对私募基金的主导地位以及投资人信息的不对称，如果私募基金管理人违规操作，怠于提供服务，滥用权利甚至从事欺诈行为，则会损害投资人利益，引发道德风险。此种情形下，投资人很难完全通过约定和市场的方式来规避这种风险及保护自己的利益。

虽然私募基金针对的大多为“具有商务知识和投资经验，有能力评估投资价值和风险”的投资人，其并非如公募基金一般作为普罗大众的理财渠道，理应贯彻相对自治和宽松的监管原则，即原则上不应对私募基金管理人施加对公募基金管理人那样严苛的监管，但这不意味着私募基金监管法规未课以管理人职责。管理人主导基金违规操作损害投资人利益的风险天然存在，特别是由于私募基金管理运作不规范，“爆雷”事件常有发生，因而各国均加强了对私募基金管理人的监管。

投资阶段是私募基金运作的核心环节，管理人在投资阶段是否尽到审慎注意、忠实的义务，在很大程度上决定着投资的成败。在投资前是否履行向监管部门备案的义务、尽职调查时是否尽职尽责、是否投向不合规领域、是否超越合同约定的投资范围进行投资、管理人投资时是否存在关联交易损害投资者利益等问题，对投资项目的运作、机会与风险的把控具有十分重要的影响。

一、私募基金产品未备案

私募基金产品备案是业内常识，但实践中私募基金产品未备案的情况普遍存在。那么，管理人未按规定办理备案手续即对外投资，是否会导致基金合同无效？管理人是否需要承担责任？若需要承担责任，那么承担何种责任？

（一）基金合同是否属于未经备案不可生效的合同

《民法典》合同编第 502 条第 1 款、第 2 款规定："依法成立的合同，自成立时生效，但是法律另有规定或者当事人另有约定的除外。依照法律、行政法规的规定，合同应当办理批准等手续的，依照其规定。未办理批准等手续影响合同生效的，不影响合同中履行报批等义务条款以及相关条款的效力。应当办理申请批准等手续的当事人未履行义务的，对方可以请求其承担违反该义务的责任。"按照笔者对《民法典》这一规定的理解，若其他法律法规规定基金合同应当经备案方可生效的，则若基金产品未备案，对应基金合同不生效；但若登记备案并非生效条件时，未办理登记备案手续不影响基金合同的生效。

《证券投资基金法》第 94 条规定，非公开募集基金募集完毕，基金管理人应当向基金行业协会备案；《私募投资基金监督管理暂行办法》第 8 条规定，基金业协会应当在私募基金备案材料齐备后的 20 个工作日内，通过网站公告私募基金名单及其基本情况的方式，为私募基金办结备案手续；《私募投资基金管理人登记和基金备案办法（试行）》第 11 条规定，备案应当在募集完毕后 20 个工作日内申请。第 14 条规定，经备案的私募基金方可申请开立证券相关账户；《私募投资基金合同指引 1 号（契约型私募基金合同内容与格式指引）》第 15 条规定，私募基金应当按照规定向中国基金业协会履行基金备案手续。基金合同中应约定私募基金在中国基金业协会完成备案后方可进行投资运作。

由此可知，《证券投资基金法》《私募投资基金监督管理暂行办法》《私募投资基金管理人登记和基金备案办法（试行）》等相关规定均要求私募基金管理人在募集完成后办理备案手续。

但根据《私募投资基金监督管理暂行办法》第 5 条"设立私募基金管理机构和发行私募基金不设行政审批"以及第 9 条"基金业协会为私募基金管理人和私募基金办理登记备案不构成对私募基金管理人投资能力、持续合规情况的认可，不作为对基金财产安全的保证"可知，对私募基金实行备案管理更多的是在政府部门监管下的自律管理,是程序性监管自律要求,登记备案是私募基金合规运作的前提,是私募基金监管的第一步,但并非私募基金运作的实质性准入条件。

因此,结合上述相关规定,笔者认为,备案要求主要在合同履行阶段,且仅影响基金产品的正常运行,在基金合同未以备案作为生效条件时,应不涉及合同效力问题。私募基金合同性质应当不属于经备案方可生效的合同,因此未备案不影响基金合同的生效。

(二)未备案是否影响合同效力

认定合同无效应有明确的法律、行政法规的规定。若法律法规规定未备案属于违反法律、行政法规强制性规定的情形,则未备案可能导致基金合同无效。《证券投资基金法》第134条、《私募投资基金监督管理暂行办法》第38条规定,私募基金产品未备案的,对相关责任人员给予警告和罚款的处罚措施;《私募投资基金管理人登记和基金备案办法(试行)》第30条规定,违反该办法或《证券投资基金法》规定的,可能会受到警告、行业内通报批评、公开谴责、暂停受理基金备案、取消会员资格、记入诚信档案等处罚措施。

从上述规定能够看出,私募基金产品未备案的法律后果仅是对相关人员进行行政处罚,未有法律、行政法规规定基金合同未备案属于违反法律、行政法规强制性规定的情形。故笔者认为,基金产品未备案并不当然导致基金合同无效。

(三)司法实践观点

司法实践中,对于私募基金产品未备案是否导致合同未生效或无效的问题观点不一。有案例认为,虽然基金产品未备案,但并未违反效力性强制性规定,应尊重当事人真实意思表示,合同应为合法有效;也有案例认为,私募基金产品未经备案将导致合同无效,理由主要是,未经登记备案,任何单位或者个人不得使用"基金"或者"基金管理"字样或者近似名称进行证券投资活动,未经备案登记的基金是非法基金,因而合同无效。

1. 未经备案合同有效的案例

例如,在戴某庭与信葵资产管理(上海)有限公司委托理财合同纠纷案①

① 参见上海市浦东新区人民法院(2018)沪0115民初21920号民事判决书。

（以下简称“戴某庭案”）中，法院认为，虽然基金产品未经备案，但原、被告签订的管理计划系当事人真实意思的表示，并无法律、行政法规规定的无效情形，故合法有效，各方均应恪守。安某与北京盛世久天投资基金管理有限公司等合同纠纷案[①]（以下简称“安某案”）法院的观点与上述观点一致，法院认为，“在未有更多证据证明盛世公司存在违反我国效力性强制性法律法规规定的情况下，亦出于保护投资人权益的目的，本院对上述协议文本的民事合同效力不予否定”。杨某燕、周某芳合同纠纷案[②]（以下简称“杨某燕案”）的观点亦是如此。

再如，在骆某山与深圳市骏业基金管理有限公司、何某如合同纠纷案[③]（以下简称“骆某山案”）中，法院亦认为基金产品未备案不构成合同无效，并在说理部分进行了详细的论述，理由如下：（1）与公募基金对基金管理人的许可制及高管人员的审批制这种严监管的政策不同，目前对于私募领域的政策和规章更着重于尊重当事人意思自治，在监管上采取了相对灵活和宽松的方式。对私募的登记备案更多的是作为一种程序性要求，而非实质性的准入条件。（2）基金产品未备案违反了《私募投资基金监督管理暂行办法》中的强制性规定，从规定的层级看，《私募投资基金监督管理暂行办法》属于部门规章，不属于法律或行政法规，也没有证据显示违反该规定若使合同继续有效将直接损害国家利益和社会公共利益。因此，基金产品未备案违反了部门规章的规定，应受到监管部门的行政处罚，承担行政违法的责任，但不能直接导致本案私募基金合同的无效。

2. 未经备案合同无效的案例

例如，在李某超、黄某鑫委托合同纠纷案[④]（以下简称“李某超案”）中，一审法院认定，管理人无相应资格且基金产品未经备案，不构成基金合同，构成委托理财合同，但未否认其效力，但二审法院却认为，上述事实违反了《证券投资基金法》第 12 条对管理人资格的要求和《私募投资基金管理人登记和基金备案办法（试行）》第 4 条、第 5 条对基金产品备案的要求而导致合同无效。与该案二

① 参见北京市海淀区人民法院（2015）海民（商）初字第 29182 号民事判决书。
② 参见广东省广州市中级人民法院（2018）粤 01 民终 8367 号民事判决书。
③ 参见深圳前海合作区人民法院（2016）粤 0391 民初 1193 号民事判决书。
④ 参见广东省肇庆市中级人民法院（2018）粤 12 民终 2658 号民事判决书。

审法院持相同观点的还有赵某娟与洛阳连豫木业有限公司、大秦连豫基金管理(深圳)有限公司合同纠纷案[①](以下简称“赵某娟案”),田某慧与柳某波、蔡某军清算责任纠纷案[②](以下简称“田某慧案”)等。

再如,在何某潮与徐某委托合同纠纷案[③](以下简称“何某潮案”)中,法院认为,“根据我国《证券投资基金法》等相关法律的规定,私募基金公司受到我国证监会监管,由证监会给合格的私募基金颁发私募基金管理人牌照,私募基金公司所有的项目必须依法向证监会申报备案核准才可募集。作为私募基金公司,必须依法经营和接受国家的金融体系监管,纳入国家金融系统管理,确保国家金融体系健康运行。不允许存在法律体系监管以外的金融体系。严格禁止任何私募基金公司或个人,以任何名义进行非法的私募基金行为。否则,将涉嫌洗钱、欺诈国家金融和扰乱金融秩序等违法行为。本案中,原告何某潮委托被告徐某购买摩根私募基金,虽系双方真实意思的表示,但显然所谓的摩根私募基金并未在我国证监会申报、备案、核准,如若被告徐某所述其已代为购买了摩根私募基金的事实成立,亦属于非法的私募基金行为,不受法律的保护,应确认无效”。

从上述案例中法院的观点可作大致总结,司法实践对基金产品备案是否导致合同无效的问题观点不一。有案例认为管理人未经登记或基金产品未经备案不直接影响合同效力,也有案例以“基金管理人由依法设立的公司或者合伙企业担任”“非公开募集基金募集完毕,基金管理人应当向基金行业协会备案”等规定为由,认为《证券投资基金法》第 12 条及第 94 条为效力性强制性规定,因而未经备案合同无效。但上述认定合同无效的案例并未详细论证其理由,笔者认为,仅据此认定合同无效是较为牵强的。

(四)责任承担

结合《民法典》第 156 条的规定,民事法律行为无效、被撤销或者确定不发生效力后,行为人因该行为取得的财产,应当予以返还;不能返还或者没有必要返还的,应当折价补偿。有过错的一方应当赔偿对方由此所受到的损失;各方

① 参见河南省洛阳市西工区人民法院(2016)豫 0303 民初 1806 号民事判决书。
② 参见深圳前海合作区人民法院(2018)粤 0391 民初 1117 号民事判决书。
③ 参见浙江省杭州市拱墅区人民法院(2013)杭拱商初字第 1710 号民事判决书。

都有过错的,应当各自承担相应的责任。法律另有规定的,依照其规定笔者检索的上述案例中,虽然对于合同效力的问题有不同观点,但是由于除了产品未备案之外管理人往往也伴随其他违规行为,因此在这类案件中裁判结果往往如出一辙,无一例外均判决管理人返还认购款。只是对于认购款的利息损失,不同法院有不同观点。总体看来,法院虽然对合同效力有不同观点,但大多基于对投资人的保护,当基金合同未约定固定收益或预期收益时,一般会支持投资人按银行同期贷款利率计算的利息损失;当合同约定了预期收益时,由于管理人没有尽到应尽的义务,具有明显过错,法院倾向于认可合同中约定的预期收益标准。表3-1为私募基金产品未备案的案例中法院判决的责任承担情况。

表3-1 私募基金产品未备案的案例中法院判决的责任承担情况

案件	效力	基本案情	责任承担
“戴某庭案”	有效	基金未备案 认购款500万元	返还500万元并支付利息损失(按中国人民银行同期同类活期存款基准利率计算)
“安某案”	有效	管理人未登记、基金未备案 固定收益基金产品 认购20万元	支付投资本金20万元及投资收益13,250元、违约金1万元
“杨某燕案”	有效	管理人已登记、基金未备案,认购款70万元	返还投资款70万元并支付自首次开庭的时间起按中国人民银行同期贷款利率计算的资金占用的利息损失
“骆某山案”	有效	管理人已登记、基金未备案 认购款40万元	返还认购款40万元并支付基金认购存续期内约定的每3个月13%计算的收益,认购期届满后按年利率24%计算的利息
“赵某娟案”	无效	管理人未登记、基金未备案 认购款20万元	返还认购保证金20万元并支付利息损失(按中国人民银行一年期贷款利率计算)

续表

案件	效力	基本案情	责任承担
“田某慧案”	无效	管理人未登记、基金未备案 认购款 20 万元	作为基金管理人的五岳财富公司不但没有尽到基金管理人的应有义务，反而存在诸多欺诈行为，①具有明显过错，应当承担相应责任。 在合同无效的情况下，五岳财富公司无合法根据占用原告资金，应当赔偿原告的资金利息损失。对于利息损失的计算方式，如以较低标准计算，既不足以弥补原告损失，更会变相鼓励欺诈募集基金的行为。 因此，法院认定投资人预支的分红为资金占用期间的利息损失
“何某潮案”	无效	基金未备案 认购款 54 万元	返还认购款 54 万元

二、尽职调查不到位

项目投资是整个私募基金活动的核心，从项目寻找、尽职调查、投资方案设计到投资协议签署、投资完成，均离不开管理人的决策和执行。在项目投资中，管理人在投资之前对项目基金进行尽职调查成为管理人必不可少的一步，也是整个投资活动的第一步，对投资活动起着决定性的作用。尽职调查的目的是选择优质的投资标的，并最终顺利退出实现收益，一般项目运作周期最少需要3～5年，因此管理人对未来行业的判断至关重要。

近年来已发生诸多因尽职调查失职导致投资者利益受损的案件。例如，中诚信托“诚至金开 1 号”信托计划于 2013 年出现兑付危机，融资方山西振富能源集团资金链断裂，导致信用风险。上述兑付危机的出现与信托公司尽职调查失职有密切的联系。在信托计划实施时，融资方就已存在诸多问题，例如，融资方名下煤矿采矿权资质存在争议，部分煤矿采矿权一直未获批准或存在被吊销的风险；信托计划开始前 10 天，振富能源集团就已背负 34 亿元民间借贷；作为振富能源集团旗下最大煤矿的白家峁煤矿多年来深陷各种纠纷等。上述问题涉及融资方的负债情况、经营和财务情况，以及融资方所面临的潜在风险等重

① 例如，投向与约定不符，突破合格投资者标准，违规承诺不受损失，固定收益等。

大方面，而中诚信托作为在矿产信托业务领域十分专业的信托机构，应当在投资前对融资方的融资风险及债务情况等重大法律风险进行审慎调查，但却因自身的疏忽及失职没有尽到恪尽职守、谨慎管理的义务。尽职调查失职是本案出现兑付危机的重要原因之一。

管理人在尽职调查过程中是否尽职尽责，投资标的是否符合基金合同约定的投资范围，对基金的运作以及未来收益情况具有至关重要的作用。因此，管理人结合尽职调查的注意事项进行风险预警，在尽职调查过程中应尽到审慎注意的义务，尽职尽责。

案例一：以尽职调查报告与实际不符为由，主张欺诈要求撤销

在上海金元百利资产管理有限公司（以下简称金元百利公司）、深圳吾思十八期股权投资基金合伙企业（以下简称吾思十八期）合伙协议纠纷案[①]中，2013年，吾思基金作为普通合伙人，金元百利公司作为有限合伙人签订《合伙协议》，约定成立有限合伙企业（吾思十八期）进行投资，投资目标为丰华鸿业公司的宝华寺项目。《合伙协议》签订后，金元百利公司向吾思十八期实缴出资49，230万元，后通过银行委托贷款的方式，将49，230万元转贷给丰华鸿业公司。本案交易结构图如图3－1所示。

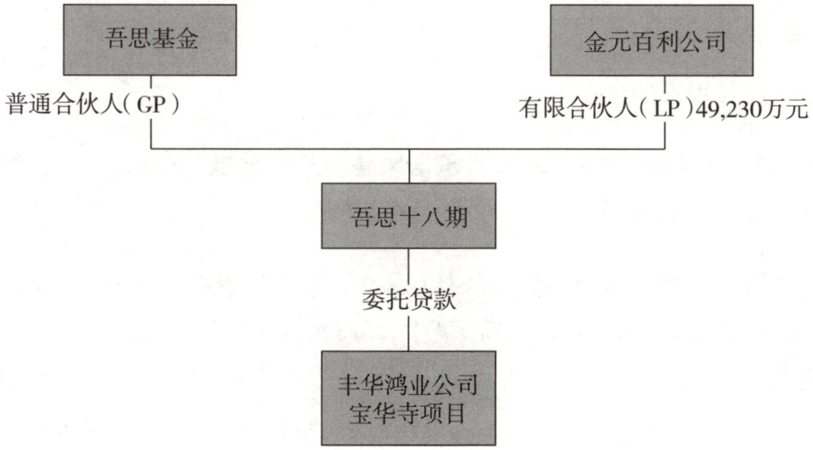

图3－1　案例一交易结构

① 参见最高人民法院（2018）最高法民终539号民事判决书。

二审期间,金元百利公司提交《吾思—昆明宝华寺城中村改造项目投资基金尽职调查报告》(以下简称《尽职调查报告》),拟证明吾思基金存在虚构事实和隐瞒真相等欺诈行为,主张《合伙协议》应当撤销。

对此,最高人民法院认为,金元百利公司主张《合伙协议》系因为受到吾思基金的欺诈陷入错误认知进而在错误的基础上违背其真实意愿所订立的,缺乏足够的证据予以证明。一审判决认定《合伙协议》并非基于欺诈而订立并无不当,金元百利公司以《合伙协议》存在欺诈为由要求撤销的上诉请求应予驳回。理由如下:

1.《尽职调查报告》系吾思基金对其拟开展项目的一个整体介绍而非要约。该报告中无论是否存在对自身实力的不合理夸大,金元百利公司作为专业的基金投资公司,在作出上亿元资金投入前负有必要的注意义务,应对普通合伙人的真实实力进行必要的核实。

2.《尽职调查报告》对于还款来源和债务人资产规模的陈述仅仅是根据当时的情况对未来还款保证所作的预估,不能以此后的实际情况来推定吾思基金在作出《尽职调查报告》时即存在故意虚构和隐瞒真实情况的行为。

3. 就债务人的负债规模而言,结合《尽职调查报告》作出的时间和债务人及还款保证人对外债务的发生时间来看,《尽职调查报告》是在2013年6月作出的,而债务人及还款保证人的部分债务是发生在《尽职调查报告》作出及《合伙协议》订立之后,因此,金元百利公司主张吾思基金在《尽职调查报告》中故意隐瞒债务人债务规模的事实不成立。

案例二:在委托人定向投资,且承诺风险自担的前提下,管理人不负事前审查和尽职调查的义务

在北川自治县农村信用合作联社(以下简称北川农村信用社)与中鸿联合融资担保有限公司、郑某合同纠纷案①中,2013年5月17日,北川农村信用社作为委托人、天风证券作为管理人、招行武汉分行作为托管人签订《资产管理合同》,约定北川农村信用社将1亿元人民币委托给天风证券,用于投资山东信托成立的单一事务管理信托,该信托资金用于受让可可钴业合法持有的对科享集团的标的债权。本案交易结构图如图3-2所示。

① 参见四川省高级人民法院(2017)川民初66号民事判决书。

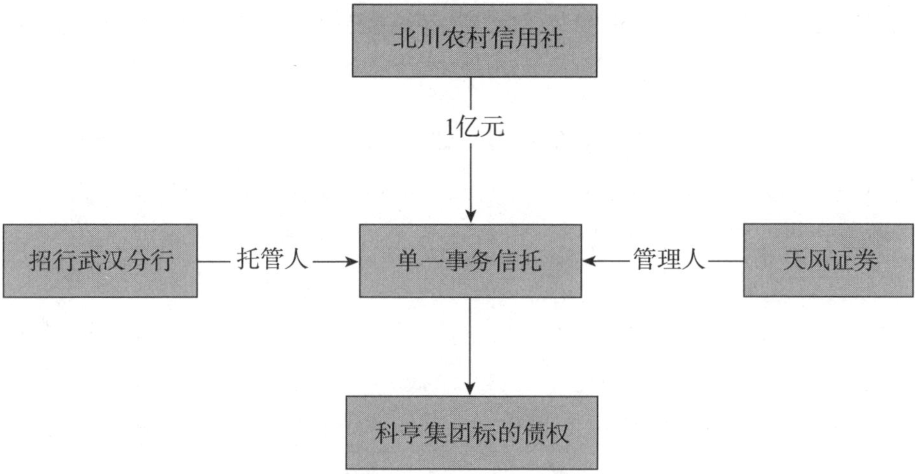

图3－2 案例二交易结构

同日，北川农村信用社向天风证券发送了《委托指令书》，其上载明北川农村信用社对本委托资产所投资信托项目的资金用途自行判断，作出决策，并自行承担风险。信托公司作为受托人，管理、运用或处分信托财产过程中可能面临的风险包括但不限于信用风险、市场风险等。信托财产所产生的风险，由信托财产承担，进而可能导致本委托资产产生亏损。信托终止时，如信托财产无法变现并约定原状返还的，将导致本委托资产无法以现金方式进行清算，从而产生流动性风险并可能造成一定损失。投资结果由北川农村信用社承担，管理人不承担任何责任。

后因科亨集团未按期支付标的债权收益，北川农村信用社以天风证券、山东信托共同隐瞒事实，向北川农村信用社提供虚假信息，欺骗北川农村信用社作出投资行为为由提起诉讼，主张天风证券、山东信托应当共同承担赔偿责任。

法院认为，北川农村信用社对委托资产所投资的信托项目的资金用途自行判断、作出决策，并自行承担风险的事实，案涉融资项目实质上系天风证券基于北川农村信用社的指令进行的定向投资，风险应由北川农村信用社自担。天风证券、山东信托不负有尽职调查的义务，同时山东信托已经按约完成了合同义务，并不存在怠于行使权利的违约行为，对其主张不予支持。

案例三：合同约定排除管理人事前审查的义务，但不免除管理人的法定义务

在甘孜州农村信用联社股份有限公司（以下简称甘孜联社）、四川科亨矿业（集团）有限公司合同纠纷案[①]中，甘孜联社通过《资管合同》委托管理人宏源证券、托管人渤海银行对其委托资产进行运作管理并明确免除了受托人山东信托的事前审查义务。

最高人民法院认为，"从法律法规的有关规定看，合同法、信托法以及金融监管部门有关规范性文件规定了委托合同或信托合同受托人应承担的法定履职和尽职义务，即使当事人之间所签订的合同中未作约定，如受托人违反该法定履职或尽职义务并因其过失给委托人造成损失的，亦应根据其过错情形承担相应的民事责任"。换言之，法院认为，除了合同约定的义务之外，管理人还不得违反法定履职或尽职义务。

在本案中，虽然甘孜联社认为申万宏源证券、山东信托违反了法定义务，但其并未举证证明损失的具体情况，亦未证明申万宏源证券、山东信托在履行委托合同、信托合同中的过失情形，以及该过失与所造成损失之间的因果关系。因此对于甘孜联社提出的申万宏源证券、山东信托违反法定义务给其造成损失应予赔偿的理由，法院不予支持。

从上述案例可以看出，司法层面上对管理人的义务审查越来越严格，管理人职责不仅局限于合同约定的范围，在合同未作约定时，管理人亦负有法定的履职或尽职义务。但是当管理人可能存在失职行为时，投资人需证明管理人存在故意或过失情形，投资人存在损失，以及该过失与损失之间存在因果关系，方有可能获得赔偿。对投资人来说，在缺乏相关资料的情况下，举证难度较大。

案例四：受让合伙型基金合伙份额后，发现投资标的存在重大瑕疵以致合同目的不能实现，主张解除合同、返还价款并赔偿

在刘某茂与河北铭典投资有限公司、北京子沐创富投资中心等合伙企业财

① 参见最高人民法院（2017）最高法民终880号民事判决书。

产份额转让纠纷案①中，2016 年 11 月 12 日，刘某茂与河北铭典投资有限公司（以下简称铭典投资）签订《合伙份额转让协议》，约定铭典投资向刘某茂转让其持有的北京子沐金柜投资中心（有限合伙）（以下简称子沐金柜）15% 的合伙份额，转让价款为 3000 万元。铭典投资保证刘某茂受让子沐金柜 3000 万元的合伙份额款项于 2016 年 11 月 16 日前投资于北京子沐创富投资中心（有限合伙）（以下简称子沐创富），并最终投资高锐视讯有限公司重组上市项目（以下简称高锐视讯重组上市项目）。同日，刘某茂与铭典投资、子沐创富、湖州君锐投资管理合伙企业（有限合伙）（以下简称君锐投资）、崔某国签订了《补充协议》，约定刘某茂受让铭典投资 3000 万元合伙份额中的 1000 万元作为借款出借给铭典投资，其余签订者对铭典投资的还款义务及原协议中的义务承担无限连带担保责任。上述协议签订后，原告依约支付款项。本案交易结构图如图 3－3所示。

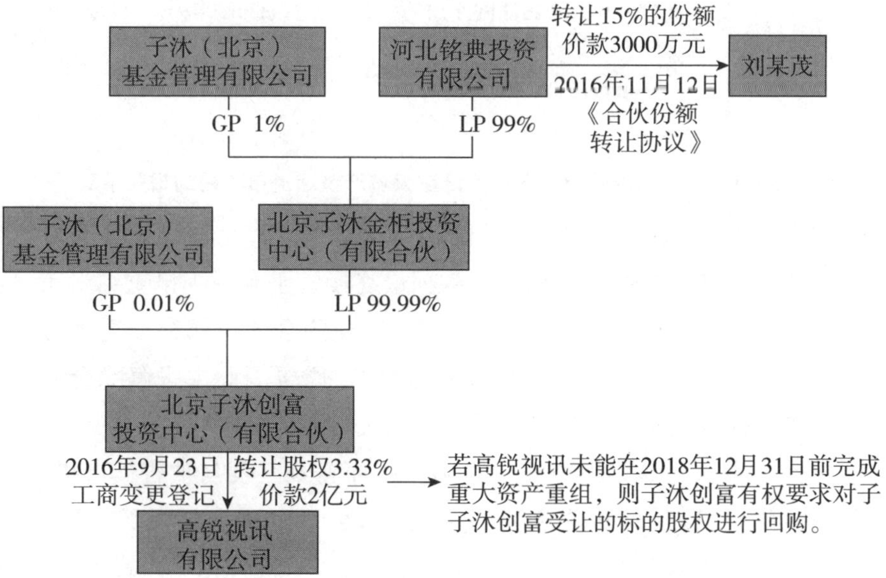

图 3－3　案例四交易结构

在该案中，原告刘某茂通过受让合伙份额拟最终投资高锐视讯重组上市项目，高锐视讯重组上市项目进展情况如图 3－4 所示。

① 参见盐城经济技术开发区人民法院（2018）苏 0991 民初 1356 号民事判决书。

2016年5月4日：精达股份发布《关于筹划重大事项停牌公告》，载明：精达股份目前正在筹划涉及精达股份发行股份收购资产的重大事项，经申请，精达股份股票于2016年5月3日起连续停牌。

2016年5月至9月：精达股份持续发布了多份关于重大资产重组继续停牌的公告。

2016年9月29日：精达股份发布《发行股份及支付现金购买资产并募集配套资金暨关联交易预案》，载明：精达股份以发行股份和支付现金相结合的方式购买交易对方合计持有的高锐视讯100%的股权，预估值为60亿元。交易对方中包括子沐创富，持股比例3.33%，交易作价19,980万元。

高锐视讯投资有两家100%子公司，即浙江创亿光电设备有限公司（以下简称创亿光电）、浙江创佳数字技术有限公司（以下简称创佳数字）。2015年度，创亿光电的营业收入为18亿余元，利润总额为4.8亿余元；2016年1~8月，营业收入为10.9亿余元，利润总额为3.62亿余元；2015年度，创佳数字的营业收入为11.1亿余元，利润总额为1.8亿元；2016年1~8月，营业收入为9.5亿余元，利润总额为1.84亿余元。

2017年7月6日：精达股份发布《关于终止重大资产重组的公告》，载明:公司董事会认为本次重大资产重组已不具备继续推进的条件，决定终止本次交易。

2017年10月11日：浙江省开化县人民法院作出的（2017）浙0824破申9号民事裁定书，裁定受理申请人创亿光电的破产清算申请；浙江省开化县人民法院作出的（2017）浙0824破申10号民事裁定书，裁定受理申请人创佳数字的破产清算申请。

图3-4　关于精达股份与高锐视讯重大资产重组上市项目的相关事实

后因高锐视讯的两家核心子公司已申请破产清算，原告刘某茂认为《合伙份额转让协议》中明确约定，合伙份额款项最终投资于高锐视讯重组上市，现高锐视讯重组上市项目终止，铭典投资向原告转让的合伙份额存在重大瑕疵，导致合同目的不能实现，铭典投资构成根本违约。原告因此主张解除合同，请求铭典投资等主体返还合伙份额价款并赔偿损失。

法院经审理认为该案的争议焦点为：一、原告刘某茂与被告铭典投资之间签订的案涉《合伙份额转让协议》及《补充协议》属于何种性质的合同法律关系？由此所决定的本案纠纷争议的实质是什么？二、被告铭典投资是否构成违约并导致原告有权解除案涉合同？诸被告是否应当承担以及如何承担相应的民事责任？

对于第一个争议焦点，法院认为，《合伙份额转让协议》及《补充协议》中涉及的私募股权投资的最终结果即“高锐视讯重组上市”，只是该合伙份额转让协议的合同目的，没有体现出如前所述的私募股权投资关系的实质特征。案涉协议所转让的“合伙份额”，实质上是业已完成的私募股权投资的标的股权（即私募股权投资行业所称的“项目股权”）的替代物。因此，原告刘某茂与被告铭典投资以及其他被告之间争议的实质，不是私募股权投资纠纷，而是由私募股权投资衍生出来的“项目股权”转让纠纷。诸被告答辩时也提及，铭典投资作为子沐基金的关联方，其在子沐基金进行私募基金管理时也有类似将“已投”项目财产份额或股权转让给第三方的操作。这也佐证了案涉“合伙份额转让”本质上系“项目股权”转让。

上述子沐创富、子沐金柜、铭典投资通过实际控制人崔某国的运作，依次地通过其有限合伙人将已经购得的标的股权通过合伙份额转让的方式，最终转让给原告刘某茂的行为，实质上是变相的先投资、后筹资。该民事行为不符合私募股权投资的相关规定和资本运作特征，因此被告铭典投资与原告刘某茂之间的基础法律关系不能认定为投资关系。

对于第二个争议焦点，法院认为被告铭典投资构成违约导致原告有权解除案涉合同，诸被告应承担相应民事责任，具体如下：

1. 被告铭典投资存在违背诚实信用原则未能全面履行义务的情形。诚实信用原则是法定原则，基于诚实信用原则而产生的有关义务是法定合同义务，当然性地涵摄于合同之中，而不以当事人是否作出明确约定为要件。案涉协议名义上为合伙份额转让协议，原告通过受让铭典投资在子沐金柜的合伙份额成为其合伙人，进而成为子沐创富的合伙人，这种合伙份额的层层持有本身存在较大的交易风险，被告铭典投资应尽到更大的善意提醒、通知等义务。庭审中，被告方未能提供有效证据证明其向原告提交、提示过与本次交易有关的具有真实性与客观性的交易文件、信息或风险，对原告方认为的系被告作出的《尽职调查报告》也不予认可。此外，双方约定刘某茂通过受让合伙份额的方式持有高锐视讯的部分股权，实质上是通过合伙份额转让之名行项目股权转让之实。因项目股权已被购入，受让项目股权的一方不再拥有如同私募股权投资人那样的在认购前的调查与评估机会，所以根据有关交易习惯，转让项目股权应当遵循更为严格的条件，转让方也应当尽到更为严格、全面的诚实信用义务。综上可见，被告铭典投资并未尽到善意转让方所应尽到的重大交易事项通知、风险告知、信息披露等义务，应承担相应的违约责任。

2. 被告铭典投资明显违反了《合伙份额转让协议》第 1.3 条的约定。《合伙份额转让协议》第 1.3 条约定：“甲方保证乙方受让子沐金柜叁仟万的合伙份额款项于2016年11月16日前投资于子沐创富并最终投资于高锐视讯重组上市项目,并向乙方提供支付凭证。”

原告认为,原告受让合伙份额是在被告子沐创富已经获得高锐视讯3.33%股权之后,并且精达股份发布了与高锐视讯重大资产重组交易预案的公告。因此,在《合伙份额转让协议》第1.3条中,被告铭典投资所作出的“保证”不应理解为对一个已经发生的事实作出保证,因为这样的保证毫无意义,而应当是对将来发生的事实作出保证,即保证高锐视讯最终能够实现重大资产重组。这是原告签订《合伙份额转让协议》的前提和必要条件,也是协议第1.3条的真正含义和目的。

被告认为,合伙份额款项投资于高锐视讯,即应视为完成了合同约定。被告仅能保证原告受让财产份额后对该部分财产份额的所有权,但并不能保证原告能最终通过转让该部分财产份额从而退出对高锐视讯的持股时还能获取高额收益。

法院认为,对合同条款的解释,首先,应贯彻文义解释原则,该条约定文义明确,没有歧义,就是被告铭典投资明确表示“保证原告受让的合伙份额项最终投资于高锐视讯重组上市项目”,所保证的是高锐视讯重组上市这一“完成”状态,而不是持有高锐视讯股权这一“中间”或“过渡”状态。其次,还要结合整个协议条款,来进行体系化的理解。协议第1条即开宗明义地声明了子沐创富已经购入了高锐视讯3.33%股权的事实,接下来便约定了由原告购入相应合伙份额并持有部分高锐视讯股权等事宜,随后约定由铭典投资保证高锐视讯项目重组上市。显然第1.3条约定不是为了保证原告能取得股权为已足。最后,从双方交易的背景和签订该条款的意图来看,双方均指向高锐视讯重组上市项目的前景,并非合伙份额的转让款进入高锐视讯即实现合同目的。换言之,原告签订该协议是为了通过股权退出而盈利,而不是为了成为合伙人,这是显而易见的。因此,协议第1.3条中的“保证”,对原告而言是合同目的,对被告而言是合同义务,对双方而言是签订该协议的重要基础。至于被告方辩称的达成该协议时子沐创富尚未完全向其合同相对方付清对价款的问题,这是子沐创富对其私募股权投资协议的履行问题,依据合同相对性原则,被告铭典投资不能以之作为对原告刘某茂的抗辩,被告的这一辩解对该协议第1.3条的性质及其理解不产生影响。可见,铭典投资违反了协议第1.3条这一重要合同条款,足以认定。

3. 有关被告同时违反了《补充协议》中的具有保证性质的条款所约定的义务。在私募股权基金募集过程中，募集者尚且不能对将来投资的项目股权向投资者作出诱导性承诺，举轻以明重，对于已经购入的项目股权，因其前景相对而言可预测空间更小，风险性更大，购买者也不具有更充分的调查、评估机会，故转让时更不得向购买者进行诱导性承诺。案涉《补充协议》约定子沐创富、君锐投资保证所持有的高锐视讯有限公司的股权不存在或有风险。高锐视讯的股权已经存在极大的不良风险已经毋庸赘言，子沐创富、君锐投资显然已经无法履行这一保证义务。该两被告与铭典投资的实际控制人均为被告崔某国，该两被告所作的"保证"与前述铭典投资所作的"保证"前后呼应，共同佐证与补强了三被告的违约性质与违约程度。

4. 本案在法律适用上可以参照适用最高人民法院《关于审理买卖合同纠纷案件适用法律问题的解释》的有关规定，认定被告铭典投资交付的标的物质量不符合合同约定，存在严重质量瑕疵，构成根本违约。本案中，被告铭典投资系出让方，买卖标的物系子沐金柜15%的合伙份额，对于合伙份额的"质量"要求以及出让人是否依约履行义务均应在上述法律规定的框架下结合双方的合同约定予以认定。被告铭典投资作为合伙份额的出让方，负有按照合同约定，以及符合合同目的的质量要求交付标的物的义务。现高锐视讯重组上市项目终止，高锐视讯的两个子公司已经进入司法破产审查程序，合伙份额投资于双方所约定的高锐视讯重组上市项目这一特定目的已然不能实现。因此，原告认为被告铭典投资交付的标的物质量不符合合同约定，存在严重质量瑕疵，构成根本违约并主张解除合同具有事实和法律依据。

最后，法院明确指出，任何经济活动都可能存在风险，只有公平合理地确定各方主体的权利义务，明确风险责任主体，方能维护各方经济主体的合法权益，并促进经济秩序健康、稳定、安全发展。案涉《合伙份额转让协议》及《补充协议》系当事人真实意思表示，不违反法律、行政法规的强制性规定，应当认定合法有效。被告铭典投资未能善意、全面地履行依据合同性质所决定的信息披露义务和风险告知义务，并且违反了协议中明确约定的承诺和保证事项，导致原告的合同目的不能实现，原告主张解除案涉协议并要求赔偿损失，具有事实依据和法律依据，应予支持。诸被告以高锐视讯等方面的原因认为其不存在违约的意见，混淆了不同主体之间的法律关系，不能用以对抗原告，其损失和抗辩，应当另行向高锐视讯等主体主张。由本案可见，铭典投资、子沐创富等被告在从事私募基金业务方面存在一些不严谨、不规范之处，不利于交易相对方、投资者的权益保护，不仅会让自身陷入经济纠纷，而且容易引发金融风险，需要在今后的经营活动中予以重视、完善。

三、投资方向不合规、超越合同约定的投资范围

基金合同中通常会约定投资方向和投资范围，一般情况下基金管理人在投资阶段应当遵守基金合同中的投资范围和投资方向的约定。除了按照约定的投资方向和投资范围进行投资外，管理人投资时还应遵守法律法规及相关自律规则的规范，禁止投向违反法律法规规定的不合规领域。

在这类案件中，管理人违背投资标的审查的义务，主要表现在以下几个方面：一是管理人违反合同约定的投资方向和投资范围，二是未及时采取止损措施，三是管理人投向不合规领域。管理人未履行尽职尽责义务时，将承担一定的损害赔偿责任。表 3－2 为投资方向不合规、不符合约定的案例。

表 3－2　投资方向不合规、不符合约定的案例

案例	裁判要旨	结果
(2018)苏 01 民终 57 号①：在合伙企业财产净值触及预警线 0.8 时，未履行通知全体合伙人，召集合伙人大会决定是否继续操作的义务	超沅公司作为执行事务合伙人，直接控制、管理、执行合伙企业的投资业务，未遵守合同约定，不仅投资了高风险的分级基金 B，而且在基金净值触及 0.8 预警线后擅自决定继续操作，最终致使基金净值下跌为 0.3003，其行为违反了合同约定和法律规定，依法应对其他合伙人因此受到的损失承担赔偿责任	合伙合同中约定的 0.8 预警线应视为同意在基金净值不低于 0.8 的范围内承担投资风险。故实际损失应为出资款 40 万元的 80% 与已收回投资款 120,120 元之间的差额，利息从退伙结算之次日起按年利率 4.75% 计算

① 参见蔡某慧与刘某、南京丰源股权投资基金管理企业、上海超沅股权投资基金管理有限公司合同纠纷二审案民事判决书[江苏省南京市中级人民法院(2018)苏 01 民终 57 号]。

续表

案例	裁判要旨	结果
(2016)京 0105 民初 15719 号①：在履行信息披露义务和通知义务方面，管理财产方面，以及在最后的清算分配方面，均存在违约行为	上述违约行为，一方面使投资人无法及时了解涉案信托产品的具体情况，也无法在信托产品触及预警线和平仓线时及时通过追加增强资金方式减少损失……由此可见，中信信托公司在管理信托财产时，未能尽到谨慎、有效管理的义务。 也就是说，信托公司设立信托计划产品的主要目的在于对委托人的资金进行集中管理、运用或处分，以达到资金的保值增值的目的。因此，中信信托公司未履行信息披露义务、通知义务，并非涉案信托产品损失的主要原因。此外，我们还应看到，涉案信托产品损失的时间节点，恰逢中国资本市场发生异动，股市大幅下跌，这是造成涉案信托产品损失的更为重要的原因	基于市场因素为损失主要原因，且投资人亦应清楚知道投资的风险且风险应自担。故酌定中信信托公司承担 30% 的赔偿责任
(2018)京 02 民终 6942 号②：违反合同约定投资于 * ST 类上市公司发行的证券	上述投资均发生在案涉《投资协议书》、《资产管理合同》及《信托合同》正常存续期间，而上述协议及合同所约定的投资系整体性、持续性的，在投资 * ST 华锦股票的同时，亦投资了其他股票，且不断存有交易，而股票价格存有波动，且在实际买入 * ST 华锦股票后几个交易日内亦有浮盈。虽然最后卖出 * ST 华锦股票存在亏损，但其他股票投资亦存在亏损的情形。基于以上事实，本院认为，仅因购买 * ST 华锦股票的行为，不足以造成信托单位净值低于止损线被强制平仓的整体投资后果，即上述各方虽有过错，但与信托单位净值低于止损线之间不存在法律上的因果关系	不予支持投资人要求管理人、托管人等主体承担连带赔偿责任的主张

① 参见范某与中信信托有限责任公司营业信托纠纷案民事判决书[北京市朝阳区人民法院(2016)京 0105 民初 15719 号]。

② 参见江某与中国民生银行股份有限公司北京分行等财产损害赔偿纠纷案民事判决书[北京市第二中级人民法院(2018)京 02 民终 6942 号]。

续表

案例	裁判要旨	结果
(2018)沪0105民初12848号[①]:违规投向“伞形信托”	系争35万元款项的投资方向为二级市场股票投资(以委托资金作为劣后资金投资“伞形信托”),但证监会于2015年4月即叫停“伞形信托”的融资融券业务,在此情形下,被告作为专业基金管理公司于2015年5月仍与原告签订相关内容的协议,被告属故意隐瞒真实情况,欺骗原告,诱使其作出错误的意思表示而签订系争协议,被告的行为构成欺诈,且损害国家利益	合同无效,管理人返还投资款并赔偿按中国人民银行同期贷款利率计算的利息损失
(2019)沪74民终17号[②]:违规投向“伞形信托”	证监会相关负责人公开发表讲话,对“伞形信托”业务提出要求,这体现了国家主管部门对金融秩序的管控。佳晔公司无视主管部门的管控要求,仍与投资者签订相关协议,显然有悖于国家对金融秩序的管理	合同无效,管理人返还投资人的投资款

四、关联交易

管理人的忠实义务要求管理人负有为投资人谋求最大利益的积极义务和不得损害委托人利益的消极义务,核心是管理人不得将自己的私利置于与投资人利益相冲突的位置。[③] 若管理人选择对与其存在关联关系的项目进行投资,则其自身利益与投资人利益可能出现冲突,存在损害投资人利益保护自身利益的可能。因此,管理人在尽职调查过程中应加强对关联交易的审查,防范投资过程中的利益冲突问题。

实务中,存在许多管理人“跟投”项目的情况,这一般是为了化解管理人因未出资或出资少,收取较低固定管理费而消极推卸责任的矛盾,不过与此同时,管理人“跟投”情形下,也极易产生管理人选择对其最有利的投资项目,而非对

① 参见魏某骥与上海佳晔袁清股权投资基金管理有限公司委托理财合同纠纷案民事判决书[上海市长宁区人民法院(2018)沪0105民初12848号]。

② 参见上海佳晔袁清股权投资基金管理有限公司与邓某宇委托理财合同纠纷案民事判决书[上海金融法院(2019)沪74民终17号]。

③ 参见许可:《私募基金管理人义务统合论》,载《北方法学》2016年第2期。

投资人最有利的安排。甚至有些管理人选择的项目是与其存在关联关系的项目，或者管理人管理的多只基金，或者管理人自身与基金投资同一标的时可能存在的既存在相同的利益关系，又会出彼此间存在利益争抢的系列交易，这些情况下极易产生管理人向目标公司管理层合谋的后果，损害投资人的利益。

不过，法律并不禁止关联交易的存在，只是禁止管理人通过关联交易损害投资人利益。即便存在关联交易可能损害投资人的利益，由于投资人往往难以证明管理人与投资项目的关联交易对其造成的损害，因而难以追究管理人的责任。在昆明云南红酒业发展有限公司、吴某某公司关联交易损害责任纠纷二审案①中，福建省高级人民法院认为，"《中华人民共和国公司法》第二十一条所禁止的关联行为系公司的控股股东、实际控制人、董事、监事、高级管理人员利用其关联关系进行利益转移输送，从而损害公司利益的行为"。从中可以看出，我国所禁止的关联交易，是损害公司利益的不公正的关联交易。

在杜某勇与常州力合创业投资有限公司（以下简称力合公司）、深圳清源投资管理股份有限公司合同纠纷二审案②中，基金管理人与委托人签订了股份代持合同，而后委托人认为基金管理人通过关联交易低价转让股份的行为损害了委托人的合法权益，江苏省常州市中级人民法院认为，案涉股份代持合同中并未禁止力合公司进行关联交易，且关联交易亦非法律所禁止。仅以关联交易为由主张力合公司承担赔偿责任，缺乏合同依据和法律依据。

实践中之所以存在上述观点，其中一个原因是从经济学角度考量，没有必要禁止对管理人有好处而又不损害投资人利益的行为。2015 年修正的《证券投资基金法》的部分规定也体现了这一思路，第 17 条规定："公开募集基金的基金管理人的董事、监事、高级管理人员和其他从业人员，其本人、配偶、利害关系人进行证券投资，应当事先向基金管理人申报，并不得与基金份额持有人发生利益冲突。"第 21 条第 3 款规定，"公开募集基金的基金管理人的股东、董事、监事和高级管理人员在行使权利或者履行职责时，应当遵循基金份额持有人利益优先的原则"。这体现出立法者也认为不必完全禁止关联交易，而是在确保投资人利益的前提下，在法律允许的范围内，实现利益的最大化。③ 因此管理人在对关联交易进行

① 参见福建省高级人民法院（2016）闽民终 1521 号民事判决书。

② 江苏省常州市中级人民法院（2019）苏 04 民终 801 号民事判决书。

③ 参见肖宇、许可：《私募股权基金管理人信义义务研究》，载《现代法学》2015 年第 6 期。

调查时，应该关注关联交易的实质，防止利益输送损害投资人的利益。

五、要点总结与建议

管理人对投资项目的运作、机会与风险的把控起到关键的作用，因而管理人在投资阶段是否尽到审慎注意、忠实的义务在投资前是否履行向监管部门备案的义务、尽职调查时是否尽职尽责、是否投向不合规领域、是否超越合同约定的投资范围进行投资、管理人投资时是否存在关联交易损害投资者利益，这些在很大程度上决定着投资的成败。

对于私募基金产品未备案的问题，虽然笔者认为私募基金备案更多的是基金业协会监管下的程序性要求而非实质性准入门槛，私募基金未经备案并不一定导致合同无效，但司法实践中不乏法院认为未经备案登记的基金是非法基金，基金未经备案合同无效。不过，尽管司法实践并不统一，但由于基金也协会对私募基金备案体现了合规的要求，这些未经备案的私募基金往往或多或少地伴有其他违规行为，因而在这类案件中裁判结果往往如出一辙，均判决管理人返还认购款及利息。

对于管理人尽职调查不到位的问题，管理人在尽职调查过程中是否尽职尽责，投资标的是否符合基金合同约定的投资范围，对基金的运作以及未来收益情况具有至关重要的作用。司法层面上对管理人的义务审查越来越严格，管理人职责将可能不仅局限于合同约定的范围，在合同未作约定时，管理人亦负有法定的履职或尽职义务。不过，结合案例可以看出，投资者在主张管理人因尽职调查失职而导致投资损失时，投资者不仅需要证明管理人存在故意或过失情形，还要证明该过失与损失之间存在因果关系，对投资人来说，在缺乏相关资料的情况下，举证难度较大。

对于投向不合规、不符合约定的问题，主要表现在管理人违反合同约定的投资方向和投资范围，未及时采取止损措施，或者管理人投向“伞形信托”等不合规领域三个方面。当投向不合规、不符合约定时，管理人往往面临损害赔偿的法律后果。不过，也有法院在判断管理人是否应承担责任时，综合管理人过错程度，以及损害与过错之间的因果关系进行分析，认为管理人的失误不足以造成投资损失，进而判决管理人无须承担赔偿责任。

对于关联交易的问题，若管理人投资时选择关联方与之交易，则很容易将自身利益与私募基金整体利益置于相冲突的位置，从而可能对投资者造成损害。

不过，法律并不禁止关联交易的存在，只是禁止管理人通过关联交易损害投资人利益，而且即便存在关联交易可能损害投资人的利益，由于投资者难以证明管理人与投资项目的关联交易对其造成的损害，因而难以追究管理人的责任。

管理人在私募基金中扮演着非常重要的角色，掌握着募集资金的流向，因此有必要对管理人投资前备案、尽职调查以及投后管理等多方面进行细化规定以保护投资人的利益。管理人在受托管理私募基金产品时，应真正做到"恪尽职守、诚实信用、勤勉谨慎"，完善其在投资阶段的职责，防范法律风险。

第二节　资本维持原则与清偿能力标准在对赌协议案件中的适用

一、对赌协议的概念及交易结构

对赌协议一般是针对股权估值困难，投融双方约定以特定时间后公司实现的业绩作为标准，或者对超额投入的投资人给予补偿，或者要求投入不足的投资人增加出资而进行的安排。"对赌协议"或者"对赌条款"作为一种定价机制，在 PE/VE 投资领域中并不是一个陌生的词汇，最初在国内的兴起是由于 2002～2004 年大摩等境外基金投资蒙牛时设立的一项依业绩调整股权比例的安排，而后碧桂园、永乐电器、太子奶等对赌案例的出现则使对赌机制逐渐为公众所知悉。

目前对赌协议或对赌条款被广泛应用于国内私募基金投资领域。我国私募基金投资领域对赌协议的交易结构主要是投资人拟对被投资企业溢价投资，并对被投资企业设定一定业绩目标或者上市目标，如未能实现设定的指标，则由原股东或者被投资企业（以下简称目标公司）对投资人进行补偿或者回购投资人持有的股权。①

由于存在投融双方信息不对称、估值不确定的情况和激励经营、保障收益底线的需要，投融双方对公司未来业绩情况的判断的问题暂时搁置，待一定期间后再进行调整，这一方面能够极大促成股权交易的可能性，另一方面又能在一定程度上降低投资人的投资风险，因此对赌协议应运而生。图 3－5 即对赌

① 参见潘林：《重新认识"合同"与"公司"基于"对赌协议"类案的中美比较研究》，载《中外法学》2017 年第 1 期。

安排基本交易结构示意图。

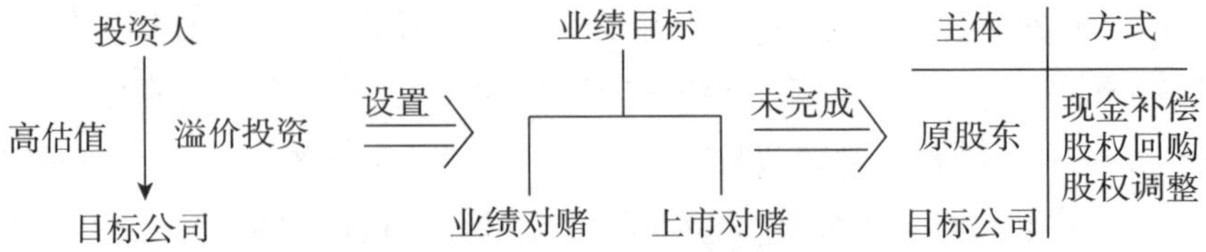

图3－5　对赌安排基本交易结构示意图

“对赌协议”中虽然有“赌”一字，但并非投资人与目标公司之间进行的一种赌博，而是在私募股权投资存在很大风险，目标公司估值不确定的情况下，“将交易双方不能达成一致的不确定性事件暂时搁置，留待该不确定性消失后双方再重新结算。由于这种结构性安排，使达成股权交易的可能性大增，从总体上增加了社会福利”，①因此PE/VE投资领域中的对赌协议，又被称为估值调整机制（Valuation Adjustment Mechanism，VAM）。

事实上，广义的对赌不仅包括设定业绩或上市目标，未达成则要求回购或现金补偿的情形，还包括分期融资、控制权分配、创始人薪酬安排、棘轮条款、领售权、回购股权等一系列特殊设计，这都是为了解决估值不确定性的问题，都意味着在未来针对某种事件发生时对投资人和融资方之间的权利义务（及利益）的变化或调整（见图3－6）。②

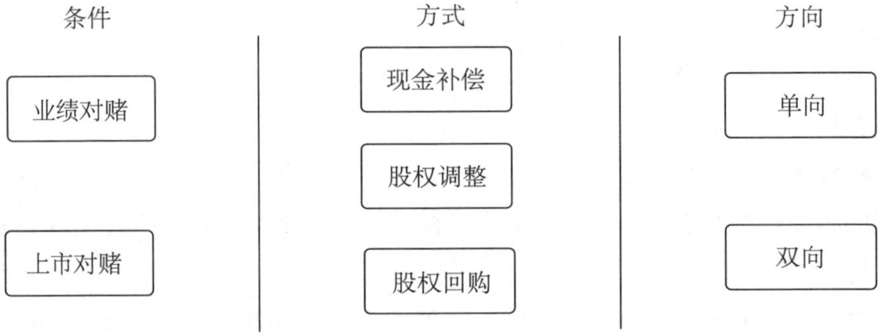

图3－6　对赌协议的类型

① 彭冰：《对赌协议：未来不确定性的合同解决》，载《中国社会科学报》2012年11月28日，第A07版。

② 参见刘燕：《对赌协议与公司法资本管制：美国实践及其启示》，载《环球法律评论》2016年第3期。

实践中，根据条件、方式、对赌方向等方面的不同，可将对赌协议分为多种类型。根据环球律师事务所出具的《对赌在中国的司法实践研究报告》（第1版），在其检索的86个涉及对赌的案例中，采用股权补偿对赌方式的案例仅有6个，国内大多数对赌案例约定的对赌方式为现金补偿或股权回购。①

在目标公司完成业绩目标时，根据投资人是否需要对目标公司或者原股东增加投资或给予奖励，可将对赌分为单向对赌和双向对赌（见图3－7）。为进一步激励目标公司经营管理团队，除了约定未达到业绩目标时回购或补偿外，可能还会约定超额完成业绩指标时对目标公司或其股东增加投资或给予奖励，此种情形则为双向对赌。双方对赌实质上不仅是单向的激励或者惩罚，而且是双向激励机制。

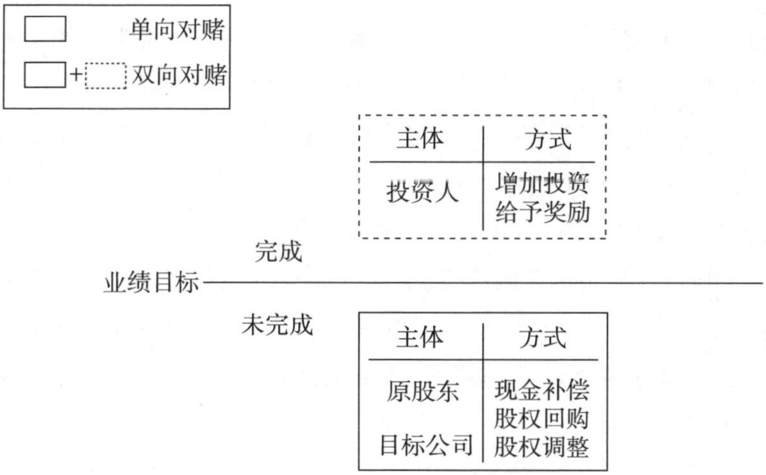

图3－7　单向对赌与双向对赌

目前在国内私募基金投资领域中，包括后文提及的“海富案”“通联案”“强某延案”“华工案”等案例，私募基金在作为财务投资人而非收购目标公司的情况下，大多采用的是直接设定上市或利润指标，未达标则要求回购的单向对赌的安排。实际上如此约定是将对赌协议的安排简单化、单一化，这也是最高人民法院在2012年审理海富案时认定对赌条款无效的考虑因素之一，因为实际上这样单一简单的安排可能背离了对赌协议设置的初衷，即将估值不确定性的

① 参见环球律师事务所：《对赌在中国的司法实践研究报告》（第1版），载环球律师事务所官网：http://www.glo.com.cn//content/details_40_848.html，最后访问日期：2019年8月13日。

事宜暂时搁置，同时激励目标公司管理团队积极地运营管理公司，而不是使私募基金在投资时带着赌博的心理，谋求短期暴利而使对赌协议成为投资人的投机工具。①

二、对赌协议的司法现状及问题的提出

（一）"华工案"判决以前的司法实践状况

实践中，我国法院或仲裁机构针对私募基金股权投资对赌协议案件，对协议的效力的裁判是共同的裁判路径，司法裁判机构基本上会对协议的效力进行裁判，无论案件当事人是否请求对协议效力进行判断，这也符合我国司法审判中民商事审判规则。②

从图 3－3 的交易结构图可以得知，对赌协议根据对赌主体的不同可分为"与股东对赌""与目标公司对赌"两种类型，根据补偿方式的不同，可分为现金补偿、股权回购、股权调整等类型。实践中，"纯粹与股东对赌"（指仅与股东对赌，不与目标公司对赌，目标公司亦不提供担保的情形，无论是现金补偿还是股权回购）类型的案件，法律效力基本上被司法机构认可。

但对于与目标公司对赌的约定，最高人民法院在其于 2012 年 11 月 7 日作出的"对赌第一案"——"甘肃世恒有色资源再利用有限公司、香港迪亚有限公司与苏州工业园区海富投资有限公司、陆某增资纠纷案"③（以下简称"海富案"）中认为，"世恒公司、海富公司、迪亚公司、陆某在《增资协议书》中约定，如果世恒公司实际净利润低于 3000 万元，则海富公司有权从世恒公司处获得补偿，并约定了计算公式。这一约定使海富公司的投资可以取得相对固定的收益，该收益脱离了世恒公司的经营业绩，损害了公司利益和公司债权人利益"，从而认定与目标公司对赌的这部分条款无效。

此后，司法实践基本遵循"海富案"的审判规则，即认定约定投资人有权在目标公司未完成业绩目标的情况下要求目标公司回购股权的条款无效，大多数案例援引的依据为《公司法》第 20 条关于不得损害公司债权人的利益的规定，

① 参见罗东川、杨兴业：《"对赌协议"纠纷的法律规制及裁判规则》，载《人民司法》2014 年第 10 期。

② 参见赵宇：《对赌协议效力的司法裁判理由及批判》，载《财会月刊》2019 年第 11 期。

③ 参见最高人民法院（2012）民提字第 11 号民事判决书。

以及第35条关于抽逃出资的规定。

然而,针对实践中较为常见的“与股东对赌,公司提供担保”的情形,即目标公司对股东在未完成业绩目标情况下的回购或现金补偿义务承担连带责任,在“通联资本管理有限公司、四川久远新方向智能科技有限公司、成都新方向科技发展有限公司增资纠纷案”[①](以下简称“通联案”)中,最高人民法院虽然因目标公司未向投资人提供相关股东会决议,对赌协议亦未得到公司股东会决议追认,从而认定投资人没有尽到形式审查义务,认定担保条款无效。但“通联案”给出了另一个裁判思路,对于按照《公司法》第16条第2款关于公司为股东提供担保的规定操作的,公司对股东回购义务承担连带责任的条款可能是有效的。而这个口径在“强某延、曹某波股权转让纠纷案”[②](以下简称“强某延案”)中得到落实,法院认为,投资协议中载明“瀚霖公司已通过股东会决议,原股东同意本次增资;各方已履行内部程序确保其具有签订本协议的全部权利;各方授权代表已获得本方正式授权”,表明投资人已尽到审慎注意和形式审查义务,从而认定“与股东对赌,公司承担连带责任”的约定有效。

对比“直接与目标公司对赌”与“与股东对赌,目标公司提供担保”,前者目标公司为支付股权回购款或补偿款的直接义务人,后者目标公司作为担保人,是支付股权回购款或补偿款的从债务人,但是二者均表现为公司向股东无对价地支付价款,表现为公司到股东的资金流向。实际上,若是基于保护公司债权人的立场,公司回购与公司为股东担保,均应受到资本维持原则的限制,因为二者均可能导致公司资金流向股东,而司法实践中仅因为二者的上述区别,就对赌协议效力问题作出基本相反的裁判,受到许多学者的质疑。

此外,仲裁机构对对赌协议中与目标公司对赌条款的效力问题,与法院司法裁判的观点并不一致,大多数仲裁案例认可与目标公司对赌约定的法律效力。特别是,在“海富案”裁判之后出现了号称逆转“海富案”的对赌协议仲裁案[③](以下简称“贸仲逆转案”),中国国际经济贸易仲裁委员会作出与公司的对赌条款有效的裁决。

在“江阴市中科蓝天创业投资有限公司、浙江中科东海创业投资合伙企业

① 参见最高人民法院(2017)最高法再258号民事判决书。

② 参见最高人民法院(2016)最高法民再128号民事判决书。

③ 参见于晖:《最高法院世恒对赌案后的“逆转”裁决》,载微信公众号“大成律师事务所”,2014年5月8日。

(有限合伙)、深圳中科汇富创业投资基金合伙企业(有限合伙)与林某平、谷某文、武汉施瑞福生物技术有限公司合同纠纷仲裁案”①[(2015)中国仲裁委员会京裁字第1155号]中,中国国际经济贸易仲裁委员会认为,在签署协议时投资人是外部投资人,而不是目标公司股东,各方以平等缔约主体的身份达成的合同,直接建立的是投资合同法律关系,而不是股东与公司之间的《公司法》法律关系。股权回购条款是一种附条件的合同条款,系各方作为平等的商事主体经协商自愿达成的,是各方真实的意思表示,且目标公司的全体股东也一致认可并签署,不涉及损害其他股东及合同无效的情形。要求目标公司支付回购价款系基于合同债务产生,即投资人作为增资协议的一方以债权人身份要求目标公司履行回购义务,与投资人作为股东抽回出资是两个不同的概念,目标公司支付股权收购价款不应被认定为构成其他未经法定程序抽逃出资的行为。

由此可见,实践中与目标公司对赌的类型情形多样,而司法裁判态度反复、论证含糊,同时法院与仲裁观点相异,使这一问题更加争议不断。此外,也有观点认为,“海富案”后确立的裁判规则,过于强调资本维持原则及保护债权人利益,忽视了公司的实务需求,不利于增强金融市场活力,阻碍经济自由度的提高,亦难以适应私募基金市场的需要。而对于与目标公司对赌是否当然违反《合同法》第52条的规定导致无效,最高人民法院作出的“海富案”这一裁判立场是否具有合法性和正当性等问题,仍有待理论和实践的检验。

(二)“华工案”

在2019年4月3日裁判的“江苏华工创业投资有限公司与扬州锻压机床股份有限公司、潘某虎等请求公司收购股份纠纷案”②(以下简称“华工案”)中,一审、二审法院均认定对赌协议无效之后,江苏省高级人民法院再审一改以往裁判思路,认定对赌协议有效,其主要理由详见表3-3。

---

① 参见湖北省武汉市中级人民法院(2016)鄂01执异390号执行裁定书。

② 参见江苏省高级人民法院(2019)苏民再62号民事判决书。

表 3-3 “华工案”的裁判内容

裁判要旨	核心要点	裁判内容
对赌协议认定有效	全体股东签字	全体股东均在对赌协议上签字并承诺确保对赌协议内容的履行,对赌协议约定了回购应当履行的程序,扬锻公司的违约行为导致华工公司发生任何损失,扬州锻压机床股份有限公司及其全体股东承担连带责任,表明公司及全部股东对股权回购应当履行的法律程序及法律后果是清楚的
	意定回购并非法律所禁止	《公司法》不禁止有限责任公司回购本公司股份,有限责任公司回购本公司股份不当然违反我国《公司法》的强制性规定。有限责任公司在履行法定程序后回购本公司股份,不会损害公司股东及债权人利益,亦不会构成对公司资本维持原则的违反
	保护投资人利益条款	保护股东利益条款是当事人特别设立的保护投资人利益的条款,属于缔约过程中当事人对投资合作商业风险的安排
	年回报率不高	年回报率为8%,与同期企业融资成本相比并不明显过高,不存在脱离目标公司正常经营下所应负担的经营成本及所能获得的经营业绩的企业正常经营规律
	非格式合同	不属于《合同法》所规定的格式合同或者格式条款,不存在显失公平的问题
对赌协议具备履行可能性	可通过减资回购	股份有限公司可减少注册资本回购本公司股份。扬州锻压机床股份有限公司履行法定程序,支付股份回购款项,并不违反《公司法》的强制性规定,亦不会损害公司股东及债权人的利益
	债权人地位	在投资方投入资金后,成为目标公司的股东,但并不能因此否认其仍是公司债权人的地位。《公司法》未禁止公司回购股东对资本公积享有的份额。案涉对赌协议无论是针对列入注册资本的注资部分还是列入资本公积的注资部分的回购约定,均具备法律上的履行可能
	债务承担能力提高,不会导致资产减损,不会损害清偿能力	扬州锻压机床股份有限公司在投资方注资后,其资产得以增长,而且在事实上持续对股东分红,其债务承担能力相较于投资方注资之前得到明显提高。案涉对赌协议约定的股份回购款项的支付不会导致扬州锻压机床股份有限公司资产的减损,亦不会损害扬州锻压机床股份有限公司对其他债务人的清偿能力,不会因该义务的履行构成对其他债权人债权实现的障碍

“华工案”在对赌协议效力层面上，江苏省高级人民法院分析，有限责任公司回购本公司股份不当然违反我国《公司法》的强制性规定，并结合全体股东签字、年回报率8%以及对赌安排的目的等方面，得出该案对赌协议有效的结论。在认定“华工案”对赌协议有效的基础上，江苏省高级人民法院认为，减资是公司回购可行的途径之一，提出投资人兼具公司股东和债权人的身份，有权依据对赌协议的约定主张权利，同时进一步分析公司回购是否会损害债权人利益，关注目标公司财务状况、清偿能力以及公司回购履行可能性的问题。

虽然有实务工作者认为“华工案”仍留有疑难问题值得反思，[①]但可以说“华工案”开创了国内对赌案例司法审判的先河，对未来处理类似案件大有裨益。尤其是“华工案”中关于对赌协议是否具有履行可能性的论述，对判断是否损害债权人利益，有一定的参考价值。对于合同履行可能性、是否损害债权人利益的问题，需要结合资本维持原则及清偿能力，对公司财务状况进行具体分析。

(三)《九民纪要》观点

《九民纪要》认为，“审理好公司纠纷案件，对于保护交易安全和投资安全，激发经济活力，增强投资创业信心，具有重要意义。要依法协调好公司债权人、股东、公司等各种利益主体之间的关系，处理好公司外部与内部的关系，解决好公司自治与司法介入的关系”。

关于“对赌协议”的效力，最高人民法院在《九民纪要》中认为，“人民法院在审理‘对赌协议’纠纷案件时，不仅应当适用合同法的相关规定，还应当适用公司法的相关规定；既要坚持鼓励投资方对实体企业特别是科技创新企业投资原则，从而在一定程度上缓解企业融资难问题，又要贯彻资本维持原则和保护债权人合法权益原则，依法平衡投资方、公司债权人、公司之间的利益”。

《九民纪要》指出，对于投资方与目标公司的股东或者实际控制人订立的“对赌协议”，如无其他无效事由，认定有效并支持实际履行，实践中并无争议。但投资方与目标公司订立的“对赌协议”是否有效以及能否实际履行，存在争议。

对于与目标公司对赌，《九民纪要》指出应当把握以下处理规则：

---

① 例如，通力律师事务所秦悦民、郑润镐、于焕超律师在《损害债权人利益判断标准的革新及其未来动向——基于与公司对赌最新案例(华工案)的思考》中认为，“华工案”领风气之先，但对于股东要求公司履行回购义务是否属于债权请求权，减资手续完成股份回购面临何种障碍等问题，仍留有疑问。

1.“投资方与目标公司订立的‘对赌协议’在不存在法定无效事由的情况下，目标公司仅以存在股权回购或者金钱补偿约定为由，主张‘对赌协议’无效的，人民法院不予支持，但投资方主张实际履行的，人民法院应当审查是否符合公司法关于‘股东不得抽逃出资’及股份回购的强制性规定，判决是否支持其诉讼请求。

2.投资方请求目标公司回购股权的，人民法院应当依据《公司法》第35条关于‘股东不得抽逃出资’或者第142条关于股份回购的强制性规定进行审查。经审查，目标公司未完成减资程序的，人民法院应当驳回其诉讼请求。

3.投资方请求目标公司承担金钱补偿义务的，人民法院应当依据《公司法》第35条关于‘股东不得抽逃出资’和第166条关于利润分配的强制性规定进行审查。经审查，目标公司没有利润或者虽有利润但不足以补偿投资方的，人民法院应当驳回或者部分支持其诉讼请求。今后目标公司有利润时，投资方还可以依据该事实另行提起诉讼。”

最高人民法院《九民纪要》虽并非司法解释，但统一了全国诸多民商事审判思路，并且首次明确了民商事审判中对赌协议效力的认定标准和此类纠纷的审理原则，对于统一对赌协议案件的审判思路和司法裁判具有重大意义。最高人民法院通过判断是否符合《公司法》第35条关于抽逃出资的规定、第142条关于股份回购的规定，以及第166条关于盈利分配的规定，考量目标公司的履行能力，实质上是贯彻资本维持原则和保护债权人合法权益原则的体现。

对于对赌协议效力如何认定，以及如何在对赌协议中适用资本维持原则以平衡投资人、公司股东、公司以及公司债权人之间的利益，是一直存在争议的问题。“华工案”开创先河，最高人民法院发布《九民纪要》，表明目前对对赌协议案件审判的重点逐渐从效力问题转移到履行能力问题上，也表明国内司法实践对对赌的认知向前迈了一大步。不过，对于履行能力问题，取决于资本维持原则和清偿能力标准该如何在对赌协议案件中适用，如何运用及把握有待实践的进一步发展及检验。

三、“海富案”的启示与反思：对赌协议效力的分析

（一）从商业角度考察对赌协议当事人的意思表示

首先，在私募股权投资领域，回购条款是一类十分常见的对赌条款，回购条

款的产生主要为了解决信息不对称、投后经营风险把控,以及投资人退出机制等问题,其本质系投资人与目标公司、原股东之间为了推进投融资交易而创设的一种利益平衡工具,是帮助投资人在投资之前预防风险、在投资之后化解风险的契约性保护手段,也是督促目标公司及原股东履约践诺的责任约束机制,更是投资人以高溢价增资投资于目标公司的前提和基础。回购条款的创设和运用具备商业上的合理性和必然性,同时也契合股权投融资交易背后的商业逻辑。

其次,在对目标公司进行股权投资的过程中,投资人支付了高溢价的股权认购款,目标公司因而获得了相应的投资资金,而公司原股东则取得了投资人溢价投资部分所对应的公司资本公积。在该等投资行为中,目标公司及其原股东都有从中获利。在作为财务投资人的情况下,投资人在支付了高溢价的投资款项后,目标公司的日常经营管理仍然由原股东掌控。投资人实际上承担着目标公司经营不善导致溢价投资无法收回的商业风险。因此,回购条款本身就是目标公司和原股东为了获取投资人溢价增资所支付的商业对价之一,其内容符合公平原则和等价有偿原则,回购条款的订立充分体现了商事主体之间的意思自治。

(二)对《公司法》第20条的分析

在"海富案"以及许多对赌案例中,最高人民法院依据《公司法》第20条[①]的规定认为,对赌约定使投资人的投资可以取得相对固定的收益,该收益脱离了目标公司的经营业绩,损害了公司利益和公司债权人利益。

对于《公司法》第20条,有学者认为,《公司法》第20条确立的是股东滥用公司法人独立地位而对公司人格否认的制度,其实质是确立了控制股东(包括控股股东和实际控制人)对公司本身及公司中小股东和债权人的法定诚信义务,应将该条规定限缩解释为仅适用于控制股东滥用股东权利、造成公司及中

---

① 《公司法》第20条规定,公司股东应当遵守法律、行政法规和公司章程,依法行使股东权利,不得滥用股东权利损害公司或者其他股东的利益;不得滥用公司法人独立地位和股东有限责任损害公司债权人的利益。

公司股东滥用股东权利给公司或者其他股东造成损失的,应当依法承担赔偿责任。

公司股东滥用公司法人独立地位和股东有限责任,逃避债务,严重损害公司债权人利益的,应当对公司债务承担连带责任。

小股东或债权人利益严重损害结果的情形。[①] 对于此观点，法律出版社出版的《中华人民共和国公司法释义》一书中观点亦与之相同，认为公司法人人格滥用的主体必须是对该公司握有实际控制能力的股东（或董事、经理、高管等）。

在投资人作为财务投资人，不参与目标公司经营管理，不享有对目标公司的实际控制权的情况下，笔者认为，不能以《公司法》第20条认定对赌协议中的回购条款或者补偿条款构成股东权利滥用，损害债权人利益。退一步说，依据《公司法》第20条的规定，即使对赌协议中的回购条款或者补偿条款构成股东权利滥用，也不会导致对赌协议本身无效，其法律后果应是滥权者对受损方承担相应的损害赔偿责任。

四、资本维持原则与债权人利益保护之间的关系

结合上述列举的案例，“华工案”之前法院认为对赌协议无效的主要理由为资本维持原则，损害公司及债权人利益等，法院的裁判依据主要为《公司法》第20条、第35条、第74条等。最高人民法院发布的《九民纪要》，亦表明要贯彻资本维持原则和保护债权人合法权益原则，平衡投资方、公司股东、公司以及公司债权人之间的利益。

资本维持原则又称资本充实原则，是指公司在存续过程中应当保持与资本数额相当的资产，以保证公司的偿债能力，使债权人利益得到保护。[②] 虽然资本维持原则是公司法“资本三原则”之一，但《公司法》中没有一个条文明确表述为“资本维持原则”，不过《公司法》确有若干条文贯彻了“资本维持原则”的要求，例如禁止股东抽逃出资，限制公司回购本公司股份，限定盈利分配条件和程序，规定减资程序，禁止折价发行股份等，见表3－4。“资本维持原则”是规范公司与股东间资本性交易的一个法律框架，其最原本的含义，通常以“禁止公司向股东返还资本”的规则来表达，[③]它关注股东出资所对应的公司资本，强调资本信用的商事理念，要求防止公司资本的实质性减少，因此资本充足是资本维持原则的关键。资本维持原则与债权人利益保护的关系可用图3－8来表示。

① 唐英：《甘肃“对赌协议案”判决之评析——以法律方法的运用为视角》，载《法学论坛》2015年第1期。

② 参见郑云瑞：《公司法学》，北京大学出版社2016年版，第146页。

③ 参见刘燕：《重构“禁止抽逃出资”规则的公司法理基础》，载《中国法学》2015年第4期。

表3-4 我国现行《公司法》框架下关于公司资本维持原则的规定

原则	内　容	法　条
禁止抽逃出资	禁止股东抽逃出资。公司成立后,股东不得抽逃出资	《公司法》第35条
限制股份回购	限制公司回购本公司股份。即公司股东在特殊情形下可以请求公司回购自己的出资	《公司法》第74条、第142条
禁止折价发行股份	禁止折价发行股份。股票发行价格可以按票面金额,也可以超过票面金额,但不得低于票面金额	《公司法》第127条
利润分配条件和程序	严格限定利润分配的条件和程序	《公司法》第166条
减资程序和债权人保护规则	减少注册资本的法定程序和债权人保护规则	《公司法》第177条

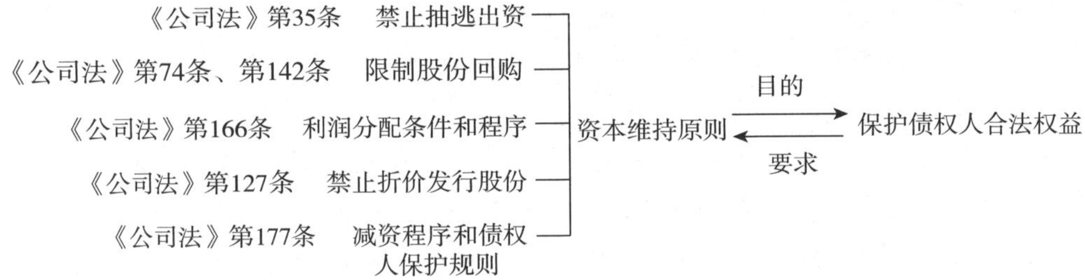

图3-8 资本维持原则与债权人利益保护的关系

资本维持原则最原本的含义为要求公司维持相当于资本的财产,不过公司资本只是公司成立运作过程中登记的一个抽象数额,并不代表公司在任何时候都实际拥有等同于注册资本的资产。换言之,资本维持原则不要求公司资产大于或等于注册资本的客观事实,而是寻求外界人对公司信用公示的依赖。公司注册资本不是公司拥有多少资产的证明,而是约束公司及其股东行为的尺度。资本维持原则并不是用来保证公司事实上一定拥有相当于注册资本的财产,例如,公司因经营亏损而致公司财产少于注册资本,这并不违反资本维持的原则。[①]

从《公司法》的角度来看,无论是"与公司对赌"还是"公司提供担保"的类

① 参见陈甦:《资本信用与资产信用的学说分析及规范分野》,载《环球法律评论》2015年第1期。

型，不管是现金补偿还是股权回购的情形，它们有一个共同点，即意味着公司资产流向股东。现金补偿的情形中，公司的抽象资本虽然没有减少，但是却使公司失去了部分具体的财产。由于公司资本的显示和判断具有对世性，公司股东对公司的出资支撑了公司对外部债权人所建立的信赖，公司的债权人及嗣后债权人，可能会基于公司的资本情况作出决策。此外，公司资产的流失导致公司偿债能力下降，因而可能损害公司债权人的利益。因此，当公司向股东无对价支付财产，股东的出资对应资本上的公司资产的流失或者剥离时，都将损害公司的信赖利益，进而可能会损害公司债权人的利益。因而对于股权回购或现金补偿的情形，均会落入资本维持原则的管制范畴。

各国公司法基本都对公司回购本公司股份或者公司资产流向股东进行限制，这样做的初衷主要有两点：一是公司回购或现金补偿、利润分配等行为可能会侵蚀公司资本，动摇资本维持原则，为保护债权人利益，限制公司在存续时将出资返还给股东，或者向股东输送利益；二是公司回购本公司股份或现金补偿、违法分配利润，可能会导致公司资产流动性降低，削弱公司的偿债能力。当公司进行上述行为时，可能导致大量流动资金流向股东，以致发生无法清偿公司债务的后果。

公司法贯彻资本维持原则，注重保护公司债权人利益，主要是由于公司债权人与公司股东相比，在公司中处于明显劣势的地位，股东有优势地位判断公司经营情况并对资金作出有利于股东的安排。“公司风险的真正承担者，在很大程度上不是风险收益的领受者，而是与风险利益无关且经常无法预测并控制风险行为的第三人。”因此，当股东利益与公司债权人利益发生冲突的时候，债权人利益一般优先于股东利益。①

五、资本维持原则及债权人利益保护在实际运作中的边界：公司回购的财产来源限制

（一）公司回购或向股东转移资产的财产来源是判断是否符合资本维持原则的基准

图 3－9 是公司股权回购财产的示意。对于股权回购，《公司法》第 74 条针

---

① 参见李晓春：《论公司买回自己股份之财源限制——比较法考察及我国立法模式之选择》，载《法商研究》2015 年第 4 期。转引自罗培新：《公司道德的法律化：以代理成本为视角》，载《中国法学》2014 年第 5 期。

对有限责任公司规定了异议股东回购权,第142条针对股份有限公司规定了允许公司回购本公司股份的情形。结合《公司法》第177条关于减资的条件和程序的规定,表明我国《公司法》不禁止公司回购本公司股份,公司回购本公司股份不当然违反我国《公司法》的强制性规定。不过出于对债权人的保护,各国基本上均对回购的资金来源进行限制。

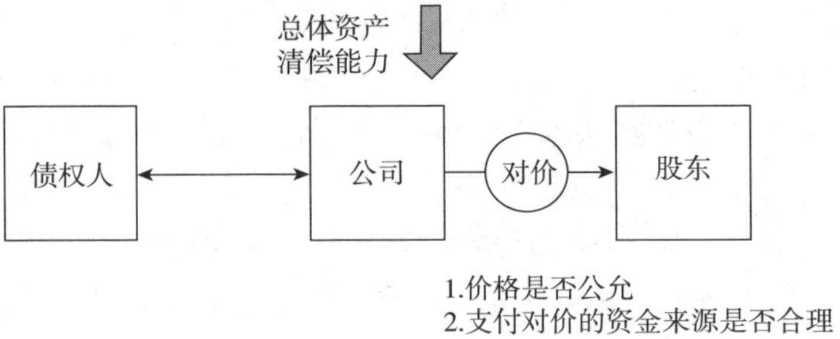

图3-9　公司股权回购示意图

换言之,虽然公司向股东支付对价会落入资本维持原则的管制范畴,但《公司法》并非禁止任何情形下公司向股东的资金流转。在公司回购或现金补偿的情况下,公司向股东转移财产是否损害债权人利益,核心在于判断公司向股东转移财产的资金来源是否合理,是否触及公司资本。但是在此问题上,我国公司法虽规定了利润分配的财产范围,但对有限责任公司异议股东回购股权的财产来源未作出规定。此外,对于公司向股东转移财产的行为,亦未统一规范。

对于公司回购本公司股份或者公司对股东现金补偿的财产来源范围,涉及资本维持原则及债权人利益保护在实际运作中的边界,这背后不仅与股东和公司间资本性交易的规则体系,平衡公司自治、股东合理回报与债权人保护之间的冲突等有关,还需要运用财务会计知识对法律进行解释,因而该问题在国内外均争议不断。

(二)利润分配的财产来源

从财务上看,公司的资产来源于两类:一类是股东的权益(所有者权益),表示股东因出资确认为公司资本,而享有公司权益对应的份额;另一类是公司负债,即公司通过举债进行经营。在公司的运作过程中,均是从最初的资金来源开始,通过经营、投资、融资等活动,再转化为公司资产的过程。在这个过程中,公司可能向他人举债或还债,可能盈利或亏损,公司资产结构会发现相应变化,但是公司资产的来源不会发生变化，在财务上可用公式可以表示为“资产 = 负债 + 所有者权益”。

所有者权益，即股东的权益，存在“资本”“资本公积”“盈余公积”“未分配利润”等科目。公司无偿或者无合理对价地向股东转移财产或利益，会减少或者返还了股东在公司中的所有者权益。公司向股份转移财产或利益时，原理上是按照图 3 – 10 的支付顺序来支付，即优先以未分配利润的财产进行支付，再逐渐以盈余公积、资本公积等科目支付，股东从越是往下的科目里抽出财产或权益，对其他债权人的影响越大。

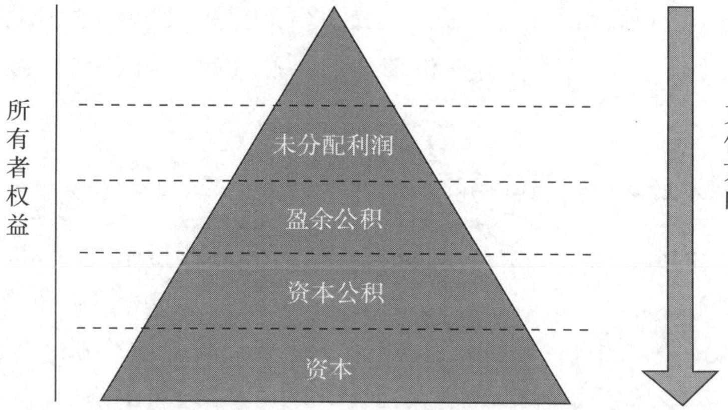

图 3 – 10　公司向股东转移财产的支付顺序

我国《公司法》第 166 条规定了进行利润分配的条件和程序，了解利润分配的财产范围有利于我们分析判断对赌协议中公司回购的财产来源是否合理。《公司法》第 166 条第 1 款、第 2 款、第 3 款规定：

“公司分配当年税后利润时，应当提取利润的百分之十列入公司法定公积金。公司法定公积金累计额为公司注册资本的百分之五十以上的，可以不再提取。

公司的法定公积金不足以弥补以前年度亏损的，在依照前款规定提取法定公积金之前，应当先用当年利润弥补亏损。

公司从税后利润中提取法定公积金后，经股东会或者股东大会决议，还可以从税后利润中提取任意公积金。”

法定公积金又称盈余公积金，从当年的税后利润中提取，比例为 10%；任意公积金是在提取法定公积金之后的利润中，公司可自行提取的公积金，提取比例无法定强制性。法定公积金、任意公积金对应的是所有者权益中的盈余公积。从《公司法》第166条的规定来看,进行利润分配的财产来源是公司弥补亏损和提取公积金后所余税后利润,对照图3-8,利润分配的财产来源即是未分配利润。

《公司法》第166条确认了税后利润分配顺序,划清了利润分配上股东财产与公司财产的界限,并规定了违反规定分配利润的法律后果(退还公司)。公司用以弥补亏损的财产以及提取的法定公积金、盈余公积金,属于公司的财产,股东虽对这部分财产享有权益,但并未取得这部分财产。对于超出弥补亏损和提取公积金后所余税后利润的范围进行分配,实际上是"股东分配了本属于公司的财产",这"侵害了与公司资本相维持的财产,降低了担保清偿债务的能力"。①

(三)对赌协议中公司回购的财产来源

当然,利润分配规定的财产来源范围体现了资本维持原则,但并非所有涉及公司向股东转移财产的行为均应按照或参照利润分配的顺序和范围进行。我国《公司法》规定的进行利润分配的财产来源是公司弥补亏损和提取公积金后所余税后利润,即公司所有者权益(净资产)中的资本、资本公积、盈余公积均不得进行分配。如前所述,实际上我国《公司法》对于许多情形下公司向股东转移财产的行为,如公司回购本公司股份,其财产来源范围及限制均未作出规定。此外,结合《公司法》第16条关于公司为股东提供担保的规定,公司只要按照法定的程序在股东大会表决即可,而未对公司对外担保的财产范围进行限制。②这表明不同情形下公司向股东转移财产,其来源范围会有所不同,应区分对待。公司回购本公司股份,并不当然应按照利润分配的规定处理。但可以参照利润分配资金来源的限制,当公司未分配利润大于公司回购应向股东支付的价款时,笔者认为公司可按照法定减资程序回购投资人股权。

例如,"海富案"裁判之后不久就出现了"贸仲逆转案",中国国际经济贸易

---

① 王保树:《"资本维持原则"的发展趋势》,载《法商研究》2004年第1期。

② 虽然提供担保不是一种现实的直接的公司资产流失的情形,但这很有可能使公司资产流失。笔者认为,之所以公司法未限制对外担保的财产来源,其中一个原因是担保的性质不允许,另一个原因可能是由于为股东提供担保,在公司履行担保义务之后,可向股东追偿,因而实际上是将公司的资产转变为了对股东的"应收账款",总体上并没有导致公司资产的流失。

仲裁委员会作出相反裁决,承认与公司对赌条款的效力。当时市面上许多声音称法院与仲裁观点相左,但细细考察事实可以发现,"贸仲逆转案"实质上正是遵循了资本维持原则而作出的审判。表3－5展示了"贸仲逆转案"与"海富案"在案件事实上的不同之处。

表3－5 "贸仲逆转案"与"海富案"的不同之处

案件	投资情况	对赌类型	业绩目标	实际业绩	补偿价款
"贸仲逆转案"	增资2亿元,占公司4.4%的股权,其中1000万元计入注册资本,1.9亿元计入资本公积	双向对赌	净利润3亿元	净利润1.5亿元	0.99亿元
"海富案"	增资2000万元,占公司3.85%的股权,其中约115万元计入注册资本,约1885万元计入资本公积	单向对赌	净利润3000万元	净利润26,858.13元	约1998万元

对比"贸仲逆转案"与"海富案"可以发现,在中国国际经济贸易仲裁委员会作出相反裁判的原因中,除了"贸仲逆转案"中的对赌类型为双向对赌,投资人承担经营风险这一因素外,另一个很重要的原因是,由于公司当年净利润为1.5亿元,虽未完成设定的业绩目标,但大于对赌协议约定的应支付给投资人的补偿款。结合资本维持原则进行分析,有学者认为,[①]公司向投资人支付的补偿款可视为公司对投资人进行的定向利润分配,不违反《公司法》第166条关于公司分红的规定,因而对公司及其债权人的利益均不构成损害。

六、公司回购财产来源范围模式

(一)盈余模式

盈余模式中的"盈余",是指公司净资产超出公司法定资本的金额,而净资产为公司总资产减总负债的余额,在数值上与公司所有者权益相当。盈余模式为保留法定资本制下的模式,按照资本维持原则字面的意思,要求公司维持相

① 参见刘燕:《对赌协议与公司法资本管制:美国实践及其启示》,载《环球法律评论》2016年第3期。

当于资本的财产,而盈余模式则表现为只要不损害公司资本,公司即可以用其他盈余回购自己的股份。采用盈余模式的典型国家和地区有美国特拉华州、美国纽约州、日本以及我国台湾地区。①

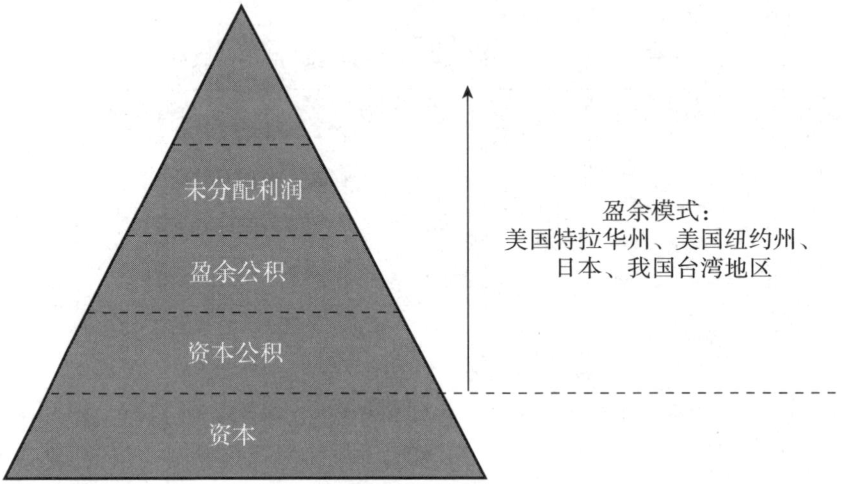

图 3－11　盈余模式

美国《特拉华州普通公司法》第 160(a)(1)条规定:公司可以以现金或实物为对价,回购、赎回或接受、收取其自有股份,但不得削弱公司资本或者由此可能导致公司资本受到任何削弱;除非是在赎回优先股的情形下,可以从公司资本中支出并随即注销相关股份。在特拉华州《公司法》语境下,"盈余"指"公司净资产超过公司资本的金额"。② 我国《公司法》及财务会计处理上并没有"盈余"的概念,结合"盈余"在美国《特拉华州普通公司法》下的语义,在中国财务会计准则下,由于净资产 = 资产 - 负债 = 所有者权益,因此"盈余"在中国会计准则下可表达为:盈余 = 所有者权益 - 资本 = 资本公积 + 盈余公积 + 利润。换言之,"盈余"为扣除资本所余的所有者权益,根据"盈余"标准,对于使用未超出"盈余"的资金回购股份则不违反资本维持原则。

当公司仅从"资本"科目中向股东无偿支付,或者公司向股东支付的金额超

① 参见李晓春:《论公司买回自己股份之财源限制——比较法考察及我国立法模式之选择》,载《法商研究》2015 年第 4 期。

② 参见刘燕:《对赌协议与公司法资本管制:美国实践及其启示》,载《环球法律评论》2016 年第 3 期。

过“未分配利润 + 盈余公积 + 资本公积”的金额，超出的部分实际上源自公司“资本”，一般会被认为公司资本被侵蚀，因违反资本维持原则而不被允许。不过目前学界对于从“资本公积”中向股东支付，是否违反资本维持原则存在争议。我国《公司法》第167条规定：“股份有限公司以超过股票票面金额的发行价格发行股份所得的溢价款以及国务院财政部门规定列入资本公积金的其他收入，应当列为公司资本公积金。”实践中，“资本公积”的主要来源包括两部分：一部分是股东购入公司股权时支付的溢价，另一部分为依据财政部门规定列入资本公积金的其他收入。

一方面，对于因股东购入股权而支付的溢价，部分国家公司法认为亦属于股东出资的一部分，允许以股东溢价购入公司股权而计入资本公积的部分作为公司回购本公司股份的财产来源，可能会对债权人带来一定程度的风险，因此有学者认为需适用“禁止返还出资”规则。[①]

另一方面，对于除资本溢价/股本溢价之外计入资本公积的项目，“立法将资本公积的内涵和外延决定权交给了财政部。从本质上说，除了特定的法律意义外，资本公积的存在是会计计量的需要”。在中国企业会计准则下，此类科目一般计入“其他资本公积”，一般包含所有者权益增加，但又不适合确认为收入的科目，例如，企业与股东之间的资本性交易（股东捐赠、债务豁免、代为偿债等），被投资单位其他股东的资本性投入等。[②] 这部分计入资本公积的项目，并非股东的资本投入，笔者认为可以作为公司回购本公司股份的财产来源。

（二）可分配盈余模式

可分配盈余模式只能以可分配的利润回购本公司股份，资本公积以及按照法律、章程规定提取的盈余公积金，不得作为回购本公司股份的财源。采取可分配盈余模式的地区为欧盟地区，[③]这种模式对公司回购本公司股份的财产来源限制较为严格，注重贯彻资本维持原则，保障公司债权人利益。

---

① 参见刘燕：《重构“禁止抽逃出资”规则的公司法理基础》，载《中国法学》2015年第4期。转引自[德]托马斯·莱赛尔、[德]吕迪格·法伊尔：《德国资合公司法》，高旭军等译，法律出版社2005年版，第614页。

② 参见叶永青、赵文祥：《资本公积转增注册资本：尘埃落定之后的再落定》，载微信公众号“大队长金融”，2019年7月25日。

③ 参见李晓春：《论公司买回自己股份之财源限制——比较法考察及我国立法模式之选择》，载《法商研究》2015年第4期。

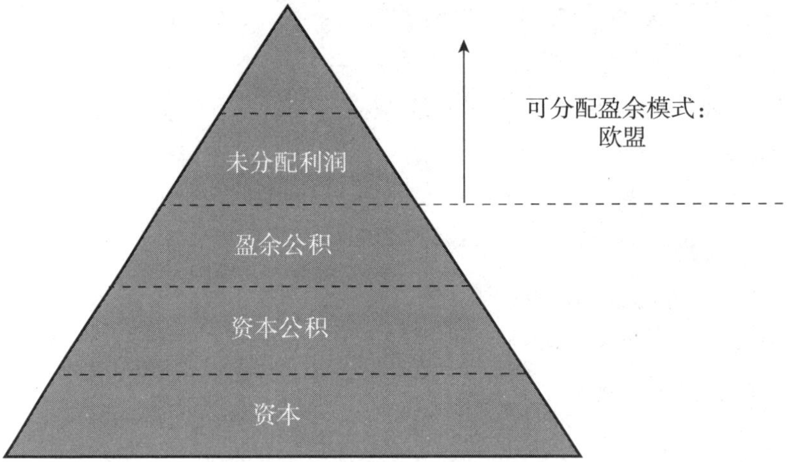

图3-12　可分配盈余模式

不过这种以公司法定资本制度为基础的模式，正在遭受广泛质疑。公司利润分配不同于其他公司向股东转移财产的行为，只要公司正常经营未亏损，公司利润分配便可持续进行，即使公司面临经营期限届满或解散等特殊情况时，公司股东可对公司进行清算，劣后于公债权（如税收等）、员工工资、公司债权人获得分配，此时分配则不局限于公司未分配利润。换言之，公司利润分配的财产来源的限制并不是绝对的，公司股东按其持股比例所持有的公司权益仍归属于股东，只是利润分配时未将当下股东的“权益”直接转化为股东的“财产”。

现实中存在许多公司回购本公司股份合理正当的情形，例如，私募基金行业中常见的对赌安排，公司由于私募基金的投资，将投资款投入经营，从而与私募基金约定对赌业绩目标未完成由公司进行回购。从这个角度说，对赌回购条款的安排有其商业背景和合理目的，在无其他影响合同效力的情况下，达成如此约定确为公司的真实意思表示。故而许多情况下公司回购自己的股份不同于公司利润分配，回购财产来源超出可分配盈余，并不会对债权人造成实质损害，而可分配盈余模式固守资本维持原则，在一定程度上缺乏灵活性，限制了私人公司的发展。

七、清偿能力

（一）资本信用的式微和资产信用的兴起

法定资本制度下的资本维持原则着眼于公司资本，公司资本和公司资产是两个不同的概念。就范围而言，资产大于资本，资本只是资产的一部分。传统公司法上的资本维持原则的主要目的是保障公司债权人利益，维护交易安全，增强公司信用。但是随着社会的发展变化，资本制由实缴资本制改为注册资本制，公司的信用并不主要取决于公司公示的注册资本，与公司履约能力最为相关的并非公司的注册资本，而是取决于公司的资产状况以及经营情况。有学者也认为，"从某种意义上说，对债权人利益的威胁，不在于公司资本或资产的多少和规模，而在于公司资产的转移和流水"。[①] 此外，公司资本亦非作为公司履行义务的担保，在实际运作过程中，资本亦可能会损失。

传统法定资本制下的资本维持原则建立在资本信用的基础上，要求公司在存续过程中保持与资本数额相当的资产，但这并不一定能保证公司的偿债能力，使债权人利益得到保护。正是由于传统资本维持原则在资本信用上的局限性，资本信用逐渐式微而资产信用逐渐兴盛。正如郑云瑞教授所言，"公司资本对公司债权人仅为一种初期的、名义上的资本保证，能切实保障债务清偿的是公司资产，公司净资产是公司信用和履行清偿能力的标志"。[②]

北京大学副教授洪艳蓉认为，公司是一个自主持续经营的市场主体，公司的信用在此基础上建立，并随着市场环境的变化而波动。"公司动态经营状态下的信用'含金量'，取决于公司未来的盈利能力，也即公司拥有的各类'资产'[③]综合作用下能够创造的现金流，体现的是一种基于盈利能力的公司资产信用观。"[④]换言之，衡量公司信用的手段应在对资本信用作出判断的基础上，更多转移到对现金流的分析上，与公司现金流量、经营能力等因素结合起来。

按照资本维持原则的理念，在公司"净资产 - 资产"≤0，即公司没有"盈余"，但有充足的现金流时，投资人却不能要求公司回购或补偿，此种情况下公司提高资本的金额，似乎就可以避免向投资人回购或补偿。反之，即使公司"净资产 - 资产"≥0，即公司有"盈余"时，由于资产负债表下资产不仅包括现金，还包括固定资产、无形资产等科目，资产充足不等同于现金充足，因而此种情形下

① 赵旭东：《企业与公司法纵论》，法律出版社2003年版，第237页。

② 郑云瑞：《公司法学》，北京大学出版社2016年版，第146页。

③ 这里的资产应作广义解，包括管理经验、人力资本、品牌、销售渠道等各种未必可具体计量或列人资产负债表的资产。

④ 洪艳蓉：《公司的信用与评价——以公司债券发行限额的存废为例》，载《中外法学》2015年第1期。

公司亦可能因缺乏现金而无法进行回购或补偿。

在这种背景下,对于公司回购本公司股份财产来源的限制,有许多国家或地区提出了清偿能力标准,规定在公司回购之前应进行偿债能力测试。换言之,公司是否能回购本公司股份,不再与公司资本挂钩,而是以公司的偿债能力进行衡量,不再局限于公司资产负债表,而是综合公司资产情况、收益情况、现金流情况等财务状况进行考量。

美国1984年修正后的《模范商业公司法》采取的即是偿债能力测试模式,建立双重标准:一是公司回购后能清偿到期债务,二是回购后总资产大于总负债加上清算时应支付给优先股的数额。以企业破产为例,因资金严重不足或者财产不能变现等原因,无法清偿债务,可认定企业明显缺乏清偿能力。若公司向股东回购导致企业可能面临或将面临破产,则此种情形下公司回购应受到限制。持清偿能力标准观点的人认为,以公司清偿能力作为判断公司能否回购的标准,可以满足公司灵活向股东转移富余财产的需要,也能更好地保护公司债权人利益。[①]

(二)清偿能力标准的适用

1. 美国特拉华州 ThoughtWorks 案关于清偿能力标准的适用

美国风险投资机构协会拟订的《风险投资示范合同》在“赎回”条款中指出,公司应以“合法可用资金”赎回股份。[②] 依美国学者的解释,“合法可用资金”是为了“防止公司出现持续经营危机,如果公司留下的资产太少以至于无法持续经营或偿付到期债务,就不能进行分配或赎回”。[③]

虽然美国特拉华州采取的是盈余模式,但在 SV Investment Partners, LLC v. ThoughtWorks, Inc. 案[④](以下简称 ThoughtWorks 案)中,却适用了清偿能力标准。在该案中,1999年投资人 SV 购买 ThoughtWorks 公司94%的优先股,投资

---

① 参见李晓春:《论公司买回自己股份之财源限制——比较法考察及我国立法模式之选择》,载《法商研究》2015年第4期。

② 参见美国风险投资协会:《美国风险投资示范合同》(中英文对照本),北京市大成律师事务所、北京市律师协会风险投资委员会组织编译,法律出版社2006年版,第319~323页。

③ 刘燕:《对赌协议与公司法资本管制:美国实践及其启示》,载《环球法律评论》2016年第3期。转引自 William W. Bratton & Michael L. Wachter, A Theory of Preferred Stock, 161 U. Penn. L. Rev. 1815, 1861 - 1863(2013)。

④ See Del., 37 A. 3d 205 (2011); Del. Ch., 7 A. 3d 973 (2010).

合同的赎回权条款约定：如果目标公司未在约定期限内完成 IPO 或以其他方式退出，则目标公司有义务回购投资人持有的优先股，但是只能从“合法可用资金”中赎回，且董事会有权从“合法可用资金”中留下公司运营过程中必要的周转资金。此后，目标公司未能在约定时间内通过 IPO 或其他方式退出，触发了对投资人的回购义务。

在投资人 SV 向 ThoughtWorks 公司提出赎回优先股后，公司董事会基于律师、财务顾问的建议，结合公司的商业判断，认为公司现金流不稳定，经营模式受季节性波动影响较大，以公司现有资金不足以覆盖公司运营需求拒绝了 SV 的赎回要求。

对于“合法可用资金”，投资人认为“合法可用资金”指的是“盈余”，即目标公司净资产超过资本的数额足以支付赎回款。但是特拉华州法院认为，“合法可用资金”不等同于“盈余”，“合法可用资金”应将“资金”与“现金”的概念联系起来，它意味着随时可获得的现金来源，资金必须符合可获得、现有或者随时可使用的特征。一个公司即使有“盈余”也可能会因缺乏“合法可用资金”而无法清偿到期债务，因而特拉华州法院拒绝了投资人要求回购的请求。

2. 适用清偿能力标准的难点与不足

最高人民法院《九民纪要》指出，“投资方请求目标公司承担金钱补偿义务的，人民法院应当依据《公司法》第 35 条关于‘股东不得抽逃出资’和第 166 条关于利润分配的强制性规定进行审查。经审查，目标公司没有利润或者虽有利润但不足以补偿投资方的，人民法院应当驳回或者部分支持其诉讼请求。今后目标公司有利润时，投资方还可以依据该事实另行提起诉讼”。最高人民法院对对赌案件的审判思路无疑会对私募基金投资领域的发展产生深远的影响。该规定较征求意见稿明确了目标公司没有利润或者虽有利润但不足以补偿投资方的情形属于缺乏清偿能力的情形，同时还规定了日后目标公司有履行能力时，还可另行提起诉讼。虽然该规定统一了审判思路、对对赌案件进行了规定，但是笔者亦注意到，在实际操作中，投资方适用该条规定要求目标公司回购时可能也会遇到一定障碍。

首先，投资人获取目标公司有利润的证明材料会存在一定困难。一般而言，投资方作为财务投资人、小股东时，在信息获取上处于劣势地位。在双方在胶着不下的情况下，目标公司及其控股股东、实际控制人掌控着公司的财务及运营情况，目标公司很有可能难以保障投资方知情权的权利。

其次，缺乏中立的机构对公司履行能力进行评估，公司董事会可能会沦为控股股东操控的工具，无法保证公司董事会的决策不存在恶意或欺诈等情况，作为中小股东的投资人较难对其形成有效监督。

最后，公司履行能力或者清偿能力是一个客观事实状态，而对于同一个公司同一时间点上的履行能力状况，不同主体的判断方式、标准和结果各有不同。此外，履行能力的判断必然交织着不同因素需要综合判断，在进行判断时亦需要花费更高的成本。单纯以利润作为判断目标公司是否有清偿能力的标准，可能会导致目标公司在财务上做高公司成本、转移利润等方式规避投资方的回购要求。如何确定客观合理的判断标准？如何对公司财务状况进行评估？委托专业机构判断是否可能由于专业机构人员是公司控股股东找来的而丧失或有违客观性、中立性？这些问题未解决，实际上就不能解决确定公司履行能力的问题，即对公司履行能力的判断须符合一定阶段公司的资产、经营、履行能力等的实际情况。此外，这也会给审理的法官带来更大的自由裁量权，在判断公司履行能力问题上，不仅需要结合民商法的基础理论，还需要结合企业会计财务知识，对法官审理案件提出了更高的专业要求。

八、要点总结与建议

(一)关于对赌协议效力的问题

结合国内对赌协议的司法实践，在“华工案”之前，从对赌协议的类型上来看，约定“与股东对赌，公司提供担保”比直接约定“与公司对赌”，效力更容易得到法院的承认。但是该裁判思路得到较多学者和实务工作者的质疑，有观点认为，二者的区别在于后者是将公司直接作为回购义务主体，前者只是提供一项担保，具有从属性，但在股东不履行回购义务的前提下，二者核心的履行行为有部分是相似的，即投资人要求公司支付回购价款，只不过直接与公司对赌，要求公司承担回购义务的情况下，投资人尚需要配合公司履行减资或注销股权的行为而已。

随着“华工案”的审判以及最高人民法院《九民纪要》的发布，与目标公司对赌协议的效力逐渐被认可，在与目标公司对赌的协议不存在其他影响合同效力的事由的情况下，应认定有效。

（二）关于对赌协议履行能力的问题

未来对赌协议的裁判重点可能不在于合同效力的问题，而在于合同履行可能性的问题，即目标公司是否具有履行能力的问题。这个问题，需要受到资本维持原则与公司清偿能力的双重限制。审判思路由合同无效转为合同履行能力问题，是一个重大的转变，但在实际操作过程中，亦存在诸多难点与不足。

首先，就资本维持原则而言，其着眼于公司资本，要求公司维持与资本数额相当的资产，故而限制公司向股东转移财产的行为。如何限制公司回购或现金补偿的财产来源是适用资本维持原则的关键，而财产来源的范围可分为盈余模式和可分配盈余模式。

盈余模式是建立在传统资本维持原则下的模式，资本维持原则下不得抽回出资是基本底线，因而盈余模式认为回购的资金来源是“净资产－资本”后的盈余。换言之，回购的资金不超过“净资产－资本”的金额，即不违反资本维持原则，公司可依其意思回购本公司股份或现金补偿。可分配盈余模式参照利润分配，认为公司回购或现金补偿仅能在可分配利润的范围中进行。

在目前我国《公司法》未对公司回购或现金补偿的财产来源作出明确限制的情况下，如何正确适用资本维持原则，平衡各方利益，是未来审判中的一个难点。笔者认为，公司回购毕竟不同于利润分配，利润分配是按照公司正常经营情况下向股东发放红利的规定，按照利润分配的规定，公司只能在弥补亏损和提取公积金后所余税后利润范围内进行分配，并不代表公积金对应的财产永远不是股东的财产，在形式上这部分是股东拥有的权益，股东也可通过清算等特殊程序实现这部分权益，利润分配实际上是延迟了股东享有的公积金项下权益对应的财产，因此并不能当然地将利润分配的规定适用在与公司对赌的案件中。

此外，对于是否允许资本公积作为公司回购的财产来源，存在争议。笔者认为，应先区分“资本公积”的主要来源，再进行判断。对于股东购入公司股权时支付的溢价，有学者认为其也是股东投资投入的资本，因而不得作为回购的财产来源；对于除资本溢价/股本溢价之外计入资本公积的项目，笔者认为这部分并非股东的资本投入，可以作为公司回购本公司股份的财产来源。

其次，清偿能力标准并不局限于公司资本，而应从公司整体资金、经营、财务状况评估公司的偿债能力。结合国内外的司法实践，未来司法裁判可能不仅仅关注"净资产"这种对资金存在状态的静态反映,可能会更关注公司"各类资产作用下能够创造的现金流"这种动态经营下的信用"含金量"。换言之,对公司偿债能力的判断,不仅会着眼于资产负债表下净资产的数额,还可能关注公司可获得的现金流的状况。

在进行清偿能力标准判断时,实务工作者需要重点关注以下几点:其一,履行能力是动态变化的,应考虑如何形成能相对客观地判断公司后续是否有能力履行的机制;其二,因缺乏中立的机构对公司履行能力进行评估,公司董事会可能会沦为控股股东操控的工具;其三,如何确定客观合理的判断标准,是判断公司履行能力的关键。上述难点未解决,恐不能真正将清偿能力标准落到实处。

附:ThoughtWorks 案判决书

SVIP 诉 ThoughtWorks,7 A. 3d 973 (Del. Ch. 2010)

特拉华州法院

归档:2010 年 11 月 10 日

优先级:优先

案号:7 A. 3d 973

案卷编号:C. A. No. 2724 – VCL

提交日:2010 年 9 月 8 日

判决日:2010 年 11 月 10 日

观点

LASTER,副大法官

原告是一些关联的投资基金及其投资顾问 SV 投资合伙企业(以下统称 SVIP)。2000 年,原告购买了被告 ThoughtWorks(以下简称 ThoughtWorks 或公司)发行的超过 94% 的 A 系列优先股(以下简称优先股)。2000 年 4 月 5 日修订和重述的公司注册证书(以下简称公司章程)赋予优先股持有人在发行 5 年后要求公司"以合法可用资金中的现金"的赎回权。SVIP 在 2005 年第一次行使了其赎回权。

ThoughtWorks 没有足够的现金全部赎回优先股,取而代之的是,董事会谨慎地评估公司的资产以确定:(1)公司是否有足够的盈余以进行赎回;(2)公司是否有充足的现金以赎回;以及(3)赎回是否会影响公司的可持续经营。在 16

个季度中，董事会已经在8次不同的情况下赎回优先股，已赎回的股份共222,802股，总价值为410万美元。

SVIP反对董事会的周期性做法，SVIP认为，“合法可用资金”的定义单指“盈余”。SVIP在审判中邀请了一位专家，专家说明ThoughtWorks有6800万~13,700万美元的“盈余”。SVIP认为，虽然ThoughtWorks可能没有现金或获得现金的能力，但仍然有“合法可用资金”，因此必须赎回优先股。因为ThoughtWorks未能履行赎回义务，SVIP认为，截至2010年4月5日，其有权获得合计为66,906,539美元的赎回款。

SVIP的观点被驳回，因为“合法可用资金”并不等同于“盈余”。一个公司可以拥有“资金”但缺少“盈余”，或者有“盈余”但缺少“资金”。限制ThoughtWorks赎回的主要原因是缺乏资金，此外，大量的赎回可能会导致ThoughtWorks丧失清偿能力，自19世纪末以来的决定性权威均禁止公司因赎回而导致其丧失清偿能力。即使假设SVIP是正确的且ThoughtWorks有“盈余”，SVIP也没有证明ThoughtWorks拥有“合法可用资金”。最终判决支持了ThoughtWorks并驳回了SVIP的主张。

一、案件事实

下述查明的案件事实是基于两天的法庭调查得出的结论。此外，我基于一件之前最高法院已作出最后判决的包含当事人的已决案件中已经查明的案件事实，即ThoughtWorks, Inc. v. SV Inv. P'rs, LLC案①[以下简称营运资本判决(Working Capital Decision)]。

1. 杰出人才品牌

RoySingham于1993年创立了ThoughtWorks，该公司自称是一家信息技术专业服务公司，负责开发和提供定制的商业软件应用程序并提供相关的咨询服务。公司的总部设立在芝加哥，为全美国的客户提供服务，并通过其子公司为全世界各地提供服务。Singham拥有ThoughtWorks 94%的普通股。

Singham创立ThoughtWorks是为了在软件咨询行业建立一个“有声誉的杰出人才品牌”。为了实现这一目标，他创造了一种“Secret Sauce文化”以吸引最优秀的软件开发者，据他估计，这些开发人员的工作效率是一般软件开发人员的10~20倍。ThoughtWorks非常注重优秀人才的招聘工作，并且注重为他

① 902 A. 2d 745 (Del. 977 Ch. 2006).

们提供充满挑战并激发潜力的工作。公司的员工,也就是 ThoughtWorkers 被当作公司最有价值的资产。

ThoughtWorks 的业务性质决定了其现金流的波动性。ThoughtWorks 的合约大多是短期债务。尽管一些客户每年有多次与 ThoughtWorks 合作的机会,但是每次的合约期通常为 3 ~6 个月,不会自动续约,并且最快会在 15 天的通知后解除。ThoughtWorks 到达问题现场,解决问题,然后继续前进。因此,ThoughtWorks 在预测其现金流的波动性上的能力是有限的,并且在 2008 年之前,ThoughtWorks 从未达到其预测目标。

此外,ThoughtWorks 的业务往往是超周期的。在经济低迷时,客户在解雇自己的员工之前会解除与 ThoughtWorks 的合同;在经济形势好转之时,客户在聘请新的永久员工之前会先与 ThoughtWorks 签订合同。ThoughtWorks 的业务同样具有季节性,通常是因为员工和顾客在度假,因此 ThoughtWorks 的低迷期为每年的 11 月到次年的 1 月,从而导致第一季度成为现金流的低点。

正因为 ThoughtWorks 的业务具有波动性,ThoughtWorks 的管理层历来尽力缓和现金波动带来的冲击以确保公司安全渡过不可预期的业务萧条期或季节性低点。这并不是说管理层已经试图(更不用说能够)积累战争的资本,相反,管理层谨慎地在手中保留了一些资金以防支票在旱季出现反弹。

2. SVIP 在 ThoughtWorks 的投资

1999 年,ThoughtWorks 开始考虑首次公开发行(IPO),ThoughtWorks 聘请了一家投资银行——S. G. Cowen 证券公司作为咨询机构,有一个现有的风险投资者会被认为增强了新发行人的信誉,因此,ThoughtWorks 和 S. G. Cowen 证券公司计划秘密签署一份发行 2500 万美元的私募股权投资的发行备忘录。

SVIP 收到了发行备忘录并很中意 ThoughtWorks 的机会。与传统的互联网概念不同,ThoughtWorks 拥有 7 年的收入增长和盈利记录,其客户主要是蓝筹股、财富 1000 强公司。虽然 SVIP 理解 ThoughtWorks“对业务进行了充分的估值”,但 SVIP 认为这笔交易可以“在合理(和相对)保守的退出机制上提供有吸引力的回报”。SVIP 认为,如果当时的市场估值保持不变,“有可能获得超常回报”。正如 SVIP 在其投资建议中提到的,ThoughtWorks“可能在最近出现超常估值的市场中,成为较早的 IPO”。

在协商 SVIP 的投资条款时,SVIP 和 ThoughtWorks 均预期 ThoughtWorks 会在 1 ~2 年内上市,他们还讨论了在没有实现 IPO 的情况下,SVIP 的股权赎回事宜。ThoughtWorks 的发行备忘录里提到 SVIP 在投资 7 年后有权要求赎回其股权,支付方式为 12 个季度分期付款。但是 SVIP 提出在投资 4 年后享有赎回权,随后改为投资 5 年后享有赎回权。ThoughtWorks 提出两年的支付期限,但 SVIP 拒绝了这一条款。双方最后就 5 年后的赎回权事宜达成妥协,条件是 ThoughtWorks 用其合法可用资金,在保留一年运营资金的情况下赎回股份。

2000 年 4 月 5 日,SVIP 向 ThoughtWorks 投资 2660 万美元,以换取 2,970,917 股优先股。剩下的 167,037 股股权被其他 18 位不是本案诉讼当事人的个人购买。

3. 优先股的相关条款

优先股持有人有权按年利率 9% 收取累积现金股息,每半年复利一次,并且每半年累计一次。在公司的任何清算、解散或清盘中,优先股有权获得相当于每股 8.95 美元的初始购买价格的优先受偿权(根据任何股票股息拆分,资本重组或合并进行调整)加上所有应计和未付股息,加上假设在清算时优先股被转换为普通股并与普通股共同分配时将获得的金额。

就目前的情况而言,公司章程第Ⅳ(B)4(a)条规定了优先股的赎回权利,它指出:

"在 5 周年的结算截止日当日……如果在此日期之前,公司尚未合格地公开发行其普通股,每一优先股持有人有权要求公司以其合法可用的现金赎回,而该等现金未经董事会指定为该公司在赎回日期的财政年度所需的营运资本,该等现金不得少于每名持有人当日所持有的优先股金额的 100%。根据公司章程第Ⅳ(B)4 条的优先股的赎回价格应以(i)清盘价格和(ii)市场公允价格[根据下文公司章程第Ⅳ(B)4(e)条确定]中较高者为准。"①

赎回条款从两方面限制了公司"以现金赎回"的义务。第一,赎回只能是"以合法可用资金";第二,不可以"经董事会指定为该公司在赎回日期的财政年度所需的营运资本"进行赎回。

公司章程第Ⅳ条还规定了"公司的合法资金和根据公司章程第Ⅳ(B)4(a)条可供赎回的其他资金"是"不足以赎回所有需要赎回的优先股"的情况。在这种情况下,"如此可用的资金应用于此目的,公司应根据每个优先股持有人持有的股份数量按比例进行赎回。在此提供的赎回要求应是持续性的,因此,在赎

① 公司章程Ⅳ(B)4(a)条(以下简称赎回条款)。

回日开始后的任何时间,该等赎回义务在没有优先股持有人采取进一步行动前不应完全解除,则根据第4(a)项可用的资金应被用于赎回直至该等赎回要求完全解除为止”。①

“为了确定该资金是否为合法可用以赎回的资金……公司应在适用法律允许的范围内对其资产进行最高数额的估值(估值条款)。”②

4. 股市泡沫破灭,IPO计划夭折

2000年3月10日,纳斯达克交易达到5132.52点的峰值,比前一年涨了1倍多。1年后,即2001年3月9日,纳斯达克收于2052.78点,下跌了59.3%;3年后,即2003年3月10日,纳斯达克收于1278.37点,足见ThoughtWorks短期内公开发行IPO不再具有现实可行性。

5. ThoughtWorks尝试赎回优先股

2003年,ThoughtWorks内部开始考虑如何赎回优先股。经过大量分析,ThoughtWorks总法律顾问Daniel Goodwin和首席财务官Eric Loughmiller得出结论,ThoughtWorks很可能无法在2005年4月支付约4300万美元赎回优先股。2003年10月和11月,Singham向全球运营委员会和董事会提交了“解决投入计划”,确定赎回股份是ThoughtWorks的三大优先事项之一。

ThoughtWorks于2003年夏天通知SVIP其没有能力履行赎回义务。2003年年底至2004年,ThoughtWorks与SVIP讨论了可行的解决方案。2005年1月,ThoughtWorks聘请了投资银行William Blair公司,试图以债务融资赎回优先股。为使ThoughtWorks获得足够融资,SVIP同意将支付赎回款项的最早日期推迟到2005年7月5日。

William Blair编写了一份秘密信息备忘录,发给了45位潜在借款人。2005年4月,William Blair在与ThoughtWorks和SVIP的联席会议上提交了潜在借款人的贷款提议,但情况不容乐观,ThoughtWorks先前则希望获得至少3000万美元的融资,但银行提供债务融资的最大数额为2000万美元。因没有能力支付4300万美元赎回优先股,ThoughtWorks正式提出以1280万美元赎回全部优先股,但该报价被SVIP拒绝。

同时,SVIP的各实体在2005年5月19日和20日发出的申购函中行使了

---

① 公司章程Ⅳ(B)4(d)条。

② 公司章程Ⅳ(B)4(d)条。

其股份赎回权，要求 ThoughtWorks 自 2005 年 7 月 5 日起立即全额赎回股份。

6. 营运资本判决

2005 年 7 月 1 日，ThoughtWorks 董事会举行了特别会议，对 SVIP 的赎回要求进行了审议。董事会将重点放在“营运资本限制”上，并得出结论：“2005 年 7 月 5 日，公司营运资本所需的资金超过了可用现金。”由于缺乏可用现金，董事会拒绝赎回 SVIP 的优先股。

SVIP 不同意 ThoughtWorks 的决定，ThoughtWorks 向本法院提起确认判决诉讼，请求法院裁定其“有权在可用资金保留了必要的运营资本后履行赎回义务”。① 法院认为，“预留的运营资本仅适用于 2005 年财政年度，因此，ThoughtWorks 现在必须以合法可用资金赎回 SVIP 的优先股”。② 法院指出，“至于 ThoughtWorks 是否拥有特拉华州法律规定的可用资金以实现赎回，与本诉讼无关”。③ 最终判令于 2006 年 7 月 25 日作出。

7. 没有合法可用资金

在法院发布最终判令后不久，SVIP 再次行使了赎回权。2006 年 8 月 3 日，SVIP 要求 ThoughtWorks 以当时的赎回总价，即 4500 万美元赎回其优先股。

作为回应，在 2006 年 8 月 24 日的一次会议上，董事会分析了公司能在多大程度上以“合法可用资金”支付赎回款项。董事会向 Freeborn & Peters 进行了法律咨询、向 AlixPartners 进行了财务咨询。Freeborn 出具了一份备忘录，列出了董事会应遵循的程序：

在申报合法可用资金时，(1) 申报的赎回价款不能超过公司董事会当时确定的盈余金额；(2) 如董事会基于其初步确定的盈余资金数额进行赎回将损害公司的持续经营能力，从而损害公司资产（如在建工程和应收账款），使之在清算中的价值远低于正常持续经营的价值，进而使原定的盈余金额的假设基础无法持续成立，并在危及本公司持续经营状况时，董事会必须重新评估盈余价值；(3) 董事会应积极履行义务，避免作出引发公司丧失清偿能力的决定；(4) 董事会应以现金赎回；(5) 董事会应将申报金额的一定比例用于赎回股份；(6) 如申报金额不足以全面履行公司章程约定的赎回义务，董事会应确保优先股股东有

① Working Capital Decision, 902 A. 2d at 752 (Del. 977 Ch. 2006).

② Working Capital Decision, 902 A. 2d at 754.

③ Working Capital Decision, 902 A. 2d at 754 n. 36.

权获得长期持续的救济。

在8月24日的会议上，董事会确认ThoughtWorks的合法可用资金为50万美元，并以此赎回了优先股。

在随后的16个季度中，董事会均遵循相同程序以确定合法可用资金在多大程度上可用于赎回事项。董事会在每个个案中均考虑了公司的最新财务状况，并征询了顾问的意见。例如，2010年3月，AlixPartners告知董事会，ThoughtWorks的净资产价值在620万~2230万美元，其"可用现金"净额(扣除先前宣布但仍未支付的赎回款)从大约100万美元(在最糟情况下)到大约300万美元(在正常情况下)不等。董事会在获悉一位重要客户拖欠付款且公司的应收账款在上一季度有所增加之后，拒绝了AlixPartners的赎回建议，经商议，董事会确认公司没有合法可用的资金，并"宣布以0美元赎回A系列优先股"。

至今，ThoughtWorks共在本季度的流程中赎回了410万美元的优先股，相当于222,802股，其中214,484股由SVIP持有，但SVIP在ThoughtWorks支付赎回款后拒绝交付股票凭证。

8. SVIP提起当前诉讼

2007年2月8日，SVIP提起诉讼，SVIP要求对"合法可用资金"一词的含义作出确认判决，并要求法院作出ThoughtWorks对其的金钱履行的判决，即ThoughtWorks向SVIP支付下列中的较少金额：(1)ThoughtWorks的赎回义务所对应的全部价款；(2)ThoughtWorks的全部合法可用资金。双方在2007年夏季进行了和解谈判，包括在2007年8月进行的为期一天的调解。2008年上半年，双方恢复谈判进程，并同意了一系列停止措施。2009年2月，和解谈判破裂。

9. ThoughtWorks尝试通过融资赎回股份

ThoughtWorks从2009年8月开始向第三方寻求融资以进行赎回，AlixPartners编写了一份信息备忘录，发送给70位潜在投资方，将补充资料寄给了其中17位表示有兴趣并签署了保密协议的潜在投资方，其中三位提供了不具约束力的承诺书。经过尽职调查，两位投资方提供了明确的条款清单。

第一份有约束力的条款清单来自以资产为基础的借款人，其主要看重ThoughtWorks有形抵押品，鉴于ThoughtWorks资产的无形性，从这一来源获得的融资数额有限。融资数额还取决于所有优先股被赎回后用于贷款的情况，贷款数额将远远低于全部赎回价格。

第二份具有约束力的条款清单来自一家私募股权投资公司的债务融资部门,该部门则看重 ThoughtWorks 产生现金流的能力。2010 年 3 月 25 日,ThoughtWorks 签署了一份债务融资总额为 3000 万美元的承诺书,包括 500 万美元的循环信贷额度和 2500 万美元(减去开支)用于赎回优先股,承诺书所附的条件为优先股持有人交出持有的全部优先股,但 SVIP 拒绝交出其优先股,因此承诺书到期失效。

二、法律分析

《特拉华州普通公司法》(DGCL)第 160 条认可特拉华公司在法律与允许的范围内赎回股份,该法相关部分规定:

"(a)公司可购买、赎回、收取、取得或以其他方式获得自己的股份;但任何公司不得:(1)以现金或实物购买或赎回股份从而使公司资本被削弱或购买或赎回可能会导致公司资本的削弱,除非公司……购买或赎回的股份在其资产分配时,无论以分红或清算方式,均优先于其他类别或系列的股份……该股份在公司购买时随即被注销且公司资本在本节第 243 条和第 244 条下相应减少(从公司资本中支出)。"[①]

"如果用于回购的资金超过了 8 Del. C. § 154. 所界定的公司'盈余'(净资产超过公司股本面值的部分)数额,则回购会削弱资本";[②]"净资产是指总资产超过总负债的部分";[③]因此,根据第 160(a)(1)条的规定,除非一家公司赎回股份时将其注销并从资本中支出,否则"公司只能用盈余购买自己的股本股份"。[④]

《特拉华州普通公司法》第 160 条对赎回的限制旨在保护债权人,参见 Propp v. Sadacca 案[⑤]和 Bennett v. Propp 案。[⑥] 为了实现这一目标,成文法禁止将资产重新分配给股东,这些资产是 19 世纪和 20 世纪初普通法学家认为债权人在发放信贷时所依赖的永久融资基础的一部分。参见 In re Tichenor – Grand Co.,[⑦]其中描述了以资本赎回就如同从债权人处获得"他们有权依赖的资金";

---

① 8 Delaware Code § 160(a)(1).

② Klang v. Smith's Food & Drug Ctrs.,Inc.,702 A. 2d 150,153 (Del. 1997)(以下简称 Klang 案).

③ 8 Delaware Code § 154.

④ In re Int'l Radiator Co.,92 A. 255,256 (Del. Ch. 1914).

⑤ 175 A. 2d 33,38 (Del. Ch. 1961),aff'd in part,rev'd in part sub nom.

⑥ 187 A. 2d 405 (Del. 1962).

⑦ 203 F. 720,721 (S. D. N. Y. 1913) (Hand,J.).

参见《法定资本》[1]第二章，该书论述了以法定资本保护债权人的发展和理论基础；同样，参见第四章中提及的以法定资本向股东分配的规则。在实践中，该测试的大致目的是禁止向股东分配以防公司的资产负债表资不抵债，但不是以公司丧失清偿能力为界限，而是以公司的资本额为底线。

《特拉华州普通公司法》第160(a)条允许特拉华的公司赎回股票。至于ThoughtWorks，公司章程的赎回条款授予SVIP“要求ThoughtWorks以合法可用资金中的现金赎回……不少于100%优先股”的权利，从而使ThoughtWorks的法定权利变成了一项强制性义务。

ThoughtWorks没有也无能力筹集足够的资金赎回“100%优先股”。SVIP认为，在这种情况下，法院应当作出要求ThoughtWorks全额赎回股份的判决。SVIP称：

“在强制赎回条款中加入‘合法可用资金’这一定义在实践中很常见，‘合法可用资金’是指没有被法律限制用途的资金。根据特拉华州法律，公司的盈余对于赎回股份来说是合法可用的，盈余是指公司的净资产超过其法定资本的数额。在这里，ThoughtWorks在公司章程中承诺其将用法律允许的最高标准对其资产进行估值，从而计算可用于赎回的合法可用资金。庭审期间，SVIP的专家（使用三种标准的商业估值方法）对ThoughtWorks的资产进行估值以确定其盈余。其中，净现金量（‘DCF’）法得出的数字最低，但即使在这种情况下，公司盈余仍超过赎回全部优先股所需的金额。鉴于这一结果，SVIP诉请ThoughtWorks以64,126,770美元的价格赎回股份。”[2]

SVIP的论述均是基于“合法可用资金”等同于“盈余”这一观点展开的。通过这一举措，SVIP将一个“以现金”支付的条款变成了一个基于无形法律主义的准则，这显然是一个谬论：

采用法定资本的一个结果就是律师和法官经常会提到“从盈余”中分配或“从盈余中支付”股东。这种表述不会造成特别的损失，只要表述者和听者都意识到这种表述并无特别含义。“盈余”和“赤字”是被律师和会计师创造的词汇，都指资产负债表上的算法平衡，也即资产负债表上所有其他数字的总和在按照复式记账的准则下实现左右两边时刻保持平衡。分配的金额永远不会出

---

① Bayless Manning & James J. Hanks, Jr., Legal Capital (3d ed. 1990).

② Pl.'s Opening Br. at 1-3.

自于“盈余”，而是出自“资产”，“盈余”不能被分配，“资产”才可以被分配，没人会从盈余中获利。分配资产会导致资产会计分录减少同时会减少资产负债表右边的科目，通常是盈余，但这确实是另外一种表述方式。

根据《法定资本》，SVIP要求依据会计惯例给出判决，而不是检查ThoughtWorks的资产从而确定其是否有“可用的”且“合法的”“资金”以赎回。

1. “合法可用资金”的通俗含义

合法可用资金的通俗含义有着更多的实践内容，Waggoner v. Laster案①指出，“公司注册证书就像股东之间的合同，对于合同解释的一般规则应适用于这些条款”；Willie Gary LLC v. James & Jackson LLC案②指出，“合同应是以书面形式表达的，并且必须以其清晰明确的条款表述”；Eagle Indus., Inc. v. DeVilbiss Health Care, Inc. 案③指出，“合同条款在表达了各方的通常意思时应是控制性的，因此一个理性人站在任何一方的立场时都不会对合同条款有不符合合同内容的期待”；Liquor Exch., Inc. v. Tsaganos案④指出，“当一个合同的字面表述是清楚明白时，法院仅需要依靠合同的字面含义来解释合同”。

《特拉华州普通公司法》第160条定义下的“盈余”通常限制了公司支付红利和赎回股权的义务，“合法可用资金”通常被认为与“盈余”具有相同含义。但这两个概念是不同的。《布莱克法律词典》这样定义“资金”一词：

“在复数形式中，这个词有各种略有不同的含义，如下所示：货币及更多，如票据、支票、汇票、股票和债券，广义上可能包括各种财产。手头可用现金、资产，可用于偿还债务的金钱、遗产等。公司股票或政府证券，在这个意义上通常被称为‘资金’。国家或政府为清偿债务而拨出的资产、证券、债券或收入通常为营运资金；有时用来指现金或有价证券。”⑤

非法律英语词典，比如，《韦氏新大学词典》(1979年版)第461页将“资金”定义为“可用的金钱资源”，或者《美国传统词典》(1993年版)第551页同样将其定义为“可用金钱；备用现金”。这些定义都侧重于现金、现金等同物或其他可以被随时用作现金的相对流动资产。

---

① 581 A.2d 1127, 1134 (Del. 1990).

② 2006 WL 75309, at *5 (Del. Ch. Jan. 10, 2006), aff'd, 906 A.2d 76 (Del. 2006).

③ 702 A.2d 1228, 1232 (Del. 1997).

④ 2004 WL 2694912, at *2 (Del. Ch. Nov. 16, 2004).

⑤ Black's Law Dictionary 673 (6th ed. 1990) (internal citations omitted).

《布莱克法律词典》定义“可用”一词为“适合的;可用的;可取得的;可获得的;现在的或可立即使用的”。[①]“可用”的非法律定义,比如,《韦氏新大学词典》(1979年版)第77页“现在的或可立即使用的”,或者《美国传统词典》(1993年版)第94页“现成的,随时可以使用的;手边的;可接近的”或者“能够得到的;可得到的”。

《布莱克法律词典》定义“合法的”一词为“符合法律的;依法的;法律要求的或允许的;法律未禁止或反对的……合法”,[②]其他对“合法的”定义,前述《韦氏新大学词典》第650页“符合法律或既定规则的,或被法律或既定规则所允许的”;以及前述《美国传统词典》第774页“符合法律或法律允许”。

因此,从现有的现金来源的意义上来说,“合法可用资金”这个短语首先考虑到的是“资金”。资金必须在一般意义上是“可接近的”“可获取的”,眼下或很快可以投入使用的,法律上“资金”是“合法”的,即法律允许的范围内以其他方式获得。赎回条款在使用“资金”一词时用了“合法可用资金中的现金”,从而使“资金”的用法更加清楚。因此,赎回条款直接将“资金”与“现金”概念联系起来。

一个公司可能很容易地拥有“资金”但是这些“资金”并非“合法可用的”;Klang案指出,资产负债表显示净值为负值,这阻止了在资产重估之前通过自我招标分配现金;Morris v. Standard Gas & Elec. Co.案[③](以下简称Morris案)指出,资产负债表显示盈余为2500万美元,在不行进行资产重估的情况下是不足以支付8800万美元的股息的。尽管一家公司有大量盈余去支付股息或者回购股权,其也可能缺乏“资金”。在这些情况下,公司仍然可以回购股权以换取其他公司财产。Alcott v. Hyman[④]解释了为什么《特拉华州普通公司法》第160条认可“公司可在不损害其资本的情况下使用其财产购买公司的股票”。正如一篇法定资本领域的著作所述:“有时,股息分配是以实物形式分发的,比如打包一些安全物资,或者通过分发威士忌的仓单回忆‘二战’的事件。在特殊情况下,可以通过在主要资产中分配部分未分割权益来进行分配,例如签订油井工

① Black's Law Dictionary 135 (6th ed. 1990).

② Black's Law Dictionary 892 (6th ed. 1990).

③ 63 A.2d 577,580-581 (Del. Ch. 1949).

④ 208 A.2d 501,508 (Del. 1965).

作协议。"[①]《公司股息》[②]一书中提供了很多非现金分配的案例。

尽管是对《特拉华州普通公司法》作限制性解释,"资金"和"现金"的范围也并不一致。《特拉华州普通公司法》第160条允许以资本赎回股权"如果该股份在公司购买时被注销且公司资本在本节第243条和第244条下相应减少(从公司资本中支出)",[③]在此情况下,"合法可用资金"的范围可以从"盈余"扩展到"资本"。尽管一般情况下仅可以通过盈余分配,但是《特拉华州普通公司法》第170(a)条允许股息"从宣布股息的财政年度和/或上一个财政年度的净利润"[④]中分配。在这种情况下,"法定可用资金"又扩展到"净利润"。

除了《特拉华州普通公司法》外,很多法律和法律原则也限制公司使用资金的权利,因为资金并不"合法可用"。1956年美国《银行控股公司法》[⑤]等要求银行控股公司保持一定的资本要求,而且目标公司应考虑这些限制。从雇员那里征收的联邦就业税是以联邦政府的信托形式持有的,[⑥]公司收取的用于最终支付给州政府的销售和使用税也是如此。[⑦] 以这种或其他方式限制的资金不是"合法可用的",无论公司在《特拉华州普通公司法》下是否有盈余。Hurley v. Boston R. Hldg. Co. 案[⑧]中提到,公司没有合法可用资金去赎回优先股,因为公司的唯一财产是铁路的股份,而在马萨诸塞州当时的法律下,铁路股份除非获得立法机构的同意,否则不可出售。

最重要的是,普通法长期以来禁止公司在丧失清偿能力时赎回股份或者因

---

① Legal Capital, supra, at 38 (footnotes omitted).

② Donald Kehl, Corporate Dividends 170 – 174 (1941).

③ 8 Delaware Code § 160(a).

④ 8 Delaware Code § 170(a).

⑤ 12 U. S. C. § 1841.

⑥ 参见26 U. S. C. § 3402(a),预提所得税的义务;26 U. S. C. § 7501(a),代扣代缴或代缴税款的是"美国信托基金";案例Begier v. Internal Revenue Serv., 496 U. S. 53, 110 S. Ct. 2258, 110 L. Ed. 2d 46 (1990),本案认为为雇员所得税预扣的资金和为消费税征收的资金是以信托形式为美国国税局持有的,因此即使与一般经营账户混合,也不是公司的财产。

⑦ 参见N. Y. Tax Law § 1132(a)(1) (McKinney's 2010),要求征收营业税的人"作为国家的受托人并以国家的名义受托";67B Am. Jur. 2d Sales and Use Taxes § 192 (2010),零售商……有义务减少使用税,并以国家的名义以信托方式持有税收,并且其个人有义务向国家缴纳税收。

⑧ 315 Mass. 591, 54 N. E. 2d 183, 198 (1944).

赎回而导致丧失清偿能力。[①] 重要法条承认"股东强迫公司赎回的权利是其作为债权人的附属权利"。[②]

"面对公司债权人,优先股持有人不比普通股持有人有更特殊的权利。无论是在股息或资本分配还是对公司财产的留置权方面,优先股持有人并没有优先权,但是法律有明确规定的除外。相反地,他们所享有的股息和资本分配的权利都是作为债权人的附属权利,因此他们无权获得任何的公司资产除非公司债务被完全清偿。除非法律有明确规定,否则公司也不能给予他们任何优先于债权人的权利,不论是在支付本金还是股息方面。"[③]

学术评论员同样认为优先股持有人的赎回权不能伤害债权人的权利,因此

---

① 参见 Vanden Bosch v. Michigan Trust Co. ,35 F. 2d 643,644 - 645 (6th Cir. 1929),本案中拒绝了优先股持有人的如下请求:当赎回权到期后,她成为赎回权范围内的债权人,而并非她的权利使其他债权人的权益受损;Clapp v. Peterson,104 Ⅲ. 26,30 (Ⅲ. 1882),本案中认为赎回权的生效取决于"债权人的权利未被影响的情况下"; Cring v. Sheller Wood Rim Mfg. Co. ,98 Ind. App. 310,183 N. E. 674,678 (1932) (en banc),优先股持有人同样有权根据文件要求赎回其到期股份,除非在损害公司债权人权益的情况下该项赎回不能被履行;Rider v. John G. Delker & Sons Co. ,145 Ky. 634,140 S. W. 1011,1012 (1911),只有当公司有偿付能力且公司债权人的权益不受损害时,才能行使股东之间的优先权;Hurley v. Boston R. Hldg. Co. ,315 Mass. 591,54 N. E. 2d 183,198 (1944),如果赎回优先股会导致公司丧失清偿能力,则不可赎回,这是一项隐含的限制;McIntyre v. E. Bement's Sons,146 Mich. 74,109 N. W. 45,47 (1906),公司购买其股票的承诺如果已经生效,则应被视为已作出,并且各方理解并接受,在公司面临丧失清偿能力时,股东不能将其股东身份变为债权人身份,从而使其逃避作为股东的义务而享有作为债权人的权利,且该条规则没有任何例外;Mueller v. Kraeuter & Co. ,131 N. J. Eq. 475,25 A. 2d 874,875 (N. J. Ch. 1942),公司赎回其股票的协议受制于一项隐含的限制,即在公司丧失清偿能力或赎回将导致公司丧失清偿能力时赎回不能被执行;Topken,Loring & Schwartz,Inc. v. Schwartz,249 N. Y. 206,163 N. E. 735,736 (1928),普遍的观点是公司不能使用资本购买其股票从而损害债权人的利益……任何从股东那里购买股票的协议,如果可能损害资本总额,则不会被执行,或者在债权人利益受到损害时会被认为没有法律效力;Richardson v. Vt. & Mass. R. R. Co. ,44 Vt. 613,622 (Vt. 1872),支付股息(包括赎回股权)的法定能力"必须在资金充足时进行,不仅用于支付诉讼中原告主张的债权,而且还用于支付所有其他有类似主张的股东;并且必须有盈余资金去支付现在的业务、支付债权人债务以及合理谨慎的人会预留的应对业务上的突发事件、风险的费用;Koeppler v. Crocker Chair Co. ,200 Wis. 476,228 N. W. 130,131 (1929),公司统一购买其自己股票的协议是有效的且会被执行,前提是该协议是真诚善意订立的、无意且不会导致债权人利益受损。

② 11 Fletcher's Cyclopedia of the Law of Private Corporations § 5310 (perm. ed.).

③ 11 Fletcher's Cyclopedia of the Law of Private Corporations § 5297 (perm. ed.).

在公司丧失清偿能力或者将因赎回导致丧失清偿能力时赎回权不适用。①

特拉华州沿用了这一原则，至少从1914年开始，法院已经承认，除了《特拉华州普通公司法》第160条，“毋庸置疑的权威”认为“在损害公司支付债务的能力或者损害债权人的债权安全时，公司不能购买自己的股票”②外，Farland v. Wills案③中，法院禁止公司向单一股东支付，包括购买股票。法院认为，在《特拉华州普通公司法》第160条下无须“得出资本实际损害的初步结论”。④ 法院基于“公司不应成为自己股票的购买者，当这种购买导致对债权人的欺诈或损害”⑤这一原则时，禁止此类购买。

在特拉华州法律下，一个公司无清偿能力既指负债超过资产的情形，又指无力偿还到期债务的情形。参见N. Am. Catholic Educ. Programming Found., Inc. v. Gheewalla案⑥，Prod. Res. Gp., L. L. C. v. NCT Gp., Inc.案⑦。尽管一家公司不会在资产负债表上资不抵债的同时满足《特拉华州普通公司法》第160条的规定，但公司确实可能在名义上有盈余（从理论上可以支付赎回款）的情况下无力支付到期债务。普通法禁止导致或可能导致公司丧失清偿能力的赎回，这限制了公司在此情况下赎回股权的能力，从而使“合法可用资金”与“盈

---

① 参见Henry Winthrop Ballantine, Ballantine on Corporations 510 (rev. ed. 1946)，然而普遍的规则是，一个明显确切的“赎回股权”承诺是受到隐含的法律限制的，如果行使赎回权利将损害公司收回债务，比如在“赎回”到期时公司丧失清偿能力，或者直到“赎回”义务被履行时才丧失清偿能力，则赎回无须执行；2 Charles Fisk Beach, Jr., Commentaries on the Law of Private Corporations § 506 (1891)，债权人必须优先于股东……即使这样做会使公司债权人和其他股东之间出现不公平，或者从财政拿钱以防公司瘫痪，衡平法也不会介入；5 Seymour D. Thompson & Joseph W. Thompson, Commentaries on the Law of Corporations § 3607 (1927)，公司不能通过分配本可供债权人使用的资产以用于优先股的注销从而对抗其债权人；Richard M. Buxbaum, Preferred Stock - Law and Draftsmanship, 42 Cal. L. Rev. 243, 264 (1954)，合同中的强制赎回应被理解为，“如果公司未丧失清偿能力或者不会因此丧失清偿能力”（或者损害债权人或者资本）时可以要求赎回；Richard M. Buxbaum, Preferred Stock - Law and Draftsmanship, 42 Cal. L. Rev. 243, 264 (1954)，美国的普遍规则（相应决定性的权威）认为，公司有隐含的权力去购买自己的股票，但前提是真诚善意并且不损害债权人及股东的利益……尽管购买合同签订时公司仍有支付能力，但是支付可能是公司丧失清偿能力的原因，则该项交易应当被责备，且合同因对债权人的欺诈而被认为是不可执行的。

② In re Int'l Radiator Co., 92 A. 255.

③ 1975 WL 1960 (Del. Ch. Nov. 12, 1975).

④ 1975 WL 1960 (Del. Ch. Nov. 12, 1975).

⑤ 1975 WL 1960 (Del. Ch. Nov. 12, 1975).

⑥ 2006 WL 2588971, at * 10 (Del. Ch. Sept. 1, 2006), aff'd, 930 A. 2d 92 (Del. 2007).

⑦ 863 A. 2d 772, 782 (Del. Ch. 2004).

余”不同的情况。In re Color Tile, Inc. 案[①]认为，一项关于特拉华州一家公司产生“超出其支付能力的债务”的索赔有效地证明了该公司“在支付股息时缺乏合法可用资金”。

估值条款不能推翻这些区别，其仅要求在确定资金是否合法可用时，ThoughtWorks 必须“在适用法律允许的范围内对其资产进行最高数额的估值”。该条款承认在某些情况下，比如 Klang 案和 Morris 案，可能会出现 ThoughtWorks 有资金但不能满足《特拉华州普通公司法》第 160 条要求的情况。因此该条款要求 ThoughtWorks 重新“在适用法律允许的范围内对其资产进行最高数额”的估值，从而使“资金”在法律允许的范围内在最大限度上可以被用于赎回。估值条款不会产生在没有“资金”的情况下要求赎回的义务，也不会引发其他的使用资金进行赎回的法律障碍，比如资产的重新估值是不会导致现金流断裂的。

SVIP 的主张是基于“合法可用资金”等同于“盈余”，因为该两个定义不同，SVIP 的主张根据法律不予支持。SVIP 的主张被驳回还因为 SVIP 基于“盈余”充足的假定而最终得出公司赎回股权的义务，从而忽视了公司是否确实有资金赎回股权。“合法可用资金”有不一样的含义，也就是说，“资金”(此处指现金)是“可用的”(此处指现有的或者通过销售或借用可用的)，并且在不违背《特拉华州普通公司法》第 160 条和其他法律及普通法限制的情况下，可“合法的”用于赎回，同时也要符合公司可持续经营及分配不得使公司丧失清偿能力的要求。

2. 合法可用资金的数额

赎回条款使 ThoughtWorks 有义务仅在其合法可用资金的范围内赎回优先股；如果 ThoughtWorks 缺乏充足的资金 100% 赎回优先股，则“如此可用的资金应用于此目的，公司应根据每个优先股持有人持有的股份数量按比例进行赎回”。[②] 公司章程进一步提出：“在此提供的赎回要求应是持续性的，因此，在赎回日开始后的任何时间，该等赎回义务在没有优先股持有人采取进一步行动前不应完全解除，则根据第 4(a)项可用的资金应被用于赎回直至该等赎回要求完全解除为止。”[③]

---

① 2000 WL 152129, at *5 (D. Del. Feb. 9, 2000).

② 公司章程Ⅳ(B)4(d)条。

③ 公司章程Ⅳ(B)4(d)条。

在特拉华州法律下，当董事们开始审慎地对资金是否合法可用进行判断时，这个过程必然交织着很多主观判断。在此问题上与优先股持有人发生分歧并不构成一起微型评估补偿权事件从而需要法官来审理确定相关标的的公平价值，相反，原告必须证明在确定合法可用资金的数额时董事会是恶意的，比如所用方法和数据是不可靠的，或者作出远超于事实的决定，从而构成事实欺诈或推定欺诈，参见 Klang 案与 Morris 案。

估值条款要求 ThoughtWorks"在法律允许的范围内对其资产进行最高数额的估值"，这没有排除法院确定"合法可用资金"的需求。法院是估值程序的固有部分，特别是需要确定公司是否有可持续经营的能力时。估值条款也不要求法院以估值专家严肃确定的最高数额标记 ThoughtWorks 的资产。在 Klang 案中，特拉华州最高法院认为，公司有权不依据账面价值，重新对其资产进行估值从而证明股票回购的盈余。特拉华州最高法院没有邀请估值专家计算推测数据，Klang 案的法院甚者表示："不管资产负债表可能如何显示，都是过去的；尽管公司资产的增值尚未实现，但它是资产的真实经济价值，公司可以以此为担保来借款，债权人也可以以此获得保障。"以项目为导向的现金流量贴现分析可能无法反映"真实的经济价值"，也与公司可能借入的资金或债权人追偿没有任何关系。

SVIP 在法庭上没有证明董事会：(1)恶意确定 ThoughtWorks 的合法可用资金；(2)所用方法和数据是不可靠的；或者(3)作出远超于事实的决定，从而构成事实欺诈或推定欺诈。SVIP 没有对这些问题提出主张，而是指示其专家 Laura B. Stamm 对 ThoughtWorks 进行估值，并且她是利用现金流量贴现、同类公司以及同类交易的方法进行估值的，基于这些分析，她得出 ThoughtWorks 的股本价值在 6800 万～1.37 亿美元之间。SVIP 的律师指出，根据估值条款的定义，Stamm 的估值等同于"合法可用资金"，因此 Stamm 认为 ThoughtWorks 有充足的"合法可用资金"以赎回 SVIP 的优先股。

毫无疑问，Stamm 并没有考虑 ThoughtWorks 赎回后可持续经营的所需资金，她从未考虑过支付 8 位数的赎回款项会如何影响 ThoughtWorks 的运营能力，并影响到她的分析所依赖的预测，她不知道 ThoughtWorks 将如何筹集资金以支付赎回款，尽管从理论上讲她的观点是有道理的，但她解决"合法可用资金"问题的观点并不能令人信服，其并未反映"真实的经济价值"，也与 ThoughtWorks 可能借入的资金或债权人的追偿没有任何关系。这对于确定董事会是否恶意、所用方法和数据是否可靠、是否作出远超于事实的决定从而构成事实欺诈或推定欺诈是没有帮助的。

事实记录表明,董事会本着最大诚意行事,并依赖合格专家进行的详细分析。连续16个季度中,董事会进行细致的调查以确定用于赎回的合法可用资金,并相应地赎回了优先股。董事会每次都咨询金融和法律意见,了解公司当前的业务状况,并考虑在不威胁公司持续经营能力的情况下,将资金用于赎回优先股的程度。董事会的程序是不存在瑕疵的,尽管公司的现金有其他不可抗拒的商业用途,但董事会还是负责任地履行了对优先股持有人的合同承诺,在这种情况下,公司并没有足够的资金用于赎回,而只是选择了一条相反的道路。对比 Mueller v. Kraeuter & Co. 案[①]中之所以迫使公司采取措施赎回优先股,是因为董事会前几年为了扩张而使用的资金超过了赎回义务的数额。

最值得注意的是,董事会积极地测试市场以确定 ThoughtWorks 可以获得的"资金"多少。经过仔细研究,包括与70多家潜在的资金来源的接触,得出了一份投资条款清单,当且仅当"资金"被用来赎回优先股时,ThoughtWorks 可以得到一笔净额为2300万美元的资金用于赎回。这项提议是对于用于赎回优先股的合法可用资金最大值的最有力的证明。没有证据证明 ThoughtWorks 可以获得更多的赎回资金,更重要的是,没有任何第三方会资助部分赎回资金。

3. 投资人和发行人间既定的商业预期

SVIP 的困境并不新奇,"合法可用资金"也并非章程所独有的,这些词或实质上相同的变体通常出现在关于股息和赎回的章程条款中。[②] 如果章程中遗漏

① 131 N. J. Eq. 475,25 A. 2d 874,877 (N. J. Ch. 1942).

② 参见3 R. Franklin Balotti & Jesse A. Finkelstein, The Delaware Law of Corporations and Business Organizations Form 5.4, § 2(A) (3d ed. 2009),优先股持有人"应有权在董事会宣布时从合法可用资金中获得以现金支付的季度股息";Joseph W. Bartlett et al., Advanced Private Equity Term Sheets and Series A Documents § 3.07, at 3-180 (2009),"如果在2000年3月31日时,有A系列优先股未被清偿,则公司应赎回(但法律有禁止性规定的除外)全部的(但不少于全部的)未被清偿的股票,赎回价格按照每股10美元另加等于截至该股份赎回之日的应付未付股息(如有)的金额";美国风险投资协会示范投资条款清单,载 http://www.nvca.org/index.php? option = com_docman&task = doc_download&gid = 75&Itemid,最后访问日期:2010年11月4日。"A系列优先股应以合法可用资金赎回,可由至少持有[_]%A系列优先股的持有人选择,从[_]之后的任何时间开始,赎回价格为原始购买价[加上所有应付未付的股息]。"

了这些表述，类似的法律限制也会默认适用于公司的回购行为。① 跨越三个不同世纪的权力机关都提及了优先股股东强制赎回的能力并进行了限制。② 特拉华州对会损害公司资本的购买自身股票行为的限制可以追溯到1909年。③ 面对历史悠久的和得到广泛认可的强制赎回权的障碍，投资者已经发展出其他保护自己和确保退出的机制。

最明显的是，投资者可以购买可转换债务或者有权证的直接债务，而不是优先股股票。两种组合都提供了相同的潜在股本上涨空间，且无论公司财务状况如何，都具有债务工具在特定时间获得支付权利的下行保护。《股权融资：风险投资、收购、重组和重整》④解释了有担保的公司债券"具有与可转换债务人同样的优先权"。SVIP的代理人Nicholas E. Somers，是知道负债和所有者权益之间的不同的，并且意识到他本可以利用负债进行投资。

尽管债务投资提供了另一种选择，但投资人和发行人想要构建所有者权益

---

① In re Culbertson's, 54 F. 2d 753, 757 (9th Cir. 1932), "对于赎回优先股的权利和权限的法律限制，尽管证书没有包含明确的注销条款，基于大众所熟知的法律原则也应包含这些条款"; Harbinger Cap. P'rs Master Fund I, Ltd. v. Granite Broad. Corp., 906 A. 2d 218, 230 (Del. Ch. 2006), 因为法律限制，优先股"没有规定有担保的支付权"; HB Korenvaes Invs., L. P. v. Marriott Corp., 1993 WL 205040, at ∗5 (Del. Ch. June 9, 1993) (Allen, C.), 根据法律对公司分配股权能力的限制，优先股持有人缺少债权人享有的权利，就像无条件获得定期支付利息的权利，以及附带违约救济的无条件获得资本回报的权利; Vogtman v. Merchants' Mortgage & Credit Co., 178 A. 99, 101 (Del. Ch. 1935), "必须假定，在当前情况下，当股息在章程中被提及时，'股息'一词是指法律允许的股息"; 对比 Moore v. Am. Fin. & Secs. Co., 73 A. 2d 47, 48 (Del. Ch. 1950) (Seitz, V. C.), 证券是股票而不是债权，在其他情况下，只有"当公司的利润能够保证支付时"才需要支付。

② Balotti & Finkelstein, supra, § 5.9, at 5 – 18 (2010), 描述了赎回权的限制; 1 David A. Drexler et al., Delaware Corporation Law and Practice § 19.01, at 19 – 2 to – 3 (2010), 同样描述了赎回权的限制; 1 Edward P. Welch et al., Folk on the Delaware General Corporation Law § 160.3, at GCL – V – 124 to – 127 (2010), 同样描述了赎回权的限制; Note, Redemption of Preferred Shares, 83 U. Pa. L. Rev. 888, 893 – 894 (1935), 讨论了优先股的强制赎回权; P. H. Vartanian, Annotation, Validity and Effect of Agreement by a Corporation Contemporaneously with Issue or Sale of Stock, to Repurchase or Redeem the Stock or to Cancel the Subscription Therefor and Refund Consideration Paid, 101 A. L. R. 154 (1936 & Supp.) (收集案例); 同样参见前述iii和iv引用的其他权威。

③ 在1909年的版本后，《特拉华州普通公司法》规定："根据本法成立的公司有权购买、持有、出售和转让其自己的股本；如果公司当用自己的资金或财产购买股本时会对公司资本产生任何损害时，公司不会如此作为……"25 Del. Laws ch. 154, § 1 (1909). 从1899年的最初法令21 Del. Laws ch. 273, § 18 (1899)起，特拉华州已经禁止除使用盈余外的其他支付股息（本法令下的公司或者董事，不能以除了盈余或商业净利润外的其他支付股息，也不能分配、撤回或以其他方式向股东或部分股东支付股本的任何部分，或者减少股本，但是根据本法令另有规定的除外）。

④ 1 Joseph W. Bartlett, Equity Finance: Venture Capital, Buyouts, Restructurings and Reorganizations § 13.5, at 300 (2d ed. 1995).

的原因是有很多的。《风险投资领域的融资合同设计》[①]将可转换证券(主要是优先股)的风险投资偏好与短期担保债务的银行范式进行比较。持有公司股权的投资者通常会坚持要求获得额外的保护,如董事会控制权。参见8 Del. C. §§ 141(d),151(a);Vogtman案;[②]Petroleum Rights Corp. v. Midland Royalty Corp.案。[③] 美国风险投资协会(NVCA)以适用于当前案件的术语明确说明了此类规定的理由:

"由于法律的限制,在投资者最想赎回的情况下,公司不太可能在法律上被允许赎回(所谓的'横向情况'),因此投资者在请求赎回而公司的可用现金流不允许赎回时,会要求适用特定的处罚条款,比如,赎回金额应以一年期票据的形式支付给A系列优先股持有人,A系列优先股的大多数持有人有权选择公司董事会的多数成员直到赎回金额被全部支付。"[④]

另一种在股东协议里常见的选择是允许优先股持有人出售股权并且"强卖"其他股权。"强卖"权是一种允许优先股持有人有权向第三人出售整个公司而无须董事会参与的常见权利,[⑤]是一项与要求将公司强制出售给优先股持有人的相同但是更有力的条款。Hokanson v. Petty案[⑥]未支持一项根据优先股持有人在投资时协商的"买断期权"进行合并的对信托义务的挑战。

这些和其他被广泛利用的选择至少说明了两件事情。第一,有经验的投资者明白强制赎回权在保护上受到限制,在功能上是有缺陷的,尤其是当公司出现经济困境时。如果标准的强制赎回条款为大额金钱判决和附带的债权人救济提供了明确的方式,则可能不会出现这么多选择。因此我对"合法可用资金"的解释满足了投资人和发行人间既定的商业预期,这一点已被公认的商业惯例所证明。

---

① See George G. Triantis, "Financial Contract Design in the World of Venture Capital", 68 *U. Chi. L. Rev*. 305,311 – 319 (2001).

② 178 A. 99 (Del. Ch. 1935).

③ 167 A. 835 (Del. Ch. 1933).

④ NVCA Model Term Sheet, supra, at 6 n. 14.

⑤ 参见Joseph W. Bartlett,《股权融资:风险投资、收购、重组和重整》;法律实践协会注释,强卖权,4 No. 39 PLI Pocket MBA 1 (2006年10月18日);Eric A. Koester,《风险投资条款清单:强卖权(2008)》,载http://www.awo.com/ legal – guides/ugc/venture – capital – term – sheet – drag – along – rights,最后访问日期:2010年11月4日;同样参见Cooley Godward LLP季度报告,私人公司融资3(2004年11月),http://www.cooley.com/ files/tbl_s5SiteRepository/FileUpload21/380/ PrivCo_112204. pdf(展现了强卖权的频率)。

⑥ 2008 WL 5169633 (Del. Ch. Dec. 10,2008).

第二，SVIP 可以轻易地通过其他方式保护其投资并避免出现现在的情况，但 SVIP 没有这样做，并且那些选择在当时是合理的。SVIP 在互联网泡沫的高峰期从一家科技公司购买了优先股，该公司拥有良好的记录、真实的业绩和实际收入，所有这些与许多发行者相比都是有利的，然后开始超额认购和首日暴涨的 IPO。所有参与者都预期 ThoughtWorks 不久会以数十亿美元的估值上市，但是泡沫破灭了。现在回过头来看，SVIP 希望自己有额外的权利是可以理解的，但是“在书面协议中重新起草或者引用被省略的条款不是法院该做的”。①

三、结论

判决支持 ThoughtWorks 的主张并驳回 SVIP 的诉求，ThoughtWorks 将在接到通知后向法院提交最终方案。

第三节　名股实债的认定及司法裁判路径分析

一、名股实债的定义及常见交易结构

（一）名股实债的定义

名股实债，又称明股实债，②从字面意思来解释即为表面上是股权投资，而实际上是债权投资的一种融资方式。名股实债的交易模式在中国并不少见，尤其是在房地产与信托行业之间。如同通道业务一样，名股实债并非法律上的概念，而是一个在实务中形成的通用行业术语。目前，我国现行法律、行政法规中尚没有名股实债的概念，对于名股实债的相关规定只是散见于相关监管文件以及最高人民法院的有关会议纪要之中。

2017 年年初，银监会更新的《G06 理财业务月度统计表》中，将名股实债定义为：“投资方在将资金以股权方式进行投资之前，与资金需求方签署一个股权回购协议，双方约定在规定期间内，由资金的使用方承诺按照一定的溢价比例，全额将权益投资者持有的股权全部回购的结构性股权融资安排。”

2017 年 2 月 13 日，基金业协会发布《4 号备案管理规范》，其注释中对名股

① Cincinnati SMSA Ltd. P'ship v. Cincinnati Bell Cellular Sys. Co., 708 A. 2d 989, 992 (Del. 1998).

② 为免疑义，本书对“明股实债”与“名股实债”不作区分。

实债作出定义:“本规范所称名股实债,是指投资回报不与被投资企业的经营业绩挂钩,不是根据企业的投资收益或亏损进行分配,而是向投资者提供保本保收益承诺,根据约定定期向投资者支付固定收益,并在满足特定条件后由被投资企业赎回股权或者偿还本息的投资方式,常见形式包括回购、第三方收购、对赌、定期分红等。”①这也是监管层面首次对名股实债作出定义。虽然该文件仅针对房地产开发企业和项目类的资管产品,但是对于名股实债的定义及界定具有重要借鉴意义。

结合上述文件中对名股实债的释义以及学者对名股实债的理解,笔者认为,通常意义下的名股实债,是指名义上投资方对被投资企业进行股权投资,但在投资协议中约定投资方定期获得固定收益,到期收回本金,不参与被投资企业的管理决策,不享受被投资企业的利润分红,为了担保投资协议的履行,投资方一般会要求采取如项目抵押、股权质押、第三人连带责任担保等增信措施的一种融资方式。

(二)常见的交易结构

如前所述,名股实债并非正式的法律概念,其并没有固定的交易结构,不同的参与主体、投资标的、投资领域、监管要求等因素均会影响名股实债交易结构的设计。② 一般来说,名股实债常见的交易结构包括两大类,一类是纯股权投资模式,另一类是股权+债权投资模式。在纯股权投资模式下,投资方将资金投入被投资企业,被投资企业的大股东或实际控制人将其持有的股权转让给投资方,或者投资资金直接用作被投资企业增资扩股,从而使投资方取得被投资企业的股权。在股权+债权投资模式下,投资方取得股权的方式不变,但是在投资方成为股东之后,其余部分资金通过股东借款或者通过银行委托贷款的方式向被投资企业提供资金,从而取得对被投资企业的债权。

---

① 对比上述定义我们可以发现,“基金业协会”的定义比“银监会”得更加全面,基本涵盖了名股实债的常见类型,包括回购、第三方收购、对赌、定期分红等。虽然“基金业协会”的定义更加全面,包含了对赌的方式,但是笔者认为,名股实债与对赌条款还是存在一定差异的,实践中常见的名股实债的交易模式一般是在约定的投资期间内获取固定收益,一般约定到期即可回购;而对赌条款则大多是“附条件”的融资方式,一般是基于对被投资企业的激励而设定的业绩要求。故本书不对对赌条款的交易架构及司法裁判路径进行分析。

② 参见贾杰:《明股实债:形式与实质之争——兼论新华信托与湖州港城置业破产债权确认纠纷案》,载《广西政法管理干部学院学报》2017年第3期。

在一般的股权投资交易中，投资方取得股东身份后即按照持股比例行使股东职责，享有股东收益即企业的利润分红，但是在名股实债的交易模式下，投资方取得股东身份后，并不参与企业的实际经营，也不参与企业的利润分配，而是按照投资时的约定取得固定收益回报，因此无论是在纯股权投资模式下，还是在股权 + 债权投资模式下，为了保障投资方的资金安全，通常都会设置增信措施，常见的增信措施包括远期回购和定期分红，担保方通常为被投资企业的大股东、实际控制人或者第三方。

二、名股实债产生的原因及监管趋势

（一）名股实债产生的原因

名股实债的交易结构多出现于房地产企业及信托行业领域。在我国金融业务和监管遵循“分业经营、分业监管”格局的背景下，金融机构从事金融业务需要取得相应的金融牌照。而信托公司在我国具有较为广泛的业务范围，部分银行理财产品、私募基金利用信托的通道，通过名股实债的模式规避贷款规模控制，变相发放贷款。①

早年间，因监管抓紧，房地产企业通过银行获得贷款资金的渠道日渐狭窄，这在一定程度上促使房地产企业寻求其他融资方式，转向信托行业进行融资。但在信托公司房地产、证券等敏感类业务出现兑付风险、信托公司出现流动性问题的背景下，监管部门也对信托行业向房地产企业发放贷款进行了限制。②中国银监会办公厅《关于加强信托公司房地产、证券业务监管有关问题的通知》（银监办发〔2008〕265 号）要求信托公司提高风险防范意识和风险控制能力，对房地产开发企业申请信托公司贷款（包括以投资附加回购承诺、商品房预售回

① 参见贾杰：《明股实债：形式与实质之争——兼论新华信托与湖州港城置业破产债权确认纠纷案》，载《广西政法管理干部学院学报》2017 年第 3 期。

② 参见吴潇敏、孙美华等：《“名股实债”的司法裁判路径探析——以“新华信托—港城置业”案为例》，载《法律适用》2019 年第 12 期。

购等方式的间接贷款)提出“四三二”要求。[①] 同时,该通知明确规定:“信托公司……严禁向房地产开发企业发放流动资金贷款,严禁以购买房地产开发企业资产附回购承诺等方式变相发放流动资金贷款,不得向房地产开发企业发放用于缴交土地出让价款的贷款。”

从上述规定可以看出,对于不满足前述监管标准的信托公司不能向房地产企业发放信托贷款,这在客观上加大了房地产企业向信托公司贷款融资的难度。如何使融资方[②]在监管受限的情况下获得融资,满足“低杠杆”(低资产负债率)的要求,同时使投资方可在符合监管要求的情况下向融资方投资,又能以相对较低的风险获得固定收益,在特定条件下能被赎回股权或收回本金,需要在投融资领域进行金融工具创新。名股实债作为一种投资方式,实际上是对上述监管政策的变通,其能够满足投资方和融资方的不同需求,对投融双方都有很大的吸引力。因而,在上述背景下,名股实债应运而生,广泛运用在房地产与信托行业之间。

(二)名股实债的功能

作为一种投融资领域创新的金融工具,名股实债的出现及发展有其偶然性与必然性,实际上是满足投融资各方各自利益诉求的结果。就名股实债的功能而言,主要包括以下几点:[③]

1. 实现交易增信

传统的融资模式下,投资方向被投资企业进行投资,被投资企业以股权或其他资产向投资方提供担保,但是当债权清偿出现问题时,投资方只能通过向法院提起诉讼要求强制执行实现其债权。但是通常情况下,强制执行费时长、

---

① 中国银监会办公厅《关于加强信托公司房地产、证券业务监管有关问题的通知》规定:“信托公司……严禁向未取得国有土地使用证、建设用地规划许可证、建设工程规划许可证、建筑工程施工许可证(‘四证’)的房地产项目发放贷款,严禁以投资附加回购承诺、商品房预售回购等方式间接发放房地产贷款。申请信托公司贷款(包括以投资附加回购承诺、商品房预售回购等方式的间接贷款)的房地产开发企业资质应不低于国家建设行政主管部门核发的二级房地产开发资质,开发项目资本金比例应不低于35%(经济适用房除外)。”该规定在业内被称为“四三二”要求,即四证齐全,开发项目资本金比例不低于35%(经济适用房除外),二级房地产开发资质。

② 本书中所指“被投资企业”与“融资方”并无实质区别,仅在不同语境下对二者进行选择使用。

③ 参见杨征宇、卜祥瑞等编著:《金融机构资管业务法律纠纷解析》,法律出版社2017年版,第103页。

效率低,与资本市场追求高效率的目标相违背,因此投资方在投资采用担保方式进行融资的项目时都较为谨慎,不仅要考虑资金收益率,还要考虑收回资金的成本。在名股实债的融资方式下,投资方向被投资企业投入资金,被投资企业将应该作为担保的股权转让给投资方,在约定的期限到达后通过约定的方式收回股权,如果被投资企业在约定的期限到达后难以清偿投资方的债权,投资方可以变卖其持有的股权以收回投资本金,相比传统的融资方式,名股实债对投资方来说既便捷又安全,收回本金的成本和风险也更低。

2. 绕开放贷资质限制

中国人民银行 1996 年发布的《贷款通则》第 2 条规定,"本通则所称贷款人,系指在中国境内依法设立的经营贷款业务的中资金融机构",也就是说,只有具有经营贷款业务的金融机构才可以发放贷款。而《贷款通则》第 21 条[①]明确了贷款资质由中国人民银行核准并需经工商行政管理部门核准登记。另外,除资金信托外,其他特殊目的载体(Special Purpose Vehicle,SPV)只能以投资形式投资非标准化债权资产。因此,普通企业并无放贷资质,但是投资方通过名股实债的方式,一方面可以避开放贷资质的限制,向被投资企业投资资金,另一方面又可以在资金相对安全的前提下获得一定比率的收益。

3. 优化资产负债率

部分被投资企业希望通过名股实债的安排改善企业的资产负债率。由于名股实债在表面上是一种股权投资,若被投资企业在收到资金后计入实收资本(股本),[②]则在账面上减少了负债,不占用授信额度,从而达到优化资产负债率的目的。

---

① 《贷款通则》第 21 条规定:"贷款人必须经中国人民银行批准经营贷款业务,持有中国人民银行颁发的《金融机构法人许可证》或《金融机构营业许可证》,并经工商行政管理部门核准登记。"

② 不过值得注意的是,财政部于 2017 年 5 月 2 日发布,2018 年 1 月 1 日起生效的《企业会计准则第 37 号——金融工具列报》第 7 条规定,"企业应当根据所发行金融工具的合同条款及其所反映的经济实质而非仅以法律形式,结合金融资产、金融负债和权益工具的定义,在初始确认时将该金融工具或其组成部分分类为金融资产、金融负债或权益工具",即被投资企业在认定金融工具究竟是权益还是负债时,应遵循实质重于形式的原则。此外,财政部在《金融负债与权益工具的区分及相关会计处理规定》中,以及在 2014 年修改的《企业会计准则——基本准则》第 16 条中,均规定会计确认应遵循实质重于形式的原则,应以交易的经济实质而非仅以法律形式为依据。因此,从会计税务上分析,名股实债的交易模式可能会被认定为债务融资,从而未将投资方投入的资金记入实收资本科目。

(三)监管趋势

如前所述,正因为名股实债迎合了投融资各方的不同利益需求,所以名股实债这一交易模式在基础设施建设和公用事业等领域得到广泛运用。然而,随着名股实债交易模式的爆发以及快速增长,再加上这种交易模式本身法律关系不明晰,导致在理论与实践方面对名股实债的性质和效力均引起很大争议,诱发较多法律风险。为了避免名股实债成为商业银行、信托公司等机构绕开监管放贷的途径,防范出现兑付危机,引发担保、违约、信用评价降低等不利后果,监管机构对名股实债采取了一系列监管措施。虽然现行法律、法规并未对名股实债作出明确的界定,但是考虑到名股实债的潜在风险,越来越多的监管部门出台文件对名股实债进行约束及限制。

1. 基金业协会层面

在基金业协会层面,2017 年 12 月 2 日洪磊在第四届中国私募投资基金峰会上表示:"基金与信贷是两类不同性质的金融服务活动。从基金的本质出发,任何基金产品都不能对投资者保底保收益,不能搞名股实债或明基实贷。"[①]基金业协会于 2018 年 1 月 12 日发布的《私募投资基金备案须知(2018 年版)》也明确私募基金的投资不应是借贷活动,通过委托贷款、信托贷款等方式直接或间接从事借贷活动或通过特殊目的载体、投资类企业等方式变相从事上述活动的经营活动等不符合"投资"本质的经营活动,不属于私募基金范围,自 2018 年 2 月 12 日起不再办理不属于私募投资基金范围的产品的新增申请和在审申请。

另外,如上文提及的《4 号备案管理规范》,其中规定,对于证券期货经营机构设立私募资产管理计划,以名股实债的方式投资于房地产价格上涨过快热点城市普通住宅地产项目的,暂不予备案。由此可见,在私募基金层面,基金业协会通过限制基金产品备案等方式限制名股实债投资于热点城市房地产项目等交易活动。

① 《洪磊会长在第四届中国(宁波)私募投资基金峰会上的发言》,载环球网校:http://www.hqwx.com/web_news/html/2017-12/15123646712650.html,最后访问日期:2019 年 11 月 5 日。

2. 保监会层面

在保监会层面，保监会于2017年12月27日发布的《关于保险资金设立股权投资计划有关事项的通知》（保监资金〔2017〕282号）规定："不得采取以下方式承诺保障本金和投资收益：（一）设置明确的预期回报，且每年定期向投资人支付固定投资回报；（二）约定到期、强制性由被投资企业或关联第三方赎回投资本金……"与此同时，保监会发布的《打赢保险业防范化解重大风险攻坚战的总体方案》（保监发〔2018〕9号）则直接规定，"严禁违法违规向地方政府提供融资，坚决制止名股实债等变相增加实体经济成本的违规行为"。

3. 政府和社会资本合作的PPP（Public Private Partnership）领域

结合表3－6可知，在PPP领域，为防范由政府或政府指定机构向社会资本承诺固定收益回报、作出兜底承诺，遏制地方政府隐性债务，减少地方政府财政债务风险隐患，监管机构对PPP领域底层项目端采取名股实债模式进行投资的限制更为严格。

表3－6 PPP领域名股实债监管措施

法规名称	监管规则
《关于进一步做好政府和社会资本合作项目示范工作的通知》（财金〔2015〕57号）	第1条第2项 确保示范项目实施质量。要严格执行国务院和财政部等部门出台的一系列制度文件，科学编制实施方案，合理选择运作方式，认真做好评估论证，择优选择社会资本，加强项目实施监管。项目采购要严格执行《政府采购法》、《政府和社会资本合作项目政府采购管理办法》（财库〔2014〕215号）等规定，充分引入竞争机制，保证项目实施质量。要发挥政府集中采购降低成本的优势，确定合理的收费标准，通过政府采购平台选择一批能力较强的专业中介机构，为示范项目实施提供技术支持。严禁通过保底承诺、回购安排、明股实债等方式进行变相融资，将项目包装成PPP项目。
《关于进一步共同做好政府和社会资本合作（PPP）有关工作的通知》（财金〔2016〕32号）	五、着力提高PPP项目融资效率 各地要与中国PPP融资支持基金积极做好项目对接，推动中央和地方联动，优化PPP项目融资环境，降低融资成本。要坚决杜绝各种非理性担保或承诺、过高补贴或定价，避免通过固定回报承诺、明股实债等方式进行变相融资。

续表

法规名称	监管规则
《关于在公共服务领域深入推进政府和社会资本合作工作的通知》(财金〔2016〕90号)	五、着力规范推进项目实施。各级财政部门要会同有关部门统筹论证项目合作周期、收费定价机制、投资收益水平、风险分配框架和政府补贴等因素,科学设计PPP项目实施方案,确保充分体现"风险分担、收益共享、激励相容"的内涵特征,防止政府以固定回报承诺、回购安排、明股实债等方式承担过度支出责任,避免将当期政府购买服务支出代替PPP项目中长期的支出责任,规避PPP相关评价论证程序,加剧地方政府财政债务风险隐患。要加强项目全生命周期的合同履约管理,确保政府和社会资本双方权利义务对等,政府支出责任与公共服务绩效挂钩。
《关于印发〈财政部驻各地财政监察专员办事处实施地方政府债务监督暂行办法〉的通知》(财预〔2016〕175号)	第12条第2项　专员办对地方政府融资行为进行监督,主要包括: (二)地方政府及其所属部门参与社会资本合作项目,以及参与设立创业投资引导基金、产业投资引导基金等各类基金时,不得承诺回购其他出资人的投资本金,承担其他出资人投资本金的损失,或者向其他出资人承诺最低收益。
《政府出资产业投资基金管理暂行办法》(发改财金规〔2016〕2800号)	第26条第1项　政府出资产业投资基金对单个企业的投资额不得超过基金资产总值的20%,且不得从事下列业务: (一)名股实债等变相增加政府债务的行为。
《关于进一步规范地方政府举债融资行为的通知》(财预〔2017〕50号)	三、规范政府与社会资本方的合作行为 地方政府应当规范政府和社会资本合作(PPP)。允许地方政府以单独出资或与社会资本共同出资方式设立各类投资基金,依法实行规范的市场化运作,按照利益共享、风险共担的原则,引导社会资本投资经济社会发展的重点领域和薄弱环节,政府可适当让利。地方政府不得以借贷资金出资设立各类投资基金,严禁地方政府利用PPP、政府出资的各类投资基金等方式违法违规变相举债,除国务院另有规定外,地方政府及其所属部门①参与PPP项目、设立政府出资的各类投资基金时,不得以任何方式承诺回购社会资本方的投资本金,不得以任何方式承担社会资本方的投资本金损失,不得以任何方式向社会资本方承诺最低收益,不得对有限合伙制基金等任何股权投资方式额外附加条款变相举债。

① 《关于进一步规范地方政府举债融资行为的通知》规定的主体是"地方政府及其所属部门",而部分项目绕开该条的监管,更换承诺主体,通过政府方出资代表进行承诺。2019年3月7日发布的《财政部关于推进政府和社会资本合作规范发展的实施意见》(财金〔2019〕10号)将主体扩大至"政府方或政府方出资代表"。

续表

法规名称	监管规则
《关于加强中央企业 PPP 业务风险管控的通知》（国资发财管〔2017〕192 号）	四、优化合作安排，实现风险共担。 各中央企业在 PPP 项目中应充分发挥项目各合作方在融资、建设、运营等方面的比较优势，合理确定股权比例、融资比例，努力降低综合融资成本，切实做好项目运营合作安排，实现合作共赢。 一是落实股权投资资金来源。各企业要严格遵守国家重大项目资本金制度，合理控制杠杆比例，做好拟开展 PPP 项目的自有资金安排，根据项目需要积极引入优势互补、协同度高的其他非金融投资方，吸引各类股权类受托管理资金、保险资金、基本养老保险基金等参与投资，多措并举加大项目资本金投入，但不得通过引入“名股实债”类股权资金或购买劣后级份额等方式承担本应由其他方承担的风险。
《财政部关于推进政府和社会资本合作规范发展的实施意见》（财金〔2019〕10 号）	三、加强项目规范管理 各级财政部门要将规范运作放在首位，严格按照要求实施规范的 PPP 项目，不得出现以下行为： （一）存在政府方或政府方出资代表向社会资本回购投资本金、承诺固定回报或保障最低收益的。通过签订阴阳合同，或由政府方或政府方出资代表为项目融资提供各种形式的担保、还款承诺等方式，由政府实际兜底项目投资建设运营风险的。

三、股权与债权在学理上的界定

虽然相关监管政策已经出台并对名股实债进行相关规范，但始终缺乏明确的法律规范对名股实债的性质作出确认。无论是在理论界还是实务界，均对名股实债的认定存在争议，最大的争议焦点在于，名股实债究竟是股权投资，还是债权投资。想要界定股权与债权，必须首先在理论上分析股权与债权的联系及区别。

理论上，对于股权的性质存在多种学说，包括“所有权说”“债权说”“社员权说”等，目前的通说认为，股权是一种既非物权又非债权的特殊权利。公司是由全体股东依照公司法组成的法人组织，公司财产由全体股东出资组成。就股权的定义，漆多俊教授认为，股权是各出资人将其财产出资组成公司，形成公司财产权之后，再从公司取得的一种权利，包括从公司收益中获取的股息、红利分配权，参与公司生产经营的决策权、表决权等。也有学者认为“股权是股东以其出资行为从公司所取得的对价”。[1]

虽然学理上对股权的定义有不同观点，但通说基本认可公司的企业法人地位，具有独立的法人财产，享有法人产权。股东出资组成公司并成为公司股东后，股东对于原出资财产便丧失独立支配权，不再享有独立的所有权，股东原出资的财产便转为由公司享有。换句话说，出资人出资组成公司，出资财产的所有权便让渡给公司，相应取得的对价便是向公司换取股权，即公司所有权整体的一个有机组成部分，并且在公司解散或破产时有权分配剩余财产。

由此可以看出，股东投资入股其出资财产的所有权便由股东转移至公司，股权并非独立的财产所有权，而是公司所有权中的一个有机组成部分。我国《民法典》第118条规定：“民事主体依法享有债权。债权是因合同、侵权行为、无因管理、不当得利以及法律的其他规定，权利人请求特定义务人为或者不为一定行为的权利。”股权是股东以出资财产让渡给公司所获得的对价，出资财产从一主体转移至另一主体的过程符合债权的法律特征，故也有观点认为股权是一种债权。不过，虽然股权与债权具有相似之处，但两者也存在较大区别，具体如表3－7所示[2]。

表3－7　股权与债权的区别

不同之处	具体内涵
主体身份不同	股东是公司组织体的内部成员，股权是公司所有权整体中的一个组成部分；而债权人与公司均是独立的个体，债权与公司所有权相互独立，债权并非公司所有权整体的一个组成部分
权利内容和范围不同	股东作为公司内部成员，有权参与公司生产经营决策，订立修改公司章程，出席股东会并享有表决权，有权任免董事、监事，以及享有公司法规定的其他职权。而债权人不享有上述参与公司经营管理的权利，一般情况下债权人只对公司享有还本付息的请求权
股权与债权的利益分配关系不同	股权所享有的财产权益是股息、红利分配权，股息、红利分配并非直接对公司财产具有所有权，而是从公司生产运营所得的收益中获取的股息、红利分配，因而股息、红利分配是公司的内部分配关系，与公司经营收益相挂钩，具有不确定性和风险性；而债权是公司的外部分配关系，一般具有等价关系，与公司经营收益无关，具有确定性，风险较低

① 陈键松：《股权性质——新债权论》，载《商业研究》2000年第6期。

② 参见漆多俊：《论股权》，载《现代法学》1993年第4期。

续表

不同之处	具体内涵
财产取回情况不同	一般而言，债权清偿期届满，公司应返还全部本金，但股权一般不返还股本。在公司解散清算或被宣告破产时，股东劣后于债权人清偿

四、司法裁判认定名股实债的案例

（一）认定为股权转让关系的案例

1. 联大集团有限公司与安徽省高速公路控股集团有限公司股权转让纠纷案[①]（以下简称“联大集团与安徽高速案”）

在“联大集团与安徽高速案”中，联大集团有限公司（以下简称联大集团）与安徽省高速公路控股集团有限公司（以下简称安徽高速）于1998年共同投资设立安徽安联高速有限公司（以下简称安徽安联高速）。2003年4月30日，联大集团与安徽高速签订《股权转让协议书》，将其持有的安徽安联高速的49%股权转让给安徽高速，安徽高速以4.5亿元受让该股权。本案交易结构如图3－13所示。

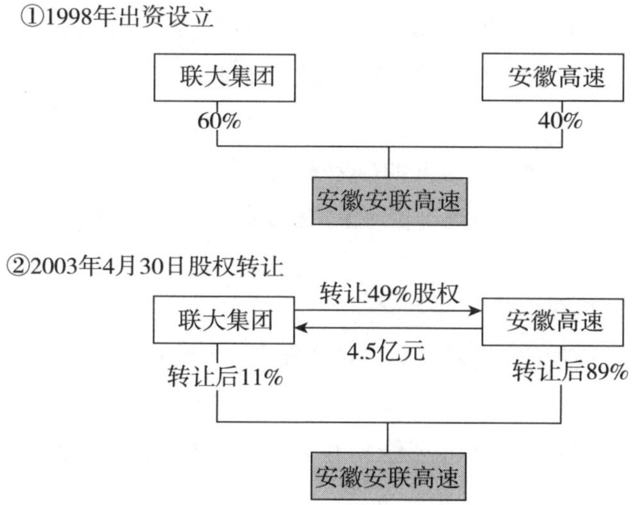

图3－13　“联大集团与安徽高速案”交易结构

① 参见最高人民法院(2013)民二终字第33号民事判决书。

在2003年联大集团与安徽高速签订的《股权转让协议书》中，双方约定的交易安排如下：

(1)公司治理：股权转让后，安徽安联高速的董事会由5名董事组成，联大集团推举2名，安徽高速推举3名，董事会按董事人数简单过半数原则进行表决，公司董事长(法定代表人)在联大集团推举的董事中选举产生。

(2)股权变更手续：《股权转让协议书》签署当日，安徽安联高速的股权变更登记手续办理完毕。安徽高速事后支付了股权转让款。

(3)回购安排：安徽高速承诺，自本次股权转让完成之日起两年内，对受让的股权不转让给第三方，如联大集团提出购回本次被转让的股权，在符合本协议约定的条件下，安徽高速同意该回购请求，回购金额由以下部分组成：本次转让金+本次转让金×[同期银行贷款年利率(自本次股权转让完成日至回购完成日)+1%(指同期银行利息上浮一个点的利率)]。自本次股权转让完成日起两年内，联大集团没有行使约定的股权回购权利(包括没有提出回购请求，或虽提出回购请求但没有按约支付回购金额)，则联大集团失去本次被转让股权的回购权，联大集团不得再就购回该股权提出请求，或者联大集团虽然提出请求但安徽高速可以不予支持。

(4)担保等增信措施：无。

签署《股权转让协议书》后双方因股权回购问题产生纠纷，在诉讼过程中联大集团主张该转让行为属于名为股权转让，实为企业之间的借贷，依据有以下几个：

(1)2002年一个载明案外人拟以14亿元收购联大集团持有的安徽安联高速60%的股权的新闻网页，拟证明《股权转让协议书》中的4.5亿元转让款远低于市场价，联大集团与安徽高速交易的真实意思是解决联大集团的资金需求，安徽高速提供借款。

(2)联大集团单方出具的请示稿件，载明安徽高速愿意在联大集团将股权作为质押担保的前提下，向联大集团提供借款，表明本案交易实为债权融资，而非股权投资。

(3)股权转让后公司的治理结构并未按照股权比例进行变更，股权转让未经批准、评估，且设置了回购条款等。

虽然联大集团提出上述主张，但经庭审认定，联大集团提供的新闻网页的真实性不能确认，联大集团起草的请示稿件未经安徽高速确认，因此上述证据不能作为本案的定案依据，而且安徽高速举示相关审计报告、评估报告等证据，证明股权转让价未明显低于市场价格。二审最高人民法院指出:“股权协议转让、股权回购等作为企业之间资本运作形式,已成为企业之间常见的融资方式。如果并非以长期牟利为目的,而是出于短期融资的需要产生的融资,其合法性应予承认。”因而法院认为《股权转让协议书》并非名为股权转让,实为企业之间借贷的协议。

2. 范某禄与北方国际信托股份有限公司、云创(天津)投资有限公司等股权转让纠纷申请再审案①(以下简称“范某禄与北方信托公司、云创公司案”)

在“范某禄与北方信托公司、云创公司案”中,北方国际信托股份有限公司(以下简称北方信托公司)将信托资金 1.4 亿元用于向信托合同指定的禹丰投资控股有限公司(以下简称禹丰公司)增资,取得禹丰公司 58.33% 的股权。同日,北方信托公司将其持有禹丰公司 58.33% 的股权转让给禹丰公司的原股东云创公司,并由云创公司向北方信托公司支付每年 15.4% 的行权费及股权转让价款。本案交易结构如图 3 – 14 所示。

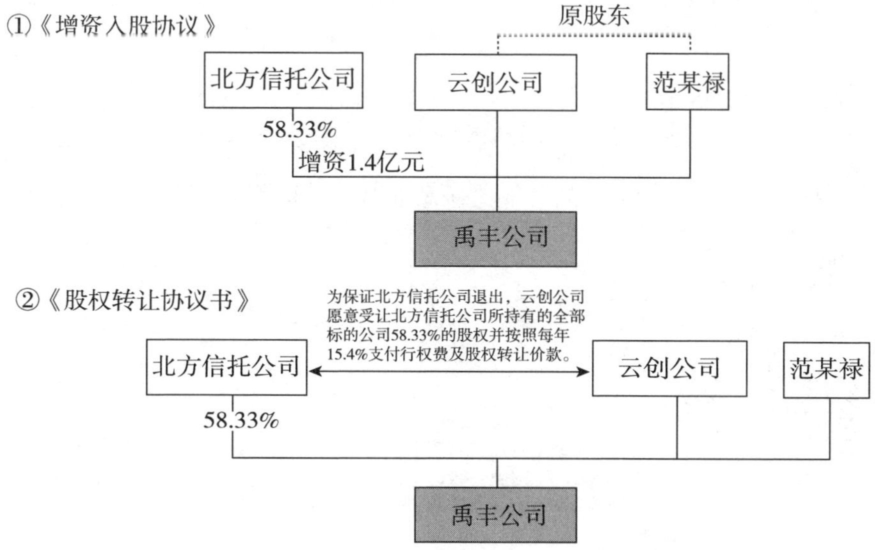

图 3 – 14　范某禄与北方信托公司、云创公司案交易结构

在本案中,再审最高人民法院将本案定性为“基于北方信托公司发起的信托计划,在北方信托公司以信托资金对禹丰公司增资入股、信托期限届满后,对信托资金进行清退而引发的股权转让纠纷”,最高人民法院认为,“根据信托计

---

① 参见最高人民法院(2015)民申字第 1198 号民事裁定书。

划进行股权投资和清退与企业之间借贷并不相同。北方信托公司将案涉资金投入禹丰公司完成增资入股、登记为股东后,即应承担持股期间出资人的责任。而企业之间借贷,出借人只是借款人的债权人,并非股东,不承担出借款项期间借款人股东的责任。而且,本案中,接受增资方为禹丰公司,受让股权方为云创公司,接受资金方和给付资金方并非同一主体,不能因股权转让事实认定北方信托公司与禹丰公司之间实质为企业之间借贷法律关系"。

(二)认定为债权债务关系的案例

1. 湖南金天地房地产开发有限公司项目转让合同纠纷再审案①(以下简称"恒丰公司与金天地公司案")

在"恒丰公司与金天地公司案"中,被申请人永州市恒丰房地产有限公司(以下简称恒丰公司)与汉寿县人民政府于 2012 年 7 月 24 日签订了《项目合同书》,约定由恒丰公司对新西套市场进行升级改造。2013 年 9 月至 2015 年 7 月,恒丰公司与再审申请人湖南金天地房地产开发有限公司(以下简称金天地公司)签订《转让开发协议书》、《补充条款》、《项目转让协议》、《转让付款协议》以及多份补充协议、合同结算书,将原《项目合同书》下的权利义务概括转移给金天地公司,并对项目转让付款事宜进行约定。本案交易结构如图 3-15 所示。

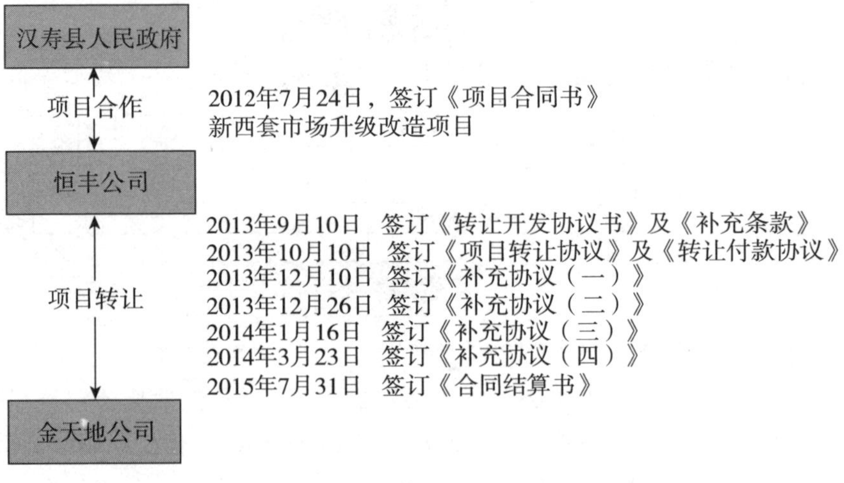

图 3-15 恒丰公司与金天地公司案交易结构

① 参见最高人民法院(2018)最高法民再 154 号民事判决书。

在恒丰公司与金天地公司于2014年1月16日签订的《补充协议(三)》中,双方约定:下余义务款1500万元,作恒丰公司入股投资新西套市场升级改造项目,不计利息。投资期限18个月,金天地公司在18个月内按照1:1投资回报,即2015年7月16日前,金天地公司应付恒丰公司本金及红利合计人民币3000万元整。恒丰公司入股后不管理公司财务,不负责公司盈亏,只获得双方约定的固定回报本利。后双方在2015年7月31日签署的《合同结算书》中明确上述3000万元为欠款。

关于《补充协议(三)》中有关1500万元固定投资回报条款的性质和效力认定,最高人民法院认为:“从投资款的性质看,投资方一旦将资金入股投资到公司的经营活动之中后,就必然承担相应的投资风险,不能只享受固定收益而不负责公司盈亏。本案中,双方约定将1500万元欠款投资入股,还约定恒丰公司只享受固定投资回报收益,不负责项目盈亏,这种资金入股的收益模式显然不符合投资款的性质,而属于借款的性质,故该1500万元应认定为名为投资,实为借贷。”

2. 新华信托股份有限公司与诸城市江峰房地产开发有限公司合同纠纷案[①](以下简称“新华信托公司与江峰房地产公司案”)

在“新华信托公司与江峰房地产公司案”中,新华信托公司通过设立信托计划,向江峰房地产公司进行股权投资,由新华信托公司以1元受让江峰房地产公司90%的股权,并完成工商变更登记手续。为提高交易信用增级,江峰房地产公司以密州购物广场的在建商铺和江峰房地产公司股东祝某杰、卜某光所持有的江峰房地产公司剩余的10%股权作为担保,并在《收益权转让合同》中约定回购条款。此外,新华信托公司在信托计划成立时,通过委派江峰房地产公司执行董事、实行印信和资金监管等方式,对江峰房地产公司的经营、财务进行监督、控制,保证本信托计划的资金安全。本案交易结构如图3-16所示。

① 参见重庆市高级人民法院(2014)渝高法民初字第00010号民事判决书。

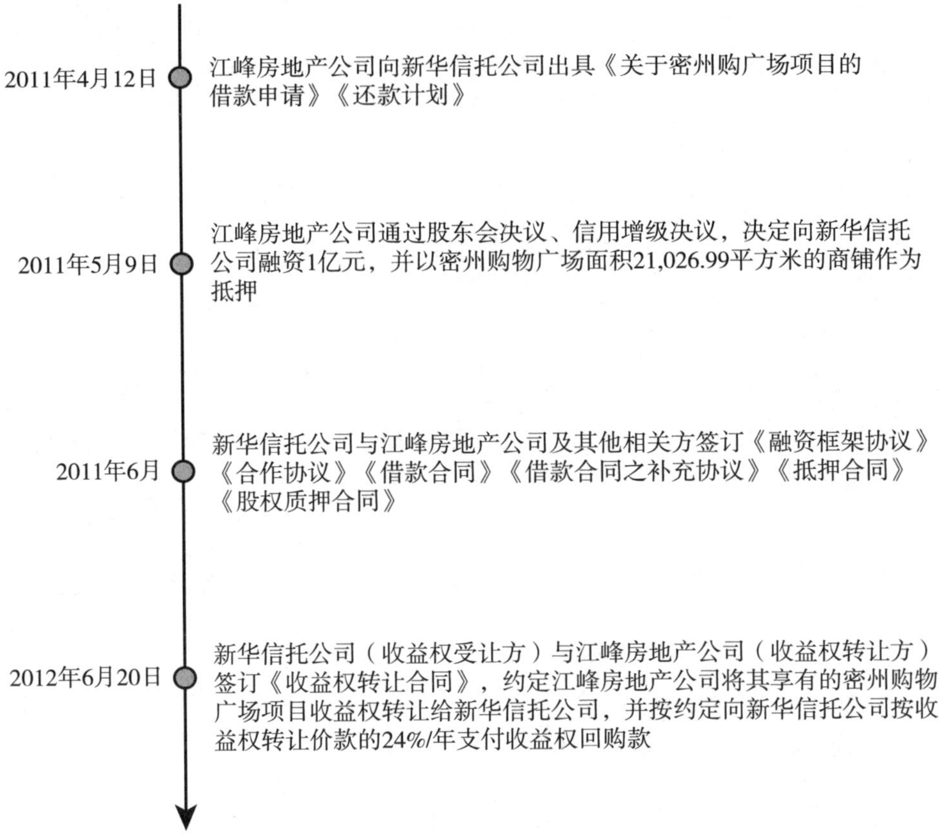

图 3－16　新华信托公司与江峰房地产公司案交易结构

关于新华信托公司与江峰房地产公司之间的法律关系，重庆市高级人民法院认为，新华信托公司与江峰房地产公司签订的《合作协议》和《收益权转让合同》的实质均为借款合同，主要的事实与理由包括：

（1）双方在签订《合作协议》之前，江峰房地产公司通过股东会决议、还款计划等向新华信托公司明确表达了借款的意思表示。

（2）《合作协议》约定新华信托公司“以 1 元资金受让江峰房地产公司的 90% 股权”，显然与该股权的实际市场价值不符，也不符合常理。

（3）为担保《合作协议》履行，江峰房地产公司提供在建商铺抵押和股权质押等担保增信措施，这与股权转让特征不符。

（4）债权人新华信托公司在庭审中对双方名为股权转让、实为借款的交易结构作出了相应陈述。

(三)小结

笔者结合前述案例的司法裁判，将上述案例认定为股权投资或债权投资的影响因素进行汇总得到表3－8。

表3－8 案例要素汇总

案例	被认定为股权投资
联大集团与安徽高速案	1. 股东权利外观：已办理股权变更登记； 2. 公司治理与经营管理：受让股权后，投资方安徽高速持有公司89%股权，占有董事会3/5席位，董事会按董事人数简单过半数原则进行表决，安徽高速可控制董事会决议。不过融资方联大集团转让股权后，仍占有董事会2/5席位，并且公司董事长及法定代表人由联大集团推举选出； 3. 股权转让价款：股权转让价未明显低于市场价格； 4. 回购及投资收益安排：约定联大集团在股权转让完成之日起两年内拥有回购权，但未约定按期支付固定收益回报； 5. 增信措施：无
范某禄与北方信托公司、云创公司案	1. 股东权利外观：北方信托公司向禹丰公司增资的手续齐全； 2. 回购及投资收益安排：投资方北方信托公司向标的公司增资后，随即将所持有标的公司的股权转让给标的公司原股东，并由原股东按期支付行权费及股权转让款； 3. 增信措施：无
恒丰公司与金天地公司案	1. 股东权利外观：约定投资入股某项目，未进行股权变更登记； 2. 公司治理与经营管理：投资方恒丰公司不实际参与经营管理，不承担经营风险； 3. 回购及投资收益安排：约定了固定投资回报和投资期限，因未进行股权登记，未约定股权回购； 4. 增信措施：无

续表

案例	被认定为债权投资
新华信托公司与江峰房地产公司案	1. 股东权利外观:完成股权变更登记手续; 2. 公司治理与经营管理:投资方新华信托公司委派执行董事、实行印信和资金监管等方式,对江峰房地产公司的经营、财务进行监督、控制; 3. 投资入股价款:新华信托公司以1元资金受让江峰房地产公司的90%股权,转让价格明显低于市场价格; 4. 回购及投资收益安排:新华信托公司和江峰房地产公司在《收益权转让合同》中约定了12个月的项目受益权转让期限,并约定江峰房地产公司到期支付收益回购款及24%/年的回购溢价款; 5. 增信措施:江峰房地产公司以其在建商铺抵押和剩余10%股权质押提供担保; 6. 其他:江峰房地产公司出具的借款申请、还款计划并通过股东会决议,表达了其作为债务人的意思表示

结合上述案例可知,由于名股实债交易模式的特殊性,目前缺乏区分股权与债权的明确标准,在不同案例中采取的交易安排均存在区别,而且每个案例均存在多份交易合同,应从数个合同所体现的整体交易安排来认定各方真实的意思表示。判定一个案件中的投资关系究竟是股权投资还是债权投资,并非仅根据单一因素进行判断,而是结合股东权利外观、公司治理与经营管理安排、投资入股价款是否公允、回购及投资收益安排、是否存在增信措施等因素进行综合考量。

结合上文提及的股权与债权在学理上的区别、众多判例以及律师同仁的观点,笔者梳理、分析了目前对名股实债性质进行区分的常见因素,以供参考。

因素一:是否办理股权变更登记,是否具备股东权利外观。

区分股权与债权的一个重要方面是主体身份的不同,股东是公司内部组成的一部分,股东与公司形成内部关系,而债权人与公司均是独立的个体。投资方对被投资企业进行出资后,通过办理股权登记成为公司股东,只有登记后股东权利才会同时具备对内对外双重效力,而这种对外效力即为股东权利外观。如在工商部门和股东名册中对注册资本、股东、股权比例等相应进行变更,则使投资方在外观形式上具备股东资格。例如,在"联大集团与安徽高速案""范某禄与北方信托公司、云创公司案"中,办理股权变更登记从而具备股东权利外观成为确认股权投资性质的重要因素。

因素二:公司治理安排,投资方是否承担公司经营风险或参与实际经营。

除了投资方是否具备股东权利外观的因素会影响投资性质的认定外,投资方是否享有公司治理方面的权利,比如行使决策权、表决权、收益分配权等股东权利,或者是否担任公司的董事、监事或高级管理人员,参与公司实际经营,而债权人不享有参与公司经营管理的权利,也会对投资方投资是股权投资还是债权投资的认定造成影响。若投资方向被投资企业投资后,投资方仅仅按照双方的约定享受固定比例的投资收益,投资方不参与被投资企业的公司治理、实际经营,不承担被投资企业的经营风险,在这种情况下投资行为容易被认定为债权投资;若投资方委派人员担任公司董监高,参与公司实际经营,享有公司治理方面的权利,则易被认定为股权投资。例如,在“联大集团与安徽高速案”中,虽然融资方联大集团仍占有董事会2/5席位,但投资方安徽高速可实质上控制董事会决议,这表明其参与了被投资企业的实际经营,进而成为认定股权投资的一大因素。

不过对公司的经营管理这一因素也需要具体情况具体分析,在实践中需要区分投资方委派董事是为了实际参与经营控制还是为了监督被投资企业的管理运作。例如,在“新华信托公司与江峰房地产公司案”中,投资方委派执行董事、实行印信和资金监管等方式,对被投资企业的经营、财务进行监督、控制,这似乎是参与了公司的经营管理,但是法院最终认定投资关系为债权关系。笔者理解,此种情形可能构成财务监督者的地位,对公司经营管理仅起到监督作用,并未实际参与经营。

因素三:是否支付股权转让对价及股权转让对价是否为市场公允价值。

按常理来说,若为股权投资,则必然应支付股权转让对价,而且相应的股权转让对价一般为市场公允价值。若在一个交易中,投资方没有支付股权转让价款或者仅是象征性地而非按照市场公允价值支付股权转让价款,则更容易被认定为债权投资。比如,在“新华信托公司与江峰房地产公司案”中,投资方仅以1元受让90%股权,转让价格明显低于市场价格,最终法院认定该交易名为股权转让、实为借款。

因素四：是否明确投资期限及回购条款，投资方是否享有固定收益。

如果双方在交易过程中明确约定了投资期限，且约定了投资期限届满之后由被投资企业或者其他第三方按照事先约定的方式回购投资方持有的被投资企业的股权，则在这种情况下的投资行为容易被认定为债权投资，反之，则容易被认定为股权投资。投资方和被投资企业的该种安排，实际上是为了保障投资方到期取得固定收益。

因素五：是否存在担保等增信措施。

如果投资方在投资时有被投资企业、被投资企业大股东或实际控制人或者其他第三方对其投资行为提供增信安排，如抵押、质押、保证等，保障投资方收益，则在该种情况下投资关系易被认定为债权投资，反之，则易被认定为股权投资。

结合司法实践，笔者理解，法院在判断名股实债交易下双方间的法律关系时，会综合考虑前述提到的影响因素，不过最根本的还是探究双方的真实意思表示以确定法律关系，在不涉及外部第三人的情况下，法院的判决也是根据双方间原本的真实意图作出的。在最高人民法院民二庭第五次法官会议纪要中，最高人民法院对名股实债的解构如下："一旦确定投资人的真实意思是取得固定收益而非成为真正股东，则往往存在名为股权转让（或增资扩股）实为借贷的问题，构成虚伪意思表示中的隐藏行为。即此时存在两个行为，名义上的股权转让（或增资扩股）属于虚伪意思表示，根据《民法总则》第 146 条第 1 款有关'行为人与相对人以虚假的意思表示实施的民事法律行为无效'的规定，该行为无效。至于隐藏的行为，该条第 2 款规定：'以虚假的意思表示隐藏的民事法律行为的效力，依照有关法律规定处理。'据此，应当依照民事法律行为的一般有效要件来认定其效力。"①简单来说，最高人民法院民二庭第五次法官会议纪要对于名股实债的态度是：如果投资方的真实意图是取得公司的股权、参与公司的经营管理，则应认定为股权投资；如果投资方的真实意图是获取固定投资收

① 贺小荣主编：《最高人民法院民事审判第二庭法官会议纪要》，人民法院出版社 2018 年版，第 68～69 页。转引自曹玉龙：《最高院〈会议纪要〉思考笔记（上）——名股实债的效力否定限制与性质转换》，载微信公众号"天同诉讼圈"，2019 年 6 月 7 日。

益，则应认定为债权投资。

五、名股实债中商事外观主义的适用规则

通常情况下名股实债产生的纠纷，以及本书以上分析的名股实债的功能及优势，均是在投融资内部当事人之间展开的，以上纠纷或争议产生的基础均在于投融资内部当事人之间签署的一系列合同。当存在外部当事人或者在破产的情形下，对投资性质认定为股权还是债权，不仅涉及投融资当事人的内部关系，还涉及外部第三人（一般是公司债权人）的利益。

商事外观主义，是指以交易当事人行为外观为准，而认定其行为所产生的法律效果。[①] 商事外观主义是民法信赖保护原则在商法领域的体现，善意第三人基于商主体股权登记信息、财产状况、营业情况等信息的公示，对该公示内容形成的信赖利益应予以保护。在名股实债纠纷中，当涉及第三人的合法利益时，法院倾向于参照商事外观主义，遵从保护善意第三人利益和维护交易安全原则，维护合法合理的第三人的利益，以工商登记资料作为确认股东资格的主要证据，将投资性质认定为股权投资。[②]

例如，在新华信托股份有限公司与湖州港城置业有限公司破产债权确认纠纷案[③]（以下简称“新华信托与港城置业案”）中，案情与“新华信托公司与江峰房地产公司案”相似，新华信托以22,478万元信托资金受让港城置业80%股权，其中8078万元计入港城置业资本公积金，约定了固定投资期限，新华信托支付投资款后完成了工商变更登记手续。为提高交易信用增级，提供土地使用权抵押、股东股权质押等担保，并通过委派2名董事（占有董事会2/5席位），享有一票否决权，接管港城置业多枚印章等方式对港城置业经营、财务进行监督、控制。本案交易结构如图3－17所示。

本案中，一审法院并未对本案中的投资是债权投资还是股权投资进行认定，而是区分内部关系和外部关系，适用商事外观主义原则，认定了新华信托的股东身份。一审法院认为，首先，本案中各方均已按约履行，且新华信托作为股东已进行了港城置业公司股东名册记载、公司登记机关登记，对外具有公示效

① 郑云瑞：《公司法学》，北京大学出版社2016年版，第236页。

② 参见王凯：《论明股实债中商事外观主义的适用规则》，载《中国商论》2019年第15期。

③ 参见浙江省湖州市吴兴区人民法院（2016）浙0502民初1671号民事判决书、浙江省湖州市中级人民法院（2016）浙05民终1555号民事调解书。

力;其次,在名实股东的问题上要区分内部关系和外部关系,对内部关系产生的股权权益争议纠纷,可以以当事人之间的约定为依据,或是隐名股东,或是名股实债;而在外部关系上不适用内部约定,第三人不受当事人之间内部约定的约束,而是以当事人之间对外的公示为信赖依据;再次,本案不是一般的借款合同纠纷或股权转让纠纷,而是港城置业破产清算案中衍生的诉讼,本案的处理结果涉及港城置业破产清算案的所有债权人的利益,应适用公司的外观主义原则;最后,新华信托作为一个有资质的信托投资机构,应对交易所产生的法律后果有清晰的认识。因此法院认为,新华信托要求在破产程序中获得债权人资格并行使相关优先权利并无现行法上的依据,法院不予采纳。后在该案二审期间,双方以调解结案。

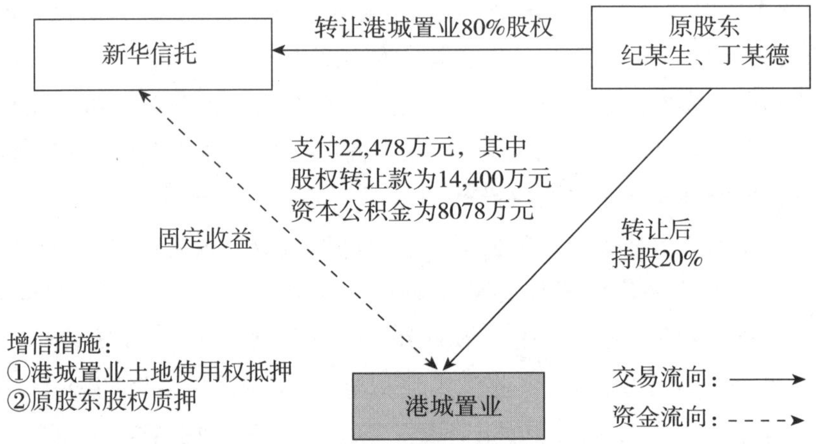

图 3－17 “新华信托与港城置业案”交易结构

不过,在新华信托股份有限公司与乔某辉执行异议之诉纠纷案[①](以下简称“新华信托与乔某辉案”)中,法院却体现了不同的裁判思路。在该案中,乔某辉享有标的公司的合法债权,并由法院依法作出生效判决。在执行生效判决期间,乔某辉以新华信托作为股东抽逃出资为由,申请追加新华信托为被执行人。一审法院的审判思路与“新华信托与港城置业案”一致,以新华信托作为股东已在公司登记机关办理了登记,对外具有公示效力,而本案为涉及标的公司债权人的利益,在对外关系上应适用外观主义原则为由,认定该投资为股权投资,判

① 参见吉林省松原市中级人民法院(2017)吉07民终1218号民事判决书、吉林省高级人民法院(2018)吉民再228号民事裁定书。

定将新华信托追加为被执行人。但是二审法院认为:“商事外观主义作为商法的一项原则,通常系从保护交易安全,维护善意第三人利益的角度为出发点的。商事外观主义原则,是特定场合下的一种利益权衡规则,其基本目的在于降低交易成本,维护交易安全,但其适用可能损害实际权利人的利益。就本案,能够认定新华信托与博翔公司、谢某镍、谢某峰、谢某妹之间的真实意思表示为信托融资债权债务关系,且就20,000万元融资事项已经履行完毕。仅以经登记注册为该公司股东的外观公示行为作为追加其为被执行人的依据法律依据不足。”

对比“新华信托与港城置业案”和“新华信托与乔某辉案”可以发现,这两个案件在交易结构安排上具有很高的相似性,就内部关系而言,投融资当事人之间名义上进行股权投资,实际交易则为债权投资。但是以上两个涉及第三人等外部关系的案件却体现出不同的裁判思路,该种不同并非没有根据,对比之后可以发现:在“新华信托与港城置业案”中,是在标的公司破产的情况下,新华信托主张其债权人身份并参与分配;而在“新华信托与乔某辉案”中,是在新华信托与标的公司的债权债务已经履行完毕的情况下,第三人主张新华信托从标的公司取得的信托收益属于抽逃出资的行为,因而要求追加新华信托为被执行人。前者是投资方在被投资企业破产情况下向被投资企业“要钱”主张债权,后者是投资方登记为被投资企业股东后,被投资企业的债权人向作为名义上股东的投资方“要钱”,两者虽然都涉及第三方债权人的利益,但案情并非完全一致,不能简单套用裁判理由。

正如吉林省松原市中级人民法院在“新华信托与乔某辉案”判决书中所言,商事外观主义虽为商法的一项原则,对保护交易安全、维护第三人信赖利益有很大作用,但是不能严重损害实际权利人的利益,而保障另一方的利益。对于新华信托为被投资企业提供信托融资并获取信托收益的交易,是双方真实意思表示,公司债权人乔某辉并无证据证明新华信托存在恶意以及损害标的公司的利益,而且新华信托与标的公司的债权债务已经履行完毕,此种情形下要求适用商事外观主义,势必会严重损害新华信托的利益。在二者之间利益平等,而一方利益已经得以实现的情况下,简单依据商事外观主义优先对另一方债权人进行保护将会导致利益严重失衡,有失公允。

六、要点总结与建议

由于名股实债是基于投融资双方的意思表示进行的交易安排，并没有固定的交易模式，缺乏明确的法律定义，导致在司法裁判中对名股实债性质的认定也会因为不同的交易结构而有所不同。名股实债的交易模式虽然实现了融资模式的创新，为投融资双方带来了便利，但由于其法律关系尚不明晰，一旦双方在投融资过程中产生争议，则会产生较大法律风险。

本书从学理、监管政策、司法裁判三个层面对名股实债的性质进行分析，总结了影响名股实债性质认定的主要因素，在投融资内部当事人之间，法院一般会结合股东权利、股权转让对价、投资方是否享有固定收益等因素，按照双方的真实意思表示进行判断。

在涉及外部第三人时，若遇到被投资企业破产的情形，法院一般会对投资方和外部第三人之间的利益关系进行衡量，即使投资名义上为股权投资实际上可能为债权投资，法院也可能会从保护信赖利益的角度出发，适用商事外观主义，在对外关系上认定为股权投资。

综上分析，鉴于名股实债法律性质的模糊性及其运作过程中的风险性，投资方应谨慎选择名股实债的交易模式，在投资前应做好尽职调查工作，对融资方负债情况和还款能力进行充分了解，对交易可行性进行充分论证。在交易文本中要明确名股实债的真实意思表示，比如明确投资期限、投资收益、合理安排退出方式以及被担保的主债权等，要注意交易文本设计的一致性，防止出现冲突从而影响对法律关系的判断。此外，在利用名股实债模式进行投资时，应该及时对相关信息进行披露或公告，尤其是在涉及外部第三人的权益时，应充分保障外部第三人的知情权，避免在商事主义外观的影响下被认定为股权投资从而无法以债权人地位取得相应的收益。

第四节　私募基金投资篇之知情权纠纷

在私募基金领域，知情权作为一项基础性、工具性的权利，是投资人据以了解被投资企业经营情况与财务状况并进一步主张其他权利的利器。最高人民法院《公司法司法解释（四）》起草小组经反复研究认为：股东法定知情权是国家公权力赋予股东的最低限度的权利。[①] 保障投资人知情权是行使或实现投资人其他权利的手段,是其他权利得以行使或实现的前提。例如,投资人行使或实现利润分配、重大事项表决以及提起代位诉讼等权利,首先需获知被投资企业的必要信息,而知情权为此提供了一个重要的手段。

知情权是投资人维护权益、行使其他权利尤其对管理层监督权的基础性权利。在资本多数决或者管理人对基金具有控制权的情况下,由于信息不对称、财力不对等以及代理人的道德风险等诸多因素,投资人在内部控制者面前容易沦为弱势群体。[②] 若投资人的知情权无法保障,投资人便无法对内部控制者形成有效监督,进而可能导致其侵害私募基金和投资人利益的后果。知情权制度的设计是为了解决信息不对称的问题,对被投资企业管理层进行有效的牵制与监督,保护投资人的利益,从而实现建立良好公司治理结构、保护全体股东利益的立法目标。

对于合伙型私募基金而言,《合伙企业法》第 28 条第 2 款规定:"合伙人为了解合伙企业的经营状况和财务状况,有权查阅合伙企业会计账簿等财务资料。"对于公司型私募基金而言,《公司法》第 33 条、第 97 条赋予了股东法定知情权。随着 2017 年 9 月 1 日《公司法司法解释(四)》的实施,最高人民法院对股东知情权纠纷的许多问题作出了解释,这对统一司法审判发挥了很大作用。不过尽管如此,知情权纠纷作为较为活跃的商事诉讼类型之一,在司法实践中仍存在一些突出的问题尚未解决,股东依法行使诉权依然存在困难。

在私募基金领域,根据组织形式的不同,投资人知情权会涉及两个方面:一方面是投资人作为有限合伙人对合伙型私募基金的知情权;另一方面是私募基金作为股东对被投资企业的知情权。前者适用的是《合伙企业法》中关于查阅权的相关规定,后者适用的是《公司法》中关于股东知情权的相关规定。

---

① 参见杜万华主编:《最高人民法院公司法解释(四)理解与适用》,人民法院出版社 2017 年版,第 217 ~ 218 页。

② 参见刘俊海:《公司自治与司法干预的平衡艺术:〈公司法解释四〉的创新、缺憾与再解释》,载《法学杂志》2017 年第 12 期。

一、公司法知情权相关立法沿革

表 3－9 《公司法》中相关知情权的规定

公司类型	1993～2005 年	2005 年《公司法》修订至今
有限责任公司	股东有权查阅股东会会议记录和公司财务会计报告	股东有权查阅、复制公司章程、股东会会议记录、董事会会议决议、监事会会议决议和财务会计报告。 股东可以要求查阅公司会计账簿。股东要求查阅公司会计账簿的，应当向公司提出书面请求，说明目的。公司有合理根据认为股东查阅会计账簿有不正当目的，可能损害公司合法利益的，可以拒绝提供查阅，并应当自股东提出书面请求之日起 15 日内书面答复股东并说明理由。公司拒绝提供查阅的，股东可以请求人民法院要求公司提供查阅
股份有限公司	股东有权查阅公司章程、股东大会会议记录和财务会计报告，对公司的经营提出建议或者质询	股东有权查阅公司章程、股东名册、公司债券存根、股东大会会议记录、董事会会议决议、监事会会议决议、财务会计报告，对公司的经营提出建议或者质询

由表 3－9 可知，1993 年制定《公司法》至 2005 年修订《公司法》期间，《公司法》规定“股东有权查阅股东会会议记录和公司财务会计报告”。2005 年修订《公司法》后，放开了部分文件的复制权，将股东有权查询、复制的文件扩大到“公司章程、股东会会议记录、董事会会议决议、监事会会议决议和财务会计报告”，同时规定股东可以要求查阅公司会计账簿。

2005 年修订《公司法》使股东知情权在内容上扩张、诉讼救济强化，但此后在实践中仍存在诸多争议。2005 年修订《公司法》后，针对股东知情权问题司法审判实践的争议焦点集中在四个方面：其一，原告股东身份的问题，已转让的股东是否享有知情权？继受股东能否查阅或复制加入公司之前的文件资料？隐名股东是否享有知情权？其二，委托查阅代理人的问题，是否可以委托他人代为查阅公司文件资料？委托什么性质的人员代为查阅是为合理？其三，知情的范围边界，会计账簿是否包含会计凭证？公司法规定的文件之外的能否查阅或复制？其四，“正当目的”的认定，何为不正当目的？举证责任如何分配？[①]

对于上述问题，在《公司法司法解释（四）》实施之前，部分地方性高级人民法院颁布的关于审理公司纠纷案件若干问题的指导意见作出了一定程度的解释。[②] 而对于上述部分地区的“审判指导意见”，能否作为裁决书援引的规范依据，亦需接受法理和实务的拷问。

2017年9月1日，《公司法司法解释（四）》正式实施，在股东知情权方面，主要针对股东身份、委托代理人、不正当目的、无法查询的赔偿责任等问题作出了解释。具体而言，第7条放开已转让股权的股东在特定情况下的诉权；第9条强调股东知情权作为固有权不能被实质性剥夺；第10条第2款明确在股东在场的情况下可由中介机构执行人员辅助；第12条针对公司董事、高管未依法履行职责的民事责任作出规定。在防止股东权利滥用方面，第8条细化了股东查账“不正当目的”的类型，第10条、第11条强调了股东、查阅辅助专业人士的保密义务，明确了泄密的赔偿责任。

《公司法司法解释（四）》提升了知情权纠纷的可诉性、可裁性与可执行性，统一了司法依据，对法院审理知情权纠纷的法律适用提供指导。但在如何精准把握司法解释背后的核心价值及裁判理念的问题上，尚需要法院审慎把握公司自治与司法干预的边界。[③]

二、知情权纠纷争议焦点之股东身份

《公司法司法解释（四）》第7条规定：“股东依据公司法第三十三条、第九十七条或者公司章程的规定，起诉请求查阅或者复制公司特定文件材料的，人民法院应当依法予以受理。

公司有证据证明前款规定的原告在起诉时不具有公司股东资格的，人民法院应当驳回起诉，但原告有初步证据证明在持股期间其合法权益受到损害，请求依法查阅或者复制其持股期间的公司特定文件材料的除外。”

---

① 参见李建伟：《股东知情权诉讼研究》，载《中国法学》2013年第2期。

② 例如，北京市高级人民法院《关于审理公司纠纷案件若干问题的指导意见》（京高法发〔2008〕127号）、山东省高级人民法院《关于审理公司纠纷案件若干问题的意见（试行）》（鲁高法发〔2007〕3号）、江西省高级人民法院《关于审理公司纠纷案件若干问题的指导意见》（赣高法〔2008〕4号）。

③ 参见刘俊海：《公司自治与司法干预的平衡艺术：〈公司法解释四〉的创新、缺憾与再解释》，载《法学杂志》2017年第12期。

（一）章程规定

该条第1款的规定保障了股东的诉权，针对股东知情权诉讼，法院应当依法受理；同时对于股东提起知情权诉讼的依据，不仅限于《公司法》第33条、第97条，公司章程的规定亦可作为股东行使或实现知情权的请求权基础。根据此条的规定，笔者理解，依据章程规定，超出公司法明文规定的知情方式或范围，在股东具有正当目的，不会对公司造成损害的情况下，应予以支持。

（二）原股东诉权

《公司法司法解释（四）》第7条的另一个创新是，第2款不仅保障现有股东的诉权，而且保护已转让股权但在持股期间合法权益受到损害的股东（以下简称原股东）的诉权。此前，对于原告股东资格的问题，在理论界与实务界均存在争议，有法院认为股东知情权是公司股东基于股东资格和身份而依法享有的法定权利，因此股权转让后的原股东不具备诉讼主体资格，不享有诉权。但也有观点认为，若公司隐瞒真实财务状况，使股东基于错误的判断以明显不公平的价格转让了股权，[①]原股东知情权无法保障则可能减损股东合法权益的救济。[②]

《公司法司法解释（四）》保护在持股期间合法权益受到损害的原股东知情权的诉权，但为了防止原股东滥诉，第2款要求原股东提供初步证据证明在持股期间其合法权益受到损害。起诉条件不等同于胜诉条件，法院对原股东提供的初步证据不应适用实质证据的证明标准加以判断。初步证据并非证明原股东利益受损的充分证据，只要能够初步证明其利益受损或存在重大风险即可。

对于“初步证据”如何认定，在王某与呼伦贝尔市中天房地产开发有限责任公司股东知情权纠纷案[③]中，原告提交了会计师事务所出具的审阅报告，审阅报告载明：“截至2011年12月31日，王某5.4%的股权价值367.18万元与王某实际转让股权价值67.68万元相差巨大，且中天公司尚存有未分配利润。”二审

---

① 虽然此种情况下，股东尚可以重大误解、显失公平等理由主张撤销股权转让合同，但在没有合理的证据的情况下，不保障转让股权的股东的知情权，则使股东可能因无法获知重要的信息，缺乏合理的证据而导致败诉。

② 参见刘俊海：《新公司法的制度创新：立法争点与解释难点》，法律出版社2006年版，第201～210页；刘俊海：《公司自治与司法干预的平衡艺术：〈公司法解释四〉的创新、缺憾与再解释》，载《法学杂志》2017年第12期。

③ 参见内蒙古自治区呼伦贝尔市中级人民法院（2019）内07民终532号民事裁定书。

法院认为,“在王某丧失中天公司股东身份的情况下,其在本案中提交的证据可以认定为其持股期间合法权益受到损害的初步证据”。

在佛山市南海鸿钢裁断机制造有限公司、章某股东知情权纠纷案[①]中,二审法院认为:“章某提供的利润表、现金收入、支出汇总表、公众号文章截图、《工会第二届会员大会选举结果的批复》、网上银行电子回单、支付证明单,足以初步证明其在持股期间的合法权益受到损害。”

(三)继受股东

对于继受股东能否查阅、复制其进入公司之前的文件资料,《公司法司法解释(四)》未作出规定。中国政法大学李建伟教授认为:“基于公司经营具有连续性的现实,为了保障股东获得完整的公司信息,股东应该有权查阅加入公司前的相关资料,但应受到诚实信用和公平合理原则的限制。”[②]正如张丽法官的观点,公司的经营具有连续性的特点,存在量变到质变的过程,加入公司之前的文件资料关系到股东切身利益,若限制会减损股东知情权的制度价值。[③]

在广州龙飞软件科技有限公司、广州日报报业经营有限公司股东知情权纠纷案[④]中,法院认为:“对于龙飞公司提出广州日报公司只可以查阅或复制其持股期间的公司章程、股东会会议决议记录、会计账簿等资料,无权查阅其成为股东之前的资料的问题。股东知情权是为了保障股东有效参与公司重大问题决策,维护股东的合法利益而设立的,法律并没有规定股东只能查阅其持股期间的公司会计账簿等资料。”

在润丰投资集团有限公司与杨某恭股东知情权纠纷案[⑤]中,法院认为:“第一,《公司法》并未禁止继受股东查阅其成为股东之前的公司决议报告等材料。润丰公司在一审中亦未对此提出抗辩。第二,《公司法》设立股东知情权系为使股东充分掌握公司信息、管理活动及风险状况,从而监督公司管理,保护股东合法权益。股东对公司全部的运营状况充分掌握,对公司的历史全面了解,方能有效行使股东

---

① 参见广东省佛山市中级人民法院(2018)粤06民终5366号民事判决书。

② 李建伟:《股东知情权诉讼研究》,载《中国法学》2013年第2期。

③ 参见张丽:《后续股东有权查阅其加入公司前的公司文件资料》,载《人民司法·案例》2014年第14期。

④ 参见广东省广州市中级人民法院(2019)粤01民终6979号民事判决书。

⑤ 参见北京市第三中级人民法院(2019)京03民终6405号民事判决书。

的其他权利并履行股东义务。第三,公司运营是一个整体、动态、延续性的过程,若拒绝公司的继受股东行使对其加入润丰公司前的公司文件档案资料的知情权,将可能导致股东获得的相关信息不完整,影响股东知情权的制度设置功能。”

(四)隐名股东

对于隐名股东能否行使知情权,笔者认为,《公司法司法解释(四)》所要求的股东资格,应理解为登记在股东名册、工商登记之中的股东,隐名股东不具备对外公示效力,司法审判亦不应过分探求当事人之间的意思表示。在吴某琴、沈某与常州常申会计师事务所有限公司股东知情权纠纷案①中,法院认为:“吴某琴、沈某作为常申公司的隐名股东,在常申公司内部享有一定的权利,但其不能以其名义对外独立行使股东权利,其股东权利应通过显名股东时某亭行使权利。对于吴某琴、沈某以公司隐名股东身份提起的行使知情权诉讼,因吴某琴、沈某不是与本案有直接利害关系的公民,应予驳回起诉。”宋从文法官认为:“欲行使股东知情权,必须以自己的股东身份显名化为前提。”②司法实践中的案例大多持此观点,但在某些特殊的情况下,如涉及员工持股,员工并不一定显名化,有案例认为,虽然尚未依法办理有关登记手续,但这不影响员工在公司内部关系中向公司主张知情权。③

三、知情权纠纷争议焦点之查阅代理人

(一)查阅代理人辅助

《公司法司法解释(四)》第 10 条第 2 款规定:“股东依据人民法院生效判决查阅公司文件材料的,在该股东在场的情况下,可以由会计师、律师等依法或者依据执业行为规范负有保密义务的中介机构执业人员辅助进行。”

此前,对于股东能否委托查阅代理人辅助查阅公司文件材料的问题,存在两种观点:一种观点认为,股东知情权依附于股东的身份,不得委托他人代为行使,且如此容易导致公司经营秘密和商业秘密泄露;另一种观点认为,公司的股东,尤其是自然人股东,受限于股东自身的文化水平和财务知识,可能无法理解

---

① 参见江苏省常州市中级人民法院(2018)苏 04 民终 1853 号民事裁定书。

② 宋从文:《股东知情权行使与限制之维》,载《法律适用》2009 年第 7 期。

③ 参见江苏省徐州市中级人民法院(2011)徐商终字第 0206 号民事判决书。

会计账簿背后的财务知识、经济原理及其勾稽关系,限制股东委托会计师等专业人员辅助查阅,会使股东知情权难以落到实处。

《公司法司法解释(四)》第 10 条第 2 款的规定明确可由专业中介机构人执业人员辅助进行,同时为防止滥诉,要求股东在场且专业辅助人员负有保密义务。此后,股东诉请由会计师、律师等专业人员辅助查账,在股东查账目的正当的情况下,法院基本上予以支持。

(二)审计

但在实践中,股东诉请要求对公司进行审计或评估的,基本上不会被法院支持,裁判理由是法无明文规定。正如丁建明等法官认为的,法律未规定股东对公司的财务账簿拥有审计和评估的诉权。支持股东对公司审计或评估会涉及公司经营内部事务,过于积极介入将导致司法的过度扩张。如何界定权利行使人以防止滥诉,以何标准选任检查人,检查人在检查过程中有何权利义务等,都是审理过程中的难题。因此在相关制度尚未确立的情况下,对股东知情权扩大解释至支持对公司审计或评估,缺乏可操作性。①

此外,四川省高级人民法院蒋敏、徐旭法官认为:"委托审计必然对公司财务进行深度的稽核或查核,可能影响公司的正常经营或妨碍商业秘密的保护。如为保护股东的知情权而对公司造成妨碍,不符合公平保护原则。"②

例如,在润丰投资集团有限公司与杨某恭股东知情权纠纷案③中,二审法院认为:"关于公司审计,《公司法》并未直接赋予股东对公司的审计权,司法实践中既有将之视为股东独立权利,又有将之作为股东知情权的附属权利的。但无论如何,由于该项权利并无直接法律规定,股东如欲对公司财务进行审计,则须有股东合意——无论是股东协议还是公司章程。若股东协议与公司章程中无相关规定,股东提出请求对公司审计的,法院原则上不予支持。"

---

① 参见丁建明等:《股东诉请法院指定检查人审计公司,应否支持?》,载《人民司法·案例》2007 年第 20 期。

② 蒋敏、徐旭:《股东知情权的司法保护》,载《人民司法·案例》2009 年第 4 期。

③ 参见北京市第三中级人民法院(2019)京 03 民终 6405 号民事判决书。

	文件类型	方式
透明度依次降低 保密程度依次增强 ↓	公司章程、股东会会议记录、董事会会议决议、监事会会议决议和财务会计报告	查阅、复制
	会计账簿	查阅，并履行前置程序
	会计凭证	公司法未规定
	其他公司文件，如合同、对账单、财务账册、资金流水等	公司法未规定

图 3－18　股东知情权的范围及方式

四、知情权纠纷争议焦点之会计凭证是否属于查阅范围

（一）司法实践现状

《公司法》第 33 条规定了股东可以要求查阅会计账簿，一方面，结合会计相关规定以及会计账簿的文义来看，会计账簿不等同于会计凭证；另一方面，在 2005 年修订《公司法》时，增加第 34 条第 2 款关于查阅会计账簿的规定，2005 年法律出版社出版的《中华人民共和国公司法释义》（第 2 版）一书中指出，“股东只能查阅与其查阅目的相关的公司账簿，包括公司的会计凭证。股东在查阅会计账簿时，应可以做简单摘抄，但不得复制”。

实践中对于会计账簿与会计凭证的关系，会计凭证是否属于股东可查阅的范围，历来存在争议。对于这个问题，北京市高级人民法院、山东省高级人民法院、江西省高级人民法院发布的审判指导意见均规定会计账簿包括记账凭证和原始凭证。然而在司法实践中，各地法院审判观点不一，根据李建伟教授的统计数据，多数情况下法院倾向于支持的立场，尤其在北京、上海、江苏等东部地区，总体上均支持，持不支持立场的裁决多数出自中西部地区的法院。[①] 但对于原告查阅超出《公司法》第 33 条规定的文件，以及会计凭证之外的其他公司资料的诉请，法院基本上持否定态度。

在最高人民法院发布的《公司法司法解释（四）》（征求意见稿）中，第 16 条规定：“有限责任公司的股东起诉请求查阅公司会计账簿及与会计账簿记载内

① 参见李建伟：《股东知情权诉讼研究》，载《中国法学》2013 年第 2 期。

容有关的记账凭证或者原始凭证等材料的,应当依法受理。公司提供证据证明股东查阅记账凭证或者原始凭证等有不正当目的,可能损害公司合法利益的,应当驳回诉讼请求。”但是最高人民法院最终于2017年8月25日发布的《公司法司法解释(四)》正式稿中未保留该规定,立法者对此问题未置可否,侧面反映了这个问题的争议性。

(二)会计账簿和会计凭证的关系

要判断会计凭证是否属于股东可知情的范围,必须首先理解会计账簿和会计凭证的关系。图3-19为会计做账流程。

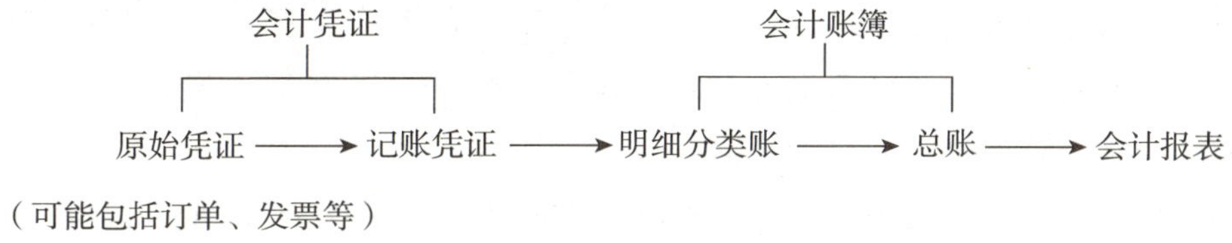

图3-19　会计做账流程

《会计法》第9条第1款规定:“各单位必须根据实际发生的经济业务事项进行会计核算,填制会计凭证,登记会计账簿,编制财务会计报告。”第14条第1款规定:“会计凭证包括原始凭证和记账凭证。”第15条第1款规定:“会计账簿登记,必须以经过审核的会计凭证为依据,并符合有关法律、行政法规和国家统一的会计制度的规定。会计账簿包括总账、明细账、日记账和其他辅助性账簿。”

同时,《企业财务会计报告条例》第2条第2款规定:“本条例所称财务会计报告,是指企业对外提供的反映企业某一特定日期财务状况和某一会计期间经营成果、现金流量的文件。”第21条第1款第1项规定:“企业在编制财务会计报告前,除应当全面清查资产、核实债务外,还应当完成下列工作:(一)核对各会计账簿记录与会计凭证的内容、金额等是否一致,记账方向是否相符。”

结合会计相关法律法规及我国财务会计做账的流程可知,会计账簿包括总账、明细账、日记账等账簿,登记会计账簿,应以会计凭证为依据。

(三)司法实践观点

司法实践中,支持股东可查阅会计凭证的案例①较多,不支持股东查阅会计凭证的案例较少。根据上海市恒泰律师事务所孙加锋、王丽芸律师检索的案例,在《公司法司法解释(四)》实施之后,2017年9月1日至2018年6月21日法院裁判的333个案件中,支持股东查阅会计凭证的案例有222个,占66.67%,不支持股东查阅会计凭证的案例有111个,占33.33%。②

1. 支持股东查阅会计凭证的主要理由

其一,会计账簿是根据会计凭证制作而成,会计凭证是会计账簿的基础。因此,股东查阅会计凭证广义上并未超出《公司法》规定的查阅会计账簿的范畴。

其二,会计凭证系佐证会计账簿是否真实、准确的重要记录,股东通过查阅将会计凭证与会计账簿进行比对,方能客观真实了解公司状况,保障对公司的经营信息和财务信息进行充分、真实、全面的了解,进而达到行使其他股东权利的目的。

其三,"会计凭证造假难度最大,股东请求查阅据以制作会计账簿的原始凭证,易于发现公司问题,维护股东权益"。③

2. 不支持股东查阅会计凭证的主要理由

其一,《公司法》未明文规定股东可查阅会计凭证,而依据《会计法》会计账簿并不包括原始凭证和记账凭证、合同等文件资料。股东要求查阅会计凭证没有法律依据,超出法律规定的股东行使知情权的范围。

其二,会计凭证直接指向公司财务、商业信息,其上登载着公司诸如利润、

① 例如,李某君、吴某、孙某、王某兴诉江苏佳德置业发展有限公司股东知情权纠纷案,载《最高人民法院公报》2011年第8期;天津北方食品有限公司、香港捷成有限公司股东知情权纠纷案[(2012)民申字第635号]。

② 参见孙加锋、王丽芸:《333份判决书告诉你,有限责任公司股东能否查阅"会计凭证"》,载智合:https://www.zhihedongfang.com/54806.html,最后访问日期:2019年7月19日。

③ 蒋敏、徐旭:《股东知情权的司法保护》,载《人民司法·案例》2009年第4期。

成本等经营秘密和商业秘密,不限制股东查阅会计凭证可能造成商业秘密泄露。①

其三,股东查阅权的行使可能会影响公司的运营效率。为保障股东行使查阅权,需要承担如整理、管理公司信息资料所需要的人力、物力,为查阅账簿设定特定场所等附加成本。在经营活动频繁、账目繁多的情况下,查阅会计凭证会影响公司的日常经营,因而不应过度扩张股东查阅权的范围。

五、知情权纠纷争议焦点之不正当目的

(一)“正当目的”概念之不确定性

《公司法》第 33 条第 2 款规定:“股东可以要求查阅公司会计账簿。股东要求查阅公司会计账簿的,应当向公司提出书面请求,说明目的。公司有合理根据认为股东查阅会计账簿有不正当目的,可能损害公司合法利益的,可以拒绝提供查阅,并应当自股东提出书面请求之日起十五日内书面答复股东并说明理由。公司拒绝提供查阅的,股东可以请求人民法院要求公司提供查阅。”

基于股东查阅权与合法利益平衡保护的原则,在保障股东知情权的同时,亦需防止股东滥诉。结合《公司法》第 33 条第 2 款的规定,我国公司法针对股东要求查阅会计账簿的情形,要求股东提出“正当目的”。但“正当目的”是一个较为主观的概念,难以合理界定正当目的的具体范畴,而正当目的界定的不确定性可能出现股东查阅权的落空,或者股东滥用知情权损害公司利益两种后果。

从立法者的角度来看,由于正当目的概念的不确定性,界定每种情形目的正当与否需要高超的立法技术,因此对于正当目的的问题,赋予了法官较大的自由裁量权,法官需要针对个案判断股东是否具有不正当目的。

(二)举证责任

如前所述,鉴于正当目的认定的模糊性,实践中法院的普遍做法是将正当目的认定的实体认定问题转换成程序法上的举证责任问题。理论上,诉讼举证

① 例如,在宁某诉北京远大会计师事务所有限公司股东知情权案[北京市海淀区人民法院(2006)海民初字第 7426 号]中,法院认为股东行权应有合理性即选择对股东和公司影响最小的方式,股东查询账簿的目的应当与该权利的救济程度相适应;至于是否允许查阅会计账簿、原始凭证,应当同时考虑股东知情利益的必要性、紧迫性以及公司日常营业过程的稳定性、连续性。

责任分配理论将举证责任区分为提出责任和说服责任。在股东要求查阅会计账簿的情况下,举证责任并非完全归属于股东或公司其中一方。结合《公司法》第33条第2款的规定,股东负有提出责任,而公司负有说服责任。换言之,股东应当先行提出证明自己存在查账正当性目的的基础证据,即“说明目的”;在股东已提出初步证据说明查阅正当性目的的前提下,则由公司提出“合理根据”证明股东不存在正当目的,承担说服责任,否则公司将承担举证不利的诉讼结果。①

最高人民法院贺小荣、曾宏伟法官在《〈关于适用《中华人民共和国公司法》若干问题的规定(四)〉的理解与适用》一文中指出,“从公司法第三十三条第二款规定的文义分析出发,认定股东有不正当目的,一是必须可能损害公司合法利益。由于损害后果并未发生,因此对‘可能’只能通过常理进行判断,但应当达到较大可能性。二是必须有合理根据。由于不正当目的属于主观心理,因此只能从股东的客观行为认定合理根据或者进行法律推定”。②

实践中,许多案例显示,会计账簿的查阅还需以股东向公司提出查阅公司会计账簿的书面请求为前提。在股东未履行“向公司提出书面请求,说明目的”前置程序的情况下,法院可能不予支持股东查阅会计账簿的请求。对此,也有观点认为,“如果股东不能举证证明其查阅目的的正当性,仍不能免除公司所负有的证明股东查阅目的不正当的举证责任,因为账簿查阅权是股东的权利,公司要对其进行限制理应由公司举证,因此股东查阅目的是否正当,是法院实体审理的关键内容,而不应作为起诉的前置条件”。

(三)不正当目的的情形

《公司法司法解释(四)》第8条规定:“有限责任公司有证据证明股东存在下列情形之一的,人民法院应当认定股东有公司法第三十三条第二款规定的‘不正当目的’:

(一)股东自营或者为他人经营与公司主营业务有实质性竞争关系业务的,但公司章程另有规定或者全体股东另有约定的除外;

---

① 参见宋从文:《股东知情权行使与限制之维》,载《法律适用》2009年第7期。

② 贺小荣、曾宏伟:《〈关于适用《中华人民共和国公司法》若干问题的规定(四)〉的理解与适用》,载《人民司法·应用》2017年第28期。

（二）股东为了向他人通报有关信息查阅公司会计账簿，可能损害公司合法利益的；

（三）股东在向公司提出查阅请求之日前的三年内，曾通过查阅公司会计账簿，向他人通报有关信息损害公司合法利益的；

（四）股东有不正当目的的其他情形。”

由此可见，在《公司法司法解释（四）》第 8 条规定的不正当目的的情形中，第 1 项针对同业竞争，第 2 项针对向他人通报，第 3 项针对向他人通报的前科，第 4 项是兜底条款。

1. 同业竞争

（1）自营或者为他人经营

针对同业竞争的情形，第 1 项规定的是“自营或者为他人经营”，关键词是“经营”，而非“投资”，股东倘若投资但未参与经营两家以上互有竞争关系的公司（以下简称竞业公司），并不当然丧失查账权。[①] 反之，股东未投资但参与经营竞业公司的，也有可能认定具有实质性竞争关系。实践中不排除股东或者其关联方对该企业投资，在该企业担任高管，或者经营管理该企业等情形。例如，在北京米来未来教育科技有限公司与陈某股东知情权纠纷案中，针对股东不享有持股权而股东的配偶全资持股的小德兰公司，法官结合该竞业公司的主营业务、股东参与该竞业公司经营等情况，认定股东具有自营或者为他人经营与公司主营业务有实质性竞争关系业务的情况。

（2）与公司主营业务有实质性竞争关系

最高人民法院贺小荣、曾宏伟法官认为：“认定‘主营业务’时，应当主要考虑该项业务对公司稳定利润的贡献，兼顾在营业收入中的比重；认定‘实质性竞争关系’时，可以参考上市公司监管和竞争法等法律制度，考虑地域市场、产品市场等因素。”[②]

从证据上看，在多数司法案例中，若公司仅提交工商资料证明两家公司在经营范围上存在部分重合，法院一般会认为经营范围只是企业经工商管理部门

---

① 参见刘俊海：《公司自治与司法干预的平衡艺术：〈公司法解释四〉的创新、缺憾与再解释》，载《法学杂志》2017 年第 12 期。

② 贺小荣、曾宏伟：《〈关于适用《中华人民共和国公司法》若干问题的规定（四）〉的理解与适用》，载《人民司法·应用》2017 年第 28 期。

登记核准的可以从事的业务范围，而非公司在经营过程中已实际开展的业务，经营范围重合或相似并不必然形成竞争关系，从而由公司承担举证不能的后果。① 不过，不排除公司仅提交工商资料证明经营范围部分重合或相似，法院即认定股东查账会对公司造成损害的案例②存在，这与不同地方不同法院裁判尺度有关。

结合表3－10的案例可以看出，在认定与公司主营业务有实质性竞争关系上，应结合公司经营的行业、专注的领域、服务的项目和内容、目标客户、主要人员构成等多方面考虑经营范围，而不仅仅依据工商登记的经营范围判断。

表3－10　认定与公司主营业务有实质性竞争关系的案例

案　例	理　　由
北京米来未来教育科技有限公司与陈某股东知情权纠纷案③	按照小德兰公司在微信公众号的宣传，其主营业务包括0～3岁pic早教、2.5～6岁CASA全日班、父母成长工作坊、婴幼儿教师培训及认证，上述业务与米来未来公司的主营业务在目标客户、服务内容、课程类型上存在高度一致，应当认为构成实质性竞争关系
张某俊与北京智邦明睿人力资源顾问有限公司股东知情权纠纷案④	张某俊同时担任智邦公司及创业酵母公司的股东，智邦公司和创业酵母公司从事的业务均是为企业提供人力资源服务和金融投资服务，其中人力资源服务专注的均是猎头业务，所针对的客户大部分为互联网企业，二者的主营业务、业务区域以及所针对的客户群基本一致，主营业务存在实质上的竞争关系

① 例如，宁波中缝精机缝纫机有限公司、张某生股东知情权纠纷案［（2009）甬仑商初字第1577号］。

② 例如，杨某伦与山东东岳国际经贸合作股份有限公司股东知情权纠纷案［（2018）鲁01民终2981号］。

③ 参见北京市第三中级人民法院（2018）京03民终2139号民事判决书。

④ 参见北京市第三中级人民法院（2018）京03民终380号民事判决书。

续表

案 例	理 由
常某君与北京方圆水木旅游规划设计院有限公司股东知情权纠纷案①	首先,从主要人员构成来看,根据已查明的案件事实,常某君、冯某及郭某圆均曾在方圆公司工作,且常某君现为九方同创公司的法定代表人,常某君、冯某及郭某圆三人亦均系九方同创公司专家团队成员,故从九方同创公司的主要人员构成来看,该公司与方圆公司之间可能存在一定的利益冲突。 其次,从主营业务范围来看,两家公司对外的经营范围均包括旅游规划设计,且九方同创公司在其官方网站以较大篇幅列举、推介公司既往设计的旅游规划项目。可见,九方同创公司与方圆公司在主营业务范围之间存在业务重合。 最后,从具体项目推介宣传来看,九方同创公司在其官方网站的宣传上列举了诸多方圆公司单独设计完成的旅游规划项目,作为九方同创公司已有业绩案例进行展示,足以证明其与方圆公司在特定领域内存在同业竞争关系。 综上所述,常某君担任法定代表人并持股的九方同创公司与方圆公司之间在旅游规划设计领域存在明显的商业竞争,而旅游规划设计属方圆公司的主营业务,故两家公司之间已构成实质性竞争关系

2. 向他人通报及其前科

实践中,依据《公司法司法解释(四)》第 8 条第 2 项、第 3 项认定股东具有不正当目的的案件较少。在《〈关于适用《中华人民共和国公司法》若干问题的规定(四)〉的理解与适用》一文中,最高人民法院贺小荣、曾宏伟法官认为:“第(2)项、第(3)项规定中,‘他人’往往是公司的竞争者或者诉讼对手,但不排除其他第三人。‘有关信息’是指股东请求查阅的公司会计账簿所包含的信息,包括但不限于公司商业秘密。”②

第(3)项规定实际上设定了一项法律推定,体现了对股东不诚信行为的惩罚,公司有理由认为不诚信的股东在一定时期内有很大可能重复这种行为,难以信任其具有正当目的。‘过去三年内’是指股东向公司请求查阅公司会计账

---

① 参见北京市海淀区人民法院(2017)京 0108 民初 32172 号民事判决书。

② 贺小荣、曾宏伟:《〈关于适用《中华人民共和国公司法》若干问题的规定(四)〉的理解与适用》,载《人民司法·应用》2017 年第 28 期。

簿之日前的三年内，而非起诉之日前的三年内。第（四）项系兜底条款。”①

六、合伙企业知情权纠纷

（一）《合伙企业法》中关于合伙人知情权的相关规定

合伙企业合伙人的知情权规定在《合伙企业法》第28条第2款、第68条第2款第5项，《合伙企业法》第28条第2款规定：“合伙人为了解合伙企业的经营状况和财务状况，有权查阅合伙企业会计账簿等财务资料。”第68条第2款第5项规定：“有限合伙人的下列行为，不视为执行合伙事务：……（五）对涉及自身利益的情况，查阅有限合伙企业财务会计账簿等财务资料。”《合伙企业法》第28条第2款位于总则中第三节（合伙事务执行），适用范围包括普通合伙企业和有限合伙企业，第68条是仅针对有限合伙企业的规定。

不同于《公司法》，《合伙企业法》只规定了合伙人有权查阅财务会计账簿等财务资料，对于《公司法》第33条第1款中“公司章程、股东会会议记录、董事会会议决议、监事会会议决议和财务会计报告”对应合伙企业的企业合伙人名单、变更情况及相应出资金额、实缴出资情况、企业章程、合伙人大会会议记录、决定、决议等文件资料（以下统称基础资料），《合伙企业法》未作出规定。

（二）合伙企业知情权相关案例

笔者通过“合伙企业纠纷”“查阅”“凭证”等关键词，结合规范索引《合伙企业法》第28条第2款和第68条第2款，②筛选其中与私募基金相关的知情权纠纷案件，较为典型的有如表3－11所示案例。

表3－11　有限合伙企业知情权纠纷案例

案例	裁判时间	争议焦点
陆某弟与上海宝赢投资管理中心（有限合伙）股东知情权纠纷案③	2015年10月19日	1. 合伙企业约定提供所有投资组合是否有效； 2. 合伙企业章程、合伙人大会会议记录等基础资料能否查阅

① 贺小荣、曾宏伟：《〈关于适用《中华人民共和国公司法》若干问题的规定（四）〉的理解与适用》，载《人民司法·应用》2017年第28期。

② 最后检索时间为2019年7月23日。

③ 参见上海市金山区人民法院（2015）金民二（商）初字第1203号民事判决书。

续表

案例	裁判时间	争议焦点
宋某燕与上海墉德信息科技中心(有限合伙)合伙企业纠纷案①	2016年7月28日	1. 对入伙前的资料是否有知情权; 2. 财务资料的范围除会计账簿、财务报表之外是否包括会计凭证; 3. 行使知情权的方式除查阅外,是否包含复印
徐某与上海碁弘投资管理中心合伙企业纠纷案②	2016年9月13日	1. 财务资料的范围除会计账簿、财务报表之外是否包括会计凭证; 2. 行使知情权的方式除查阅外,是否包括复印; 3. 查阅资料的目的
宋某川与上海灏漫企业管理咨询中心合伙企业纠纷案③	2016年10月18日	1. 财务资料的范围除会计账簿、财务报表之外是否包括会计凭证; 2. 行使知情权的方式除查阅外,是否包括复印
卢某与上海重子资产管理合伙企业其他合伙企业纠纷案④	2018年1月26日	财务资料的范围除会计账簿、财务报表之外是否包括会计凭证
野村控股株式会社其他合伙企业纠纷案⑤	2019年5月8日	1. 请求权基础的法律依据,除合伙企业法外,是否可以将公司法作为本案的法律基础; 2. 知情权请求的范围和限制; 3. 请求权行使的方法,即查阅还是查阅、复制

从上述六个案例可以发现,目前关于私募基金 LP 与合伙企业的案件大多发生在上海,裁判日期大多在2016年之后,争议焦点与公司股东知情权纠纷相似,大多集中在会计凭证是否属于查阅范围,能否复制财务账簿等资料,不过也

① 参见崇明县人民法院(2016)沪0230民初4331号民事判决书。
② 参见上海市第二中级人民法院(2016)沪02民终7050号民事判决书。
③ 参见上海市第二中级人民法院(2016)沪02民终7051号民事判决书。
④ 参见上海市徐汇区人民法院(2017)沪0104民初18644号民事判决书。
⑤ 参见上海市徐汇区人民法院(2018)沪0104民初9147号民事判决书。

有案例提出了合伙协议约定的效力、能否以公司法作为请求权的基础等问题。此外，还有的案例提出了除财务账簿等财务资料之外的基础资料，能否查阅的问题，如前所述，合伙企业法未对基础资料是否属于查阅范围作出规定，因而此问题容易产生争议。

1. 会计凭证是否属于查阅范围，知情权行使方式是否包括复制

对于上述涉及会计凭证是否属于查阅范围，能否复制财务账簿等资料争议焦点的案例，绝大多数法院均认为会计账簿的数据来源于会计凭证，会计凭证是会计账簿的基础，因而支持合伙人查阅会计凭证的请求。对于复制的问题，上述案例中法院均认为《合伙企业法》仅规定查阅权，未规定复制权案，在合伙协议或合伙人间其他协议无特别约定的情况下，不予支持复制相关会计资料的请求。

2. 合伙人约定

关于合伙协议约定的问题，在陆某弟与上海宝赢投资管理中心（有限合伙）股东知情权纠纷案[①]中，《合伙协议》第13条第2款约定，“有限合伙公司执行事务合伙人每季度应向有限合伙人公布合伙公司所有投资组合，执行合伙人应当主动向其他全体合伙履行告知义务”。法院认为：“合伙企业中的知情权行使发生于合伙企业、合伙企业执行事务合伙人以及合伙人之间，反映的是三者之间的权利义务关系，具有特定的相对性，因此，该权利不具有强制性，以上三主体可以在法律规定的情形之外对该项权利作出特别约定，只要该约定本身不违反法律规定。本案中，合伙协议约定的知情权内容与法律规定的知情权内容，并不完全相同，该约定同样有效。”

3. 除财务资料之外的基础资料是否属于查阅范围

在野村控股株式会社其他合伙企业纠纷案中，法院之所以提出“本案系争的请求权基础的法律依据，除合伙企业法外，是否可以参照公司法作为本案法律基础”的争议焦点，正是在讨论除财务资料之外的基础资料，比如合伙人决议、合伙人会议记录、投资决策委员会会议记录以及其他文件等，能否查阅的问

① 参见上海市金山区人民法院（2015）金民二（商）初字第1203号民事判决书。

题。对此上海市徐汇区人民法院认为:“《合伙企业法》已经明确、清晰、完整地就知情权形成成文立法,理应依照执行,非经法定程序,任何人不能随意作任意性的扩大解释。至于可以考虑参照《公司法》的情形,仅适用于《合伙企业法》立法未涉及的真空地带,而系争案件明显不在此内。”相似地,在陆某弟与上海宝赢投资管理中心(有限合伙)股东知情权纠纷案①中,法院认为,“原告要求的其他内容超出了法律的规定或协议的约定,本院难以支持”,因而驳回原告关于提供企业合伙人名单、变更情况及相应出资金额、实缴出资情况;企业章程、合伙人大会会议记录、决定、决议的诉讼请求。

七、要点总结与建议

(一)章程规定或股东间协议约定

结合《公司法司法解释(四)》第7条的规定,章程规定亦可作为股东提起知情权诉讼的请求权基础,因此在未实质性剥夺股东知情权,未违反法律法规规定的情况下,建议私募基金在对外投资时,针对知情权纠纷中可能产生的争议以章程的形式予以明确。

1. 股东诉权

(1)明确私募基金转让被投资企业的股权后,可规定在私募基金提出一些初步证据证明被投资企业存在隐瞒真实财务状况或其他情形时,私募基金仍可向被投资企业提起知情权诉讼。

(2)可明确私募基金对其进入被投资企业之前的文件资料享有知情权。

2. 查阅代理人辅助

(1)建议明确股东在行使知情权时,可由股东聘请的会计师、律师等依法或者依据执业行为规范负有保密义务的中介机构执业人员辅助进行。

(2)实践中,在章程或股东间协议无特别约定的情况下,要求对被投资企业进行审计,目前法院基本上不予支持。因此,在有对被投资企业审计的要求的情况下,可在章程中明确,以便增加胜诉的可能性。

---

① 参见上海市金山区人民法院(2015)金民二(商)初字第1203号民事判决书。

3. 会计凭证及复制

(1)会计凭证:虽然目前对于会计凭证是否属于查阅范围的问题,大多数法院予以支持,但亦存在法院不予支持的案例。因此在相关法律法规尚未予以明确的情况下,建议在章程中明确会计凭证属于查阅范围。

(2)复制:在复制相关财务账簿这一问题上,若章程或股东间协议无特别约定,法院支持的可能性很小,这的确与复制相关财务账簿可能导致工作量巨大,人力、时间成本很高,亦存在股东泄露公司商业秘密的可能等因素相关。因此在此问题上,可结合双方谈判地位及需求在章程中予以明确。不过股东可在章程中明确规定“股东在查阅会计账簿时,可以做简单摘抄”,以保障自身权益。

4. 不正当目的

在股东是否具有不正当目的,公司是否可据此拒绝股东查账的问题,虽然《公司法司法解释(四)》已规定同业竞争、向他人通报等情形,但在实务中不正当目的的认定上,仍然存在很大争议,对此法官有较大的自由裁量权。

私募基金一般会投多个项目,在投资的其他企业与该被投资企业主营业务相近的情况下,存在被认定为具有实质性竞争关系的可能,而私募基金对外投资时很多是作为财务投资人,届时私募基金欲证明其对其他企业的投资仅仅作为财务投资人而不参与经营管理,举证会比较困难,因此建议私募基金对外投资时,明确不因投资的其他相似项目而丧失知情权。

(二)合伙企业中有限合伙人的知情权

2016年4月18日,中国基金业协会发布《私募投资基金合同指引3号(合伙协议必备条款指引)》明确规定了“合伙协议应对合伙企业的记账、会计年度、审计、年度报告、查阅会计账簿的条件等事项作出约定”这一财务会计制度条款,旨在保护有限合伙人的知情权。

由于《合伙企业法》仅规定了合伙人有权查阅财务会计账簿等财务资料的权利,而未包括合伙人决议、合伙人会议记录、投资决策委员会会议记录、投资组合情况及其他文件,因此建议除了有限合伙人参照公司股东保障知情权之外,在签署合伙协议或相关文件时,建议可明确规定查阅资料的范围,包括财务文件、经营文件的范围,强化有限合伙人对合伙事务的监督作用。

第四章

私募基金退出阶段常见纠纷

第一节　私募基金退出方式解析

一、私募基金退出的基本方式[①]

(一)上市退出

对私募股权基金投资者而言,上市退出作为实践中收益极高的方式之一,是受投资者们十分青睐的退出方式。上市退出,或称 IPO 退出,即首次公开发行股票,是指目标企业发展成熟以后,通过在证券市场首次公开发行股票(Initial Public Offering,IPO),使投资资金实现增值,再通过证券市场自由交易退出的方式。境内 IPO 上市主要是在深交所或上交所上市,境外上市常见的有港交所、纽交所和纳斯达克上市等。除传统上市方式外,2019 年我国推出的科创板实现了资本市场的"增量改革",为私募股权基金的退出机制增加了新的选择。

目标企业上市后,目标企业的股份的每股价格一般会飙升,将远远高于私募股权基金管理人买入时的价格。一般而言,私募股权基金投资者在持股锁定期之后,可以高价售出其持有的股份,从中获得高额的投资回报。对私募股权基金来说,上市退出的主要优势与不足如表 4－1 所示。

---

① 参见崔白:《私募股权基金退出机制及路径分析》,载微信公众号"投资并购风险管理",2019 年 7 月 11 日。

表 4-1　上市退出的优势与不足

优势	1. 一般情况下,在实践中上市退出是所有退出方式中收益较高的,对私募股权基金投资者而言回报率可观; 2. 目标企业上市是以直接融资的方式进行融资,一般不会影响企业的管理和运营,有助于保持企业的独立性和管理的连续性,有助于目标企业的长期健康发展; 3. 成功上市可以为目标企业长期发展筹集资金,保持持续的融资渠道,有助于目标企业的长足稳定发展,以及私募股权基金的保值增值
不足	1. 上市是一个复杂冗长的过程,对私募股权基金而言投资周期可能较长,对相对短期的私募股权基金投资者并非最好的选择; 2. 上市的过程中伴随着监管机构的严格审查,且带有政策性风险(如 IPO 停摆等),成功风险较大,一旦失败对目标企业和私募股权基金投资者都是较为沉重的打击; 3. 即便目标企业成功上市,诸多相关规则对目标企业的股权的限售要求和减持要求都使私募股权基金投资者的退出过程无法迅速顺利地进行,一旦在该过程中目标企业股权价值缩水,私募股权基金投资者将承担相应的损失; 4. 上市企业会面临股市动荡的系统性风险,这种系统性因素是难以估计且不可控的

(二)并购退出

并购是广义上的股权转让中较为典型的私募股权基金退出方式。其包含兼并和收购,是指私募股权投资基金在时机成熟时,将目标企业的股权转让给第三方,以确保所投资资金顺利撤出的退出方式。其中较为典型的并购重组退出方式,是指目标企业通过参与上市公司并购重组事宜而使私募股权基金投资者获得投资收益的方式,相应的投资收益主要体现为上市公司股票、可转换公司股票债券、现金对价等。对私募股权基金来说,并购退出的主要优势与不足如表 4-2 所示。

表 4-2　并购退出的优势与不足

优势	1. 退出过程更加高效和灵活。相比较 IPO 漫长且风险较高的排队上市过程,并购退出程序相对更为简单,不确定因素更少; 2. 在并购交易完成后,私募股权基金投资者即可一次性全部退出,不必受交易数量等方面的限制; 3. 并购退出交易价格及退出回报相对于上市退出较为明确,波动风险更小

续表

不足	1. 与上市退出路径相比，并购重组的标的价格会受市场整体因素及个体信息不对称等因素的影响，企业价值可能被低估，收益不一定理想； 2. 虽然并购重组的方式与上市相比较为明确，但其磋商过程可能会因各方主体的性质及诉求的区别而变得极为复杂，方案的设计及实行难度可能较高； 3. 并购退出作为市场主体间的交易方式，受交易方信用制约，存在一定程度的交易风险

（三）回购退出

回购，主要是指私募股权基金的目标企业自身或其大股东或管理层人员按照约定价格将私募股权基金所持有的目标企业的股权购回，从而使私募股权基金得以退出的方式。回购退出在表现形式上主要有管理层或股东受让和目标企业受让两种，其在本质上仍处于广义上的股权转让的概念项下。回购退出从目标企业角度出发还可分为积极回购与消极回购，积极回购，是指目标企业的管理层或股东认为企业具有较好的发展潜力，有信心通过更强的管理和控制使企业实现更好的发展，从而从私募股权基金处回购股权；而消极回购，则是指私募股权基金认为企业发展前景或方向与私募股权基金的投资增值意向相左，从而主动要求目标企业回购股权。对私募股权基金来说，回购退出的主要优势与不足如表4－3所示。

表4－3　回购退出的优势与不足

优势	1. 全部交易过程在目标企业内部完成，交易方在信息地位上较为平等，且信息获取充分，相对并购退出交易过程较为简便，可行性高； 2. 回购退出有一定的收益保障，大部分私募股权基金管理人在投资目标企业时均会通过投资合同约定一定的对赌协议内容或收益保障机制，从而保障私募股权基金的基础收益
不足	1. 回购退出存在较高的机会成本。退出时点的选择对私募股权基金投资者而言是一种博弈，因为一旦退出，就可能丧失享受目标企业未来高速发展的资本运作成果的机会，从而与更高的收益失之交臂； 2. 回购交易过程可能涉及复杂的相关法律法规规则，交易本身可能伴有一定的信息披露和合规风险； 3. 若私募股权基金依协议约定要求目标企业回购，其主张虽能得到支持，但资金能否顺利回收有赖于目标企业的盈利情况，较为被动①

①　《九民纪要》第5条规定，投资方与目标公司订立的"对赌协议"在不存在法定无效事由的情况下，目标公司仅以存在股权回购或者金钱补偿约定为由，主张"对赌协议"无效的，人民法院不予支持，但投资方主张实际履行的，人民法院应当审查是否符合公司法关于"股东不得抽逃出资"及股份回购的强制性规定，判决是否支持其诉讼请求。

(四)清算退出

清算退出,在一般情况下是指对于已经终止经营或者投资失败的私募基金项目,按照法律程序进行清理、计算、收回基金残留资本的退出方式,是私募基金投资失败的最后退出策略。对私募股权基金来说,清算退出的主要优势与不足如表4-4所示。

表4-4 清算退出的优势与不足

优势	1. 及时止损。虽然清算退出的前提一般是私募基金投资失败,但及时对私募基金进行清算可以使私募基金投资者及时收回资本,防止资金的进一步流失; 2. 止损效力强。因为清算退出为司法介入过程,有法律机制和强制力作保障,执行性强
不足	1. 承担投资损失。虽然清算退出有利于及时止损,但一般情况下清算退出后,私募基金投资者都会承担部分甚至全部的投资损失,从收益角度看都是对投资者的打击; 2. 清算退出一般都会被市场定性为投资失败,这对私募基金管理人的声誉也会造成一定影响

二、上市退出锁定期

(一)首发上市后退出的锁定期

1. 主板、中小板

(1)作为发起人:一年内不得转让(见表4-5)

表4-5 主板、中小板发起人锁定期的规定

法律法规	规　定
《公司法》	第一百四十一条第一款　发起人持有的本公司股份,自公司成立之日起一年内不得转让。公司公开发行股份前已发行的股份,自公司股票在证券交易所上市交易之日起一年内不得转让。

投资方请求目标公司回购股权的,人民法院应当依据《公司法》第35条关于"股东不得抽逃出资"或者第142条关于股份回购的强制性规定进行审查。经审查,目标公司未完成减资程序的,人民法院应当驳回其诉讼请求。

投资方请求目标公司承担金钱补偿义务的,人民法院应当依据《公司法》第35条关于"股东不得抽逃出资"和第166条关于利润分配的强制性规定进行审查。经审查,目标公司没有利润或者虽有利润但不足以补偿投资方的,人民法院应当驳回或者部分支持其诉讼请求。今后目标公司有利润时,投资方还可以依据该事实另行提起诉讼。

(2)作为控股股东和实际控制人:原则上36个月内不得转让,例外情况12个月内不得转让(见表4-6)

表4-6　主板、中小板控股股东和实际控制人锁定期的有关规定

法律法规	规　　定
《上海证券交易所股票上市规则》	5.1.5　发行人向本所申请其首次公开发行股票上市时,控股股东和实际控制人应当承诺:自发行人股票上市之日起36个月内,不转让或者委托他人管理其直接和间接持有的发行人首次公开发行股票前已发行股份,也不由发行人回购该部分股份。 但转让双方存在控制关系,或者均受同一实际控制人控制的,自发行人股票上市之日起一年后,经控股股东和实际控制人申请并经本所同意,可豁免遵守前款承诺……
《深圳证券交易所股票上市规则》	5.1.6　发行人向本所提出其首次公开发行的股票上市申请时,控股股东和实际控制人应当承诺:自发行人股票上市之日起三十六个月内,不转让或者委托他人管理其直接或者间接持有的发行人公开发行股票前已发行的股份,也不由发行人回购其直接或者间接持有的发行人公开发行股票前已发行的股份。…… 自发行人股票上市之日起一年后,出现下列情形之一的,经控股股东或者实际控制人申请并经本所同意,可以豁免遵守上述承诺: (一)转让双方存在实际控制关系,或者均受同一控制人所控制; (二)因上市公司陷入危机或者面临严重财务困难,受让人提出的挽救公司的重组方案获得该公司股东大会审议通过和有关部门批准,且受让人承诺继续遵守上述承诺; (三)本所认定的其他情形。

(3)作为增资股东:一年内不得转让(见表4-7)

表4-7　主板、中小板增资股东锁定期的规定

法律法规	规　　定
《上海证券交易所股票上市规则》	5.1.4　发行人首次公开发行股票前已发行的股份,自发行人股票上市之日起一年内不得转让。
《深圳证券交易所股票上市规则》	5.1.5　发行人公开发行股票前已发行的股份,自发行人股票上市之日起一年内不得转让。

(4)作为受让股东:尚未有明确法律规定,实践中有要求1年或3年的锁定期,主要因转让方是否为实际控制人而有所不同(见表4-8)

表4-8 主板、中小板受让股东锁定期的有关案例情形

情形	案例
在刊登招股说明书之前12个月内从非实际控制人处受让股份的新股东上市后锁定期一般适用1年	以江苏宏宝(002071)为例,该公司2006年9月8日刊登的招股说明书中股东承诺如下:“公司其他股东红塔创新、华尔润、恒德金属、衡允恭、王施涛均承诺自股份公司股票发行上市之日起一年内,不转让或者委托他人管理其所持有的股份公司股份,也不由股份公司回购其所持有的股份(不包括在此期间新增的股份)。”根据招股说明书披露:红塔创新系通过拍卖行竞买,于2005年12月8日从抚顺特殊钢(集团)有限责任公司取得江苏宏宝的8.4%股份,于2006年1月办理了工商变更登记手续。根据江苏宏宝的招股说明书披露的信息,红塔创新系通过拍卖取得发行人原股东持有的股份,其取得股份的时间离发行人刊登招股说明书不到12个月。 该案例说明,在刊登招股说明书之前12个月内受让股份的新股东在上市后的锁定期适用一年,只有增资扩股的股份才会有3年禁售期,以股权转让方式进入的投资者不受此限
在刊登招股说明书之前12个月内从实际控制人处受让的股份锁定期一般适用3年	以湘潭电化(002125)为例,该公司的招股说明书中披露,发行人股东北京长运兴安投资有限责任公司承诺:“自持有公司股份之日(2006年5月12日)起的三十六个月内,不转让其已持有的公司股份。”北京长运兴安投资有限责任公司持有发行人股份的来源是:“2006年5月,长沙市兆鑫贸易有限公司、湖南光明贸易有限公司将其所持本公司股份各187.2万股转让给北京长运兴安投资有限责任公司,股权转让价格按电化科技2005年12月31日经审计后的每股净资产和每股红利确定为2.71元/股,股份转移及对价支付已履行完毕。上述股权转让的工商变更登记手续于2006年5月12日办理完毕。”虽然根据招股说明书的编制规则,股份锁定的承诺是股东自愿作出的,但从江苏宏宝到湘潭电化,不排除监管层对控股股东的股份转让后新股东的股份锁定有延长的倾向

(5)作为转增、送红股视同增资扩股:尚未有明确法律规定,多为3年(见表4-9)

表4-9　主板、中小板转增、送红股视同增资扩股的有关案例

案　例	锁　定　期
新野纺织(002087):通过资本公积转增取得新股	该公司于2006年11月20日刊登的招股说明书中股东承诺如下:"发行人其他股东(包括内部职工股东)承诺:本次公开发行前,其共持有发行人4429.2万股,其中通过2006年资本公积金转增和利润分配增加1476.4万股。对于2006年资本公积金转增和利润分配前持有的股份(共计2952.8万股),按照《公司法》第142条规定,自股票上市之日起十二个月内,不转让或者委托他人管理其已直接和间接持有的该部分股份,也不由发行人收购该部分股份;对于通过2006年资本公积金转增和利润分配增加的股份(共计1476.4万股),自2006年6月23日工商变更登记之日起三十六个月内,不转让或者委托他人管理其已直接和间接持有的该部分股份,也不由发行人收购该部分股份。"该案例说明,如发行人在股票首次公开发行前12个月内进行过转增,视同增资扩股,转增形成的股份应当承诺锁定3年
恒宝股份(002104):通过资本公积转增取得新股	公司其他股东钱平、江浩然、胡三龙、潘梅芳和曹志新承诺:其所持有的股份中,因2005年度利润分配增加的股份(合计864万股),自工商变更之日(2006年4月20日)起36个月内不转让
鲁阳股份①(002088):通过送股取得新股	该公司于2006年11月9日刊登的招股意向书中股东承诺如下:"本公司其他股东(合计持股25,174,298股)承诺:其所持有的公司股份中,因2006年以未分配利润向全体股东每10股送10股红股增加的股份(合计12,587,149股),自2006年7月20日工商变更登记之日起三十六个月内不转让;其他股份(合计12,587,149股)自股票上市之日起一年内不转让。上述承诺和锁定期限届满后,相应股份可以上市流通和转让。"该案例说明,如发行人在股票首次公开发行前12个月内进行过送股,也视同增资扩股,应当承诺锁定3年

① 现已更名为鲁阳节能(002088)。

续表

案　例	锁　定　期
广博股份(002103):通过送股取得新股	公司股东宁波广联投资有限公司、宁波兆泰投资有限公司承诺:其持有的因发行人于2006年8月23日送红股新增的股份,在2009年8月28日前,不转让或委托他人管理,也不由发行人收购该部分股份;公司股东朱国章、杨士力和胡志明承诺:其持有的因发行人于2006年8月23日送红股新增的股份,在2009年8月28日前,不转让或委托他人管理,也不由发行人收购该部分股份

2. 创业板

(1)作为发起人:一年内不得转让(见表4-10)

表4-10　创业板发起人锁定期的规定

法律法规	规　　定
《公司法》	第一百四十一条第一款　发起人持有的本公司股份,自公司成立之日起一年内不得转让。公司公开发行股份前已发行的股份,自公司股票在证券交易所上市交易之日起一年内不得转让

(2)作为控股股东和实际控制人:36个月内不得转让(见表4-11)

表4-11　创业板控股股东和实际控制人锁定期的规定

法律法规	规　　定
《深圳证券交易所创业板股票上市规则》	5.1.6　发行人向本所提出其首次公开发行的股票上市申请时,控股股东和实际控制人应当承诺:自发行人股票上市之日起三十六个月内,不转让或者委托他人管理其直接或者间接持有的发行人公开发行股票前已发行的股份,也不由发行人回购其直接或者间接持有的发行人公开发行股票前已发行的股份

(3)作为增资股东、受让股东以及转增、送红股(见表4－12)

表4－12　创业板增资股东、受让股东以及转增、送红股的规定

情形①	规　　定
作为增资股东:36个月内不得转让	对于首次公开发行股票申请受理前6个月内通过增资扩股引入的股东,其所持股份自完成增资工商变更登记之日起锁定36个月
作为受让股东:12个月或36个月内不得转让	对于首次公开发行股票申请受理前6个月内自控股股东、实际控制人及其关联方受让股份的股东,其所持股份自公司上市之日起锁定36个月;受理前6个月内自非控股股东及其关联方受让股份的股东,其所持股份自公司上市之日起锁定12个月
作为转增、送红股视同增资扩股:与原有股份锁定期相同	对于首次公开发行股票申请受理前6个月内以未分配利润或资本公积转增股本的,转增形成的股份与原有股份锁定期相同

3.科创板

(1)作为发起人:一年内不得转让(见表4－13)

表4－13　科创板发起人锁定期的规定

法律法规	规　　定
《公司法》	第一百四十一条第一款　发起人持有的本公司股份,自公司成立之日起一年内不得转让。公司公开发行股份前已发行的股份,自公司股票在证券交易所上市交易之日起一年内不得转让

(2)作为控股股东和实际控制人:原则上36个月内不得转让,例外情况12个月内不得转让(见表4－14)

表4－14　科创板控股股东和实际控制人锁定期的规定

法律法规	规　　定
《上海证券交易所科创板股票上市规则》	2.4.4　上市公司控股股东、实际控制人减持本公司首发前股份的,应当遵守下列规定: (一)自公司股票上市之日起36个月内,不得转让或者委

① 参见证监会窗口指导意见及保代培训。【待核实】

续表

法律法规	规　定
	托他人管理其直接和间接持有的首发前股份，也不得提议由上市公司回购该部分股份； （二）法律法规、本规则以及本所业务规则对控股股东、实际控制人股份转让的其他规定。 发行人向本所申请其股票首次公开发行并上市时，控股股东、实际控制人应当承诺遵守前款规定。 转让双方存在控制关系或者受同一实际控制人控制的，自发行人股票上市之日起12个月后，可豁免遵守本条第一款规定

（3）作为增资股东：3年内不得转让（见表4－15）

表4－15　科创板增资股东锁定期的规定

法律法规	规　定
《上海证券交易所科创板股票发行上市审核问答（二）》	申报前6个月内进行增资扩股的，新增股份的持有人应当承诺：新增股份自发行人完成增资扩股工商变更登记手续之日起锁定3年。在申报前6个月内从控股股东或实际控制人处受让的股份，应比照控股股东或实际控制人所持股份进行锁定

（4）作为受让股东：有条件受让，且36个月内不得转让（见表4－16）

表4－16　科创板受让股东锁定期的规定

法律法规	规　定
《上海证券交易所科创板股票发行上市审核问答（二）》	申报后，通过增资或股权转让产生新股东的，原则上发行人应当撤回发行上市申请，重新申报。但股权变动未造成实际控制人变更，未对发行人控股权的稳定性和持续经营能力造成不利影响，且符合下列情形的除外：新股东产生系因继承、离婚、执行法院判决或仲裁裁决、执行国家法规政策要求或由省级及以上人民政府主导，且新股东承诺其所持股份上市后36个月之内不转让、不上市交易（继承、离婚原因除外）

（二）上市公司非公开发行后退出的锁定期

1. 主板、中小板

通过非公开发行取得已上市公司的股票，锁定期通常为6个月，但控股股东、实际控制人认购股票或者通过认购取得了实际控制权的，锁定期为 18 个月（见表 4－17）。

表 4－17　主板、中小板的有关规定

法律法规	规　　定
《上市公司证券发行管理办法》（2020 年修正）	第三十八条　上市公司非公开发行股票，应当符合下列规定： …… （二）本次发行的股份自发行结束之日起，六个月内不得转让；控股股东、实际控制人及其控制的企业认购的股份，十八个月内不得转让； ……
《上市公司非公开发行股票实施细则》（2020 年修正）	第七条第一款　上市公司董事会决议提前确定全部发行对象，且属于下列情形之一的，定价基准日可以为关于本次非公开发行股票的董事会决议公告日、股东大会决议公告日或者发行期首日，认购的股份自发行结束之日起十八个月内不得转让： （一）上市公司的控股股东、实际控制人或其控制的关联人； （二）通过认购本次发行的股份取得上市公司实际控制权的投资者； （三）董事会拟引入的境内外战略投资者
《上市公司非公开发行股票实施细则》（2020 年修正）	第八条第一款　发行对象属于本细则第七条第二款规定以外的情形的，上市公司应当在取得发行核准批文后，按照本细则的规定以竞价方式确定发行价格和发行对象。发行对象认购的股份自发行结束之日起六个月内不得转让

2. 创业板

在保证发行价格的前提下，股票锁定期通常为 6 个月，但控股股东、实际控制人认购的股票锁定期为 18 个月（见表 4－18）。

表 4－18　创业板的有关规定

法律法规	规　　定
《创业板上市公司证券发行管理暂行办法》（2020 年修正）	第十六条　上市公司非公开发行股票，应当符合下列规定： （一）发行价格不低于定价基准日前二十个交易日公司股票均价的百分之八十； （二）本次发行的股份自发行结束之日起，六个月内不得转让；控股股东、实际控制人及其控制的企业认购的股份，十八个月内不得转让； （三）本次发行将导致上市公司控制权发生变化的，还应当符合中国证监会的其他规定

3. 科创板

根据表 4 – 19 所示,未来通过非公开发行取得科创板上市公司的股票,锁定期通常为 6 个月,但控股股东、实际控制人认购股票或者通过认购取得了实际控制权的,锁定期为 18 个月。

表 4 – 19　科创板的有关规定

法律法规	规　　定
《科创板上市公司证券发行注册管理办法(试行)(征求意见稿)》	第五十三条　非公开发行股票的定价基准日为发行期首日。上市公司应当以不低于发行底价的价格发行股票,发行对象认购的股票自发行结束之日起六个月内不得转让。 上市公司董事会决议提前确定全部发行对象,且发行对象属于下列情形之一的,定价基准日可以为关于本次非公开发行股票的董事会决议公告日、股东大会决议公告日或者发行期首日,发行对象认购的股票自发行结束之日起十八个月内不得转让:(一)上市公司的控股股东、实际控制人或其控制的联系人;(二)通过认购本次发行的股票取得上市公司实际控制权的投资者;(三)董事会拟引入的境内外战略投资者。 前款所称战略投资者,是指符合法律、行政法规的规定,具有资金、技术、管理、市场等优势,经上市公司认可长期投资合作战略地位的投资者。 第五十四条　非公开发行股票发行对象为本办法第五十三条第二款第(一)项、第(二)项的,发行对象认购的股票自发行结束之日起十八个月内不得转让

(三)境外战略投资者退出的锁定期:3 年内不得转让

《外国投资者对上市公司战略投资管理办法》第 2 条规定:"本办法适用于外国投资者(以下简称投资者)对已完成股权分置改革的上市公司和股权分置改革后新上市公司通过具有一定规模的中长期战略性并购投资(以下简称战略投资),取得该公司 A 股股份的行为。"根据上述规定,该管理办法不仅仅适用于包括首发、公开增发和非公开增发时引进的战略投资者,还适用于包括通过股权协议转让等其他方式引进的战略投资者。由此可见,对于拟向上市公司进行战略投资的外国投资者来说,无论以何种方式进行战略投资,锁定期都是 3 年(见表 4 – 20)。

表 4-20 境外战略投资者退出的锁定期

法律法规	规 定
《外国投资者对上市公司战略投资管理办法》	第五条第三项 投资者进行战略投资应符合以下要求: …… (三)取得的上市公司 A 股股份三年内不得转让; ……

三、股权转让退出特殊方式分析——以 S 基金为例

(一)S 基金简介

S 基金存在于私募股权基金二级市场中,私募股权基金二级市场,是指从已存在的私募股权基金投资者处购买其持有的私募股权权益,也包括从管理人手中购买私募股权基金中部分或所有的投资组合。① S 基金实质讲是私募股权的二次转让及受让。S 基金的出现是私募股权投资基金长期性的副产品。私募基金投资者对其持有的权益份额偶尔会有流动性需求,在长达可能至 10 年的投资周期中,若基金投资者预计提前退出,一般将会受到不小的阻碍。因此,为呼应某些因情势变更而需要在短时间内退出,对其投资权益变现的投资者的需求,S 基金应运而生。

(二)S 基金的优势

1. 投资周期短

由于 S 基金诞生于受让其他已存在的私募股权基金份额,因此其相对于原有私募股权基金而言进入时机更为成熟。S 基金的客观存续时间是在原有基金的存续时间基础上计算的,因此其回报周期更快。

2. 盈利预期高

首先,S 基金的投资过程是在其他原有私募股权基金转让过程中进行择优交易,多数情况下已经避开私募股权基金投资的前期阶段,对于目标企业的发展能有更加准确的判断,受企业发展波动风险的影响更小;其次,由于 S 基金的

① 参见宾坚:《S 基金在中国私募股权二级市场中的爆发性机遇探究》,载《时代金融》2019 年第 6 期。

资金随时在账，持币待购，且原有私募股权基金投资者多数情况下急于退出变现，因此S基金拥有更强的议价能力，能够在择优的基础上选取估值更低的目标基金，获取更大的盈利空间；最后，由于S基金的投资周期更短，盈利预期更稳定，盈利空间更大，因此从收益率的角度看，S基金一般比一级私募股权基金收益更高。

3. 风险分散

由于S基金存在于私募股权二级市场，因此可以实现同一基金项目买入多只原有私募股权基金份额，在交易数量有保证的情况下，其总体回报率能够位于可观的区间内，风险波动幅度更小，这样能够实现风险分散。

4. 投资组合合理

由于S基金管理人在投资前就已经可以了解目标私募股权基金的目标企业的运营情况，因此其通过专业的调研判断、管理分析和投资组合，能够构建更为合理的投资组合，优化组合与收益效果较为明显。

（三）S基金的交易模式

1. LP型

LP型交易模式是最为典型的S基金交易模式，其表现形式为原有私募股权基金投资者（LP）将其持有的基金份额转让给S基金，由S基金取代其在原有私募股权基金中的地位。该交易模式可使原有私募股权基金投资者实现提前套现、改变投资计划或策略、规避IPO限售限制、锁定基金现有回报率等多种目标（见图4－1）。

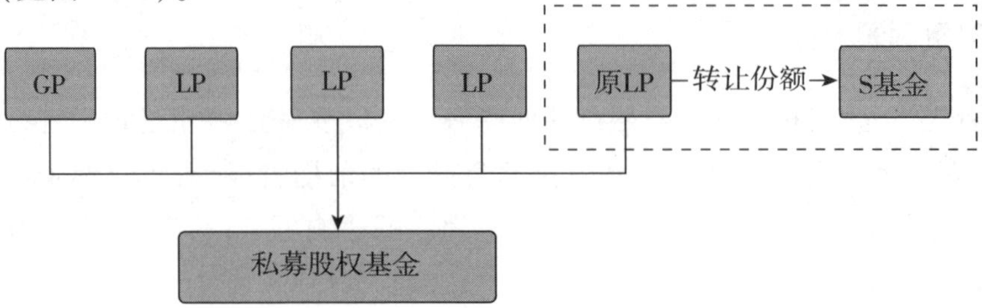

图4－1　LP型交易模式

2. 投资组合型

投资组合型交易模式是由 S 基金直接从原有私募股权投资者手中购买其现有的份额所对应的全部投资组合。该交易模式既可使原有投资者达成其提前套现和避免零散出售其投资资产的目标,又能够兼顾原有私募股权基金对管理团队的原生性的保持,避免产生投资管理和合作上的分歧(见图 4-2)。

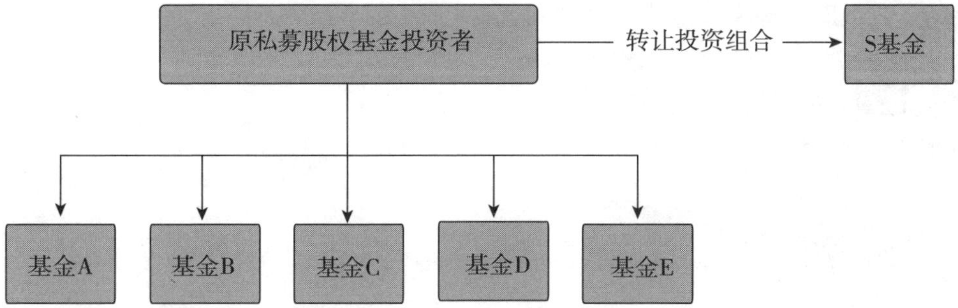

图 4-2 投资组合型交易模式

3. 增资扩股型

增资扩股型交易模式是由 S 基金向原有私募股权基金增资,扩大原有基金规模,引进 S 基金的模式。该交易模式是 S 基金作为原有私募股权基金退出方式的例外。其优势在于,对于 S 基金,其可以通过增资扩充资本的方式投资于原有的私募股权基金,并且在已经存在现有管理团队的情况下无须进一步耗费人力对投资项目进行管理;而对于原有基金而言,则可以解决基金募集规模问题,提供现金流,增强原有基金的实力。

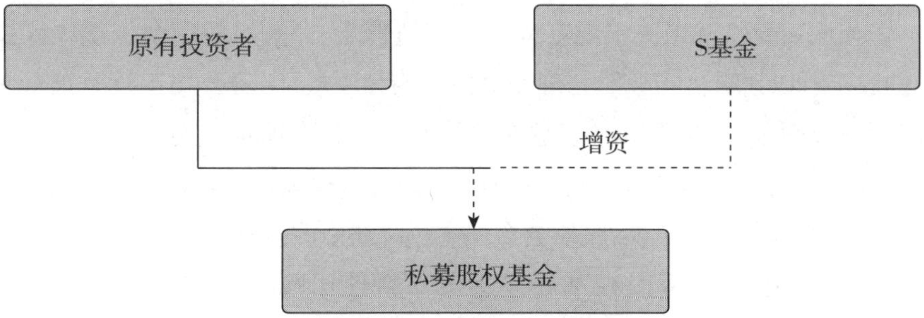

图 4-3 增资扩股型交易模式

4. 基金收尾型

基金收尾型交易模式，是指由 S 基金购买原有私募股权基金全部的剩余资产。一方面，该交易模式可以使该原有基金的全部投资者实现其提前套现的目标，加速锁定现有基金回报率；另一方面，对于原有私募股权基金管理人而言，也可以帮助其尽快退出现有项目，使其管理团队专注于其他更有价值的基金项目上，或帮助其解决资金流动性的问题（见图 4－4）。

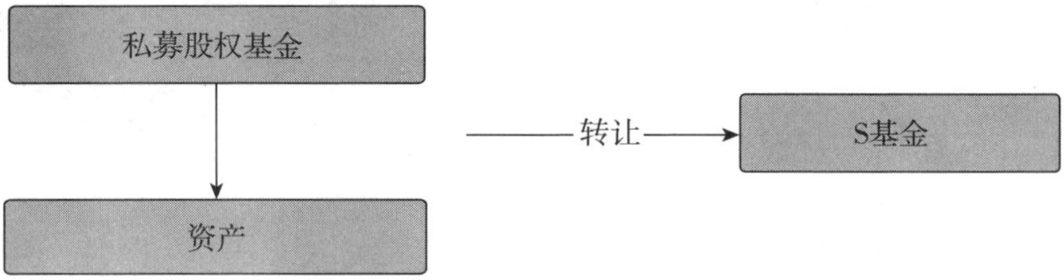

图 4－4　基金收尾型交易模式

四、回购退出常见热点问题分析

回购退出方式虽然作为私募股权基金退出方式中实施难度较小的路径，但在实践中其往往受到公司治理机制和管理人信义义务的履行情况的制约。本书将从以下角度对私募股权基金回购退出方式相关问题进行简要分析。因对赌协议作为私募股权基金回购权的重要行使方式之一在本书第三章第二节中已作详细论述，此处主要关注内容为公司治理层面和合同层面关于回购的其他问题。

（一）回购权触发前提——“反对票”的认定

《公司法》第 74 条第 1 款规定：“有下列情形之一的，对股东会该项决议投反对票的股东可以请求公司按照合理的价格收购其股权：（一）公司连续五年不向股东分配利润，而公司该五年连续盈利，并且符合本法规定的分配利润条件的；（二）公司合并、分立、转让主要财产的；（三）公司章程规定的营业期限届满或者章程规定的其他解散事由出现，股东会会议通过决议修改章程使公司存续的。”

根据该条规定，私募股权基金作为股东行使回购权的前提不仅仅须满足《公司法》第 74 条的三项条件之一，还需要对股东会相关决议投反对票方能被赋予回购权。然而实践中经常存在小股东因种种原因未能参加股东会，但对决议持反对意见或有异议的情况,此时应如何认定该股东是否享有回购权?

对此,最高人民法院在袁某晖与长江置业(湖南)发展有限公司请求公司收购股份纠纷案①中给出的态度是:《公司法》第74条对反对票的条件规定的意图是要求异议股东将反对意见向其他股东明示。而该案中原告未被通知参加股东会,无从了解股东会决议,并针对股东会决议投反对票,而且在此之后原告申请召开临时股东会,明确表示反对公司资产转让决议,要求立即停止转让上述资产,表明原告已向其他股东明确表达其对转让重大资产股东会决议的反对意见,因此原告有权请求公司以公平价格行使回购权。

在李某骏与常州市创联生活用品有限公司、常州联成日用五金制造有限公司等请求公司收购股份纠纷案②中,二审法院也认为,只要股东已合理行使其救济权利,且其他股东已知悉其对公司决定的反对意见时,此时公司人合性已不复存在,应当赋予该股东回购权。

(二)协议约定是否可以成为向公司主张回购的有效理由

在私募股权基金与目标企业签订的投资协议中,股权回购条款是十分常见的约定内容。一般情况下,投资者更愿意由公司收购其股权,因为公司的经济实力更为雄厚。但公司是否有权收购投资者股权,投资者与公司之间的回购约定是否合法有效,司法实践长期以来未有定论。

在新疆盘古大业股权投资有限合伙企业、中基国际投资(香港)有限公司与公司有关的纠纷案③中,法院认为,协议回购情形并不符合《公司法》第142条规定的公司不得收购本公司股份的四种例外情形,且会导致公司资本的不当减少,股东缴纳的股本被抽回,违反"资本维持"原则,此外还会使投资股东可以脱离目标企业业绩取得固定收益,损害公司和债权人的利益,因此协议回购内容被认定无效。④

不过,在本书第三章第二节中提到的"华工案"作为经典案例,则论证得出

---

① 参见最高人民法院(2014)民申字第2154号民事裁定书。

② 参见江苏省常州市中级人民法院(2018)苏04民终1563号民事裁定书。

③ 参见浙江省高级人民法院(2018)浙民终629号民事判决书。

④ 与该法院裁判理由相似的还有中国东方资产管理股份有限公司甘肃省分公司与哈密长河工贸集团有限公司、哈密长河集团长青农牧有限公司等股权转让纠纷案[(2018)甘民初266号]、上海祥禾泓安股权投资合伙企业、成都市嘉洲新型防水材料有限公司公司增资纠纷案[(2018)川民终436号]、温州标峰建设有限公司与王某年、姜某明等股东出资纠纷案[(2016)浙民终756号]等。

了与前述法院不同的意见:该案一审法院及二审法院与前述法院相同,均否定了股权回购协议的效力。但江苏省高级人民法院再审时则给出了相反结论,认为《公司法》并未禁止公司回购本公司股份,公司履行法定程序,支付股份回购款项,并不违反《公司法》的强制性规定,亦不会损害公司股东及债权人的利益。投资方投入资金后,同时具备该公司股东及该公司债权人的双重身份,如公司拒绝履行股份回购义务,则不仅损害投资方作为债权人应享有的合法权益,亦会对投资方股东及公司债权人的利益造成侵害,有违商事活动的诚实信用原则及公平原则。案涉对赌协议约定的股份回购条款具备事实上的履行可能。

因此,从上述司法实践案例中能够看出,法院对《公司法》第 142 条的理解从文义上的严格适用到以商事融资与公司治理为背景下的灵活适用,在逐渐向认可与公司协议约定回购股权的方向转变。在《九民纪要》中,最高人民法院的观点与江苏省高级人民法院在"华工案"中的观点类似,将依协议约定要求公司回购股权的效力的审判落脚点放在公司是否履行法律规定的减资程序上。即使不履行股权回购义务,投资者主张金钱补偿义务的,最高人民法院也并未否定其效力,仅因公司没有利润或者虽有利润但不足以补偿投资方而产生履行上的暂时性的对抗效力。①

(三)其他股权回购价格的确定

1. 以《公司法》第 74 条为由要求回购

山东省高级人民法院《关于审理公司纠纷案件若干问题的意见(试行)》(鲁高法发〔2007〕3 号)第 83 条以及江西省高级人民法院《关于审理公司纠纷案件若干问题的指导意见》(赣高法〔2008〕4 号)第 68 条规定,股东依照《公司法》第 74 条之规定要求公司收购股权,但就股权收购价格不能协商一致的,股东主张以评估方式确定股权收购价格的,人民法院应予支持。

在南京百市发展集团有限公司与庄农股权回购请求权纠纷案②中,法院认为,在不损害公司及其债权人和其他股东合法权益的前提下,公司与股东协商

---

① 关于对赌协议效力与履行能力问题的分析详见本书第三章第二节"资本维持原则与清偿能力标准在对赌协议案件中的适用"。

② 参见江苏省南京市中级人民法院(2014)宁商终字第 1518 号民事判决书。

确定的价格即为合理价格;在双方不能协商确定转让价格时,可以参考公开市场的交易价格确定。因本案缺乏可供参考的公开市场股权交易价格,故法院以判决生效时公司所有者权益的评估价格作为双方股权转让的合理价格。

在高某与盘山县建设工程检测中心请求收购股份纠纷案①中,股东对鉴定审计应依据的公司财会账目不认可,认为有转移、少报和不合理支出情况,同时还认为有属于公司的财产没有登记在公司名下,因而鉴定审计的基础材料无法确定,故无法进行鉴定审计。在此情况下,法院认为,股东提供的资产负债表是向税务机关提供的,故参照其所有者权益的数额确定回购价格。

在邹某玲与大连麦花食品集团有限公司请求公司收购股份纠纷案②中,法院观点与前述两份高院的指导意见相同,支持股东提出的审计评估的要求,并认为即公司每年度的《资产负债表》《利润表》《现金流量表》《财务报表附注》经专业的会计师事务所进行了审计,但该会计报表的各项数据仅能体现公司各项资产的账面价值,其资产的实际市场价值无从确定,且股东对公司提供的会计报表提出了严重质疑,认为数据不实,有很多资产、资金未入账,并提供了情况说明及公司资产情况的相关证据予以佐证。因此法院拒绝以公司提供的财会资料作为认定回购价格的基础,坚持以审计评估的结果为准。

在周某与上海前航投资有限公司请求公司收购股份纠纷案③中,原告股东主张被告公司作为投资公司,其价值均体现在其所投资的上市公司股票上,因此要求回购价格应当以被告公司投资的上市公司股票价格为准;而被告公司则主张以公司净资产作为计算依据。最终法院支持了被告公司主张,以公司净资产为计算依据确定回购价格。

因此,当股东以《公司法》第 74 条为由要求回购时,若当事人难以协商一致的,法院态度多为将评估价格作为股权回购的判断基础。当股东对价格评估的基础提出异议,评估程序难以施行时,法院可能会根据现存的中立证据(一般多为经有关部门认证或向其提交的资产负债表等)判断回购价格。较为特殊的情况是,若公司本身即是私募股权基金,则法院对其股权价值的判断依据可能仍为其本身的资产情况,而非其所投资的目标企业的股权价值。

---

① 参见辽宁省高级人民法院(2017)辽民终 305 号民事判决书。

② 参见辽宁省大连市中级人民法院(2014)大民三终字第 497 号民事判决书。

③ 参见上海市嘉定区人民法院(2018)沪 0114 民初 654 号民事判决书。

2. 以协议约定回购价格为由要求回购

在中国东方资产管理股份有限公司甘肃省分公司与哈密长河工贸集团有限公司、哈密长河集团长青农牧有限公司等股权转让纠纷案[①]中，由于原告股东是通过债转股的方式入股，因此法院并未认可其与目标公司及其他股东所签订的协议约定的以净资产值计算回购价格，而是以其原有债权价格及逾期利息计算回购价格。

在朱某中、河南义腾新能源科技有限公司合同纠纷案[②]中，被告作为回购义务股东提交了评估报告，评估报告评估的价格与按协议溢价率计算的股权回购款相差不大，因此法院认定评估价格为股权回购款。而在强某延与曹某波、山东瀚霖生物技术有限公司股权转让纠纷案，[③]以及上述提及的“华工案”[④]中，法院则认可了投资协议中当事人就回购价格的约定，尊重当事人意思自治。

从上述案例法院对回购价格的认定方式大致可以看出，大多数情况下法院在认可协议回购效力的前提下会尊重当事人间的意思自治形成的约定回购价格。在此基础上若有中立的评估报告可供参考，且报告结果与协议约定内容差距不大时，法院可能会选择以评估报告价值为准。而当投资者的投资具有更为明显的借贷性质时，法院可能依据投资行为的本质认定最终的回购价格。

五、基金清算步骤

基金清算步骤总结。

基金清算大致分为以下八大步骤（见图4－5）：

---

① 参见甘肃省高级人民法院（2018）甘民初266号民事判决书。

② 参见最高人民法院（2018）最高法民终202号民事判决书。

③ 参见最高人民法院（2016）最高法民再128号民事判决书。

④ 参见江苏省高级人民法院（2019）苏民再62号民事判决书。

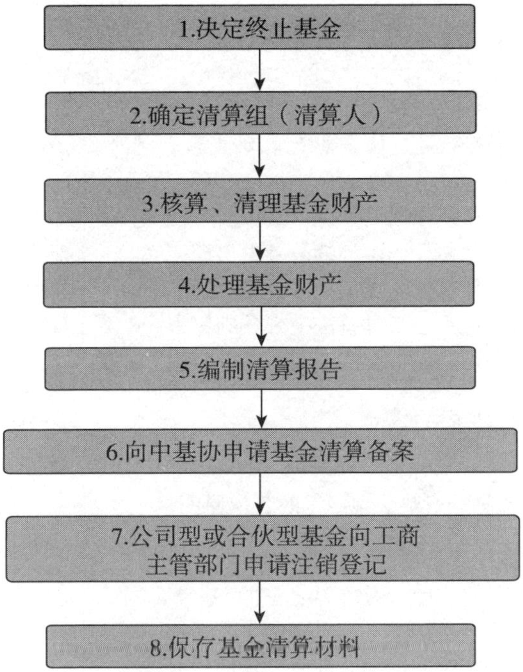

图4－5　基金清算步骤

接下来,笔者将对同一流程中契约型、公司型以及合伙型私募基金不同的清算要求及注意事项进行总结,以供参考。

步骤一:决定终止基金(见表4－21)

表4－21　各类型基金决定终止基金的相关规定

类型	相关规定	备注
公司型	《公司法》 第一百八十条　公司因下列原因解散: (一)公司章程规定的营业期限届满或者公司章程规定的其他解散事由出现; (二)股东会或者股东大会决议解散; (三)因公司合并或者分立需要解散; (四)依法被吊销营业执照、责令关闭或者被撤销; (五)人民法院依照本法第一百八十二条的规定予以解散。	在资产管理业务综合报送平台进行清算备案登记时,应关注几个重要日期: 一是基金终止日,一般为基金存续期届满日或基金份额持有人大会/股东会/合伙人会议决定终止日;

续表

类型	相关规定	备注
合伙型	**《合伙企业法》** 第八十五条　合伙企业有下列情形之一的，应当解散： （一）合伙期限届满，合伙人决定不再经营； （二）合伙协议约定的解散事由出现； （三）全体合伙人决定解散； （四）合伙人已不具备法定人数满三十天； （五）合伙协议约定的合伙目的已经实现或者无法实现； （六）依法被吊销营业执照、责令关闭或者被撤销； （七）法律、行政法规规定的其他原因。	二是清算开始日期，可以是终止日当日或之后的某一日期； 三是清算截止日期，即清算完成并将清算剩余款项全部支付给投资者的日期。①
契约型	**《证券投资基金法》** 第八十条　有下列情形之一的，基金合同终止： （一）基金合同期限届满而未延期； （二）基金份额持有人大会决定终止； （三）基金管理人、基金托管人职责终止，在六个月内没有新基金管理人、新基金托管人承接； （四）基金合同约定的其他情形。	

步骤二：确定清算组（清算人）（见表4－22）

表4－22　各类型基金确定清算组的相关规定

类型	相关规定	备注
公司型	**《公司法》** 第一百八十三条　……有限责任公司的清算组由股东组成，股份有限公司的清算组由董事或者股东大会确定的人员组成。逾期不成立清算组进行清算的，债权人可以申请人民法院指定有关人员组成清算组进行清算。人民法院应当受理该申请，并及时组织清算组进行清算。	当私募基金管理人失联时，需注意两个问题： 一是当管理人职责缺位时，依托管人的职责范围，其可能并不会积极引领推动清算事宜。基金清

① 参见姚之队法律工作室：《14张图看懂私募基金的清算路径》，载微信公众号“i易私募”，2019年11月17日。

续表

类型	相关规定	备注
合伙型	**《合伙企业法》** 第八十六条第二款、第三款　清算人由全体合伙人担任；经全体合伙人过半数同意，可以自合伙企业解散事由出现后十五日内指定一个或者数个合伙人，或者委托第三人，担任清算人。 自合伙企业解散事由出现之日起十五日内未确定清算人的，合伙人或者其他利害关系人可以申请人民法院指定清算人。 **《证券投资基金法》** 第八十一条第一款、第二款　基金合同终止时，基金管理人应当组织清算组对基金财产进行清算。 清算组由基金管理人、基金托管人以及相关的中介服务机构组成。	算问题一般较为繁杂，由托管人全权处理可能会导致托管人利益失衡，因此托管人应注意自身职责权限及监督范围。 二是当管理人与托管人均无法主导基金清算事务时，投资者可考虑借助托管人的辅助义务通过召开投资者大会的方式维护自身权益。
契约型	**《私募投资基金合同指引1号（契约型私募基金合同内容与格式指引）》** 第五十七条第一项第1点　私募基金财产清算小组成员由私募基金管理人和私募基金托管人组成。清算小组可以聘用必要的工作人员。	

步骤三：核算、清理基金财产（见表4－23）

表4－23　各类型基金核算、清理基金财产的相关规定

类型	相关规定	备注
公司型	**《公司法》** 第一百八十五条　清算组应当自成立之日起十日内通知债权人，并于六十日内在报纸上公告。债权人应当自接到通知书之日起三十日内，未接到通知书的自公告之日起四十五日内，向清算组申报其债权。 债权人申报债权，应当说明债权的有关事项，并提供证明材料。清算组应当对债权进行登记。在申报债权期间，清算组不得对债权人进行清偿。	1. 该阶段基金财产包括现金与非现金资产、债权与债务等。清理基金财产包括对非现金资产进行变现，无法变现的则进行估价并编制资产负债表和财产清单等。 2. 根据信息披露义务

续表

类型	相关规定	备注
合伙型	**《合伙企业法》** 第八十八条第一款、第二款　清算人自被确定之日起十日内将合伙企业解散事项通知债权人，并于六十日内在报纸上公告。债权人应当自接到通知书之日起三十日内，未接到通知书的自公告之日起四十五日内，向清算人申报债权。 债权人申报债权，应当说明债权的有关事项，并提供证明材料。清算人应当对债权进行登记。	要求，[①]管理人还应当制作清算公告，根据约定内容通过公开方式发送给投资者并抄送托管人。 3. 为确保投资者知晓上述事宜，建议要求投资者签署清算确认函或就公告向管理人回函，以备清算备案反馈核查。
契约型	**《私募投资基金合同指引 1 号（契约型私募基金合同内容与格式指引）》** 第五十七条第一项　……私募基金财产清算小组负责私募基金财产的保管、清理、估价、变现和分配。私募基金财产清算小组可以依法进行必要的民事活动。	

步骤四：处理基金财产（见表 4－24）

表 4－24　各类型基金处理基金财产的相关规定

类型	相关规定	备注
公司型	**《公司法》** 第一百八十六条第二款　公司财产在分别支付清算费用、职工的工资、社会保险费用和法定补偿金，缴纳所欠税款，清偿公司债务后的剩余财产，有限责任公司按照股东的出资比例分配，股份有限公司按照股东持有的股份比例分配。 **《合伙企业法》** 第八十九条　合伙企业财产在支付清算费用和职工工资、社会保险费用、法定补偿金以及缴纳所欠税款、清偿债务后的剩余财产，依照本法第三十三条第一款的规定进行分配。	1. 由于契约型基金没有组织形式，因此契约型基金投资者所得税需自行申报，而公司型或契约型基金投资者须由基金代扣代缴。 2. 若遇非现金资产分配的情况，其定价及分配方式值得注意。 对公开交易证券外的非现金资产定价方式主要

① 参见《私募投资基金信息披露管理办法》第 18 条第 10 项规定，发生以下重大事项的，信息披露义务人应当按照基金合同的约定及时向投资者披露：……（十）基金发生清盘或清算的；……

参见《私募投资基金信息披露内容与格式指引 2 号——适用于私募股权（含创业）投资基金》附表 4。

续表

类型	相关规定	备注
合伙型	**《合伙企业法》** 第三十三条第一款　合伙企业的利润分配、亏损分担，按照合伙协议的约定办理；合伙协议未约定或者约定不明确的，由合伙人协商决定；协商不成的，由合伙人按照实缴出资比例分配、分担；无法确定出资比例的，由合伙人平均分配、分担。	有：(1)管理人独立确定；(2)管理人聘请合格第三方评估机构确定；(3)投资人选定评估机构确定等。 3. 非现金资产的分配方式需要视其形态确定。以目标企业股权或合伙份额为例，若投资者人数较多，直接转让给各投资者难度较大，可行性较低。因此可能需要寻找其他主体承接。
契约型	**《证券投资基金法》** 第八十二条　清算后的剩余基金财产，应当按照基金份额持有人所持份额比例进行分配。 **《私募投资基金合同指引1号(契约型私募基金合同内容与格式指引)》** 第五十七条第四项　……私募基金财产清算剩余资产的分配，依据私募基金财产清算的分配方案，将私募基金财产清算后的全部剩余资产扣除私募基金财产清算费用后，按私募基金的份额持有人持有的计划份额比例进行分配；基金合同另有约定的除外。	

步骤五：编制清算报告(见表4－25)

表4－25　各类型基金编制清算报告的相关规定

类型	相关规定	备注
公司型	**《公司法》** 第一百八十八条　公司清算结束后，清算组应当制作清算报告，报股东会、股东大会或者人民法院确认，并报送公司登记机关……	清算报告通常包括基金概况、基金的运作情况、清算组的组成、基金的清算流程、清理后的基金财产、基金财产的处置与分配情况等内容。 编制清算报告时需注意以下问题： 1. 签字主体的区别。与公司型及合伙型基金不同，契约型基金并未明确规定签字主体，需在合同中约定。 2. 清算报告系基金申请清算备案时需向中国基金业协会上传的必备文件。如基金进行托管，清算报告需由托管人出具或由托管人盖章确认。对于托管的基金而言，收回投资时，投资回报需先支付至托管账户，再由托管账户支付至募集账户，再通过募集账户向投资人分配。基金投资变现
合伙型	**《合伙企业法》** 第九十条　清算结束，清算人应当编制清算报告，经全体合伙人签名、盖章后，在十五日内向企业登记机关报送清算报告……	
契约型	**《证券投资基金法》** 第八十一条第三款　清算组作出的清算报告经会计师事务所	

续表

类型	相关规定	备注
	审计，律师事务所出具法律意见书后，报国务院证券监督管理机构备案并公告。 **《私募投资基金合同指引1号(契约型私募基金合同内容与格式指引)》** 第五十七条第五项　应订明私募基金财产清算报告的告知安排。	后的回款如果未能严格按照上述路径支付，可能导致托管行无法出具或者确认清算报告，从而影响基金清算程序的顺利完成。

步骤六：向中基协申请基金清算备案(见表4-26)

表4-26　各类型基金向中基协申请基金清算备案的相关规定

类型	相关规定	备注
公司型	**《私募投资基金管理人登记和基金备案办法(试行)》** 第二十三条　私募基金运行期间，发生以下重大事项的，私募基金管理人应当在5个工作日内向基金业协会报告： (一)基金合同发生重大变化； (二)投资者数量超过法律法规规定； (三)基金发生清盘或清算； (四)私募基金管理人、基金托管人发生变更； (五)对基金持续运行、投资者利益、资产净值产生重大影响的其他事件。	在“资产管理业务综合报送平台”系统中需完成以下操作： 1. 上传清算报告； 2. 按照系统中的模板更新投资者信息； 3. 按照系统中的模板填写基金清算情况表； 4. 按照系统中的模板盖章并上传清算承诺函； 5. 填写系统中的其他清算信息，包括基金基本情况、清算原因、清算的开始日、截止日以及清算次数、清算组的构成等。
合伙型		
契约型		

步骤七：公司型或合伙型基金向工商主管部门申请注销登记(见表4-27)

表4-27　公司型或合伙型基金向工商主管部门申请注销登记的相关规定

类型	相关规定	备注
公司型	**《公司法》** 第一百八十八条　公司清算结束后，清算组应当制作清算报告，报股东会、股东大会或者人民法院确认，并报送公司登记机关，申请注销公司登记，公告公司终止。	应注意保持清算过程中各项决议文件的完整性(如投资人签字不应遗漏)，否则可能影响注销程序的顺利完成。

续表

类型	相关规定	备注
合伙型	**《合伙企业法》** 第九十条 清算结束,清算人应当编制清算报告,经全体合伙人签名、盖章后,在十五日内向企业登记机关报送清算报告,申请办理合伙企业注销登记。	

步骤八:保存基金清算材料(见表4-28)

表4-28 各类型基金保存基金清算材料的相关规定

类型	相关规定	备注
公司型 & 合伙型 & 契约型	**《私募投资基金监督管理暂行办法》** 第二十六条 私募基金管理人、私募基金托管人及私募基金销售机构应当妥善保存私募基金投资决策、交易和投资者适当性管理等方面的记录及其他相关资料,保存期限自基金清算终止之日起不得少于10年	
	《私募投资基金管理人内部控制指引》 第二十六条 私募基金管理人应当保存私募基金内部控制活动等方面的信息及相关资料,确保信息的完整、连续、准确和可追溯,保存期限自私募基金清算终止之日起不得少于10年	
	《私募投资基金募集行为管理办法》 第十一条 募集机构应当妥善保存投资者适当性管理以及其他与私募基金募集业务相关的记录及其他相关资料,保存期限自基金清算终止之日起不得少于10年	
	《私募投资基金合同指引1号(契约型私募基金合同内容与格式指引)》 第二十一条第十六项 根据《私募办法》及其他有关规定订明私募基金管理人的义务,包括但不限于:……(十六)保存私募基金投资业务活动的全部会计资料,并妥善保存有关的合同、交易记录及其他相关资料,保存期限自私募基金清算终止之日起不得少于10年;……	

附:清算退出热点分析——《深圳市问题私募投资基金退出操作参考(试行)》

2019年9月5日,深圳市私募基金协会向深圳市辖内各私募基金管理人下发了其"在总结已有案例基础上"制定的《深圳市问题私募投资基金退出操作参考(试行)》(以下简称《退出参考》),供符合《退出参考》范围内的私募基金管理人参考执行。在现今私募基金频发“爆雷”,管理人频频失联,投资者难以顺利退出的背景下,这一文件的出台有着相当的借鉴意义。

一、主要内容介绍①

(一)制定背景②

1. 私募基金行业发展过快,存在鱼龙混杂、良莠不齐等行业乱象,部分机构合法合规意识淡薄,管理能力不足,存在开展“明股实债”、承诺保本保息等刚性兑付的投资业务,甚至存在向非合格投资者募集资金、非法集资、“失联跑路”等严重违法违规问题,影响社会经济稳定;

2. 部分兼营私募业务的财富公司、金融控股集团等机构,不符合专业化经营的要求,通过关联公司之间业务交叉等方式自融自用,到期无法履行基金合同的约定,损害投资人利益;

3. 在国际国内经济环境多变、经济下行的大背景下,行业发展十分艰难,“打破刚兑”是投资行业遵循的发展规律,是实现行业优胜劣汰的必然过程;

4. 部分涉嫌违法的私募基金一旦被公安机关立案侦查,因司法程序固定,自立案查处到法院判决返还资金时间漫长,客观上存在资产大幅贬损、无人管理等现实困境,最终导致投资者利益受损。

(二)适用范围与适用对象

1. 适用范围:实际经营地在深圳市辖区的私募基金管理人所设立的私募基金。

2. 适用对象:问题私募基金。《退出参考》及其解读对问题私募基金的定义为:依照基金合同约定或依据相关法律法规及行业自律规则,私募基金管理人违反合同约定,不能正常实现产品清算或退出,基金管理人与其他参与主体无法化解纠纷,存在涉众风险等问题的私募基金。具体包括以下情形:

(1)私募基金管理人发现私募基金退出存在重大风险,且短期内依照现有条件无法解决的;

(2)投资者与私募基金管理人及其他相关主体就私募基金退出安排无法达成一致意见,存在重大投资损失的;

---

① 参见《深圳市问题私募投资基金退出操作参考(试行)》。

② 参见《〈深圳市问题私募投资基金退出操作参考〉(试行)的解读》。

(3)私募基金监管部门和行业自律协会在检查工作中发现私募基金存在重大问题的;

(4)其他影响私募基金退出的重大风险情形。

(三)退出参与机构

1. 清退工作组

清退工作组(以下简称清退组)由私募基金管理人代表、专业中介机构代表组成,人数应不少于5人。其中,私募基金管理人代表应不少于3人,由其实际控制人、法定代表人、高级管理人员或实际履行管理职务的其他人员担任。专业中介机构代表应不少于2人,由管理人聘请的会计师事务所、律师事务所分别委派专业人员担任。清退组的主要职责有:清产核资并编制资产明细表、管理材料、信息披露、组织召开投资者大会、制订并执行退出方案等。清退组的任何决议须经全体清退组成员2/3以上同意,决议通过后应形成会议纪要,备存供投资者监督委员会(以下简称投监会)及投资人查阅。

2. 投资者大会

投资者大会由全体投资者组成,投资者依据基金合同、汇款凭证等证明材料对剩余基金份额进行确认。对于事关全体投资者共同利益的重大事项,包括投监会成员选举、确定退出方案及执行期限、表决有利于推进退出程序的其他重大事项等,通过投资者大会进行表决。召开投资者大会须满足投资者持有基金份额占总投资金额2/3以上的要求,投资者在进行重大事项表决的过程中,须同时达到投资者人数及所持基金份额的2/3以上。

3. 投监会

投监会成员经投资者大会选举产生,原则上应由3~7人奇数人员组成。候选人采取自荐方式产生,成员经投资者大会选举产生。投监会的主要职责有:对清退组工作进行监督和纠正、监督退出方案的实施、提议召开投资者大会、汇总各方意见,进行沟通解释工作等。

二、存在的问题

(一)适用情形不明确,容易造成适用上的混乱

根据《〈深圳市问题私募投资基金退出操作参考〉(试行)的解读》,《退出参考》所适用的"问题私募基金"的定义需满足"管理人违反合同约定"的条件。然而,当存在重大投资损失而管理人是否存在违反合同约定存在争议时,是否应当适用《退出参考》有待商榷。深圳市私募基金协会制定《退出参考》的目的

在于为私募基金的退出操作提供参考，并不具有强制约束力，故笔者认为也不必拘泥于《退出参考》及其适用范围，有序规范退出方为应当考虑的重点。

（二）退出参与机构的设定不甚合理

《退出参考》规定，清退组成员中必须有3名以上管理人代表。但是根据《退出参考》的制定背景，当管理人出现失联跑路、被立案逮捕调查等情形时，很可能会无法满足管理人代表人数的要求。此时应当采取何种措施，《退出参考》未给出相应路径。

投资者大会作为私募基金退出中的权力机构，其职责过于模糊，除选举投监会成员以及确定退出方案及其期限外，只剩下“有利于推进退出程序的其他重大事项”。如何定义“有利于推进退出程序”应当成为投资者大会顺利行权、保护投资者利益的重要标准，但《退出参考》在这一内容上留下了空白。

《退出参考》规定投监会的候选人只能由自荐方式产生，并无其他途径。而投监会应当由3～7人的奇数人员构成，若自荐候选人不足3人的，或自荐候选人过少导致等额选举的，是否会影响投资者利益，应当如何补救，《退出参考》也没有提出解决方案。

在投监会与投资者大会的职责联动方面，也存在问题。《退出参考》规定，投资者大会由投监会提议，由清退组组织召开。若投监会不提议召开或清退组拒绝组织召开的，从《退出参考》来规定看，投资者并无其他途径可予以自发救济。

三、小结

《退出参考》从整体上看，在考虑到私募基金行业特色的基础上，借鉴了《企业破产法》中对解散、清算、破产等制度的机制与特色，虽然存在一些不足，但却有着积极的指引意义和借鉴意义，为私募基金的顺利清算退出贡献了具有一定普适性参考价值的路径。

第二节　投资人退出救济途径之更换管理人

私募基金实际运作过程中，若出现私募基金的基金管理人存在失职、失联或丧失从业资质的情况，而私募基金本身还存在可以运作经营的可能性和必要性时，比起直接以诉讼的方式来救济，投资人往往会更优先考虑通过召开份额持有人大会、合伙人会议或股东会等程序更换失职、失联或丧失从业资质的基金管理人以便私募基金可以继续运作。

现行的法律法规中尚未对私募基金的份额持有人大会的职权以及召集、召开办法作出明确的规定。《证券投资基金法》仅涉及了公募基金份额持有人大会的相关内容,但对于私募基金的份额持有人大会却未作具体规定。换言之,现行的法律法规对于私募基金份额持有人大会的相关事宜是留白的,其给予了私募基金相关基金合同、合伙协议以及章程等私募基金之组织文件有关这方面内容意思自治的操作空间。那么,在这种情况下,能否通过召开相应会议更换基金管理人以及实操中如何开会就成为需要考虑的问题。

考虑到私募基金根据其组织形式的不同,将可能涉及不同类型的投资人会议形式,故笔者在本节将根据私募基金的类型逐一讨论不同组织形式下私募基金开会更换管理人的可行性以及相应的操作办法。

一、契约型私募基金

契约型私募基金主要依赖基金合同来约定各基金份额持有人、基金管理人和基金托管人之间的权利义务,为了让私募基金份额持有人大会机制更具可操作性,中国基金业协会 2016 年 4 月 18 日发布的《关于发布私募投资基金合同指引的通知》中参照公募基金份额持有人大会的相关规定,针对契约型私募基金的份额持有人大会及日常机构的相关内容作出了基金合同条款方面的指引。但上述指引相对来讲还是比较笼统的,因此对于份额持有人大会的职责,召集、召开程序以及表决和决议方式等内容,还是应尽量遵循相关基金合同的规定。

绝大多数基金合同会将更换基金管理人、基金托管人明确列为份额持有人大会职权范围内事项,并且中国基金业协会对于更换基金管理人的条件审查中也包含了需要提交关于私募基金更换基金管理人的份额持有人大会的有效决议。因此,通过召开份额持有人大会更换基金管理人的方案在理论和实践上都是可行的。但即便按照基金合同的规定来操作,实操中还是经常会遇到一些合同条款未能涵盖的细节问题有待解决。常见的问题包括:谁对份额持有人大会负有召集义务,召集人如何能够适当通知到每一位份额持有人,以及如何确保份额持有人大会有效召开。

正常情况下,份额持有人大会应当由担任私募基金日常运营和管理职责的基金管理人或基金份额持有人大会的日常机构来召集,但当基金管理人怠于履职或处于失联状态下，并且私募基金也未设有可以有效运作的日常机构时，份额持有人往往自然而然地会要求基金托管人召集会议，此时基金托管人是否负有会议召集义务就会成为争议问题。

现行的法律法规中并未规定基金托管人有召集、召开份额持有人大会的义务，仅在证监会和银监会于 2013 年 4 月 2 日公布施行、2020 年 3 月 20 日修正的《证券投资基金托管业务管理办法》第 23 条规定，“对于转换基金运作方式、更换基金管理人等需召开基金份额持有人大会审议的事项，基金托管人应当积极配合基金管理人召集基金份额持有人大会；基金管理人未按规定召集或者不能召集的，基金托管人应当按照规定召集基金份额持有人大会，并依法履行对外披露与报告义务”。而实践中对于《证券投资基金托管业务管理办法》的这条规定的理解也存在争议，由于该办法适用于公募和私募的证券投资基金，基金托管人往往认为这里的基金托管人召集会议的义务主要是针对公募基金而言的，并且由于私募基金并没有关于基金托管人召集会议的法定义务，若基金合同中也没有规定基金托管人的会议召集义务，那么基金托管人往往以“按照规定”其不负有召集私募基金份额持有人大会的义务为由，拒绝份额持有人提出的由基金托管人召集会议的要求，并会告知份额持有人应当根据基金合同的相应规定以合计持有适当份额比例（通常是 10%）的份额持有人之名义自行召集会议。

在上述情形下，份额持有人往往只能自行召集份额持有人大会。此时，份额持有人将遇到的第一个问题就是，如何适当地作出会议通知。由于私募基金是采取非公开募集的方式，通常都是由私募基金销售机构向各潜在投资人单独销售的，因此份额持有人之间往往素不相识，没有彼此之间的联系方式，也并不知道除自己以外的其他份额持有人对于基金份额的持有状况，这就导致了份额持有人自行召集会议时如何通知成为非常棘手的问题。

若相关私募基金有专门的基金份额登记服务机构，份额持有人尚可要求登记服务机构协助提供该只基金的份额登记信息以及其他份额持有人的信息；若该只基金没有专门的份额登记机构，份额持有人往往会要求基金托管人协助提供该只基金的份额登记信息以及其他份额持有人的信息。但这里就涉及一个细节问题，即份额登记服务机构以及基金托管人提供信息的义务与其对信息保密义务之间的平衡问题。

实践中，一般对于基金的份额持有情况的提供不存在争议，争议往往集中在是否应当向份额持有人提供其他份额持有人的身份信息及联系方式这一问题上。由于立法和监管都未对这种情况出具明确的操作指引，实践中份额登记服务机构和基金托管人（特别是商业银行）出于谨慎的态度，都会不太愿意将其他份额持有人的身份信息及联系方式披露给份额持有人。这也给份额持有人大会的顺利召集和召开造成了很大困难。

由于现行法律法规以及大多数基金合同关于份额持有人大会的相关规定总体上比较概括，份额持有人不是法律人士或私募基金从业人员，本身对于私募基金的相关法律规定通常也不太了解，因此在适用上存在困难。为了确保份额持有人大会的合法召开以及相关会议决议的有效性，份额持有人往往会共同或以私募基金的名义聘请专业律师来协助其召开会议，这也是实践中比较推荐的做法。律师除了包揽前期会议召开的相应准备工作、沟通工作、对开会作程序性指导之外，通常还会应份额持有人的要求对会议过程进行见证，并在会后对于会议召集、召开过程及相关决议的合法性和有效性发表法律意见。

二、合伙型私募基金

合伙型私募基金一般采取有限合伙企业的组织形式，其中持有私募基金管理牌照的基金管理人一般是合伙企业的普通合伙人，投资人则是以有限合伙人的身份入伙有限合伙企业。在这种情况下，因基金管理人失职、失联或丧失从业资质而需要更换基金管理人的，则通常会涉及合伙企业的退伙或除名程序以及新的基金管理人的入伙程序。

具体而言，在原基金管理人配合的情况下，合伙型私募基金可以考虑根据《合伙企业法》以及合伙协议的相关规定，通过召开合伙人会议的方式，让原基金管理人退伙、新的基金管理人入伙；而在原基金管理人不配合或无法配合的情况下，合伙型私募基金则将考虑根据《合伙企业法》和合伙协议的规定，通过召开合伙人会议的方式，让原基金管理人当然退伙或除名、新的基金管理人入伙。

（一）实体分析

针对合伙企业除名退伙的操作，首先应从实体上判断基金管理人是否具有法定或约定的不正当行为，损害其他合伙人以及合伙企业的整体利益，足以到达使合伙人退除名退伙的程度。

根据《合伙企业法》第45条、第48条和第49条[①]的规定可知,《合伙企业法》规定的除名事由仅限于"未履行出资义务""因故意或者重大过失给合伙企业造成损失""执行合伙事务时有不正当行为""发生合伙协议约定的事由"四种情形。不难发现若合伙协议中未将基金管理人相关失职、失联或丧失从业资质等情形作为退伙或除名的情形之一写入合伙协议之中,那么对原基金管理人做退伙或除名操作可能无法达成。除此之外,《合伙企业法》第49条还规定除名退伙需要经合伙企业其他合伙人的一致同意。并且根据《合伙企业法》第43条[②]的规定,除非合伙协议另有约定,新的基金管理人入伙的,也需要经全体合伙人一致同意。

需要注意的是,虽然《合伙企业法》第49条赋予合伙人将管理人除名的权

① 《合伙企业法》第四十五条　合伙协议约定合伙期限的,在合伙企业存续期间,有下列情形之一的,合伙人可以退伙:

(一)合伙协议约定的退伙事由出现;

(二)经全体合伙人一致同意;

(三)发生合伙人难以继续参加合伙的事由;

(四)其他合伙人严重违反合伙协议约定的义务。

第四十八条　合伙人有下列情形之一的,当然退伙:

(一)作为合伙人的自然人死亡或者被依法宣告死亡;

(二)个人丧失偿债能力;

(三)作为合伙人的法人或者其他组织依法被吊销营业执照、责令关闭、撤销,或者被宣告破产;

(四)法律规定或者合伙协议约定合伙人必须具有相关资格而丧失该资格;

(五)合伙人在合伙企业中的全部财产份额被人民法院强制执行。

合伙人被依法认定为无民事行为能力人或者限制民事行为能力人的,经其他合伙人一致同意,可以依法转为有限合伙人,普通合伙企业依法转为有限合伙企业。其他合伙人未能一致同意的,该无民事行为能力或者限制民事行为能力的合伙人退伙。

退伙事由实际发生之日为退伙生效日。

第四十九条　合伙人有下列情形之一的,经其他合伙人一致同意,可以决议将其除名:

(一)未履行出资义务;

(二)因故意或者重大过失给合伙企业造成损失;

(三)执行合伙事务时有不正当行为;

(四)发生合伙协议约定的事由。

对合伙人的除名决议应当书面通知被除名人。被除名人接到除名通知之日,除名生效,被除名人退伙。

被除名人对除名决议有异议的,可以自接到除名通知之日起三十日内,向人民法院起诉。

第七十五条　有限合伙企业仅剩有限合伙人的,应当解散;有限合伙企业仅剩普通合伙人的,转为普通合伙企业。

② 《合伙企业法》第四十三条　新合伙人入伙,除合伙协议另有约定外,应当经全体合伙人一致同意,并依法订立书面入伙协议。

订立入伙协议时,原合伙人应当向新合伙人如实告知原合伙企业的经营状况和财务状况。

利，但一般情况下合伙型私募基金中普通合伙人只有管理人一位，若将其除名，有限合伙企业将不满足《合伙企业法》规定的法定人数要求。根据《合伙企业法》第 85 条的规定，该情况若已满 30 天的，有限合伙企业将应当解散。因此其他投资者若欲通过除名退伙的方式获得救济，应当在 30 天内更换其他管理人，保持有限合伙企业的法定人数要求。

(二)操作难点

除了上述实体上认定的困境外，实操难点往往不在于合伙人会议召开程序的正当性问题，而在于原基金管理人若不能配合退伙操作，可能会直接影响工商手续的顺利完成。从办理工商变更登记手续的实操层面，工商登记机关对于有限合伙企业的退伙、入伙或除名事宜，一般都会要求登记在册的全体合伙人一致签字同意，并且，一般需要执行事务合伙人加盖公章及执行事务合伙人的委派代表签字。

可见，若原基金管理人失联或者拒绝配合出具相关文件，将导致工商登记的变更材料不符合窗口材料审核要求，从而可能导致变更登记手续无法正常推进。在这种情况下，若不能通过与工商登记机关的沟通找到解决的办法，投资人可能就需要考虑借助诉讼等其他方式来实现其变更基金管理人的目的。

(三)司法实践观点

在司法实践层面，笔者以“基金”为关键词，检索援引《合伙企业法》第 49 条的裁判文书，发现当事人之间因除名退伙的纠纷诉至法院时，一般作出经其他合伙人一致同意的会议决议并无障碍，绝大多数案件的争议焦点在于合伙人不正当行为的认定。

在曲某东与朱某、李某新、李某强、上海龙优投资管理有限公司合伙协议纠纷案[①]中，因合伙人投资设立数十家与涉案合伙企业商号、商标和经营范围相同的企业、存在竞业行为，违背公平原则，客观上导致合伙企业利润减少，对其他合伙人及合伙企业权益造成侵害，法院认可除名退伙的决议的效力。

在上海立泽商务咨询有限公司诉上海力宏投资中心(有限合伙)公司决议

---

① 参见上海市徐汇区人民法院(2016)沪 0104 民初 27074 号民事判决书。

效力确认纠纷案[①]中，执行事务合伙人上海立泽商务咨询有限公司在无合理理由的情况下，将本应当登记在合伙企业名下的股权登记在其法定代表人所控制的公司名下，并未经其他合伙人同意，不当利用该项资产为其控制的公司的收购业务提供担保；在执行合伙事务过程中，对合伙企业的经营状况以及财务状况未充分披露，在一定程度上剥夺了其他有限合伙人的监督权和知情权，违反了合伙协议的约定，损害了合伙企业及其他有限合伙人的利益，违反了其作为执行事务合伙人应当尽到的义务和职责。法院认为："合伙企业是一种将出资、经营、收益与风险融为一体的营利性组织。它是以共同经营为标志、以共享利益为动力、以共担风险为保证的，其既是利益共同体，也是责任共同体。如果执行事务合伙人在执行合伙企业事务时，有因故意或重大过失给合伙企业造成损失的情形，或者有不正当行为的情形，说明该合伙人违背合伙人之间的相互依赖和彼此忠诚义务，其他合伙人在其利益受到损害时，可以决议将该合伙人除名。"

在天津市立创恒通科技发展有限公司与东升映像（天津）文化传播合伙企业、张某贝等合伙协议纠纷案[②]中，因合伙人天津市立创恒通科技发展有限公司未完全履行出资义务，其他合伙人作出除名的决议，但法院认为，由于对合伙人的除名是一种身份上的解除，是在无其他缓和解决方式时才能使用，即在穷尽了其他救济途径后才采用的一种方法，本案原告已履行大部分出资义务，如其他合伙人认为其未完全履行出资义务，可以要求其补缴出资或要求其承担违约责任予以救济。与此相似，在沈某与宁波赛伯乐恒汇股权投资合伙企业、王某强合伙协议纠纷案[③]中，在无证据证明原告怠于执行合伙事务损害其他合伙人利益的情况下，法院认为，其他合伙人通过合伙决议免去原告执行事务合伙人的职务并将其除名，不符合法定条件。

从上述规定和案例中可以看出，无论是在法律法规规定上还是司法实践上对除名退伙采取的仍是较为保守的态度，对不正当行为的认定和会议表决程序的要求均较高。对合伙人的除名是一种身份上的解除，这种救济措施应是在无其他缓和解决方式，穷尽了其他途径后才能采用的一种方法。

---

① 参见上海市第一中级人民法院（2018）沪01民终6077号民事判决书。

② 参见天津市滨海新区人民法院（2016）津0116民初44号民事判决书。

③ 参见浙江省宁波市北仑区人民法院（2018）浙0206民初2472号民事判决书。

三、公司型私募基金

公司型私募基金，一般指的是以有限责任公司为组织形式的私募基金。与合伙型私募基金类似，变更公司型私募基金的基金管理人也需要根据《公司法》和公司章程的规定，先在工商登记机关完成公司的股东变更手续。

考虑到公司资本维持之要求以及《公司法》对于减少公司注册资本的手续限制及要求，从程序便利的角度，实操中一般会优先考虑通过股权转让的方式实现原基金管理人退出、新基金管理人接管的目的。但该方案有一个前提就是，需要原基金管理人配合出具包括股权转让协议在内的相关资料，否则投资人面对的不仅是工商变更登记手续恐难顺利推进的问题，而且还将面临无法让原基金管理人从公司出局的问题。

换言之，若是原基金管理人失联或者拒绝退出，这时问题往往就会变为是否可通过公司章程约定股东除名事由，并在事由触发时通过其他股东作出股东会决议的方式将原基金管理人从公司股东中除名的问题。若可以对原本的基金管理人做股东除名，新基金管理人则可以通过增资入股的方式进入私募基金实体，从而实现基金管理人的变更操作。

公司是否可以通过股东意思自治将股东除名，这在我国的公司法下是一个存在争议的问题。与《合伙企业法》下规定的合伙人除名制度不同，我国的《公司法》本身并未对股东除名事项作出相关规定，仅在最高人民法院《公司法司法解释（三）》第18条①规定了“有限责任公司的股东未履行出资义务或者抽逃全部出资，经公司催告缴纳或者返还，其在合理期间内仍未缴纳或者返还出资，公司以股东会决议解除该股东的股东资格”的情形。

事实上，在《公司法司法解释（三）》出台之前，司法实践中就已经有一些关于依据意定股东除名事由对股东进行除名的司法判例了，②在这些案例中股东

---

① 《公司法司法解释（三）》第18条规定：“有限责任公司的股东未履行出资义务或者抽逃全部出资，经公司催告缴纳或者返还，其在合理期间内仍未缴纳或者返还出资，公司以股东会决议解除该股东的股东资格，该股东请求确认该解除行为无效的，人民法院不予支持。

在前款规定的情形下，人民法院在判决时应当释明，公司应当及时办理法定减资程序或者由其他股东或者第三人缴纳相应的出资。在办理法定减资程序或者其他股东或者第三人缴纳相应的出资之前，公司债权人依照本规定第十三条或者第十四条请求相关当事人承担相应责任的，人民法院应予支持。”

② 如邵某健与佛山市康思达液压机械有限公司股东权纠纷案［（2006）佛中法民二终字第456号］，以及胡A因公司决议效力确认纠纷案［（2013）沪一中民四（商）终字第1963号］。

在公司章程中自行约定了一些股东除名事由。但是考虑到公司章程的制定和修订也是依赖于股东的资本多数决,而股东除名之适用又事涉重大,所以法院都保留有审查此类约定合法与否的权力,要求除名事由须具备“正当性”与“重大性”,即“此事由必须危害到或者可能危害到公司和其他股东的共同利益,不能只是为了个别股东的个人利益”。[①] 不难发现,目前的司法实践中对于有限责任公司意定的股东除名的审判尺度还是相对审慎的,这无疑给公司型私募基金更换基金管理人的方案增添了很大的不确定性。

综上所述,在私募基金的基金管理人存在失职、失联或丧失从业资质的情况下,通过相应的开会程序更换失职、失联或丧失从业资质的基金管理人,这一方案虽然通常作为优先考虑的方案,但其最终的达成还是需要很多条件的。特别是针对公司型私募基金和合伙型私募基金这两类有单独的实体作为基金运作载体的基金类型而言,除了需要符合私募基金领域的监管规定之外,更换基金管理人还需要满足《公司法》和《合伙企业法》等法律中的相关规定。

第三节　投资人退出救济途径之委托人介入权

在私募基金纠纷或其他资管纠纷中,投资人将资金交由管理人管理,成立资管产品,并以资管产品的名义将资金对外投资。根据资管产品的运作架构可知,资管产品的运作架构是一个典型的三方结构、二层法律关系。当融资方未按时兑付或出现其他违约情形时,投资人想积极、及时、尽快挽回损失,却受限于合同的相对性,只能通过管理人向融资方追究责任。但当管理人失联、存在推脱、懈怠等不勤勉尽责的行为,或者管理人以通道身份为由拒不配合投资人时,投资人想直接穿透管理人向底层融资方追究责任,将存在重重困境。在此种情况下,无其他救济途径时,委托人介入权这一法律制度则提供了一个可行的路径。那么委托人的介入权有何行使条件,适用于资管纠纷时又有何困境?

① 汪晨:《驱逐有限责任公司的“离心股东”——以构建股东除名制度为核心》,载《证券法苑》2011年第2期。

一、委托人介入权的概念及行使条件

《民法典》合同编第二十三章"委托合同"第925条、第926条①规定了委托人的介入权，即在委托代理关系中，对于受托人代委托人与第三人订立的合同，特殊情形下委托人可突破合同的相对性，直接向第三人主张其与受托人之合同项下受托人的合同权利。

在委托人行使介入权前，存在委托人与受托人之间的委托关系以及受托人与第三人之间的合同关系两个不同的法律关系，基于合同的相对性，委托人只能向受托人主张权利，而不能向第三人提出请求。委托人行使介入权后，在受托人与第三人的合同关系中，委托人取代受托人地位，介入原本是受托人与第三人的合同关系中，受托人以自己的名义从事的法律行为将直接对委托人发生效力，受托人将退出合同关系，不再对第三人享有权利或承担义务。

根据《民法典》第925条、第926条的规定，委托人行使介入权应符合一定的前提条件，具体可见表4－29。②

表4－29　委托人行使介入权的前提条件

序号	条　　件
1	受托人对委托人不履行义务的原因在于第三人，而非因受托人自身原因导致违约。如果是因受托人自身原因导致不能对委托人履行合同义务，则委托人只能向受托人而不能向第三人提出请求

① 《民法典》第925条规定，受托人以自己的名义，在委托人的授权范围内与第三人订立的合同，第三人在订立合同时知道受托人与委托人之间的代理关系的，该合同直接约束委托人和第三人；但是，有确切证据证明该合同只约束受托人和第三人的除外。

第926条规定，受托人以自己的名义与第三人订立合同时，第三人不知道受托人与委托人之间的代理关系的，受托人因第三人的原因对委托人不履行义务，受托人应当向委托人披露第三人，委托人因此可以行使受托人对第三人的权利。但是，第三人与受托人订立合同时如果知道该委托人就不会订立合同的除外。受托人因委托人的原因对第三人不履行义务，受托人应当向第三人披露委托人，第三人因此可以选择受托人或者委托人作为相对人主张其权利，但是第三人不得变更选定的相对人。委托人行使受托人对第三人的权利的，第三人可以向委托人主张其对受托人的抗辩。第三人选定委托人作为其相对人的，委托人可以向第三人主张其对受托人的抗辩以及受托人对第三人的抗辩。

② 参见王利明：《合同法分则研究》（上卷），中国人民大学出版社2012年版，第649～652页。

续表

序号	条　　件
2	受托人已经向委托人披露了第三人。这要求受托人已向委托人履行信息披露的义务,委托人知晓第三人以及受托人以自己的名义与第三人签署的相关协议的具体内容,方有条件向第三人主张合同项下的权利。受托人的披露是委托人行使介入权和第三人行使选择权的前提。对于这种披露义务是合同义务还是法定义务,属于何种性质的义务这一问题,有学者认为,这种披露义务并不是一种法定的强制性义务,但是如果受托人不披露或者披露的情况不完全、不真实,导致委托人行使介入权造成损失或者扩大损失时,受托人应承担相应责任
3	第三人与受托人订立合同时,不存在如果知道该委托人就不会订立合同的情形。《民法典》第926条但书条款的限制要求委托人行使介入权时不违反第三人的意愿和利益。当合同明确禁止他人介入,或者是基于受托人个人的技能、履约能力、信赖等而订立的合同,要求受托人亲自履行,或者存在其他情形时,一般可以阻却委托人行使介入权

结合资管纠纷的特点可以看出,若将投资人与管理人之间的关系放入委托代理关系的框架内,管理人运作资金投入融资方,在投资协议未明确禁止的情况下,一般不涉及违反融资方意愿和利益的情形,融资方仅涉及资金需求,资管产品的投资者具体身份不影响投资协议的订立。因此,当投资人与管理人之间的关系视为委托代理关系,且管理人配合投资者披露底层项目融资方相关信息及协议时,对于融资方存在或可能存在的部分违约行为,投资人作为委托人穿透管理人及层层通道,介入原本是管理人与融资方的合同关系中,直接向融资方提起诉讼具有可行性。

基于此,若可将投资人与管理人之间签署的相关资管合同以及层层通道资管合同(若有)视作为一种委托代理合同,即将投资人与管理人之间的关系视作一种委托人与受托人之间的委托代理关系,那么就存在可套用《合同法》第402条、第403条委托人之介入权的空间。换言之,若前述委托代理法律关系成立,投资人行使介入权将取得相关资管合同项下管理人或资管产品之合同权利。在此情况下,介入权的行使将起到层层穿透通道的效果,最终可以由投资人取得资管产品在底层项目项下的合同权利。

二、行使委托人介入权的理论及实践困境

不难看出,通过委托人介入权打破合同相对性的路径之优点在于,该方案

可以直接依据法律规定适用，无须进行任何额外的交易安排，签署额外的交易文件，亦可不必掣肘于管理人、通道方或其他方的配合，由投资人自己就可实施。但该方案的缺点或者说难点也很明显，主要体现在以下几个方面：

首先，将资管合同认定为《民法典》合同编规定的委托合同的主张，可能受到理论和实践的挑战。目前学界和业内对于资管合同的定性问题主要集中在两类合同：信托合同和委托合同。委托代理关系与信托关系有着不同的法律基础，不能将两种制度混用。在信托关系中，委托人不直接管理和处分信托财产，针对信托财产的管理而产生的债权债务，以受托人的名义对第三人享有或承担，信托关系更强调信托财产的独立性；而在委托关系中，委托人和受托人都可以管理、运用和处分该财产，因代理行为产生的法律后果由一般委托人承担。

但理论和实践中对资管合同的定性却未有定论，这很大程度上是因为实践中，机构在从事资管业务时，按照监管部门制定的相关规范，无法承认其从事的是信托业务，更愿意将之认定为委托代理关系；但是，资管合同项下委托资产相对独立于委托人和管理人，加之很多情况下管理人对财产管理的主动决策等业务特性，又恰恰体现了信托合同的典型特征。

一方面，从证明责任上来看，投资人需要提供证据证明当事人之间并不存在建立信托关系的真实意思表示，此种证明责任及说理并不容易完成；另一方面，由于缺乏统一、明确的裁判规则，在认定实质法律关系为信托或委托的问题上，司法机关具有很大的自由裁量余地，从而使案件处理结果存在较大的不确定性。① 因此，无论是理论界还是实践中对于资管合同是否应认定为委托合同一直存在争议。若是将资管合同认定为委托合同的主张不被受诉法院认可，那么委托人介入权的行使就无从谈起了。

其次，法律实践中，特别是立案阶段，法院对于依据资管合同行使介入权的接受程度普遍比较低。资管业务本身就是顺应近年来金融创新而发展出来的新业务类型，具有超前于立法和司法的特性。根据笔者的办案经验，很多法院对于资管类案件或资管类业务本身的认知和理解都是极其片面和浅显的，更别说需要在这种他们本身就比较陌生的业务领域内向其解释在本案中适用委托

---

① 参见杨征宇、卜祥瑞、郭香龙、王晓明编著：《金融机构资管业务法律纠纷解析》，法律出版社2017年版。

人介入权所依据的法律基础和法律逻辑了。尤其是，大多数法院的立案庭一般仅做案件受理的形式审查，对于案涉法律关系的理解和判断相对不是那么重视，而投资人是否可行使介入权将作为投资人是否有权直接起诉融资方的必要前提，立案庭需要在理解并接受了介入权机制之后，方才可能突破合同相对性原则，判定投资人和融资方之间存在起诉所要求的“法律上的利害关系”，[①]从而准允立案。

最后，许多资管纠纷中涉及多层通道业务嵌套，这将给法院对于交易结构的理解造成极大挑战。此外，部分资管产品可能在两层通道之间还存在一个收益权转让的权利转让行为，出现中途换通道的操作，这更增加了适用委托人的介入权制度的困难。若收益权转让后的通道为信托通道，投资人和信托公司之间无疑将适用信托法律关系，这使投资人不再具备对上层信托套用委托合同介入权的空间。但若是信托公司愿意以自身名义代投资者起诉，理论上依然有可能由信托公司在下层通道资管合同项下行使委托人介入权，穿透下层资管计划通道，取得在最终投资协议项下的合同权利。

综上所述，行使委托人介入权的路径无疑是在通道方不作为、拒不给予必要协助或者管理人失联、失职的情况下，为真正的资金提供方提供的最后一根救命稻草，可以让其凭借一己之力穿透通道直接向第三人主张权利。但由于该类资管纠纷的新颖性和该方案本身的创新型，方案本身也存在重重困难和障碍需要被一一打破。

三、投资人行使介入权穿透资管通道的典型案例

虽然通过委托人介入权打破合同相对性的路径存在诸多困境，但是笔者团队正在承办的一起案件中已有被上海金融法院认定投资者可行使介入权穿透通道资管的先例，可作为同类案件操作的重要参考。

该案涉及委托人的介入权与仲裁管辖两个法律问题。在该案中，笔者团队代理原告个人投资人郑某。郑某通过其作为资产委托人设立的鸿运 × 号专项资产管理计划，持有某基金财富 × 号资产管理计划 12,900 万份优先级份额。

① 《民事诉讼法》第 119 条规定：“起诉必须符合下列条件：(一)原告是与本案有直接利害关系的公民、法人和其他组织；(二)有明确的被告；(三)有具体的诉讼请求和事实、理由；(四)属于人民法院受理民事诉讼的范围和受诉人民法院管辖。”

某基金管理有限公司作为某基金财富×号资产管理计划的管理人因未及时清算导致基金净值大幅减损，故原告郑某拟主张依据《合同法》第403条[①]行使优先级委托人的权利。该案交易结构如图4－6所示。

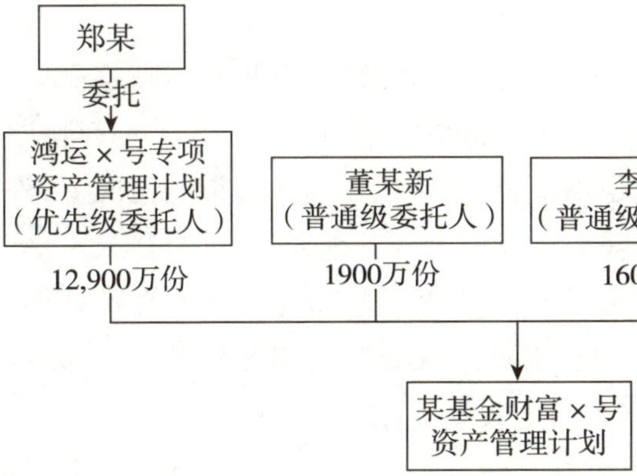

图4－6　典型案例交易结构

本案《某基金财富×号资产管理计划资产管理合同》中约定争议解决适用仲裁条款，但是由于本案基金为契约型基金，优先级委托人与三位普通级委托人之间并未直接签订合同，而是由各委托人分别与某基金管理有限公司签订了《某基金财富×号资产管理计划资产管理合同》，因为欠缺形式上能显示当事方都签字的仲裁协议，笔者在向仲裁机构立案时遇到了困难。故笔者团队向上海金融法院提起诉讼，法院出具裁定认定，虽然上述资产管理合同由资产委托人分别签署，但除了委托人的基本情况不同以外，其他内容完全一致，且原告郑某作为优先级资产委托人，与三位普通级资产委托人的权利义务亦均由资产管理合同所约定，因此，合同的分别签订不影响各资产委托人间的权利义务以及就仲裁条款达成一致的意思表示，上述仲裁条款所约束的合同当事人应包括全体资产委托人及资产管理人。

此外，上海金融法院还认为，原告郑某虽未直接签署《某基金财富×号资产管理计划资产管理合同》，但其主张依据《合同法》第403条之规定，通过鸿运×号专项资产管理计划委托人的身份行使受托人某资本管理有限公司对第三人某基金管理有限公司的权利。若依该诉讼主张，原告郑某因行使介入权而成为

① 与本条相对应的为《民法典》第926条。

《某基金财富×号资产管理计划资产管理合同》的合同当事人,则亦属于上述仲裁条款约束的对象。

四、要点总结与建议

在一些资管纠纷中,本身资管合同项下的法律关系相对清晰且简单,请求权基础也比较明确,若由资管产品(或管理人)直接起诉,将会是一起普通且典型的资管纠纷。但是,在管理人拒不配合、拒绝以其名义起诉的情况下,许多案件因为诉讼主体适格性的问题,需要让投资人或其他通道方取得资管合同项下资金融出方之合同权利,从而导致案件的难度大幅增加。由上文不难得出,若管理人拒绝以其名义起诉,且不配合出具现状分配的相关材料,投资人以自己名义直接起诉的操作路径最可行的可能仅剩委托人介入权一条。

但无论选择哪条路径,本案相应的诉讼成本和工作内容都势必会增加,并且相应的诉讼风险将随之升高,而对诉讼结果的确定性和把握性也在相应下降。特别是,考虑到资管业务纠纷的新颖性,很多法院对该类案件及其交易背景相对陌生,对于业内常见的交易安排和交易结构不够了解和熟悉,审判思路上可能会机械地套用一般合同纠纷的思路,以至于可能在最初接触案件时无法准确把握真正的争议焦点和核心问题,需要律师花费比较大的力气说服和引导法官的审判思路。若管辖法院地处边陲内陆,根据笔者以往的办案经验,当地的司法环境和司法状况有可能会滞后于沿海地区,法官对于法律问题的理解可能相对保守和机械,这也会在一定程度上影响到案件推进的顺利程度。

鉴于以上情况,在投资人无其他救济途径推动的情况下,委托人介入权确实提供了一条可行的路径,但投资人行使介入权时可能会碰到理论和实践等多重困境。

第四节　投资人退出救济途径之代位诉讼、派生诉讼

在融资方的相应债务已到期或回购义务已满足回购条件时,基金管理人应当要求融资方履行相应的清偿或支付义务。但是在基金管理人怠于履行职责或是处于失联状态时,融资方的违约行为会导致投资人的权益难以得到保障。此时,投资人可以以基金或自己的名义,绕过基金管理人直接向融资方提起诉讼,主动维护自身的合法权益。除了笔者在前两节分析的更换管理人与行使委

托人介入权之外，私募基金投资人可以寻求的法律救济途径还包括派生诉讼和债权人代位诉讼两种路径。

股东派生诉讼，是指在公司合法权益受到董事、监事、控制股东以及高级管理人员等主体侵害，而公司本身由于某种原因怠于起诉或者拒绝起诉，公司股东尤其是中小股东，本着维护公司整体利益的目的，依法以自己的名义向法院提起诉讼，最终诉讼结果归属于公司而非起诉股东的一种诉讼制度。[①]

有限合伙人的派生诉讼与股东派生诉讼类似，是指当有限合伙企业的执行事务合伙人怠于行使权利导致合伙企业的合法权益遭受不法侵害时，有限合伙人按照法律规定以自己的名义提起诉讼。

债权人代位诉讼，是债权人在满足法律规定的条件时，代债务人之位，以债权人自己的名义向次债务人主张债务人享有的债权。

股东派生诉讼、有限合伙人派生诉讼与债权人代位诉讼存在很多相似点：这三类诉讼都涉及三方主体，且诉讼的原告与被告无直接法律关系；诉讼的起因都是一方怠于行使权利；都表现为一方可以依法代替有权一方通过诉讼形式向第三方主张权利。

派生诉讼与债权人代位诉讼的差异主要源于三方主体的关系不同，也因此两者的诉权基础存在差异，从而导致诉权行使条件、程序设置的不同。在股东派生诉讼、有限合伙人派生诉讼中，股东或有限合伙人与公司、合伙企业的关系显然不能简单归结于债权债务关系，而在债权人代位诉讼中，债权人与债务人、债务人与次债务人之间均为债权债务关系。在派生诉讼中，股东、有限合伙人须是为企业利益提起诉讼，诉权基础为“共益权”；而在代位诉讼中，债权人是为自己的利益提起诉讼的，诉权基础乃是“自益权”。

在诉讼利益归属的问题上，依传统的债法理论，债权人通过代位行使债权所获得的财产应先归入债务人责任财产，再按照债的清偿规则在债权人之间进行分配，这种规则被称为“入库规则”。但是“入库规则”使行使代位权的债权人必须与其他债权人平等受偿，使债权人行权的积极性受到打击。考虑到这一点，我国《合同法》关于债权人的代位权的规定并没有明确这项规则，回避了债

① 参见李浩：《股东派生诉讼研究》，吉林大学2010年博士学位论文。

权人行使代位权的结果归属问题。《合同法司法解释(一)》[①]对传统理论进行了突破,明确规定债权人有权直接受领通过代位权诉讼取得的利益。但对于股东派生诉讼和有限合伙人派生诉讼,仍旧遵循类似的规则,即将诉讼利益归于公司或合伙企业,而不是直接由提起诉讼的一方受领。

下文将针对不同类型的私募基金,具体分析私募基金投资人通过派生诉讼和代位权诉讼寻求法律救济的可行性。

一、债权人代位权诉讼

我国《民法典》第535条赋予了债权人代位权:“因债务人怠于行使其债权或者与该债权有关的从权利,影响债权人的到期债权实现的,债权人可以向人民法院请求以自己的名义代位行使债务人对相对人的权利,但是该权利专属于债务人自身的除外。代位权的行使范围以债权人的到期债权为限。债权人行使代位权的必要费用,由债务人负担。相对人对债务人的抗辩,可以向债权人主张。”《民法典》对“债权人的代位权”表述较《合同法》第73条[②]更为规范、准确,同时也明确了相对人的抗辩权。

债权人代位权制度是对合同“相对性原则”的突破,目的是对债权进行保全。当债务人的责任财产存在不当减少的风险从而影响债务清偿能力时,法律允许债权人采取积极手段保全债务人的总财产,以确保自身债权的实现。但是毕竟债权具有相对性,为了平衡“保护债权人”和“保障交易自由”,根据法律及司法解释的规定,债权人行使代位权必须符合下列条件:(1)债权人对债务人的债权合法;(2)债务人怠于行使到期债权,对债权人造成损害;(3)债务人的债权已到期;(4)债务人的债权不是专属于债务人自身的债权。

(一)实操难点

在私募基金失职或失联的情形下,投资人依据《民法典》第535条提起诉讼

---

① 参见《合同法司法解释(一)》第20条规定:“债权人向次债务人提起的代位权诉讼经人民法院审理后认定代位权成立的,由次债务人向债权人履行清偿义务,债权人与债务人、债务人与次债务人之间相应的债权债务关系即予消灭。”

② 《合同法》第73条规定:“因债务人怠于行使其到期债权,对债权人造成损害的,债权人可以向人民法院请求以自己的名义代位行使债务人的债权,但该债权专属于债务人自身的除外。代位权的行使范围以债权人的债权为限。债权人行使代位权的必要费用,由债务人负担。”

时，难点主要在于证明投资人是否享有对私募基金或其他资管产品“具有金钱给付内容”的“到期”债权，而这恰是投资人行使诉权的首要条件。

在合伙型私募基金中，主要的问题是投资人与合伙企业之间是否存在债权债务关系，投资人是否对合伙企业享有债权。有观点认为，投资人与合伙企业之间是投资关系，作为有限合伙人的投资人的出资并非借款，合伙企业并没有到期还本付息的义务，因而不适用《民法典》合同编的规定。在公司型私募基金中，因为投资人通常为公司股东，基金管理人为公司本身或公司委托的管理公司，投资人与公司之间、与基金管理人之间，均难以认定存在债权债务关系，投资人无法依据《民法典》合同编中债权人的代位权来寻求救济。

契约型私募基金的组织形式较为特殊，其不具有独立的法律主体资格，也并非类似有限合伙企业有一个可进行工商登记的实体，私募基金管理人通过与投资人订立基金合同设立基金、管理财产。笔者认为，投资人如果要依据合同法之规定行使债权人的代位权，则在投资人与管理人、管理人与第三方之间均需存在合法债权。

实践中，若不存在管理人承诺保本保收益的情况，投资人向管理人主张责任大多是基于违约的损害赔偿主张，笔者认为，这可能并不符合代位权中要求的到期金钱给付债权的要求。此外，私募基金往往期限较长且可能存在展期的情况，如此一来，当私募基金尚在运作期时，投资人主张私募基金对其清算分配已到期则可能存在争议。

（二）典型案例

司法实践中，投资人通过债权人代位权诉讼成功主张的案例较少。在信达投资有限公司诉河北融投置业有限公司等代位权纠纷案[①]中，法院支持了私募基金投资人以债务人怠于行使其债权或者与该债权有关的从权利，影响债权人的到期债权实现为由提起的债权人代位诉讼。本案交易结构如图 4－7 所示。

该案法院认为，《入伙协议》《合伙协议》的内容符合《合伙企业法》的规定，信达投资的诉讼请求具有法律和合同依据，且融实投资认可信达投资向其主张的债权，因此，信达投资对融实投资享有合法的到期债权。同时，融实投资对融

① 参见河北省高级人民法院（2015）冀民二初字第 19 号民事判决书、最高人民法院（2016）最高法民辖终 94 号民事裁决书。

投置业享有合法到期债权，融实投资、管理人并未就此债权提起诉讼或仲裁，且融实投资表示已无其他财产可用于归还对信达投资的债务，故，融实投资、管理人怠于向融投置业主张欠款的行为，已对信达投资的合法利益造成侵害。因此，信达投资要求融投置业直接向其归还欠款的主张，符合《合同法》第 73 条的规定。

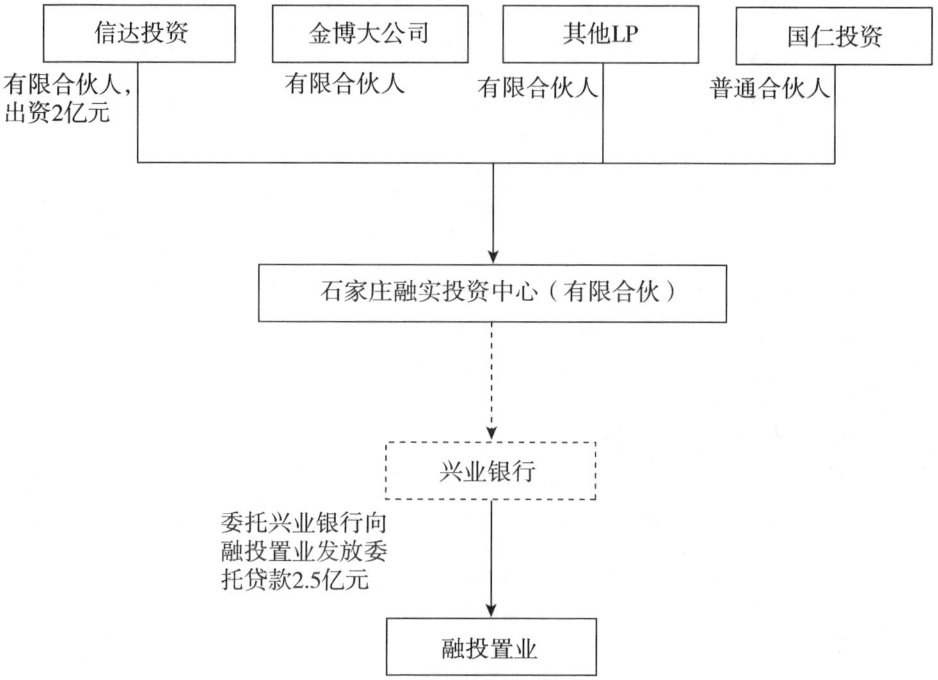

图 4－7　典型案例交易结构

然而，该案在因管辖权异议上诉至最高人民法院时，最高人民法院认为，投资人代位权的来源是《合伙企业法》第 68 条，而非《合同法》第 73 条。最高人民法院认为："根据《中华人民共和国合伙企业法》第六十八条第二款第七项的规定，有限合伙人有权在'执行事务合伙人怠于行使权利时，督促其行使权利或者为了本企业的利益以自己的名义提起诉讼'。信达公司在融实投资和管理人未能及时主张债权并依法收回贷款的情况下，以自己名义提起本案诉讼符合法律规定。"

最高人民法院在安徽瑞智房地产开发有限公司与焦某等借款合同纠纷上

诉案[①]（以下简称"安徽瑞智案"）中认为："焦某、刘某、李某红与和信投资中心的关系，并非债权人与债务人的关系，而是有限合伙人与合伙企业的关系，不能适用《中华人民共和国合同法》第七十三条规定。"其后亦依据《合伙企业法》的规定认可了投资人的代位权。

从上述案例可以看出，对于私募基金投资人能否依据《合同法》第73条提起债权人代位权诉讼在实践中存在争议。如果投资人与基金管理人之间存在明确、直接的债权债务关系，则较有可能被法院认定为符合该条规定。

二、派生诉讼

股东派生诉讼和有限合伙人派生诉讼都具有代位性与代表性。一方面，股东代公司之位提起诉讼，有限合伙人代合伙企业之位提起诉讼；另一方面，提起诉讼的股东、有限合伙人还代表了处于同样法律地位的其他股东、合伙人。这两类诉讼的区别主要在于是否有前置程序，这是由两类实体不同的组织结构决定的。

（一）公司型私募基金

在公司型私募基金中，基金的组织形式为公司，投资人出资成为公司的股东，私募基金管理人可能是公司本身，也可能是公司委托的基金管理公司。当管理团队违背忠实和勤勉义务，纵容他人侵害公司利益时，股东可以根据《公司法》第151条[②]提起"股东派生诉讼"。

根据我国《公司法》的规定，投资人在提起股东派生诉讼时，满足关于诉讼

---

① 参见最高人民法院（2016）最高法民终756号民事判决书。

② 《公司法》第一百五十一条　董事、高级管理人员有本法第一百四十九条规定的情形的，有限责任公司的股东、股份有限公司连续一百八十日以上单独或者合计持有公司百分之一以上股份的股东，可以书面请求监事会或者不设监事会的有限责任公司的监事向人民法院提起诉讼；监事有本法第一百四十九条规定的情形的，前述股东可以书面请求董事会或者不设董事会的有限责任公司的执行董事向人民法院提起诉讼。

监事会、不设监事会的有限责任公司的监事，或者董事会、执行董事收到前款规定的股东书面请求后拒绝提起诉讼，或者自收到请求之日起三十日内未提起诉讼，或者情况紧急、不立即提起诉讼将会使公司利益受到难以弥补的损害的，前款规定的股东有权为了公司的利益以自己的名义直接向人民法院提起诉讼。

他人侵犯公司合法权益，给公司造成损失的，本条第一款规定的股东可以依照前两款的规定向人民法院提起诉讼。

主体的要求,且必须完成所有前置程序。根据该法第151条的规定,只有有限责任公司的股东、股份有限公司连续180日以上单独或者合计持有公司1%以上股份的股东才有资格提起派生诉讼,对于起诉第三人的诉讼,满足主体资格要求的股东首先需要向监事会提出书面请求(如果监事会有第149条[①]的情形,则向董事会提出),在监事会或监事(董事会或执行董事)拒绝提起诉讼,或者自收到请求之日起30日内未提起诉讼的,提出请求的股东才可以提起派生诉讼。

考虑到特殊情况,立法者也规定了前置程序的例外,即"情况紧急、不立即提起诉讼将会使公司利益受到难以弥补的损害的,前款规定的股东有权为了公司的利益以自己的名义直接向人民法院提起诉讼"。但如果股东想依据该规定绕过监事会、董事会直接提起诉讼,则股东就必须提供相应的证据证明"情况紧急"。至于情况是否紧急,是否不立即提起诉讼就会使公司利益受到难以弥补的损害,则完全由法官根据个案情况自由裁量,实践中操作的难度较大。

(二)合伙型私募基金

在有限合伙型私募基金中,私募基金管理人通常担任合伙企业的执行事务合伙人,投资人为有限合伙人,根据《合伙企业法》的规定,有限合伙人不执行合伙事务,不得对外代表有限合伙企业,执行事务合伙人负责有限企业的运营管理、对外投资与收益分配。当执行事务合伙人怠于履行职责或是下落不明时,合伙企业的权利即难以得到实现。对此,《合伙企业法》第68条规定,有限合伙人的以下行为不视为执行合伙事务:"……(七)执行事务合伙人怠于行使权利时,督促其行使权利或者为了本企业的利益以自己的名义提起诉讼。"该条从法律上明确了有限合伙人可以提起派生诉讼,即有限合伙人可以为合伙企业的利益直接以自己的名义向第三方提起诉讼。有限合伙人派生诉讼的三个要件为:以有限合伙人自己的名义提出、执行事务合伙人怠于行使权利、为了合伙企业的利益。

本节提及的"安徽瑞智案"是我国首例有限合伙人派生诉讼胜诉案件,该案的焦点之一为执行事务合伙人是否怠于行使权利。最高人民法院在判决中认为,案涉委托贷款到期后不提起诉讼或仲裁,即为怠于行使权利。该案的另一

① 《公司法》第一百四十九条　董事、监事、高级管理人员执行公司职务时违反法律、行政法规或者公司章程的规定,给公司造成损失的,应当承担赔偿责任。

焦点为有限合伙人是否有权提起诉讼，最高人民法院认为，《合伙企业法》第 68 条第 2 款第 7 项规定，执行事务合伙人怠于行使权利时，有限合伙人督促其行使权利或者为了本企业的利益以自己的名义提起诉讼，不视为执行合伙事务。该条款赋予了合伙企业的有限合伙人以自己的名义代表合伙企业提起诉讼的权利，且并未限定其在个人出资额范围内提出诉讼请求，只要满足以合伙企业的利益为目的这一要求即可，合伙协议也并未要求全体有限合伙人一致同意才能提起诉讼。焦某、刘某、李某红代表北京和信恒轩投资中心（有限合伙）提起诉讼，既符合合伙协议的约定，又不违反《合伙企业法》的规定。

三、要点总结与建议

除了更换管理人与行使委托人介入权外，债权人代位权诉讼与派生诉讼可能是投资者救济无门时可行的路径。债权人代位权诉讼与派生诉讼两者的相同点在于都涉及三方主体，且诉讼的原告与被告无直接法律关系，主要的不同点在于债权人代位权诉讼是为了自己的利益而提起，通过代位权诉讼所获得的利益直接归属于债权人自己，而派生诉讼是为了公司或合伙企业的利益而提起，通过派生诉讼所获得的利益归属于公司或合伙企业。

不过，相较更换管理人与行使委托人介入权而言，提起债权人代位权诉讼或派生诉讼的难度可能更大。这两种制度均涉及第三方，都可能面临私募基金或其他资管产品被列为第三人（或被告）的情况，若私募基金或其他通道类资管产品不予配合或与代理律师所在律所存在利益冲突，则在诉讼中可能会受阻。除此之外，对于债权人代位权诉讼而言，本身私募基金此种交易结构下，欲证明三方或多方交易符合代位权中要求的到期金钱给付债权的要求往往比较困难；而无论是公司股东派生诉讼还是合伙企业有限合伙人派生诉讼，均应证明管理人怠于为私募基金行使权力，“情况紧急”，不立即提起诉讼就会使公司或合伙企业利益受到损害，这在实践中操作的难度较大。同时，在司法实践层面，通过债权人代位权诉讼或派生诉讼寻求救济的案例较少，通过这两种制度寻求救济还有许多难点尚待突破。

第五章

私募基金托管纠纷

第一节　私募基金托管人的法律定位与职责分析

2018 年 7 月 13 日，基金业协会在官方微信公众号发布关于上海意隆等 4 家私募基金管理人实际控制人失联事件（以下简称基金管理人失联事件）的公告，要求托管银行在私募基金管理人无法正常履行职责的情况下，按照《证券投资基金法》规定和基金合同的约定，切实履行共同受托职责，包括通过召集基金份额持有人大会和采取保全基金财产等措施，尽最大可能维护投资者权益。

对此，中国银行业协会（以下简称中银协）首席法律顾问卜祥瑞在 2018 年 7 月 23 日接受有关媒体采访时认为，银行作为私募基金托管机构，依法依约履行托管职责，依法不承担“保全基金财产”的连带责任。同日，中银协首席经济学家巴曙松也明确表示，在私募基金管理人的实际控制人失联的情况下，不宜将接管责任超出约定及法定范围延伸到托管机构。

2019 年 3 月 18 日，中银协发布《中国银行业协会商业银行资产托管业务指引》，取代 2013 年发布的《商业银行托管业务指引》，明确了托管银行的资产保管、资金清算、核算估值、投资监督、信息披露、独立建账、资料保管等职责。除此之外，该指引以列举的方式排除了托管人的部分职责，对厘清基金托管人的职责边界有一定参考意义。不过也有观点认为，该指引有撇清托管银行责任、削弱托管人的监督职能之嫌，使其成为一个消极被动的“资金安全保管人”的角色，从而违背设立托管人的立法原意。

基金业协会与中银协先后发表观点，两大自律组织意见相左，使实务中对私募基金托管人的职责边界讨论不断。加上目前尚无统一的法律、行政法规对私募基金的投资运作进行监管规范，投资人、管理人和托管人之间的权利、义务关系主要通过合同约定来予以明确。在涉及多方主体的合同关系的情况下，分析私募基金托管人的职责问题，首先应明晰投资人与托管人之间的法律关系，在明确托管人在私募基金中的法律地位后，结合规范和实务情况确定托管人的具体职责边界，最后才是讨论托管人责任承担的问题。

本节试图对上述问题作出解答，为此首先从法理角度分析投资人与托管人是否构成信托关系，从“共同行为”角度分析要求托管人承担连带责任是否具有请求权基础，最后结合私募基金运作实务探讨托管人的职责边界，得出一些初步的结论。

一、投资人与托管人之间的法律关系

（一）应依据合同相对性原则判断

确定投资人与托管人之间的法律关系应坚持合同相对性原则为根本出发点。实务中对基金托管业务中的法律关系有诸多讨论，主要围绕着是不是信托关系、委托合同关系、保管合同关系等范围进行探讨。不过，对于基金托管业务中的法律关系属于债权法律关系应无异议。投资人、管理人、托管人通过签署不同类型的合同，投资人将其财产委托给基金管理人进行管理，基金托管人进行托管，并在合同中明确各方的权利义务和职责范围。

根据组织形式的不同，可将私募基金分为契约型私募基金、合伙型私募基金和公司型私募基金。契约型基金一般是由投资人、管理人、托管人直接签署基金合同，合伙型基金、公司型基金一般是设立合伙企业或者公司之后，由合伙企业或公司与基金管理人、托管人签署托管协议。

根据合同相对性原理，虽然合伙型基金、公司型基金中托管协议与契约型基金中基金合同对托管人职责的约定并无实质差别，不过二者在不同环节签署不同合同，如果投资人与投管人发生纠纷，在基金合同、托管协议真实有效的情况下，一般会遵循合同相对性的原则来认定各方的法律关系和纠纷的案由。契约型基金中的投资人可选择违约救济或侵权救济，而合伙型基金、公司型基金只能以侵权责任法主张托管人承担侵权赔偿责任。一般侵权责任以“过错”为构成要件，在考虑托管人是否构成侵权时，托管人是否存在违反托管协议约定之情形是认定托管人是否存在过错的重要考量因素。

例如,在陆某锋、中国农业银行股份有限公司绍兴越城支行侵权责任纠纷案[1]中,与托管人签署托管协议的是合伙企业而非投资人,因此案由定为侵权责任纠纷而非合同纠纷,同时法院认为,投资人与托管人之间并不存在合同关系,不可能存在违反约定义务的情形,即使托管人有违反托管协议的行为,也仅损害签署托管协议的合伙企业及其他三位投资人的利益,而非原告投资人的利益。

(二)投资人与托管人是否构成信托关系

《信托法》第 2 条规定,信托是指委托人基于对受托人的信任,将其财产权委托给受托人,由受托人按委托人的意愿以自己的名义,为受益人的利益或者特定目的,进行管理或者处分的行为。信托作为一种财产管理制度,其核心内容是“得人信任,受人之托,代人理财,履人之嘱”。[2]

有观点认为,托管人接受投资人的委托履行托管职责,为投资人的利益进行托管,符合《信托法》第 2 条对信托的定义,投资人与托管人之间的关系符合信托关系的要件,投资人与托管人之间的法律关系属于信托关系,管理人与托管人作为投资人的共同受托人共同履行受托义务。在私募基金管理人失联事件发生后,基金业协会公告中“切实履行共同受托职责”的说法,以及在 2017 年 3 月 1 日基金业协会发布的《私募投资基金服务业务管理办法(试行)》的起草说明中其采用的“考虑到基金管理人与基金托管人是共同受托人,相互制衡、互相监督”的措辞似乎也印证了这一观点。

然而,从现代信托的制度本源分析,托管人与投资者间的关系似乎并不属于信托关系的范畴。托管人承担的应当是合同义务而非信托关系项下的信托义务。现代信托起源于英国,对信托关系的研究尤以英美法系为深。关于信托关系的认定大致有形式主义、功能主义以及道德主义三种主流学说,具体详见表 5 - 1。[3]

---

① 参见浙江省绍兴市中级人民法院(2016)浙 06 民终 4189 号民事判决书。

② 参见卞耀武主编:《中华人民共和国信托法释义》,法律出版社 2002 年版。

③ 参见陶伟腾:《基金托管人之义务属性辨析:信义义务抑或合同义务?》,载《南方金融》2019 年第 10 期。

表 5－1　信托关系的三种主流学说

学说	具 体 内 涵
形式主义	信义义务来源于信义权力。信义权力派生于法律人格，信托的本质就是让渡自己的部分人格，使受托人在一定范围内被假定是委托人的人格持有者，有权利以委托人名义行事并承担相应责任。信义权力的特征有三：一为自由裁量性；二为明确限制性；三为利他性。 托管人虽然与投资者签订了托管合同，却未获得投资者法律能力上的让渡，无权支配投资资金；从自由裁量性看，托管人并无自由裁量权，仅可单纯地进行监督并执行管理人的指令及配套性工作；从实质利益层面看，托管人的行为不会直接导致投资者利益的增减，最多是消极意义上的防范减损。从形式主义看，托管人显然并不具备信义权力
功能主义	信义义务的产生是为了防范受托人的机会主义的泛滥。管理人实际控制投资者的财产，天然地会产生道德风险，若不在法律法规层面加以规制，仅从基金合同和实践案例的角度难以判定托管人存在道德风险。首先，从基金合同的内容看，对管理人的义务多为限制性规定附以兜底性条款的全面防范，而托管人的义务更多偏向于监督、保管等消极防范；其次，托管人缺乏引发道德风险的动机，一般更加注重自身声誉，与管理人的风险收益相比，托管人基本采用较低固定费率的收费方式。违法成本与收益的悬殊使信义义务失去了存在价值
道德主义	信义义务是在信任基础上的利他承诺，其具有三大要素：信任基础、信义承诺以及利他属性。信任基础强调委托人对受托人的品德及能力的信任；信义承诺强调受托人愿为委托人利益接受一定的约束；而利他属性则是强调受托人不可有任何自利动机。实践中对比管理人，似乎托管人的品德与能力并非投资者的主要考虑因素；托管人在托管合同中也缺乏勤勉尽责的承诺；法律对托管人的要求缺乏兜底性的限制，实践中较为常见的托管人免责条款的存在也体现了托管人的自利倾向

将管理人与托管人作为投资人的共同受托人在现行法律体系上也会造成法律适用的混乱。根据《信托法》第 32 条的规定，管理人与托管人应就违反基金目的处分基金财产或者因违背管理职责、处理管理事务不当致使基金财产受到损失的情形承担连带赔偿责任。与之相对应，《证券投资基金法》第 145 条规定，基金管理人、基金托管人在履行各自职责的过程中，违反《证券投资基金法》规定或者基金合同约定，给基金财产或者基金份额持有人造成损害的，应当分别对各自的行为依法承担赔偿责任；因共同行为给基金财产或者基金份额持有人造成损害的，应当承担连带赔偿责任。

因此,托管人在理论上难以被界定为信托关系中的受托人,这一结论同样也能通过立法实践加以认证。《证券投资基金法》第3条虽规定管理人和托管人依照该法及基金合同的约定履行职责,却并未明确将两者界定为"共同受托人",当2012年《证券投资基金法》修订草案向社会征求意见时,草案曾将两者定性为"共同受托人",而现行版本并未采用此种表述则说明立法机构并不认同"共同受托人"的观点。

(三)私募基金托管人是否应适用《证券投资基金法》的规定

不过,《证券投资基金法》第2条规定,该法仅适用于在中华人民共和国境内公开或者非公开募集资金设立的证券投资基金。若要求托管人按照《证券投资基金法》的规定履行职责,却不适用《证券投资基金法》关于责任承担的规定,而无论托管人与管理人是否为分别行为,直接适用《信托法》共同受托人连带责任的规定,在国内现行实践中显然有悖公平合理。就私募基金托管人能否适用《证券投资基金法》的规定,笔者在此进一步分析如下。

首先,从目前的法律规范来看,自2012年12月28日修订的《证券投资基金法》将非公开募集资金设立的证券投资基金纳入《证券投资基金法》的适用范围中来,虽然《证券投资基金法》并未将非证券类私募基金纳入监管范围,但是在实践发展过程中,非证券类私募基金广泛存在,并且由国务院、中银协、证监会在规章及规定层面上予以规范。例如,2013年8月3日,中银协发布《商业银行托管业务指引》,[①]将股权投资基金纳入托管业务范围;2014年8月21日,证监会发布并实施《私募投资基金监督管理暂行办法》(证监会令第105号),明确规定私募投资基金财产的投资包括买卖股票、股权、债券、期货、期权、基金份额及投资合同约定的其他投资标的;2014年5月28日,国务院发布并实施《关于进一步促进资本市场健康发展的若干意见》(国发〔2014〕17号),将股权投资基金纳入私募投资基金范畴。

其次,《证券投资基金法》第89条、第94条规定了私募基金管理人向基金行业协会登记、报送、备案、报告以及向证监会报告等义务,该义务在《私募投资基金监督管理暂行办法》第7条、第8条、第10条中进行规定。根据行政规章的制定原则,部门规章规定的事项应当属于执行法律或者国务院的行政法规、

① 该指引已于2019年3月18日被《中国银行业协会商业银行资产托管业务指引》废止。

决定、命令的事项,没有上位法依据,部门规章不得设定减损公民、法人和其他组织权利或者增加其义务的规范,不得增加本部门的权力或者减少本部门的法定职责。

《私募投资基金监督管理暂行办法》这一部门规章,系根据《证券投资基金法》、国务院《关于进一步促进资本市场健康发展的若干意见》而制定。国务院《关于进一步促进资本市场健康发展的若干意见》虽将股权投资基金纳入私募投资基金范畴,但并未规定私募基金的监管标准,同时在效力层级上,国务院该意见仅为国务院规范性文件。若《证券投资基金法》将私募股权投资基金排除在外,那么《私募投资基金监督管理暂行办法》对私募基金管理人及托管人的监管则缺少了上位法依据。

最后,在私募基金法律、行政法规及司法解释缺位,存在"法律漏洞"的情况下,可援引类推解释的方法论证分析。证券类私募基金与非证券类私募基金均是以非公开募集资金的方式设立的投资基金,二者核心的区别在于基金财产的投资标的不同,证券类私募基金主要投资于公开交易的股份有限公司股票、债券、期货、期权、基金份额以及中国证监会规定的其他证券及其衍生品种,私募股权投资基金主要投资于非公开交易的企业或具体项目股权。此外,由于投资标的的不同,二者的投资风险也存在差异,一般而言,相较于证券类私募基金,私募股权投资基金的投资风险高得多。

2012 年修订的《证券投资基金法》将私募基金纳入规范范围,但仅规定私募证券投资基金适用《证券投资基金法》,其中一方面的原因是未能预见到私募股权投资基金在日后的实践中广泛存在;另一方面,除了特殊的通道类业务之外,大多数管理人和托管人可通过基金合同、托管协议以及相关法律法规来明确各自在管理、运用、监督方面的职责。设置基金托管人的角色主要是基于分工协作、互相监督的目的,因此信托法中受托人的职责分解成了不同主体。一般而言,基金管理人负责基金的募集、投资决策、运作管理;托管人负责执行基金财产的保管和对基金管理人的监督。

从设立托管人的原因及目的来看,私募股权投资基金关于托管人的职责问题适用《证券投资基金法》的规定并未违反《证券投资基金法》立法的目的,私募基金托管人按照《证券投资基金法》的规定履行托管义务符合监管之义。

二、托管人与管理人是否构成共同侵权

从信托法的角度，托管人与管理人并未“共同处理信托事务”，因为共同受托人的本质是“共同意思表示+共同行为”，受托人之间充分协商，其所做出的具体行为的性质和目标应当是相同的，即使《信托法》第31条规定共同受托人在某些事务上可以分别处理，但在主要事务上仍应共同处理。但事实上托管人与管理人的行为内容与目的则大相径庭。笔者认为，无其他约定或规定的情况下，托管人与管理人未构成共同侵权时，缺乏承担连带责任的请求权基础。

在民商法领域判断“共同行为”一般存在以下几种情形：第一，双方存在共同故意；第二，双方存在共同的意思联络；第三，双方存在共同过错；第四，共同关联说。《民法典》第168条规定，二人以上共同实施侵权行为，造成他人损害的，应当承担连带责任。而侵权行为法传统上采共同过错说，认为共同侵权行为的本质特征在于数个行为人对损害结果具有共同过错，既包括共同故意，也包括共同过失。

（一）是否存在过错

在司法实务中，通常认为共同侵权行为的最本质特征，就是意思联络，只有存在主观上的共同故意，才能够将数个不同行为人的行为结合成一个行为，数个不同的行为人才应当对外承担一个完整的责任，就是连带责任。在私募基金管理人失联或涉嫌其他经济犯罪的情况下，托管人显然与管理人之间不存在共同故意，侵害投资人财产。

即使按照最新的观点，采纳我国台湾地区的“立法”、法律实务以及学理的主要主张，即采用共同关联说作为共同侵权行为的本质特征。共同关联说认为，数人共同不法侵害他人之权利者，对于被害人所受损害，所以应负连带责任，系因数人的侵权行为具有共同关联性。所谓共同关联性，即数人的行为共同构成违法行为的原因或条件，因而发生同一损害，分为主观的共同关联性与客观的共同关联性。

主观的共同关联性，是指数人对于违法行为有通谋或共同认识，对于各行为所致损害，均应负连带责任。客观的共同关联性，为数人所为违法行为致生同一损害者，纵然行为人相互间无意思联络，仍应构成共同侵权行为。这种类型的共同加害行为，其共同关联性乃在于数人所为不法侵害他人权利之行为，

在客观上为被害人因此所生损害的共同原因。

如前所述，银行托管人在主观上是无法预见到管理人会失联或发生涉嫌经济犯罪的，其主观上并不存在过失，那么谈何与管理人之间存在共同主观的共同关联？

即使采用共同客观的共同关联说，认为数人的行为对于同一个损害结果具有客观上的共同原因者，也构成共同侵权行为。在管理人失联或涉嫌其他经济犯罪的情况下，即使认定投资人存在损害后果，遭受了损失，但其遭受损失的原因是管理人自身的行为，而非托管人之监督管理行为。从客观的角度予以判断，银行托管人在这个过程中，并没有发生超越监督管理职权的行为，其管理监督行为实质上是一种"中立行为""独立行为"，履行职务行为，系合法行为。托管人没有为管理人提供便利，例如，帮助管理人开设新账户转移基金财产，或者直接协助管理人将账户内财产转移至管理人实力控制下的其他账户之中等，并不存在其协同或者帮助管理人侵害投资人基金财产的行为。因此，银行托管人之履职行为不是客观共同关联说中的行为，实质上造成投资人损害后果的客观行为系管理人之违法行为，而不是托管人之合法行为，其合法行为并不构成投资人发生损害后果的原因行为，亦不构成侵权法意义上的不法行为。

（二）是否存在共同侵害行为

银行托管人即使存在违反托管协议的行为，也仅是违反与管理人的约定，亦不是导致投资人财产损失的原因。在管理人失联或者涉嫌其他刑事犯罪等情形下，投资人的损失系管理人失职行为造成的，并非由于银行托管人的行为导致。托管人即使存在违约行为，其违约行为与投资人损失后果之间也不存在因果关系。所以，笔者认为，在确定托管人不存在与管理人共同的、积极侵害投资人行为的前提下，重点讨论的是银行托管人是否存在间接侵害行为，即银行托管人是否存在消极不作为行为，放任账户内财产出现遭受不法侵害的情况。

消极的不作为义务的来源以托管人是否具有监督人、管理人地位来予以认定。不作为的侵害行为也即间接侵害行为，内涵是：虽未直接作出侵害行为，但因为与直接侵权人之间的特殊关系或开启了一个危险源，负有监督、管理直接侵权人，防免损害发生的义务，当其未尽该义务致使损害发生时，便是实施了间接的侵害行为。上述监督、管理和保障义务来源于法定义务、约定义务，以及依据诚实信用原则按一般常识标准判断应尽的义务。

一般认为,托管银行所从事的是监管账户资金的行为,其合法合规的资金监管行为均不是直接侵害投资人财产权益的行为,而是履行自己约定和法定义务的行为。在管理人失联或者涉嫌其他经济犯罪的案例中,托管人对管理人失联或犯罪行为并不知情,其按照托管协议的约定办理托管事项,积极履行自己的义务,保证账户内资金安全,并没有放任资金遭受不法侵害。监督、防范管理人失联或涉嫌其他经济犯罪远超托管人的职责与能力范围,此时以托管人开启危险源,放任损害发生没有法律依据。

因此,笔者认为,在托管人不存在违反法定或约定监督责任的情形下,与基金管理人亦不存在客观的共同不当行为,主观上并未形成共同的意思联系,投资者要求托管人与管理人承担连带赔偿责任缺乏请求权基础。

三、私募基金托管人的职责分析

(一)私募基金托管人的一般职责

基金是以信托原理为基础而设置的,私募基金作为一种特殊的信托产品,既有信托的一般特点,又有其独特之处。在信托法律关系中,委托人、受托人和受益人这三方当事人必须同时具备,而基金中的投资人与基金份额持有人一般为同一主体,基金份额持有人/投资人(以下统称投资人)为信托法中的委托人兼受益人。此外,基金作为一种间接的投资工具,具有集合投资、分散风险、专家理财的特点,在专业化运营的同时也导致了投资者资金汇集、基金管理人管理、处分基金财产权力集中等问题,为了对基金管理人的行为形成约束,将信托中的受托人一分为二,基金管理人负责募集、投资、运作、管理、退出,基金托管人负有资产保管、交易监督、信息披露、资金清算与会计核算等职责。

对此,结合《证券投资基金法》第88条、《私募投资基金监督管理暂行办法》第21条,以及基金业协会发布的《私募投资基金合同指引》的规定,基本上确定了除基金合同另有约定外,私募基金应当由基金托管人托管的原则,并规定了基金合同中约定不托管的,应当在基金合同中明确保障私募基金财产安全的制度措施、保管机制和纠纷解决机制的例外情形。换言之,尽管由基金托管人托管基金产品并非法律法规的强制性要求,但原则上私募基金应由基金托管人托管,至少应明确财产安全的制度措施、保管机制和纠纷解决机制等安排。

《证券投资基金法》第36条、第37条规定了基金托管人主要负有资产保管、交易监督、信息披露、资金清算与会计核算等职责。如前所述，虽然《证券投资基金法》第 2 条规定该法仅适用于在中华人民共和国境内公开或者非公开募集资金设立的证券投资基金。但实践中，许多基金合同、托管协议中约定的托管人的职责是参考《证券投资基金法》中规定的托管人职责而约定的，对于其他类型私募基金的管理，该法也具有一定的参考意义。

（二）托管人职责的具体分析

设置基金托管人的立法原意是基于对投资者利益的保护，对基金管理人形成有效的制衡，对基金财产进行安全保管，对基金管理人的投资行为进行监督，因此基金托管人主要负有两大职能，一是安全保管基金财产的职能，二是互相监督的职能。在实务中，对安全保管资金的职能并无多大争议，但是基金托管人的监督义务则容易引起基金托管人的监督义务边界不清，责任无法界定的争议。基金管理人失联人事件爆发，由此引发一个问题：托管人是否对管理人实际控制人失联负有责任，是否未尽职尽责履行监督管理人投资行为的义务？对该问题，应依据基金合同、托管协议中的具体约定以及法律法规中的有关规定进行综合认定。

从资金流向上来看，由于证券类私募基金投资于标准化证券，投资款在投资者收益账户—募集资金专用账户—基金托管账户—证券三方存管账户中流转，托管人可对资金进行有效的监控；而对于非证券类私募基金，投资者将资金打入募集资金专户再转入基金托管账户后，托管人根据管理人的划款指令，审核是否超出基金合同、托管协议中约定的投资范围与投资比例，资金划出进入融资方的账户后，则脱离了托管人的监控。虽然原则上会在投资协议中约定投资到期时将到期投资款转回托管账户，但在实践中管理人违规将投资款转回个人账户也不无可能，对此托管人无法形成有效的监管，亦在其职责范围之外。

对于托管人的监督义务，《证券投资基金法》第 36 条、第 37 条规定，基金托管人应按照规定监督基金管理人的投资运作，基金托管人发现基金管理人的投资指令违反法律、行政法规和其他有关规定，或者违反基金合同约定的，应当拒绝执行，立即通知基金管理人，并及时向国务院证券监督管理机构报告。2016 年 4 月，基金业协会发布《私募投资基金合同指引》，其中《契约型私募投资基金合同内容与格式指引》亦规定了托管人的此项监督义务，但未提及向证监会报告的义务。对此，笔者认为，《证券投资基金法》中规定的托管人监督管理人投资运作的职责应仅限于管理人投资指令的审核,并且由于托管人并非真正管理、运用基金财产的主体,无法做到实质性审核。在此基础上,若托管人对管理人投资指令中的投资方向及比例是否符合基金合同或托管协议的约定进行审核,投资之后投资回报如何以及基金管理人实际控制人失联,不应归责于托管人。

此外,一方通常只有在对自己具有支配领域的空间下,才可能具有保证监督的地位。托管人只对账户具有支配地位,对账户内的资金安全负责,但对管理人并不具有绝对控制和支配的地位,不对管理人负责。因此,笔者认为,托管人并不对托管账户之外管理人行为的合规合法性负有保证监督义务。

虽然非证券类私募基金不适用《证券投资基金法》的规定,但一般情况下,托管人在基金合同或托管协议中对基金管理人的监督义务,不会超出《证券投资基金法》规定的职责范围,不会约定托管人对管理人的投资运作进行有效的监督。当然,若基金合同与托管协议中约定托管人负有对管理人的投资进行实质性审查的义务,并且应跟踪投资后资金流向的问题,则另当别论。

相反,许多私募基金托管人为了减轻自身职责,可能会采取两种方式:第一种方式是虽然约定托管人的监督义务,但是将其监督职责限制在一定范围内,例如,托管人可能约定托管人不负责保管其他处于托管人实际控制账户之外的资产,对于非由托管人管理的账户,托管人不承担保管职责;约定托管人不负责委托资产的投资管理和风险管理,不承担对委托资产所投资项目(或标的)的审核义务,对管理人的任何投资行为(包括但不限于其投资策略及决定)及其投资回报不承担任何责任;约定托管人仅对管理人提交的指令按照合同的约定进行表面一致性审查,托管人不负责审查管理人发送指令同时提交的其他文件资料的合法性、真实性、完整性和有效性。在合同意思自治的前提下,若各方在基金合同、投管协议中如此约定,托管人按约定履行义务则不应承担责任。第二种方式是基金合同、托管协议中未明确约定托管人负有监督义务。在基金合同、托管协议中未明确约定的情况下,应结合合同的性质,考察法律法规及规章制度、监管政策的规定,判断托管人的监督义务。

针对私募基金托管人的托管责任界限及承担问题,理论界与实务界众说纷纭。从笔者近期经办的多个私募基金产品百余件银行托管纠纷实务的经验来看,实务中不同投资人起诉托管人的角度亦不完全相同,其中的缘由及合理性更是值得进一步深度挖掘,下一节笔者将针对私募基金运作过程中的具体问题分析托管人的职责。

第二节　私募基金托管人具体职责的监管边界

基金管理人失联事件发生以后,大量投资者将管理人诉诸法院,其中多数投资者会将私募基金托管人列为共同被告,以托管人未履行监管职责或监管不力为由要求其承担责任。根据笔者承办的多起银行托管纠纷的实务经验来看,投资者选择将托管人列为共同被告的理由主要有以下三点:一是托管人在监管托管账户时可能确实存在不符合基金合同约定或未切实履行监督管理职责的行为;二是托管人保管托管账户,掌握托管账户资金流水情况,这对判断管理人是否失职十分关键,因此将托管人列为共同被告是获取案件证据的重要途径;三是增加一位共同被告并不会增加原告的诉讼成本,相反,托管人往往是商业银行,其资金雄厚,有足够的资金背书,因而大多投资者即使没有请求托管人承担责任的依据,往往也会选择将托管人列为共同被告。

在托管纠纷中投资者诉请托管人承担责任的方式也有所不同,或为连带责任,或为单独责任。责任承担方式的不同反映出托管人地位及身份的区别。根据《信托法》第 32 条的规定,任一共同受托人违反信托目的处分信托财产或者因违背管理职责、处理信托事务不当致使信托财产受到损失的,其他受托人应当承担连带赔偿责任。因此若托管人被认定为共同受托人,无论托管人在主观上是否存在过错、过失,在客观上是否存在失职行为,都应就基金财产的不当损失与管理人承担连带责任。

如笔者在上一节所分析的,认定托管人为共同受托人并不仅仅意味着简单的连带责任,共同受托人的本质是"共同意思表示 + 共同行为",受托人之间充分协商,其所做出的具体行为的性质和目标应当是相同的。这也就意味着托管人的监管义务需要渗透到管理人的日常工作中,此种情况下托管人的监管义务为实质审查义务。因为两者的行为应当具有高度共同性,一旦托管人的义务缺位,面临的是将其与管理人间内部责任承担的倾斜。

当托管人的义务被定性为基于托管合同的合同义务①时,作为与管理人相独立的主体,其监管义务就难以深入管理人的基金运作日常中。受限于国内托管现状,在实践中除安全保管基金财产、复核基金净值、编制财务报告等职责之

① 为免疑义,本书所称托管人,除明确说明外,均为契约型私募基金托管人。

外，托管人一般仅负有审查管理人的划款指令是否与预留样式表面性相符，划款用途是否符合基金合同约定的投资范围，是否违反法律法规的规定及基金合同的约定等义务。此种情况项下托管人的监管义务为形式审查义务。在契约损害赔偿层面，为免于损害赔偿，托管人需要依据托管合同证明其尽到了包括形式审查在内的合同义务；而在侵权损害赔偿层面，托管人承担责任的另一重要前提则是其过错与基金财产损失间的因果关系。若投资者主张托管人对基金财产的不当损失承担侵权损害责任，那么投资者不仅需要证明托管人未尽到审查义务存在过错或过失，还需要证明托管人之行为与基金财产的不当损失之间的因果关系的成立。

依据现代信托理论、信托法体系以及《证券投资基金法》的立法历史看，托管人均与信托关系中的共同受托人相去甚远。这一点也同样可从司法实践中加以验证。[①] 但不与管理人共同对基金财产的不当损失承担连带责任，并不意味着托管人的全部监管义务均为形式审查义务。《证券投资基金法》第37条规定，基金托管人发现基金管理人的投资指令或依据交易程序已生效的投资指令违反法律、行政法规和其他有关规定，或者违反基金合同约定的，应当拒绝执行，立即通知基金管理人，并及时向国务院证券监督管理机构报告。从文义解释角度看，该条并不能使托管人从实质审查义务中豁免，恰好相反，该规定要求托管人对投资指令的审查义务须经过法律、行政法规和其他规定的筛查，那么这样的审查要求是否可等同于实质审查？因此托管人的监管义务在形式审查与实质审查的定性中仍含混不清。本书将试图从法律分析及司法案例的角度入手，以几大具体情形下托管人的义务为视角，论证私募基金托管人的职责边界。

一、托管人对基金产品备案的审查义务

在私募基金行业乱象频发的情况下，私募基金产品未备案，不符合基金业协会合规监管的要求，容易诱发管理人做出诸如超越监管投向禁止或限制领域、忽视投资者权益为自己谋利，甚至非法集资等违法违规行为。在管理人权力过大，缺乏有效制衡，容易诱发道德风险的情况下，是否应转变托管人消极被

---

① 参见河北省保定市竞秀区人民法院（2017）冀0602民初1706号民事判决书、北京市第二中级人民法院（2017）京02民初350号民事判决书。

动的地位,要求托管人承担实质审查的义务?对此笔者认为,即使假设托管人负有监督审核基金产品备案的义务,该义务也仅限于形式审查。

(一)登记及备案对基金合同效力的影响

在法律层面,《证券投资基金法》规定私募证券投资基金在募集后应向基金业协会备案;部门规章层面,《私募投资基金监督管理暂行办法》《私募投资基金管理人登记和基金备案办法(试行)》等相关规定均要求私募基金募集完成后办理备案手续。履行备案手续的主体均为私募基金管理人。

笔者在本书第三章第一节"投资阶段基金管理人的职责"中已分析私募基金产品未备案对基金合同效力的影响。私募基金产品未备案,是否导致合同无效,关键在于上述法律法规关于备案的规定是否为效力性强制性规定。结合《证券投资基金法》第134条、[①]《私募投资基金监督管理暂行办法》第38条、[②]《私募投资基金管理人登记和基金备案办法(试行)》第30条[③]等规定,私募基金产品未备案的,对相关责任人员给予警告、罚款、通报批评等行政处罚,而没有直接否认合同的效力。

---

① 《证券投资基金法》第134条规定:"违反本法规定,非公开募集基金募集完毕,基金管理人未备案的,处十万元以上三十万元以下罚款。对直接负责的主管人员和其他直接责任人员给予警告,并处三万元以上十万元以下罚款。"

② 《私募投资基金监督管理暂行办法》第38条规定:"私募基金管理人、私募基金托管人、私募基金销售机构及其他私募服务机构及其从业人员违反本办法第七条、第八条、第十一条、第十四条至第十七条、第二十四条至第二十六条规定的,以及有本办法第二十三条第一项至第七项和第九项所列行为之一的,责令改正,给予警告并处三万元以下罚款;对直接负责的主管人员和其他直接责任人员,给予警告并处三万元以下罚款;有本办法第二十三条第八项行为的,按照《证券法》和《期货交易管理条例》的有关规定处罚;构成犯罪的,依法移交司法机关追究刑事责任。"

③ 《私募投资基金管理人登记和基金备案办法(试行)》第30条规定:"私募基金管理人、高级管理人员及其他从业人员存在以下情形的,基金业协会视情节轻重可以对私募基金管理人采取警告、行业内通报批评、公开谴责、暂停受理基金备案、取消会员资格等措施,对高级管理人员及其他从业人员采取警告、行业内通报批评、公开谴责、取消从业资格等措施,并记入诚信档案。情节严重的,移交中国证监会处理:

(一)违反《证券投资基金法》及本办法规定;

(二)在私募基金管理人登记、基金备案及其他信息报送中提供虚假材料和信息,或者隐瞒重要事实;

(三)法律法规、中国证监会及基金业协会规定的其他情形。"

(二)私募基金产品备案的性质

尽管《证券投资基金法》《私募投资基金监督管理暂行办法》《私募投资基金管理人登记和基金备案办法(试行)》等相关规定要求私募基金管理人在募集完成后办理备案手续,但是笔者认为,与公募基金对基金管理人的许可制及高管人员的审批制这种严监管的政策不同,目前对于私募领域的政策和规章更着重于尊重当事人意思自治,在监管上采取了相对灵活和宽松的方式。对私募基金实行备案管理是在政府部门监管下的自律管理,登记备案是私募基金合规运作的前提,是私募基金监管的第一步,但并不是私募基金运作的准入门槛。[①]《私募投资基金监督管理暂行办法》第9条规定:"基金业协会为私募基金管理人和私募基金办理登记备案不构成对私募基金管理人投资能力、持续合规情况的认可;不作为对基金财产安全的保证。"可见,私募基金产品备案更多的是一种程序性监管自律要求,而非实质性准入条件。

因此,产品没有备案不妨碍通过非公开募集资金进行投资活动成立私募基金。除了部分证监会和股转系统监管体系内的产品外,在基金合同没有明确约定的情况下,目前法律、行政法规并未限制或禁止未完成备案的私募基金对外投资。[②] 即使私募基金产品已经备案,也不能保证投资收益不受损失。这也表明,私募基金产品备案并非基金运作的强制性准入门槛,基金产品备案只是监管自律规则下的程序性要求。

(三)托管人在登记备案阶段的义务属性

从《证券投资基金法》规定的托管人职责的内容来看,托管人的义务主要是资金保管义务和监督义务,集中在私募基金的投资和退出阶段,包括保管基金财产、监督投资运作、信息披露、估值核算、清算等义务。综观《证券投资基金法》等规定,并没有明文规定托管人应对产品是否备案进行审核与监督。《证券

① 上述观点在骆某山与深圳市骏业基金管理有限公司、何某如合同纠纷案民事判决书[深圳前海合作区人民法院(2016)粤0391民初1193号]中有所体现。

② 结合《证监会发行监管问答——关于与发行监管工作相关的私募投资基金备案问题的解答》《关于加强参与全国股转系统业务的私募投资基金备案管理的监管问答函》《全国中小企业股份转让系统机构业务问答(二)》的相关规定,截至目前:(1)必须先备案后投资的领域为:私募基金投资证券类产品、拟上市公司发行业务、上市公司并购重组业务;(2)可以在承诺备案的条件下先行投资的领域为新三板业务;(3)关于前述证监会和股转系统监管体系以外的企业和产品,目前没有明确规定。

投资基金法》规定的监督均表述为对“私募基金管理人的投资运作”的监督,因此笔者认为,该监督义务的范围应仅限于发现管理人的投资指令不符合规定,而不含对私募基金资质的审核监督义务。

陆某锋与中国农业银行股份有限公司绍兴越城支行侵权责任纠纷案[①]中法院亦持该观点。浙江省绍兴市中级人民法院认为,对于“绍兴百泰投资基金”未经备案的事实及违法募集的行为,因被上诉人系“绍兴百泰股权投资合伙企业”托管账户的托管人,其义务仅系依据托管协议对合伙企业托管账户进行审慎托管,而对“绍兴百泰投资基金”的资质并无审查义务,对“绍兴百泰投资基金”的募集行为亦无监管义务。

不过,目前已有案例因托管人未审核基金产品备案情况而承担补充赔偿责任的案例。在中国光大银行股份有限公司北京分行等与陈慧萍委托理财合同纠纷案[②]中,案涉专项资产管理计划资产管理合同约定,自中国证监会书面确认之日起,资产管理计划备案手续办理完毕,资产管理合同生效。然而,管理人未将案涉资产管理计划向中国证券监督管理委员会备案,亦未向中国证券投资基金业协会备案。

法院认为,中国证券监督管理委员会《私募投资基金监督管理暂行办法》为部门规章,而《证券投资基金法》对于“基金管理人应当向基金行业协会备案”的规定亦为管理型规定,故基金管理人违反相关法律、法规,未作备案,并不直接导致合同无效。但是案涉合同中约定资产托管人发现资产管理人的投资指令违反法律、行政法规和其他有关规定,或者违反《交易监控合规表》约定的,有权拒绝执行,通知资产管理人及报告证监会。因此法院认为,该资产管理计划未备案的情况,违反了相关法律、规定,资产托管人应当掌握备案情况,并在未备案时,拒绝执行指令。

此外,光大北京分行关于“安全保管资产管理计划财产”的义务贯穿于整个合同始终,该义务不应仅局限于对于启明乐投公司发生的指令进行审查,还须包括对于启明乐投公司是否业已获得“独立管理和运用资产管理计划财产”的权利、是否获得向光大北京分行发生指令的权利进行审查。故光大北京分行向法院提交的证据材料,不足以证明其履行了对资金的监管义务。光大北京分行

① 参见浙江省绍兴市中级人民法院(2016)浙06民终4189号民事判决书。

② 参见北京市第二中级人民法院(2019)京02民终8082号民事判决书。

在资产管理计划未备案的情况下依据启明乐投公司的指令将所监管资金汇出，须承担一定的违约责任。

最高人民法院《担保法司法解释》第 26 条规定："第三人向债权人保证监督支付专款专用的，在履行了监督支付专款专用的义务后，不再承担责任。未尽监督义务造成资金流失的，应当对流失的资金承担补充赔偿责任。"光大北京分行在合同中负有的安全保管资产管理计划财产之义务，类似于该条款中第三人向债权人所承担监督支付专款专用的义务，故法院参照适用该条款，认定光大北京分行向陈慧萍承担补充赔偿责任。

二、托管人对管理人划款指令、投资运作的审查义务

（一）托管人对管理人划款指令、投资运作的审查为实质审查还是形式审查

《证券投资基金法》第 36 条中，明确"按照规定监督基金管理人的投资运作"为托管人应当履行的职责。《证券投资基金法》第 37 条规定，基金托管人发现基金管理人的投资指令或依据交易程序已生效的投资指令违反法律、行政法规和其他有关规定，或者违反基金合同约定的，应当拒绝执行，立即通知基金管理人，并及时向国务院证券监督管理机构报告。由此可见，托管人负有审核投资指令，监督管理人投资运作的义务。不过《证券投资基金法》未明确托管人应如何"按照规定"监督投资运作，如何审核划款指令是否符合规定。法律对托管人对管理人的投资指令、投资运作的这一审查要求，是否为实质审查，有否可能成为托管人承担实质审查义务的最大诱因？

反对托管人对管理人实施形式审查义务的观点的立足点主要在于若托管人仅履行形式审查义务，则可能成为管理人及投资者中间的工具，其监管义务近乎形同虚设。因此托管人究竟应该承担积极监管的职责还是消极监管的义务，便是其职责边界的关键问题之一。

考虑到实操可行性，如果托管人在保持商业效率的前提下，对投资指令进行实质意义上的合法合规性审查，并且作出准确判断，这是难以实现的。这样的操作无外乎有两种可能的后果：其一，托管人出于安全考虑，倾向于认为指令可能违法，拒绝执行指令并上报证监会，这将影响私募基金的正常商业运行；其二，托管人出于效率考虑，倾向于认为指令合法，后果则是一旦该指令出现问

题，托管人面临承担赔偿责任的后果，因为托管人已经履行或应履行而未履行实质审查义务。托管人按照固定的比例收取较低的托管费，若将托管人的监督义务扩展至基金产品的募、投、管、退各个阶段，将过分加重托管人的义务，易造成权利和义务严重不对等之情况，同时也严重影响经济效率。无论何种情况，结果只有将私募基金的运行监督机制变得更为混乱。

托管人的监管义务边界主要与其和管理人的关系有关，为了厘清两者的关系，可将两者的关系与公司治理中董事与监事的关系作对比，通过其中的共通性与区别性推及至托管人监管义务的边界认定。两种关系的共同点在于：

1. 产生原因相近。市场经济的成功在于其有效地调动了个体的积极性，使市场运作在有约束的条件下达到私利的最大化，市场经济中的每个个体都在尽可能追求利益最大化与成本最小化。管理人的权力过大时，容易滥用权力使投资者利益受损，因而需要设定一个角色对管理人进行监督。在监督过程中会产生成本，若由投资者行使监督权力，当投资者众多时，理性的投资者就会选择理性的无知，因为其监督收益会被全体投资者分享，而监督的成本则要由监督者个人承担。托管人与监事正是为平衡这种公众利益的冲突而诞生的。

2. 产生方式相近。管理人及托管人受投资者委托处理事务，而董事、监事也是受股东任命执行各自事务，两者都是基于委托人的信任处理受托事务，均应受到信义义务的规范。

3. 工作内容相近。董事负责公司的日常事务，并伴有相应的道德风险。而监事负责防止公司财产的不当减损和公司日常决策的监督。

4. 工作方式相近。《公司法》第 53 条规定，监事主要有以下职权：检查公司财务；对董事、高管执行公司职务的行为进行监督，对违反法律、行政法规、公司章程或者股东会决议的董事、高管提出罢免建议；当董事、高管的行为损害公司的利益时，要求其予以纠正；提议召开临时股东会会议，在董事会不履行法律规定的召集和主持股东会会议职责时召集和主持股东会会议；向股东会会议提出提案；对董事、高管提起诉讼等。上述监事职责与托管人职责除金融特色内容外在实质上较为相近。

值得一提的是，监事职责的具体履行方式主要是对财务的事后检查、对违法的董事、高管提出罢免或提起诉讼、要求董事高管纠正其非法行为等，上述义务均为事后监管，监事并不享有积极参与到公司治理运作中的监督职权。即便《公司法》第 54 条规定监事可以列席董事会会议，并对董事会决议事项提出质询或者建议,但该规定也仅限于质询或建议而非实质性参与决策,对公司日常运作并不了解的监事无法实质地参与到董事会的决策中。在监事实质上仍与董事同处于统一的实体公司的情况下,监事的这一质询建议权在监督上都受到限制,更何况托管人与管理人为两个互相独立的主体,质询建议的可操作空间实际上更小。

综上,笔者认为,从董事监事与管理人托管人关系的相同点中可以得出托管人的监管义务以事后监管较为合理,而从两者的不同点中更能得出托管人的监管义务以形式审查较为合理,这与上一节内容中对托管人与投资者间的关系定性的结论不谋而合。

(二)司法裁判观点

如笔者在上一节所分析的,实践中许多私募基金托管人为了减轻自身的职责,大多基金合同会约定托管人仅对划款指令履行形式审核职责,对于管理人划款指令存在事实上未经授权、欺诈、伪造,或未能按时提供划款指令人员的预留印签和签章样本等非托管人原因造成的情形,托管人不承担因此带来的损失。从司法实践角度看,法院观点也与托管人仅对管理人投资运作负形式审查的观点较为契合。例如,在崔某勇与深圳市泽弘资产管理有限公司、郑某民金融委托理财合同纠纷案①中,法院认定管理人违规操作导致基金资产流失的同时,认定托管人根据管理人指令操作的行为没有违反法律法规或合同的约定,不承担赔偿责任。

多数案例的争议焦点集中在划款指令上的投资范围是否与基金合同约定的投资范围相符,若不相符托管人是否应承担责任。司法实践一般认为,托管人应审核划款指令上的投资范围是否与基金合同约定的投资范围相符,对于管理人违反基金合同约定的投资范围的行为托管人具有一定的过错,但在认定托管人是否应当承担赔偿责任时,应结合过错与损失之间的因果关系进行分析。即若因托管人的过错导致投资者的投资损失,则托管人应承担一定责任;若托管人的过错不足以导致投资者的损失,则托管人无须承担责任。在前文中提到的江某与中国民生银行股份有限公司北京分行等财产损害赔偿纠纷案②中,案

① 参见保定市竞秀区人民法院(2017)冀0602民初1706号民事判决书。

② 参见北京市第二中级人民法院(2018)京02民终6942号民事判决书。

涉《信托合同》及《资产管理合同》均约定不得主动投资于ST类上市公司发行的证券，而在特定投资指令权人发出不符合约定的购买ST类证券的投资建议时，托管人未拒绝执行，因此托管人存在一定过错。但是需要指出的是，上述投资均发生在案涉《投资协议书》、《资产管理合同》及《信托合同》正常存续期间，而上述协议及合同其所约定的投资系整体性、持续性的，在投资＊ST华锦股票的同时，亦投资了其他股票，且不断存有交易，而股票价格随时都有波动，且在实际买入＊ST华锦股票后几个交易日内亦有浮盈。虽然最后卖出＊ST华锦股票时存在亏损，但其他股票投资亦存在亏损的情形。基于以上事实，二审法院认为，仅因购买＊ST华锦股票的行为，不足以造成信托单位净值低于止损线被强制平仓的整体投资后果，即上述各方虽有过错，但与信托单位净值低于止损线之间不存在法律上的因果关系，故对于投资者主张由管理人、托管人等主体承担连带赔偿责任，不符合侵权责任构成要件。

三、托管人的信息披露义务

《证券基金投资法》第36条第4项、第6项[①]规定，托管人在信息披露方面的主要职责有保存基金托管业务活动的记录、账册、报表和其他相关资料以及办理与基金托管业务活动有关的信息披露事项等。

《私募投资基金合同指引1号(契约型私募基金合同内容与格式指引)》第25条[②]也作出了与《证券基金投资法》第36条基本相同的规定，并将私募基金投资业务活动的全部会计资料、有关的合同、交易记录也纳入保存材料范围中。

《私募投资基金监督管理暂行办法》第24条[③]则具体明确了托管人的信息

---

① 《证券基金投资法》第36条规定："基金托管人应当履行下列职责：……(四)保存基金托管业务活动的记录、账册、报表和其他相关资料；……(六)办理与基金托管业务活动有关的信息披露事项；……"

② 《私募投资基金合同指引1号(契约型私募基金合同内容与格式指引)》第25条规定："根据《私募办法》及其他有关规定订明私募基金托管人的义务，包括但不限于：……(七)办理与基金托管业务有关的信息披露事项；……(十)根据法律法规规定，妥善保存私募基金管理业务活动有关合同、协议、凭证等文件资料；……(十三)根据相关法律法规要求的保存期限，保存私募基金投资业务活动的全部会计资料，并妥善保存有关的合同、交易记录及其他相关资料；……"

③ 《私募投资基金监督管理暂行办法》第24条规定："私募基金管理人、私募基金托管人应当按照合同约定，如实向投资者披露基金投资、资产负债、投资收益分配、基金承担的费用和业绩报酬、可能存在的利益冲突情况以及可能影响投资者合法权益的其他重大信息，不得隐瞒或者提供虚假信息。信息披露规则由基金业协会另行制定。"

披露事项：基金投资情况、资产负债情况、投资收益分配、基金承担的费用和业绩报酬（如有）、可能存在的利益冲突以及可能影响投资者合法权益的其他重大信息等。《私募投资基金合同指引1号（契约型私募基金合同内容与格式指引）》第47条[①]则在上述披露事项的基础上进一步提出对关联交易事项的披露要求。

单从对私募基金信息披露的要求看，《私募投资基金信息披露管理办法》的规定无疑是最为细致具体的。其第9条[②]在前述总体要求之上还规定了对基金合同、招募说明书等宣传推介文件、基金销售协议中的主要权利义务条款（如有）以及涉及私募基金管理业务、基金财产、基金托管业务的重大诉讼、仲裁事项的披露要求。除此之外，第14条[③]还详细地对基金募集期间的宣传推介材料（如招募说明书）的披露内容进行了列举，并在第18条[④]中规定了基金运作期间

① 《私募投资基金合同指引1号（契约型私募基金合同内容与格式指引）》第47条规定："订明私募基金管理人、私募基金托管人应当按照《私募投资基金信息披露管理办法》的规定及基金合同约定如实向投资者披露以下事项：（一）基金投资情况；（二）资产负债情况；（三）投资收益分配；（四）基金承担的费用和业绩报酬（如有）；（五）可能存在的利益冲突、关联交易以及可能影响投资者合法权益的其他重大信息；（六）法律法规及基金合同约定的其他事项。"

② 《私募投资基金信息披露管理办法》第9条规定："信息披露义务人应当向投资者披露的信息包括：（一）基金合同；（二）招募说明书等宣传推介文件；（三）基金销售协议中的主要权利义务条款（如有）；（四）基金的投资情况；（五）基金的资产负债情况；（六）基金的投资收益分配情况；（七）基金承担的费用和业绩报酬安排；（八）可能存在的利益冲突；（九）涉及私募基金管理业务、基金财产、基金托管业务的重大诉讼、仲裁；（十）中国证监会以及中国基金业协会规定的影响投资者合法权益的其他重大信息。"

③ 《私募投资基金信息披露管理办法》第14条规定："私募基金募集期间，应当在宣传推介材料（如招募说明书）中向投资者披露如下信息：（一）基金的基本信息：基金名称、基金架构（是否为母子基金、是否有平行基金）、基金类型、基金注册地（如有）、基金募集规模、最低认缴出资额、基金运作方式（封闭式、开放式或者其他方式）、基金的存续期限、基金联系人和联系信息、基金托管人（如有）；（二）基金管理人基本信息：基金管理人名称、注册地/主要经营地址、成立时间、组织形式、基金管理人在中国基金业协会的登记备案情况；（三）基金的投资信息：基金的投资目标、投资策略、投资方向、业绩比较基准（如有）、风险收益特征等；（四）基金的募集期限：应载明基金首轮交割日以及最后交割日事项（如有）；（五）基金估值政策、程序和定价模式；（六）基金合同的主要条款：出资方式、收益分配和亏损分担方式、管理费标准及计提方式、基金费用承担方式、基金业务报告和财务报告提交制度等；（七）基金的申购与赎回安排；（八）基金管理人最近三年的诚信情况说明；（九）其他事项。"

④ 《私募投资基金信息披露管理办法》第18条规定："发生以下重大事项的，信息披露义务人应当按照基金合同的约定及时向投资者披露：（一）基金名称、注册地址、组织形式发生变更的；（二）投资范围和投资策略发生重大变化的；（三）变更基金管理人或托管人的；（四）管理人的法定代表人、执行事务合伙人（委派代表）、实际控制人发生变更的；（五）触及基金止损线或预警线的；（六）管理费率、托管费率发生变化的；（七）基金收益分配事项发生变更的；（八）基金触发巨额赎回的；（九）基金存续期变更或展期的；（十）基金发生清盘或清算的；（十一）发生重大关联交易事项的；（十二）基金管理人、实际控制人、高管人员涉嫌重大违法违规行为或正在接受监管部门或自律管理部门调查的；（十三）涉及私募基金管理业务、基金财产、基金托管业务的重大诉讼、仲裁；（十四）基金合同约定的影响投资者利益的其他重大事项。"

对重大事项的披露要求。

但《私募投资基金信息披露管理办法》的问题在于其对信息披露主体并未作区分规定,而是将管理人与托管人一并称为"信息披露义务人",这样的制度安排会导致托管人与管理人的实际信息披露义务范围不明确。以第14条为例,其对基金募集的披露要求很多只能够由管理人完成,但从文义上并不能解释得出托管人可从该条要求中得以豁免其披露义务,虽然目前并无案例能够佐证这一风险,但却为托管人承担不合理的信息披露义务与相应责任埋下了隐患。

从前文对托管人的性质定位及其义务类型的分析看,托管人的信息披露义务边界应当在其所能控制的信息范围内,而在实际受管理人控制的信息范围内、托管人应当承担形式义务,只要其履行了相应的辅助或催告工作或事后监督职责,便可豁免其怠于履行其义务的相应责任。

结合现代信托理论与我国关于托管人相关法律的体系解释、《证券投资基金法》的立法历程以及司法实践观点看,私募基金托管人与投资者之间并不构成实质意义上的信托关系,与管理人的关系也并未密切到构成共同受托人关系的程度。如果在除保持基金财产的独立性外最为重要的监管义务层面对其课以实质审查义务,则既不符合其身份定位,也不符合现实条件。对投资者、管理人、托管人三方的信息平衡和能力定位的正确解读是对这一结论的有力支撑。

结合上述分析,笔者倾向于认为,在合同责任层面托管人承担的是形式审查义务,在侵权责任层面托管人承担的是一般注意义务,其承担责任的前提既包括过错,也包括因果关系。在信息披露方面,托管人则在其实际控制的信息范围内承担相应的直接责任,在管理人实际控制的信息范围内与监管责任一样承担形式义务。

第三节 托管人召集私募基金份额持有人大会义务的分析

基金份额持有人大会,一般是指当发生影响基金当事人[①]的权益或其他重大事项需要商讨和解决时,按照基金合同有关规定召集、召开并由基金份额持有人进行表决的会议。

基金份额持有人/投资者基于对受托人的信任,将其财产委托给受托人进

① 基金当事人包括份额持有人、管理人和托管人,范围比份额持有人广。

行管理或者处分。为确保基金份额持有人分享基金财产收益、参与分配清算等各项合法权利得到充分行使,在发生如修改基金合同、终止基金运作、更换基金管理人或基金托管人等直接关系到基金本身的重大利益,对于基金份额持有人的利益也密切相关的重大事项时,基金份额持有人可通过参加基金份额持有人大会并对基金份额持有人大会审议事项行使表决权以保证其合法权益的实现。

公司型私募基金和合伙企业型私募基金分别根据《公司法》和《合伙企业法》设立股东(大)会和合伙人大会,受到《公司法》和《合伙企业法》相关规定的规制,投资者可依据《公司法》《合伙企业法》的相关规定维护自身合法利益。不同于公司型和合伙企业型私募基金,契约型基金是基金当事人基于契约而形成的基金,并不存在股东大会或合伙人大会等组织。契约型基金中基金份额持有人大会行使类似于股东大会的职能,是维护基金持有人权益的重要机制之一,[①]在投资者众多且分散的情况下,为保证基金份额持有人大会的顺利召开,基金份额持有人大会召集的程序和规则就非常关键。

在2018年7月的基金管理人失联事件爆发后,基金业协会发布公告要求基金托管人采取召集基金份额持有人大会和保全基金财产等措施,尽可能维护投资者权益。对此,中银协首席法律顾问卜祥瑞认为,依据《私募投资基金监督管理暂行办法》的规定,托管银行并不具备"召开基金份额持有人大会"等法定职责。

基金管理人负责基金的投资运作和事务执行,召集基金份额持有人大会也是其职责所在。但是当基金管理人未按规定召集或者不能召开时,是否应由私募基金基金托管人召集?在发生基金管理人实际控制人失联,基金管理人无法按照合同的约定和法律的规定履行职责的情况下,私募基金托管人的安全保障义务界限能否拓展至负责召集基金份额持有人大会?上述问题在业界引起了很大的争议,这不仅关系到基金份额持有人权益保护的问题,而且关系到私募基金托管人职责边界的问题。基金份额持有人大会召集、议事及表决的程序和规则需要通过基金合同在相关法律法规规定的基础上,予以进一步细化和明确。在基金合同没有明确约定、可能适用的上位法缺位的情况下,如何平衡二者的利益,是本节探讨的话题。

---

① 为免疑义,若无特别说明,本书所称基金均指契约型私募基金。

一、有关基金份额持有人大会召集制度的相关规定

(一)基金份额持有人大会召集制度的历史发展状况

1997年发布的《证券投资基金管理暂行办法》(证委发〔1997〕81号,已失效)规定了出席基金持有人大会①作为基金持有人的权利,但该办法并未对基金持有人大会的召集、议事及表决程序和规则予以明确。

2003年发布并于2004年实施的《证券投资基金法》增加了"基金份额持有人权利及其行使"这一章,细化了基金份额持有人大会制度的相关规定,明确基金份额持有人大会的召集顺序为基金管理人召集、基金托管人召集、代表基金份额10%以上的基金份额持有人自行召集,并要求只有代表50%以上基金份额的持有人参加方可召开,同时对基金份额持有人大会的议事表决程序作出了详细规定。

2012年修订并于2013年实施的《证券投资基金法》,将非公开募集资金设立证券投资基金纳入适用范围,对基金份额持有人大会召集制度进行了修订,引入了"基金份额持有人大会日常机构",当事人可按照基金合同的约定设立日常机构,日常机构负责召集基金份额持有人大会,提请更换基金管理人、基金托管人,监督基金管理人的投资运作、基金托管人的托管活动,提请调整基金管理人、基金托管人的报酬标准等。对于基金份额持有人的召集程序,2012年修订的《证券投资基金法》将2003年制定的《证券投资基金法》第九章"基金份额持有人权利及其行使"一章的名称修改为"公开募集基金的基金份额持有人权利行使",主要针对会议召开条件进行修订,进一步降低了大会召开条件。但对于私募证券投资基金的基金份额持有人大会的召集、议事及表决程序和规则,2012年修订的《证券投资基金法》没有作出规定。

2014年7月7日,中国证监会发布《公开募集证券投资基金运作管理办法》,设置单独一章(即第六章)阐释基金份额持有人大会,对公募基金的基金份额持有人大会作了非常详细的规定,但该规定仅适用于公募基金。

2015年修订并实施的《证券投资基金法》沿用2012年修订的《证券投资基金法》中关于召集基金份额持有人大会的规定,自此奠定了公募基金"日常机构

① 《证券投资基金管理暂行办法》实施时,基金份额持有人大会采用的表述为"基金持有人大会"。

（若有）召集、基金管理人召集、基金托管人召集、代表基金份额10%以上的基金份额持有人有权自行召集”的基调。

（二）私募基金托管人是否负有召集基金份额持有人大会法定职责的分析

1. 可能适用的上位法未设定私募基金托管人负有召集基金份额持有人大会的法定义务

从法律和行政法规的层面上看，实务中对《证券投资基金法》是否适用于证券投资基金以外的其他类型私募基金存在争议；退一步说，即便《证券投资基金法》适用于其他类型私募基金，其基金托管人也无召集基金份额持有人大会的法定义务。

《证券投资基金法》第19条、第36条明确规定，负有“按照规定召集基金份额持有人大会”义务的主体包括公开募集基金的管理人和基金托管人，此处的“规定”应该包含法律法规的规定或者合同约定。对于基金份额持有人大会的召集方式，《证券投资基金法》第83条第1款规定，“基金份额持有人大会由基金管理人召集。基金份额持有人大会设立日常机构的，由该日常机构召集；该日常机构未召集的，由基金管理人召集。基金管理人未按规定召集或者不能召集的，由基金托管人召集”，而该条位于“公开募集基金的基金份额持有人权利行使”这一章中，故从法律的规定上来看，第83条仅适用于公募基金，排除了私募基金的适用。《证券投资基金法》于2003年颁布，历经2012年、2015年两次修订，在此过程中，《证券投资基金法》将“非公开募集资金设立证券投资基金”纳入适用范围，但从未有一稿修订规定私募基金托管人有召集基金份额持有人大会的法定义务，故《证券投资基金法》中基金份额持有人大会的召集的义务仅针对公募基金。

2. 行政法规、部门规章未设定私募基金托管人负有召集份额持有人大会的法定义务

从部门规章的层面上看，中国证监会发布的《私募投资基金监督管理暂行办法》也没有规定私募基金托管人在特定情形下有召集基金份额持有人大会的法定义务。关于能否参照适用2020年修正的《证券投资基金托管业务管理办

法》的问题，目前也存在较大争议。

2020 年修正的《证券投资基金托管业务管理办法》第 2 条规定，证券投资基金托管人，按照法律法规的规定及基金合同的约定，对基金履行召集基金份额持有人大会等职责。该办法第 23 条进一步规定，“对于转换基金运作方式、更换基金管理人等需召开基金份额持有人大会审议的事项，基金托管人应当积极配合基金管理人召集基金份额持有人大会；基金管理人未按规定召集或者不能召集的，基金托管人应当按照规定召集基金份额持有人大会，并依法履行对外披露与报告义务”。根据上述两条规定，基金托管人的召集义务也局限在按照“法律法规的规定及基金合同的约定”的情形，而无论是《证券投资基金托管业务管理办法》本身还是其上位法《证券投资基金法》，都没有对非证券类私募基金托管人设定召集基金份额持有人大会的法定义务。

此外，《私募投资基金监督管理暂行办法》未规定商业银行作为私募基金托管人负有“召集基金份额持有人大会”等职责。在 2017 年国务院发布的《私募投资基金管理暂行条例（征求意见稿）》第 15 条中，未将“按照规定召集基金份额持有人大会”作为私募基金托管人的职责之一，该征求意见稿亦未对“召集基金份额持有人大会”作出任何规定。

综上所述，从目前的法律法规的规定来看，笔者认为，在没有合同明确约定的前提下，私募基金托管人并不负有召集基金份额持有人大会的法定义务。有关行业协会要求在私募基金管理人缺位的情况下，由托管人召集私募基金份额持有人大会，超越了法律对私募基金托管人设置的责任界限。

二、关于私募基金托管人是否负有召集义务的两点思考

（一）未设定私募基金托管人召集基金份额持有人大会法定职责的立法考量

如前所述，2012 年修订的《证券投资基金法》将私募证券投资基金纳入适用范围，却将基金份额持有人大会的召集、议事及表决程序和规则限定于公募基金，而《私募投资基金监督管理暂行办法》《私募投资基金管理暂行条例（征求意见稿）》则均未规定私募基金托管人负有召集基金份额持有人大会的职责。笔者认为，可能的立法考量有以下几点：

第一，结合《证券投资基金法》第 88 条、《私募投资基金监督管理暂行办法》

第21条,以及基金业协会发布的《私募投资基金合同指引》的规定,私募基金托管人托管基金产品并非法律法规的强制性要求,但原则上私募基金应由基金托管人托管,至少应明确财产安全的制度措施、保管机制和纠纷解决机制等安排。在未强制要求私募基金产品设置托管的情况下,更遑论要求私募基金托管人承担召集基金份额持有人大会的法定职责。不过在发生管理人失联的事件后,基金业协会于2018年7月强调契约型基金应强制托管,不可通过基金合同免除托管人的监督职责。

第二,从规模和监管要求来看,公募基金的投资者人数众多、监管严格,在人数众多且分散的情况下,若不从立法上予以规制,则容易导致基金份额持有人大会召集困难,基金份额持有人大会形同虚设,基金份额持有人难以通过基金份额持有人大会维护自身合法权益。私募基金相较于公募基金而言,投资者人数较少。此外,自2012年修订《证券投资基金法》以来,私募基金总体上来说呈快速发展趋势,虽然监管日渐趋严,但行业整体良莠不齐,近两年屡屡暴露巨大风险,监管立法滞后于私募基金的发展。

第三,由于组织形式、投向的不同,私募基金可区分为多种类型。总体上来说,私募基金关于召开基金份额持有人大会的规定遵循意思自治的原则,不同类型的私募基金由于人数、数模、组织形式、风险的不同,“一刀切”要求私募基金托管人负担“召集基金份额持有人大会”的职责亦有不妥。

(二)基于基金份额持有人利益优先原则的考虑

召开基金份额持有人大会一般是由于需要商讨和解决一些影响基金当事人的权益或其他重大事项,如修改基金合同、终止基金运作、与其他基金合并、更换管理人或托管人等。除了特殊的通道业务之外,一般而言,私募基金的投资人委托管理人管理、处分其财产,自投资人的财产从募集资金专户转入基金托管账户后,基金财产便脱离了投资人的控制,因此管理人享有很大的管理、处分基金财产的权利。在管理人存在或可能存在失职或违反基金合同约定的情形时,投资人可通过基金份额持有人大会保障其合法权益。

一般而言,由于基金管理人掌握着基金份额持有人名册,负责基金的运作和管理,基金份额持有人大会一般是先由管理人召集。对于公募基金而言,当基金管理人未按规定召集,或者在更换基金管理人、审议与基金管理人有利益冲突的事项,以及基金管理人因不可抗力等客观原因无法行使召集权的情况下,应由基金托管人召集基金份额持有人大会。

虽然目前并无法律法规规定私募基金托管人负有召集基金份额持有人大会的法定义务,但是对于契约型私募基金,当投资人多达百余人的时候,投资人之间互不相识,不像合伙型私募基金和公司型私募基金,投资人能够通过合伙企业法或公司法的相关规定召开合伙人大会或者股东大会寻求救济。此种情形下,契约型私募基金在出现基金管理人出现未按规定召集或者不能召集的情况时,若通过投资人自行召集基金份额持有人大会,则会给投资人增加很大难度,可能会导致基金陷入僵局,最终损害的是投资人的利益。

三、要点总结与建议

综上所述,笔者倾向于认为,在管理人实际控制人失联,管理人无法召集基金份额持有人大会的情况下,除基金合同、托管协议另有约定外,私募基金的托管人并无法定义务召集基金份额持有人大会。但是,在投资人众多的契约型私募基金中,投资人自行召集基金份额持有人大会,确有一定难度。为此,笔者提出以下建议:

对于立法者和监管机构而言,由于私募基金资金门槛高,股权投资风险大,从上至下加强立法工作,规范私募基金行业应是当下所需。在考虑私募基金托管人是否应当负担召集基金份额持有人大会的职责时,应结合私募基金的特点,建议将范围限制在契约型基金,同时规定人数下限。

对于私募基金托管人而言,在签署基金合同或托管协议时,应将基金管理人未按规定召集或者不能召集的情形细化约定,明确托管人应该召集基金份额持有人大会的情形。同时,私募基金托管人应提高意识,强化托管人监督职责,提升托管费收费标准,切实保护投资者利益。

对于投资者而言,应理性进行投资,审慎了解投资风险。在签署基金合同时关注基金份额持有人大会召集、议事及表决的程序和规则,对基金份额持有人大会的组成及投票权,召开事由、召集人和召集方式,召开基金份额持有人大会的通知时间、通知内容、通知方式,基金份额持有人出席会议的方式,议事内容与程序,决议形成的条件、表决方式、程序,计票等内容进行约定。

第六章

私募基金争议解决之程序问题

第一节　私募基金争议解决程序问题概述

一、私募基金争议解决机构概述

私募基金在投后项目运作过程中遇到争议解决需求时，首先要确定即将启动的救济程序需要向哪个国家哪个机构提起。确定争议解决机构后，才需要面对和解决选取合适的代理律师、适用具体争议解决程序、制订诉讼策略等问题。

通常情况下，私募投资基金在起草投资协议及相关配套协议时都有各机构相对成熟的模板或者有律师全程参与，所以相较其他类型的合同纠纷而言，对于争议解决机构的确定应该不是难事，成熟的投资协议中都会有明确的关于争议解决机构的选择条款及法律适用条款。当然，不排除少数私募投资基金因为各种原因没有在投资协议中约定相应争议解决条款的情况出现。

（一）地域划分

私募基金纠纷解决机构的选择按地域划分可以分为境内和境外。就境内而言，包括中国政府所辖行政区各级人民法院及设立在中国的各仲裁机构，如中国国际经济贸易仲裁委员会、上海国际经济贸易仲裁委员会（上海国际仲裁中心）、深圳国际仲裁院（深圳仲裁委员会）等；就境外而言，更多的是选择国际上相对权威的仲裁机构，如香港国际仲裁中心（HKIAC）、新加坡国际仲裁中心（SIAC）、伦敦国际仲裁院（LCIA）等，选择境外仲裁机构作为争议解决机构的多为外币基金项目，纯人民币基金项目非常少见此类安排。

（二）类型划分

《仲裁法》第2条规定："平等主体的公民、法人和其他组织之间发生的合同纠纷和其他财产权益纠纷，可以仲裁。"私募基金纠纷解决机构的选择按类型划分可以分为法院和仲裁机构。法院已经为大家所熟悉，基本上打官司去法院是大多数非法律人士的第一反应。但客观情况是，在争议解决领域，尤其是私募投资基金领域，仲裁机构亦扮演着十分重要的角色。

仲裁委员会可以在直辖市和省、自治区人民政府所在地的市设立，也可以根据需要在其他设区的市设立，不按行政区划层层设立。仲裁委员会由直辖市和省、自治区的市的人民政府组织有关部门和商会统一组建。设立仲裁委员会，应当经省、自治区、直辖市的司法行政部门登记。① 仲裁实行一裁终局的制度。仲裁裁决作出后，当事人就同一纠纷再申请仲裁或者向人民法院起诉的，仲裁委员会或者人民法院不予受理。② 由此可见，仲裁机构亦能对争议解决事宜进行裁决并赋予法律强制执行力。

二、金融案件管辖法院介绍

（一）法院级别管辖介绍

在我国法院审理案件实行两审终审，根据受理第一审民事案件的分工的权限的不同，法院分为四级，基层人民法院，中级人民法院，高级人民法院和最高人民法院。每个案件一审程序由哪级法院来审理通常取决于涉案重大程度以及争议的金额大小。我国四级法院的管辖权划分见表6-1。

表6-1　我国四级法院的管辖权划分

基层人民法院	原则上第一审民事案件由基层人民法院管辖，但《民事诉讼法》另有规定的除外
中级人民法院	1. 重大的涉外案件； 2. 本辖区有重大影响的案件； 3. 最高人民法院确定由中级人民法院管辖的案件： （1）海事、海商案件；

① 参见《仲裁法》第10条。

② 参见《仲裁法》第9条。

续表

	(2)公益诉讼案件; (3)专利纠纷案件; (4)与仲裁相关的案件,例如确认仲裁效力,涉外仲裁的证据、财产保全,仲裁裁决的执行,撤销、不予执行仲裁裁决等
高级人民法院	本辖区(省、自治区、直辖市)范围内有重大影响的案件
最高人民法院	1. 全国有重大影响的案件; 2. 认为应当由最高人民法院管辖的案件

2019年4月30日,最高人民法院发布《关于调整高级人民法院和中级人民法院管辖第一审民事案件标准的通知》(法发〔2019〕14号),将中级人民法院管辖第一审民商事案件诉讼标的额的上限提高至50亿元(不含本数)。结合最高人民法院《关于调整高级人民法院和中级人民法院管辖第一审民商事案件标准的通知》的规定,表6-2列出了目前中级人民法院管辖第一审民商事案件的标准。[①] 就目前私募投资基金所投资、管理的金额来看,基本上第一审程序都不会突破中级人民法院的审理权限。

表6-2 中级人民法院管辖第一审民商事案件的标准

地区	当事人住所地均在受理法院所处省级行政辖区	当事人一方住所地不在受理法院所处省级行政辖区
北京、上海、江苏、浙江、广东	1亿元≤×<50亿元	5000万元≤×<50亿元
天津、河北、山西、内蒙古、辽宁、安徽、福建、山东、河南、湖北、湖南、广西、海南、四川、重庆	3000万元≤×<50亿元	2000万元≤×<50亿元
吉林、黑龙江、江西、云南、陕西、新疆	1000万元≤×<50亿元	1000万元≤×<50亿元
贵州、西藏、甘肃、青海、宁夏	500万元≤×<50亿元	500万元≤×<50亿元

(二)上海金融法院对在上海市辖区内的金融案件集中管辖

为健全完善金融审判体系、营造良好的金融法治环境,对金融案件实行集

---

① 该表格未归纳军事法院管辖的案件、知识产权案件、海事海商案件和涉外、涉港澳台地区案件的级别管辖法院。

中管辖,2018 年 3 月 28 日,中央全面深化改革委员会第一次会议审议通过了《关于设立上海金融法院的方案》;4 月 27 日,第十三届全国人大常委会第二次会议通过了关于设立上海金融法院的决定;8 月 7 日,最高人民法院公布《关于上海金融法院案件管辖的规定》;8 月 20 日,上海金融法院揭牌成立。①

最高人民法院公布的《关于上海金融法院案件管辖的规定》明确了在上海市辖区内,一些符合中级人民法院受理标准的第一审金融民商事案件,由上海金融法院管辖。

金融民商事案件范围包括五项:(1)证券、期货交易、信托、保险、票据、信用证、金融借款合同、银行卡、融资租赁合同、委托理财合同、典当等纠纷;(2)独立保函、保理、私募基金、非银行支付机构网络支付、网络借贷、互联网股权众筹等新型金融民商事纠纷;(3)以金融机构为债务人的破产纠纷;(4)金融民商事纠纷的仲裁司法审查案件;(5)申请承认和执行外国法院金融民商事纠纷的判决、裁定案件。此外,上海金融法院管辖上海市辖区内应由中级人民法院受理的以金融监管机构为被告的第一审涉金融行政案件。②

第(1)项规定的 11 类纠纷,争议一方的主体一般都是金融机构。这里所说的金融机构,是指经国家金融监管机构批准设立的从事金融相关交易的机构,主要包括:银行、证券交易所、期货交易所、黄金交易所、证券登记结算公司、证券公司、期货公司、信托公司、保险公司、基金公司、金融资产管理公司、融资租赁公司、汽车金融公司、财务公司(有金融许可证)、担保公司、典当行、小额贷款公司、保理公司、经中国证券投资基金业协会登记备案的私募投资基金等。第(2)项规定的私募基金纠纷,包括私募股权、私募证券基金,涵盖了私募基金内外部纠纷。③

2018 年 8 月 21 日,上海金融法院发布关于立案的公告,明确上海金融法院受理金融民商事案件以及涉金融行政案件,不受理刑事案件。应由上海金融法院受理的第一审金融民商事案件,包括当事人住所地均在上海市且诉讼标的额人民币 1 亿元以上 5 亿元以下的案件,以及当事人一方住所地不在上海市且诉

---

① 参见《上海金融法院揭牌成立》,载新华网:www. legaldaily. com. cn/index/content/2018 - 08/21/content_7623312. htm? node = 20908,最后访问日期:2019 年 9 月 8 日。

② 最高人民法院《关于上海金融法院案件管辖的规定》第 1 条。

③ 参见《最高人民法院立案庭负责人就上海金融法院案件管辖司法解释答记者问》。

讼标的额人民币5000万元以上3亿元以下的案件。[①]

金融风险是当前最突出的重大风险之一，设立上海金融法院，对金融案件实行集中管辖，有利于防范化解金融风险，对私募基金争议解决有重大影响。中国人民大学法学院教授、商法研究所所长刘俊海认为，金融法院的优势在于专家判案，专业法官审理专业案件，实现审理的专业化、精准化、公平化、合理化。金融法院有助于统一裁判尺度，避免同案不同判，扭转地方法院可能存在的地方保护主义现象。[②]

三、国内几大仲裁机构介绍

（一）中国国际经济贸易仲裁委员会

中国国际经济贸易仲裁委员会（英文简称为CIETAC）根据1954年5月6日中央人民政府政务院第215次会议通过的《关于在中国国际贸易促进委员会内设立对外贸易仲裁委员会的决定》组织设立，当时的名称为对外贸易仲裁委员会。中国实行对外开放政策以后，为了适应国际经济贸易关系不断发展的需要，根据国务院发布的《关于将对外贸易仲裁委员会改称为对外经济贸易仲裁委员会的通知》，对外贸易仲裁委员会于1980年改名为对外经济贸易仲裁委员会，又于1988年根据国务院《关于将对外经济贸易仲裁委员会改名为中国国际经济贸易仲裁委员会和修订仲裁规则的批复》，改名为中国国际经济贸易仲裁委员会。2000年，中国国际经济贸易仲裁委员会同时启用中国国际商会仲裁院的名称。

中国国际经济贸易仲裁委员会设在北京，并在深圳、上海、天津、重庆、杭州、武汉、福州、西安、南京、成都、济南分别设有华南分会、上海分会、天津国际经济金融仲裁中心（天津分会）、西南分会、浙江分会、湖北分会、福建分会、丝绸之路仲裁中心、江苏仲裁中心、四川分会和山东分会。贸仲委在香港特别行政区设立香港仲裁中心，在加拿大温哥华设立北美仲裁中心，在奥地利维也纳设

---

① 2019年4月30日，最高人民法院发布的《关于调整高级人民法院和中级人民法院管辖第一审民事案件标准的通知》（法发〔2019〕14号），将中级人民法院管辖第一审民商事案件诉讼标的额的上限提高至50亿元（不含本数）。

② 参见刘文阳、张晨、董凡超：《设立上海金融法院恰逢其时——专家称凸显金融司法维护国内国际市场规则》，载《法制日报》2018年3月30日，第3版。

立欧洲仲裁中心。①

(二)上海国际经济贸易仲裁委员会/上海国际仲裁中心

上海国际经济贸易仲裁委员会(同时启用“上海国际仲裁中心”的名称,原名“中国国际经济贸易仲裁委员会上海分会”,英文简称为 SHIAC),由上海市人民政府于 1988 年批准设立。经过三十多年的发展,上海国际仲裁中心的受案数量逐年上升,受理案件除传统商事争议外,还涉及私募股权、互联网金融、融资租赁、航空服务、能源与环境权益等新型案件。

2013 年 10 月,上海国际仲裁中心设立了中国(上海)自由贸易试验区仲裁院,制定了与国际接轨的《中国(上海)自由贸易试验区仲裁规则》。2015 年 10 月,上海国际仲裁中心设立了首个金砖国家间争议解决平台——金砖国家争议解决上海中心,为金砖国家之间产生的跨境争议提供解决机制。2015 年 11 月,上海国际仲裁中心设立了首个中非间争议解决平台——中非联合仲裁上海中心,为中非商事主体提供纠纷解决法律服务。②

(三)华南国际经济贸易仲裁委员会/深圳国际仲裁院

华南国际经济贸易仲裁委员会,又称“深圳国际仲裁院”(曾用名中国国际经济贸易仲裁委员会华南分会、中国国际经济贸易仲裁委员会深圳分会,英文简称 SCIA),于 1983 年设立在中国深圳经济特区。华南国际经济贸易仲裁委员会(深圳国际仲裁院)与深圳仲裁委员会自 2017 年 12 月 25 日起合并为深圳国际仲裁院(深圳仲裁委员会)。

深圳国际仲裁院是中国第一个通过立法方式确立法人治理模式的仲裁机构,根据《深圳经济特区前海深港现代服务业合作区条例》和《深圳国际仲裁院管理规定(试行)》,引入国际商事仲裁的先进制度,实行以理事会为核心的决策、执行和监督有效制衡的管理模式,保障仲裁机构运作和仲裁庭办案的独立性。

深圳国际仲裁院适应产业发展的需要,根据国务院《关于前海深港现代服务业合作区总体发展规划的批复》和《粤港合作框架协议》,加大粤港合作力度,

---

① 参见中国国际经济贸易仲裁委员会官网:www. cietac. org. cn/index. php? m = Page&a = index&id = 2,最后访问日期:2019 年 9 月 8 日。

② 参见上海国际经济贸易仲裁委员会官网:http://www. shiac. org/SHIAC/aboutus. aspx? page = 4,最后访问日期:2019 年 9 月 8 日。

持续创新,探索符合境内外当事人需求的多元化争议解决机制(ADR),已在粤港地区建立起"商会调解 + 仲裁"、"展会调解 + 仲裁"和"香港调解 + SCIA 仲裁"的专业化争议解决业务体系,为境内外当事人提供多元化的争议解决服务。[①]

第二节 诉讼管辖

一、地域管辖的确定

由于仲裁机构介入争议解决有着严格的限制条件,当事人必须达成明确有效的仲裁协议。没有仲裁协议,一方申请仲裁的,仲裁委员会不予受理。所以,当私募投资基金遇到争议解决需求,但发现原先签订的投资协议或配套协议中没有相关仲裁条款时,就只能向有权管辖权的法院提起诉讼进行救济。由此带来的核心问题是,私募基金募、投、管、退各个阶段的争议一旦发生,哪个地区的法院将有权审理争议案件,即地域管辖的确定。

地域管辖原则上按照原告就被告的原则,以被告住所地人民法院为管辖法院。但是对于合同或者其他财产权益纠纷,合同当事人可以协议管辖,即当事人在民事争议发生之前或者发生之后,以协议的方式选择管辖他们之间争议的法院。《民事诉讼法》第 34 条规定:"合同或者其他财产权益纠纷的当事人可以书面协议选择被告住所地、合同履行地、合同签订地、原告住所地、标的物所在地等与争议有实际联系的地点的人民法院管辖,但不得违反本法对级别管辖和专属管辖的规定。"换言之,合同或者其他财产权益纠纷,当事人可以选择与争议有实际联系的地点的管辖法院。

正如前文所述,成熟的基金合同、投资协议等合同中都会有明确的关于争议解决机构的条款,也就是会明确约定哪个地区法院有权审理相关争议。但是对于住所地、合同履行地、合同签订地等与争议有实际联系的地点的判断,在实践中经常产生争议。即使约定了争议解决条款,也会因为约定不清、选择不当等原因,导致管辖法院难以确定。在这种情况下,一旦发生争议,作为原告一方将会面临一个十分尴尬的局面,就是立案难的问题。

---

① 参见深圳国际仲裁院官网:http://szac.org/,以及 http://www.sccietac.org/web/doc/view/1.html,最后访问日期:2019 年 9 月 8 日。

（一）住所地法院管辖：工商注册地址与实际办公地址难以区分

《民事诉讼法》第 23 条规定："因合同纠纷提起的诉讼，由被告住所地或者合同履行地人民法院管辖。"从形式来看，法律对合同管辖法院的规定似乎是十分明确的，但该规定一旦进入司法实践中，就会引起操作层面的分歧。实践中，许多公司基于税收优惠等政策扶持的考虑，可能会选择在西部欠发达地区或者税收优惠政策扶持力度大的地区登记注册，而其实际经营地常常在北上广深等一线城市。无论是基于交通成本还是对一线城市法院的专业度的依赖，私募基金都倾向于到北上广深等一线城市的法院去起诉，但此时会发现立案难度之大超出想象。在工商注册地址与实际经营地址不一致的情况下，当事人想证明其实际经营地址在哪里会非常困难。以与工商注册地址不在同一个辖区的人民法院为管辖法院，需要原告举出较为充分的证据证明实际经营地位于管辖法院所在辖区，否则实际经营地法院立案庭很有可能拒绝立案。

例如，在张某炯与上海华领资产管理有限公司、孙某证券投资基金交易纠纷案[①]中，诉争私募基金合同约定由私募基金管理人所在地人民法院管辖，故原告向被告工商注册地上海市崇明区人民法院提起诉讼，但被告认为，"被告华领公司虽然注册在上海市崇明区，但是该公司在该注册地址无实际办公场所和办公人员。华领公司的实际经营地为上海市浦东新区花园石桥路×××号×××楼。华领公司作为经中国证券投资基金业协会登记的私募基金管理人，在基金协会公示的'办公地址'为'上海市浦东新区花园石桥路×××号×××楼'。……该合同在私募基金管理人概况部分披露了华领公司的办公地址为上海市浦东新区花园石桥路×××号。该合同也明确了华领公司的联系地址也为上述地址。……华领公司的主要办事机构所在地为上海市浦东新区花园石桥路×××号×××楼，本案应由上海市浦东新区人民法院管辖，故应移送至上海市浦东新区人民法院审理"。上海市崇明区人民法院同意被告的观点，认为合同中披露的办公地址可视为当事人合意以该披露地址确定管辖法院，该地址位于上海市浦东新区，故本案移送上海市浦东新区人民法院处理。

虽然在此案中，法院认定工商注册地址并非实际办公地址从而移送实际办公地址法院处理，但也可以看出本案存在特殊性，合同明确了私募基金管理人

① 上海市崇明区人民法院（2019）沪 0151 民初 3010 号民事裁定书。

的办公地址,并且该地址在基金业协会网站公示。若当事人无法举证证明实际办公地址,很有可能面临不被收案或者因管辖权异议而被移送等风险。

再退一步,即使诉争合同首部写明了当事人的联系地址,与工商注册地址不一致,上述风险和不确定性仍然存在。以笔者在上海金融法院经办案件的经验为例,上海金融法院内部意见认为,实践中,工商注册地址与合同披露的地址不一致的,各地址所处法院均可管辖,在此需要强调的是,在地址的表述上明显属于功能性的,诸如"联系地址""办公场所""通信地址""送货地址""发票地址"等不宜作为"某方住所地"来认定,仍宜采用工商注册地址来认定"某方住所地"为妥。

鉴于以住所地法院管辖容易存在较大不确定性,管辖法院的确定存在争议会导致立案困难,诉讼程序拖长,因此建议在签署合同时尽量减少约定由住所地法院管辖,以减少争议。

(二)合同履行地法院管辖:实际判断合同履行地存在困难

另外,当事人可能在合同中约定当出现争议时,双方均可向合同履行地法院提起诉讼,但对于合同履行地的规定较为抽象,缺乏更具可操作性的说明,在法律上的认定存在较大争议,根据待履行内容的不同会出现截然不同的认定结论。

对于合同履行地的认定,学理上存在两种规则:

一是特征履行地规则。最高人民法院通过法律适用意见及相关司法解释,就财产租赁合同、融资租赁合同、以信息网络方式订立的买卖合同、借款合同、证券回购合同、联营合同、委托贷款合同以及建设工程合同等合同的履行地分别作了专门规定。特征履行地规则首先要准确识别争议合同的性质,再确定不同合同的履行地。特征履行地规则内容烦琐,立案时难以对案件做实质审查,合同性质判断可能有误,容易引发当事人的争议,因而产生了较多问题。[①]

二是法定履行地规则。该规则的主要依据是《民法典》第510条第3项以及最高人民法院《关于适用〈中华人民共和国民事诉讼法〉的解释》第18条第2款的规定,合同对履行地点没有约定或者约定不明确,争议标的为给付货币的,接收货币一方所在地为合同履行地。从上述规定可以看出,接收一定数量金钱

---

① 参见肖建国、刘东:《管辖规范中的合同履行地规则研究》,载《现代法学》2015年第5期。

的一方所在地是合同履行地，但是这又引出所在地的判断，从而增加了立案管辖法院的难度和不确定性。另一个关键问题是，法院立案大厅的审核人员收案量巨大，往往没有时间审核合同的履行地是哪里，进而很有可能导致其不从法定履行地规则的角度去识别合同履行地。

结合上述分析笔者发现，实践中，一些法院采用特征履行地规则，一些法院采用法定履行地规则，导致两种规则在实践中同时发挥作用；此外，两种规则在判断合同履行地上均较为复杂且存在较大不确定性，进一步加剧了合同案件管辖问题的混乱程度。因此，笔者建议，在私募基金领域，对于争议合同的争议解决条款，尽量不选用合同履行地，而选用合同签订地作为协议管辖的地点。合同签订地应明确至区县的地点，若合同中写明的签订地点只明确至地市级，在第一审案件由基层人民法院管辖的情况下，仍将无法判断管辖法院为地市级中级人民法院下辖的哪个基层人民法院。

二、管辖权异议制度

（一）提起管辖权异议的目的

管辖权异议，是指诉讼参加人认为受诉法院或者受诉法院向其移送案件的法院对案件无管辖权时，向受诉法院或者受移送法院提出的不服管辖的意见或者主张。[①] 起诉资料送达被告后，多数被告可能为了争夺有利于自己的管辖法院而提起管辖权异议。

当事人提出管辖权异议可能归于以下因素：在大多当事人的潜意识里都认为我国审判实践中司法地方保护主义颇为盛行，诉讼当事人一般会根据自己自身所处的地域优势、人脉关系以及对某些法院的评价或印象来考量是否方便和有利于自己进行诉讼。为了防止司法地方保护主义，平衡当事人的利益，纠正管辖权错误，当事人会通过管辖权异议来选择对自己有利的管辖法院，这也正是管辖权异议制度设立的必要性。[②] 私募基金争议纠纷中，所涉当事人较多，法律关系复杂，标的金额较大，影响重大，管辖法院之争更加激烈，因而提起管辖权异议的案件较多。

---

① 参见江伟主编：《民事诉讼法》（第 2 版），中国人民大学出版社 2000 年版，第 100 页。

② 参见陈培珊：《程序正义与衡平：管辖权异议制度之修正》，载《山西师大学报》（社会科学版）2010 年第 S2 期。

（二）滥用管辖权异议制度的风险

作为救济制度的管辖权异议制度，设立初衷在于纠正法院的错误管辖、防止司法地方保护主义，但在我国由于法律没有强制性规定提出管辖权异议必须同时附上说服力的理由和相应的证据材料，加上当事人提出管辖权异议的成本极低，以及法律也没有对当事人滥用管辖权异议有相应的规制措施，所以实践中该制度常常为被告方当事人滥用，成为一种免费拖延诉讼的策略，具体表现为无理由无证据就提出管辖权异议，被裁定驳回后提起上诉来拖延时间。一个案件进入审理程序后，往往在开庭前承办法官就要为了管辖权问题的处理召开听证会并撰写裁定书，而且该程序若经过一审、二审程序，亦会延缓诉讼程序进程 3 个月左右时间。实际上，被告往往就是利用这个时间差来转移财产、收集证据或者造成对方当事人的诉累，增加其诉讼成本，甚至可以影响其商业信誉或者迫使其让步接受调解或和解。[①]

管辖权异议制度作为一种平衡当事人双方地位的机制因成本几乎为零，给被告拖延诉讼、争取谈判时间或是转移财产等带来了空间，这无疑对司法程序的健康运行和当事人之间纠纷的及时解决产生了负面影响，管辖权异议制度被滥用也给法院审理案件带来了巨大的资源浪费。当然，目前一个比较好的迹象是，部分地区的法院，[②]如广东深圳、广东中山、福建福州、北京、宁夏固原、四川泸州等地法院，已经开始对这种完全没有任何依据凭空捏造异议事由的当事人采取司法处罚措施，以遏制这种不正之风。

例如，福州市中级人民法院在一起民间借贷纠纷案[③]中认为，在案涉合同已明确约定纠纷管辖法院为合同签订地（福州市晋安区）人民法院，本案纠纷管辖依法不存在争议的情况下，闽江矿业公司仍提起管辖异议，恶意拖延案件审理时间。故闽江矿业公司的行为有违《民事诉讼法》第 13 条规定的诚实信用原则，侵害他人的合法权益，恶意妨碍民事诉讼，浪费司法资源，损害司法权威，据

---

① 参见陈培珊：《程序正义与衡平：管辖权异议制度之修正》，载《山西师大学报》（社会科学版）2010 年第 S2 期。

② 例如，福州市中级人民法院（2019）闽 01 司惩复 5 号决定、宁夏回族自治区固原市（地区）中级人民法院（2019）宁 04 司惩复 1 号决定、广东省中山市第一人民法院（2018）粤 2071 司惩 5 号决定、北京市第三中级人民法院（2019）京 03 司惩复 7 号决定、四川省泸州市龙马潭区人民法院（2018）川 0504 司惩 214 号决定、四川省泸州市中级人民法院（2019）川 05 司惩复 2 号决定等。

③ 福州市中级人民法院（2019）闽 01 司惩复 5 号决定。

此作出对闽江矿业公司罚款30万元的决定。

此外,2019年5月30日,山东省高级人民法院发布《关于〈简化民商事纠纷管辖权异议审查程序的意见(试行)〉的通知》,从管辖权异议受理、一审审查处理、二审审查处理、送达要求等五个方面,规范和简化民商事纠纷案件管辖权异议的审查程序,规制当事人滥用管辖权异议。以上通知明确,对发回重审案件、指定管辖案件、裁定移送案件、执行异议之诉案件和第三人撤销之诉案件提出管辖权异议的,人民法院可不予审查。同时,明确当事人滥用管辖权异议的四种情形,即针对同类其他案件反复向同一法院提出管辖权异议、异议申请中虚构与争议有实际联系的地点和事由、向约定的管辖法院提出管辖权异议,以及明显缺乏事实和法律依据的管辖权异议申请。对于滥用管辖权异议的申请,人民法院可不予审查,但应当通知提出异议的当事人。

笔者认为,管辖权异议制度作为平衡当事人双方地位的救济制度,即使当事人没有明显事实和法律依据而提出的管辖权异议申请,也不能“一刀切”采取司法处罚措施。但是上述滥用管辖权异议制度所面临的诉讼风险是客观存在的,在管辖法院明显无争议的情况下,建议当事人慎用管辖权异议这一诉讼策略工具,一是避免被认定为妨害民事诉讼,遭受司法处罚的风险;二是以免造成法官的负面评价,从而对实体审判带来消极影响。[①]

三、向法院提起诉讼的其他问题

(一)送达

确定管辖法院并完成立案手续后,接下来实践中经常要遇到的一个难点问题是送达问题。原告方在起诉时通常会同时提交被告的联系方式及收件地址,法院也会按照上述地址将原告立案时提交的起诉材料逐一送达相应被告。但这只是理想状态。且不说被告的联系方式和收件地址有时是错误的或已有变更,实践中甚至有被告恶意拒收法院寄送的材料的情形发生。按说此种情形依照法律规定可以留置送达,但无奈的是法院往往对此束手无策,为了程序上不发生问题,法院通常会要求原告对于没有正常送达的被告进行公告送达,公告程序的启动将导致庭审程序被延后几个月。除此之外,还有一类情形也是

① 参见杨征宇等编著:《金融机构资管业务法律纠纷解析》,法律出版社2017年版,第46页。

近年司法实践常遇到的，就是被告失联（或人身自由受到有权机关限制），这类人群的文件送达也是困难重重，经常也会启动公告送达程序，进而延缓了诉讼进程。

（二）审理程序

在我国法院审理案件实行两审终审制，也就是一个案件起诉到法院，经一审法院审理，任何一方当事人若对一审法院的裁判结果不服可以提出上诉，上一级人民法院（二审法院）必须进行审理并据此作出裁判，二审法院作出的裁判结果是终审裁判，具有强制执行力。胜诉的一方可以据此向法院申请执行。若是请求履行金钱给付义务的，可以要求法院扣划败诉方相应金额的款项或是对其相应价值的财产进行依法处置。然而，由于《民事诉讼法》的修改，近几年一个明显的趋势是，两审终审逐渐演变成两审终审加法院审判监督程序再加检察院抗诉程序。因为提起审判监督程序及检察院抗诉程序的一方无须支付任何费用，而法院及检察院本着司法为民的原则在收案标准尺度上又大幅放宽，由此给一个案件的审理带来很大的时间成本，实践中往往导致二审裁决不能被执行。

第三节　仲　　裁

一、仲裁在民商事争议解决中的优劣

（一）仲裁机构受理金融类案件情况

仲裁是解决纠纷的重要方式。实践中，大量私募基金在基金合同、投资协议等合同中都会选择采用仲裁机构作为争议解决机构。仲裁，是指双方当事人达成协议，自愿将纠纷交协议选定的仲裁委员会作出裁决，从而解决纠纷的法律制度。仲裁施行协议管辖制度，要求当事人之间自愿达成有效的仲裁协议，其内容应包括：请求仲裁的意思表示；仲裁事项；选定的仲裁委员会。如果没有仲裁协议，一方申请仲裁的，仲裁委员会不予受理。

根据中国国际经济贸易仲裁委员会发布的《中国国际商事仲裁年度报告（2017）》，2017 年，全国 253 家仲裁委员会共受理案件 239，360 件，比 2016 年增加 30，815 件，增长率为 15%；案件标的总额 5338 亿元，比 2016 年增加 643 亿

元，增长率为 14%。有 6 家仲裁委员会运用网上仲裁方式，共处理案件 85，399 件，占全国案件总数的 36%。2017 年，全国仲裁委员会处理金融类案件的数量为 25，677 件，占总数量的 10.73%；金融类案件标的额 1558 亿元，占全国案件标的总额的 29.18%。①

（二）仲裁的优势

仲裁作为一种解决民商事争议的替代方式，与诉讼相比具有较多优势，已越来越受到社会大众的广泛关注与认可。实践中，大量的私募投资基金都将争议解决选定由某一仲裁机构进行裁决。与其他争议解决方式相比，仲裁具有以下特点：

1. 当事人意思自治

在仲裁中，当事人享有选定仲裁员、仲裁地、仲裁语言以及适用法律的自由。当事人还可以就开庭审理、证据的提交和意见的陈述等事项达成协议，设计符合自己特殊需要的仲裁程序。在当事人没有对上述事宜进行协商的情况下，则由仲裁庭决定。因此，与法院严格的诉讼程序和时间表相比，仲裁程序更为灵活。②

此外，《仲裁法》第 6 条规定："仲裁委员会应当由当事人协议选定。仲裁不实行级别管辖和地域管辖。"换言之，仲裁尊重当事人的意思表示，不受级别管辖和地域管辖的限制。由于仲裁委员会不按行政区划层层设立，与行政机关也没有隶属关系，因此，仲裁实行协议管辖制度，这样既能保证有效地避免行政干预和地方保护主义的干扰，又能有效地保障仲裁当事人的合法权益。③

不过，由于仲裁员水平参差不齐，同案不同判的情况也时有发生，所以实践中，尊重意思自治还是要受限于既有的法律法规和生效判例，没有那么大的裁量空间。

---

① 参见《中国国际商事仲裁年度报告（2017）》，载中国国际经济贸易仲裁委员会：http：//www. cietac. org. cn/Uploads/201810/5bd6d2e9b333e. pdf，最后访问日期：2020 年 4 月 13 日。

② 参见《为何选择仲裁》，载中国国际经济贸易仲裁委员会：http：//www. cietac. org. cn/index. php?m = Page&a = index&id = 116，最后访问日期：2020 年 4 月 13 日。

③ 参见孙永明、冯建平：《试析仲裁与民事诉讼之异同》，载《人民司法》1996 年第 8 期。

2. 一裁终局，时效快

仲裁实行一裁终局的制度。即裁决书自作出之日起就发生法律效力，对当事人具有约束力并可强制执行。当事人就同一纠纷再申请仲裁或向法院起诉的，仲裁委员会或者法院不予受理。相比民事诉讼两审终审制度，仲裁一裁终局制度简化程序，节省了当事人很多时间，同时也节省了国家司法资源。另外，民事诉讼实行两审终审制，虽然使当事人最终解决争议和获得法院救济的时间一般要比仲裁时间要长一些，但能更公正、有效地保障当事人的合法权益。

3. 不公开，保密性强

很多人说是因为仲裁机构基于一裁终局的高效，还有人说仲裁机构的裁量尺度更加尊重双方当事人意思自治，充分尊重契约，凡此种种不一而足。但就笔者多年的从业经验来看，其实私募投资基金选择仲裁机构进行争议处理最看重的无疑是仲裁的不公开性，尤其是近年来法院系统在大力推行裁判文书全文上网公示的大背景下，仲裁这种不公开性无疑是众多私募基金管理人所青睐的。金融或类金融行业具有对信息的敏感性和自身的系统脆弱性，仲裁的不公开审理有助于维护双方的声誉。因为没有一家私募机构愿意让投资人知道其投资的项目失败并启动了争议解决程序，以致影响其参与竞投优质项目的可能性。如果私募基金管理人涉讼、败诉的消息广为人知，将会对其公司信誉造成恶劣影响甚至毁灭性打击，采用仲裁方式解决纠纷可以减少此类风险，所以仲裁的保密性才是仲裁最大的优势之一。

(三)仲裁的困境

仲裁纵然有其在调处争议时的优势，但劣势也是十分明显的。具体而言，有以下几点：

1. 仲裁机构不能在仲裁过程中采取财产保全、证据保全等强制措施，而有赖于法院去完成

仲裁机构作为社会机构，并无司法强制力，所以对于在仲裁程序中需要启动的财产保全、证据保全等程序，只能由仲裁机构将当事人的保全申请提交法院去完成。在当下法院系统案多人少的困境下，法院处理诉讼案件的财产及证据保全事宜尚且人手不足，更何况仲裁中的保全案件了。所以这个过程中当事人的协调成本十分高，经常是一套材料被仲裁机构移交法院后便石沉大海，迟迟不能不分配到具体承办人，无法对接。还有的法院采取选择性保全，各地法院对于仲裁庭转交的保全资料要求五花八门，有时需要全套资料重新投递，这对于需要及时保全的案件而言无意是毁灭性打击。此外，由于最终实施财产保全、证据保全的仍然是法院，时效上存在一定滞后性。

2. 司法审计或鉴定程序以及申请调查取证困难

司法审计或鉴定程序以及调查取证在法院主导的案件审理过程中相比较而言比较容易启动，基本上如果提出对相关事项的司法审计或鉴定申请，且待证事实与案件事实查明有着相关性的，法院一般会准许，毕竟法院对于司法审计或鉴定程序的启动有着一套成熟的流程及外部机构配套。但相对诉讼程序而言，在司法审计或鉴定程序以及证据制度上仲裁程序存在明显的弱点。虽然《仲裁法》第 43 条第 2 款直接赋予了仲裁庭收集证据的权力，即仲裁庭认为有必要收集的证据，可以自行收集。但由于仲裁庭不是国家权力机关，其很难像法院一样依职权收集证据，仲裁机构本身并不享有任何国家强制力，这导致仲裁机构的司法审计或鉴定、证据调查困难。所以现实情况经常是，同样的事由如果是在仲裁程序中提起，则比较难以得到仲裁机构的回应。仲裁机构可能会因为担心一旦启动相关司法鉴定或审计程序但无法达到申请一方的目的，往往不是很愿意启动此类程序，更多的是被动审查各方提交的证据材料，不会主动干预，这就给申请人一方的举证义务提出了较高要求。

3. 仲裁员的选取具有不确定性

当被申请人为不同利益主体的多方当事人时，被申请人在仲裁院的选定程序中往往处于被动局面。在仲裁庭组成通常为 3 人的情况下，申请人与被申请人各自有权指定一名仲裁员（边裁），但如果被申请人有多方的，那么其要么协商一致共同选定一名仲裁员，要么按大多数仲裁机构的仲裁规则会被视为未选定仲裁员，进而将由仲裁机构直接代为指定仲裁员。这无疑对被申请人一方仲裁权利的行使极为不利，从仲裁策略上分析，被申请人一方将无法根据仲裁员的知识结构、行业背景等角度去选择对己方观点有利的仲裁员。

4. 执行难

仲裁程序的另一个劣势无疑就是执行问题。虽然执行是当下整个司法困境中的共性问题,但仲裁裁决生效后的执行问题更是难上加难。首先是法律赋予了当事人满足一定条件下的向法院申请撤销仲裁裁决及不予执行仲裁裁决的权利,实践中相当数量的仲裁裁决败诉方为了拖延执行程序会肆意发起该程序使生效裁决的执行被中止;其次是胜诉方凭生效裁决到有权受理法院(通常指由被执行人住所地或者被执行的财产所在地的中级人民法院)申请立案执行时,难免会遇到法院"踢皮球"的情况,尤其是连接点众多的仲裁裁决,原本法律赋予了当事人更多的选择权,实践中却会成为各个连接点法院推诿的理由。

二、仲裁条款中涉及关联合同的问题

私募基金领域的法律纠纷,经常会涉及多方交易主体和多种合同法律关系。如果多方当事人之间存在的多份合同相互关联,如具有主从关系、明显的支配关系,或者合同联系密切难以分割,若这些关联合同约定的争议解决机构或条款不一致,应如何确定当事人之间的争议解决方式?其中一份合同包含的仲裁条款是否可以拓展到其他合同中?

(一)具有主从关系的合同的争议解决方式约定不一致

担保合同作为一项增信措施广泛应用于私募基金领域中。担保合同的存在有赖于主合同的存在,主合同无效,则从合同无效。根据最高人民法院《担保法司法解释》(已废止)第129条的规定,主合同和担保合同发生纠纷提起诉讼的,应当根据主合同确定案件管辖。主合同和担保合同选择管辖的法院不一致的,应当根据主合同确定案件管辖。换言之,在案件管辖上,担保合同应按照主合同确定管辖法院。

实践中,很多人会依据《担保法司法解释》(已废止)第129条的规定,误以为只要主从合同约定的争议解决条款不一致,就都应该按照主合同的约定来确定争议解决机构。但实际上,《担保法司法解释》(已废止)第129条规定的是,因主合同和担保合同发生的纠纷均属人民法院主管,以主合同的约定确定管辖法院。换言之,当主从合同均约定由法院主管,但约定的管辖法院不一致时,以主合同的管辖法院为准;但当主从合同中其中一份合同约定仲裁,另一份合同约定诉讼，则不能依据《担保法司法解释》（已废止）第 129 条的规定径直按照主合同的约定确定争议解决方式。

不管是主合同约定仲裁，从合同约定诉讼，还是主合同约定诉讼，从合同约定仲裁，司法实践中，一般会认为虽然从合同在合同效力上受到主合同的制约，但是争议解决方面，结合《担保法司法解释》（已废止）第 126 条的规定，主合同和担保合同并非必须合并审理的情形，可以分别约定争议解决方式。[①] 因而在主从合同约定主管机构不一致时，应分别向仲裁机构提起仲裁、向法院提起诉讼，在无另行约定的情况下，不能在同一个主管机构中解决纠纷。

例如，在惠州侨兴电信工业有限公司、惠州侨兴电讯工业有限公司金融借款合同纠纷案[②]中，最高人民法院认为："《最高人民法院关于适用〈中华人民共和国担保法〉若干问题的解释》第一百二十九条规定，'主合同和担保合同选择管辖的法院不一致的，应当根据主合同约定确定案件管辖法院'。该条规定明确的是，因主合同和担保合同发生的纠纷均属人民法院主管，以主合同的约定确定管辖法院。而本案主合同明确约定申请仲裁，排除了法院主管，故本案不适用《最高人民法院关于适用〈中华人民共和国担保法〉若干问题的解释》第一百二十九条的规定。据此，本案应根据《还款承诺书》和《担保函》约定的管辖条款确定管辖法院。"

再如，在最高人民法院《关于成都优邦文具有限公司、王国建申请撤销深圳仲裁委员会（2011）深仲裁字第 601 号仲裁裁决一案的请示的复函》（〔2013〕民四他字第 9 号）中，法院认为，案涉担保合同没有约定仲裁条款，仲裁庭关于主合同有仲裁条款，担保合同作为从合同应当受到主合同中仲裁条款约束的意见缺乏法律依据。本案中《商标使用许可合同》和《担保书》构成主从合同关系，《担保书》作为从合同，依据法律规定，虽在合同效力等方面受到主合同《商标使用许可合同》的制约，但在解决纠纷方式方面，主合同与从合同可分别约定。在《担保书》中当事人没有选择采用仲裁方式解决纠纷，依据自愿仲裁原则，《商标使用许可合同》中的仲裁条款对《担保书》没有约束力。

---

① 参见最高人民法院（2016）最高法民辖终 122 号民事裁定书。

② 最高人民法院（2017）最高法民辖终 327 号民事裁定书。

（二）不具有主从关系但有关联关系的合同，争议解决方式约定不一致

不同当事人之间签署了多份具有关联关系的合同，虽并非主从关系，但多份合同相互关联。在多份关联合同约定的争议解决方式不一致时，如何确定争议解决机构？主合同约定的争议解决方式是仲裁，补充协议没有约定争议解决方式，仲裁机构是否可对主合同和补充协议一并进行仲裁？

实践中，将上述有关联关系的合同大致分为两种情形：一种情形是合同与补充协议之间，具有明显的统领支配关系；另一种情形是虽然没有统领支配关系，但是关系密切。对于主合同中的仲裁条款是否可拓展至补充协议上的问题，关键在于主合同与补充协议之间是否具有可分性，即主合同对补充协议是否具有统领支配地位，补充协议是否依附于主合同不能独立存在。对于上述第一种情形，主合同和补充协议之间具有统领支配关系的，在补充协议未对争议解决方式变更的情况下，一般认为主合同约定的争议解决条款也适用于补充协议；对于上述第二种情形，虽然合同之间具有关联性，但具有各自独立性的，一般认为争议解决条款也独立存在。

例如，在湖南华厦建筑有限责任公司与常德工艺美术学校不服执行裁定申诉案[①]中，最高人民法院认为："当事人自愿达成合法有效协议或仲裁条款选定仲裁机构解决其争议纠纷，是采用仲裁方式解决争议纠纷的前提。如果当事人没有约定其争议纠纷由仲裁机构解决，通常情况下，仲裁机构无权对该争议纠纷予以仲裁。但存在主合同与补充协议的情形时，当事人在主合同中约定其争议纠纷由仲裁机构解决，对于没有约定争议纠纷解决方式的补充协议可否适用该约定，其关键在于主合同与补充协议之间是否具有可分性。如果主合同与补充协议之间是相互独立且可分，那么，在没有特别约定的情况下，对于两个完全独立且可分的合同或协议，其争议解决方式应按合同或补充协议约定处理。如果补充协议是对主合同内容的补充，必须依附于主合同，而不能独立于主合同存在，那么，主合同所约定的争议解决条款也适用于补充协议。"

再如，在苏州东宝置业有限公司（以下简称东宝公司）、苏州市金城担保有限责任公司（以下简称担保公司）、苏州市东宝金属材料有限公司（以下简称金属公司）、苏州市东宝黑色金属材料有限公司（以下简称黑色金属公司）、徐某大

---

① 参见最高人民法院（2015）执申字第33号执行裁定书。

与苏州百货总公司(以下简称百货公司)、江苏少女之春集团(以下简称少女之春公司)管辖权纠纷案[①]中,百货公司与少女之春公司拟拍卖其所持有的一家公司,故与拍卖公司签署拍卖合同,东宝公司成功竞拍,《拍卖合同》与《拍卖成交书》均约定了仲裁条款。后东宝公司与百货公司、少女之春公司另行签署《转让协议》,其中并未约定仲裁条款。该案情交易结构见图6-1。

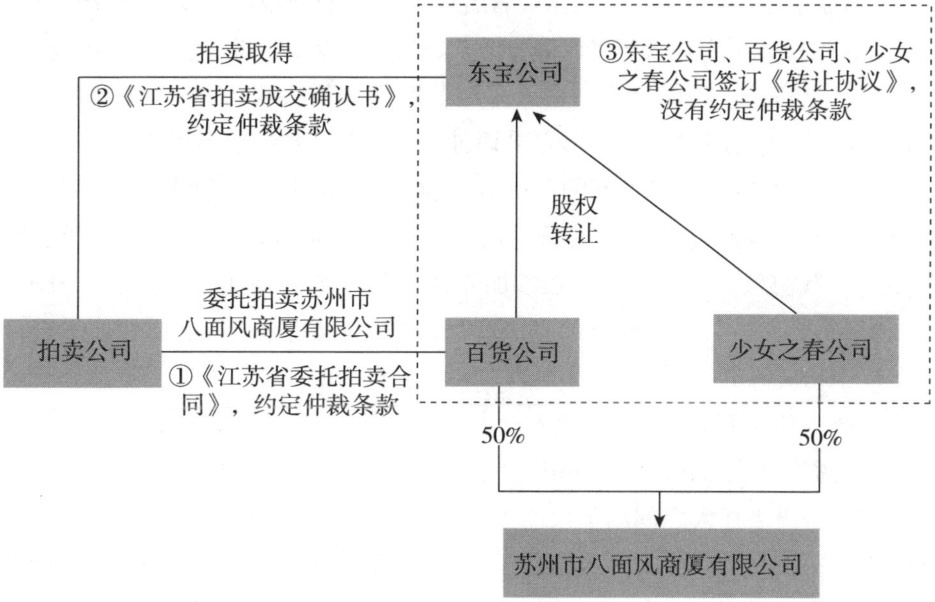

图6-1 (2006)民二终字第2号案件情况

法院认为,当事人签订的多份合同中,有的约定了仲裁条款,有的既没有约定仲裁条款,也没有明确将其列为约定了仲裁条款的合同的附件,或表示接受约定了仲裁条款的合同关于仲裁管辖的约定。尽管上述合同之间具有一定的关联性,但不能因此否认各自的独立性。当事人约定仲裁管辖必须有明确的意思表示并签订有仲裁协议,仲裁条款也仅在达成仲裁协议的当事人之间产生法律效力,不能约束合同之外的人。因此,对于东宝公司、担保公司、金属公司、黑色金属公司、徐某大五方当事人依《转让协议》向人民法院提起的诉讼,人民法院具有管辖权。

① 最高人民法院(2006)民二终字第2号民事裁定书。

(三)各委托人分别与管理人签署资管合同,委托人之间的争议解决方式的确定

许多结构化契约型的资管合同中,由于募集先后问题,一般会由各委托人分别与管理人、托管人签署内容一致的资管合同。在各委托人之间并无书面协议的情况下,优先级委托人是否可依据资管合同中约定的仲裁协议,向劣后级委托人提起仲裁?优先级委托人与劣后级委托人之间的争议是否受资管合同的约束?

《仲裁法》第4条规定:"当事人采用仲裁方式解决纠纷,应当双方自愿,达成仲裁协议。没有仲裁协议,一方申请仲裁的,仲裁委员会不予受理。"一般而言,仲裁协议是界定仲裁争议的基础和依据,仲裁员不能处理该协议范围之外的争议。此外,《仲裁法》第21条规定,"当事人申请仲裁应当符合下列条件:(一)有仲裁协议;……"因而一般参加仲裁应具备实质要件(自愿,意思表示一致)和形式要件(书面仲裁协议),如果没有仲裁协议而申请提起或参加诉讼,可能有悖于相对方的意愿,违反尊重当事人意思自治的原则。

在结构化资管产品中,若优先级委托人与劣后级委托人分别与管理人、托管人签署资管合同,而资管合同中约定的争议解决方式为仲裁,判断优先级委托人与劣后级委托人之间的争议能否受到资管合同仲裁条款的约束,关键在于优先级委托人与劣后级委托人之间是否存在将双方间于资管合同项下的争议提交仲裁的意思表示。司法实践中已有法院认为,委托人分别签署的《资产管理计划》内容完全一致,所签署的合同实质系同一份合同,委托人之间具有将双方之间的争议提交仲裁的意思表示,则应受仲裁条款约束。

例如,在陈某某与王某某、上银基金管理有限公司申请确认仲裁协议效力[①]案中,上海金融法院认为,优先级委托人与劣后级委托人分别签订的资管合同除资产委托人不同外,内容完全一致,其中明确载明了存在两类或多类委托人,并且对委托人之间的权利义务进行了约定。也就是说,劣后级委托人在签署合同时即明确知晓优先级委托人的存在,亦明知其与优先级委托人之间因履行资管合同可能存在争议,且该争议属于资管合同载明的因本合同而产生的争议。因此法院认定,尽管优先级委托人与劣后级委托人之间未在同一份资管合同上签名,但双方分别签署资管合同的行为表明双方均作出了将资管合同项下的争

① 参见上海金融法院(2019)沪74民特4号民事裁定书。

议，包括双方之间的争议提交仲裁的意思表示，应受仲裁条款的约束。

再如，广东省深圳市中级人民法院在（2016）粤03民初1317号/1398号上海期期投资管理中心（有限合伙）与李某文申请确认仲裁协议效力民事裁定书中认为，“期期投资中心签署合同时是知道除了其本身是C类委托人以外，还有A、B两类委托人存在的，也知道B类投资人有权依据《资产管理计划》的约定在特定情况下向其进行追偿，在这种情况下，期期投资中心未对《资产管理计划》中‘因本合同产生或与本合同有关的一切争议……应提交华南国际经济贸易仲裁委员会按照该会届时有效的仲裁规则申请仲裁’的约定提出异议，应视为其具有将与B类投资人之间的纠纷提交华南国仲进行仲裁的意思表示”。

虽然司法实践中已有法院确认各委托人分别签署资管合同，委托人之间应受资管合同中的仲裁条款约束，但为减少争议，建议在资管合同中约定或者由劣后级委托人单独出具声明，进一步明确各委托人之间的争议受资管合同所约定的争议解决条款的约束。

三、约定仲裁的其他热点问题

（一）约定或仲裁或诉讼的争议解决条款的效力

“或裁或审”条款一般是指约定出现争议时，既可以向仲裁机构申请仲裁，又可以向法院提起诉讼的条款。最高人民法院《仲裁法解释》第7条规定：“当事人约定争议可以向仲裁机构申请仲裁也可以向人民法院起诉的，仲裁协议无效。但一方向仲裁机构申请仲裁，另一方未在仲裁法第二十条第二款规定期间内提出异议的除外。”虽然该条规定了一个但书，但是但书部分并非对“或裁或审”条款中仲裁协议效力的附条件肯定，仲裁主管的获得不是因为“或裁或审”中仲裁条款是有效的，而是因为当事人对仲裁管辖权异议的放弃，对仲裁管辖权的默示同意。

司法实践中，大多数的案例均认为“或裁或审”条款同时约定了仲裁和诉讼两种相互排斥的争议解决方式，因而仲裁协议无效。但对于仲裁协议无效后法院管辖部分的是约定否有效存在两种审判思路：一是合同中的争议解决条款整体无效，包括法院管辖的条款无效，如南通华润建设工程有限公司与牛津（南通）科技创新有限公司建设工程施工合同纠纷案[①]；二是仅仅关于仲裁部分的约

① 江苏省南通市中级人民法院（2014）通中民辖终字第0026号民事裁定书。

定无效,但关于法院管辖部分的约定有效。在笔者检索的案例中,第二种审判思路更为常见,与最高人民法院在此类问题上的裁判观点一致,例如,江门市江磁电工企业有限公司与云南铜业股份有限公司买卖合同纠纷案①、久益环球(佳木斯)采矿设备有限公司与大同市龙煤煤矿机械销售有限公司买卖合同纠纷案②等案例均认为仲裁条款无效,诉讼管辖条款仍然有效,对当事人具有约束力。

此外,如果当事人在合同中约定,因合同产生的争议先由某仲裁机构仲裁,仲裁无效或对仲裁结果不服时再向法院起诉。此时仲裁协议效力如何?在内蒙古吉祥煤业有限公司与天津冶金集团贸易有限公司买卖合同纠纷案③中,最高人民法院认为,诉讼与仲裁这两种争议解决方式在性质上是彼此排斥的,两种方式不能并存。上述约定不符合“仲裁实行一裁终局”的规定,违反了仲裁排除法院管辖的基本原则。本案双方当事人约定的解决合同纠纷方式构成在合同争议解决条款中既约定了仲裁又约定了诉讼,该约定无效。

(二)约定仲裁机构名称不准确时仲裁条款的效力

仲裁协议作为仲裁制度的基石,既是开始仲裁程序的逻辑前提,也是确定仲裁管辖权的必要条件。《仲裁法》第16条规定,一项有效的仲裁条款应当包含请求仲裁的意思表示、仲裁事项、选定的仲裁委员会三项内容。

实践中,仲裁委员会的名称多种多样,在选定仲裁委员会时经常会出现约定仲裁机构名称不准确的情况(见表6-3),对仲裁条款所约定的仲裁机构的解释仍然是一个频繁出现的问题。《仲裁法解释》第3条进一步规定:“仲裁协议约定的仲裁机构名称不准确,但能够确定具体的仲裁机构的,应当认定选定了仲裁机构。”可见,在解释仲裁机构名称时,并不过分地拘泥于当事人所订立的仲裁条款中的文字表述,而是采取了综合认定的方法,合理解释当事人选定仲裁机构的真实意愿。

但是仲裁条款的约定多种多样,如何判断“能够确定具体的仲裁机构”,很大程度上有赖于法官对仲裁条款的解释以及对仲裁的态度。因而从法律风险防范的角度来说,提示当事人在订立仲裁条款时应当尽可能准确地表述仲裁机

① 最高人民法院(2013)民二终字第85号民事裁定书。
② 最高人民法院(2016)最高法民辖终39号民事裁定书。
③ 最高人民法院(2013)民二终字第81号民事裁定书。

构的名称等事项，避免事后出现争议，造成额外的成本。

表6－3　仲裁机构名称不准确的案例

案例	仲裁条款	裁判要旨
华懋金融服务有限公司与世纪创投有限公司、北京市地石律师事务所一般委托合同纠纷案①	任何一方均可向中华人民共和国仲裁委员会提出仲裁	由于我国内地有多个仲裁机构，而双方当事人无法就选择其中一个仲裁机构达成补充协议，故属于仲裁机构约定不明的情形，仲裁条款无效
营口大东北农副产品物流有限公司与营口市国土资源局建设用地使用权纠纷案②	因履行本合同发生争议，由争议双方协商解决，协商不成，提交当地仲裁委员会仲裁	涉案《土地使用权出让合同》双方当事人住所地、合同签订地、合同履行地、标的物所在地均在辽宁省营口市，上述合同约定的当地应为辽宁省营口市。而且，辽宁省营口市人民政府法制办于2016年11月25日出具的《证明》明确载明营口市仅有一个仲裁委员会即营口仲裁委员会。因此，涉案《土地使用权出让合同》仲裁条款约定的仲裁委员会应为营口仲裁委员会。该《土地使用权出让合同》仲裁条款约定仲裁机构明确，仲裁条款合法有效
西安大宗农产品交易所有限公司与重庆易极付科技有限公司、重庆市博恩科技（集团）有限公司新增资本认购纠纷案③	因履行本协议发生纠纷，任何一方均可向第三方四川省贸促会仲裁委员会申请仲裁	四川省贸促会是中国国际贸易促进委员会四川省委员会的简称，是中国国际贸易促进委员会的分支机构，故当事人约定由“四川省贸促会仲裁委员会仲裁”，即应视为当事人协议选择由中国国际经济贸易仲裁委员会仲裁
刘某京诉刘某申请确认仲裁协议效力案④	如果协商未果，双方都同意至北京市仲裁委员会申请仲裁	本市不存在北京市仲裁委员会，故仲裁协议约定的仲裁机构名称不准确。该名称表述不够准确，但本市存在北京仲裁委员会，北京市仲裁委员会的表述不会与中国国际经济贸易仲裁委员会或中国海事仲裁委员会产生歧义，故根据该名称可以确定仲裁机构即为北京仲裁委员会

① 最高人民法院（2014）民四终字第29号民事裁定书。

② 最高人民法院（2016）最高法民终767号民事裁定书。

③ 最高人民法院（2016）最高法民申882号民事裁定书。

④ 北京市第三中级人民法院（2015）三中民（商）特字第08918号民事裁定书。

第七章

私募基金其他纠纷

第一节　民刑交叉下私募基金纠纷民事判例研究

近几年来，私募基金“爆雷”频出，令不少投资者损失惨重，其中很多涉及刑事案件。长久以来，就民刑交叉案件，司法实践秉持“先刑后民”的原则，即刑事程序优先于民事程序，民事案件在刑事程序未结之前被中止审理或者驳回起诉。那么，在私募基金涉及刑事案件的情况下，私募基金的投资者能否通过民事诉讼主张自己的权利？实践中法院是否都按照“先刑后民”原则处理？笔者就此研究总结了已有公开判例，以期为业内人士提供一些参考。

一、“先刑后民”原则的适用标准

什么样的案件是刑民交叉案件？目前法律对此并无明文规定，理论界不少学者尝试对此进行定义。有学者将刑民交叉案件定义为“既涉及刑事法律关系，又涉及民事法律关系，且相互之间存在交叉、牵连、影响的案件”；①有学者将其定义为“在法律事实上存在交叉的刑事、民事案件”。② 相关司法解释是从在满足什么情况下应该适用“先刑后民”原则或何种情况下应该“刑民并行”的角度进行规定的。

1998 年最高人民法院公布的《民刑交叉司法解释》第 1 条规定，“同一公民、法人或其他经济组织因不同的法律事实，分别涉及经济纠纷和经济犯罪嫌疑的，经济纠纷和经济犯罪案件应分开审理”；第 10 条中还规定：“人民法院在

① 何帆：《刑民交叉案件审理的基本思路》，中国法制出版社 2007 年版，第 25 ~ 26 页。

② 毛立新：《刑民交叉案件的概念、类型及处理原则》，载《北京人民警察学院学报》2010 年第 5 期。

审理经济纠纷案件中，发现与本案有牵连，但与本案不是同一法律关系的经济犯罪嫌疑线索、材料，应将犯罪嫌疑线索、材料移送有关公安机关或检察机关查处，经济纠纷案件继续审理。”根据该司法解释，如果案件涉及“不同的法律事实”或者属于“不同的法律关系”，则适用“刑民并行”原则，民事案件和刑事案件分开审理。

2014 年“两高一部”《关于办理非法集资刑事案件适用法律问题若干问题的意见》第 7 条规定：“对于公安机关、人民检察院、人民法院正在侦查、起诉、审理的非法集资刑事案件，有关单位或者个人就同一事实向人民法院提起民事诉讼或者申请执行涉案财物的，人民法院应当不予受理，并将有关材料移送公安机关或者检察机关。”2015 年最高人民法院《关于审理民间借贷案件适用法律问题若干问题的规定》第 5 条规定：“人民法院立案后，发现民间借贷行为本身涉嫌非法集资犯罪的，应当裁定驳回起诉，并将涉嫌非法集资犯罪的线索、材料移送公安或者检察机关。公安或者检察机关不予立案，或者立案侦查后撤销案件，或者检察机关作出不起诉决定，或者经人民法院生效判决认定不构成非法集资犯罪，当事人又以同一事实向人民法院提起诉讼的，人民法院应予受理。”可见，最新的两部司法解释采用的是“同一事实”的标准，即若案件涉及“同一事实”，则应先行适用刑事程序对案件作出法律评价。

那么如何认定同一事实？最高人民法院刘贵祥在 2019 年全国民商事审判大会上的讲话中指出，要从行为主体、相对人以及行为本身三个方面认定是否属于“同一事实”。具体地说，从行为实施主体的角度看，“同一事实”指的是同一主体实施的行为，不同主体实施的行为不属于同一事实；从法律关系的角度看，刑事案件的受害人同时也是民事法律关系的相对人的，可以认定为“同一事实”；从要件事实的角度看，只有民事案件争议的事实，同时也是构成刑事犯罪的要件事实的情况下，才属于“同一事实”。根据刘贵祥提出的判断标准，满足“同一事实”标准从而适用“先刑后民”原则的案件范围是比较狭窄的。

即便前述三份司法解释采用的判断标准不完全一致，但其内在逻辑是一致的，即并非所有刑民交叉的案件都适用“先刑后民”原则，而是只有满足一定标准（涉及“同一法律关系”或“同一事实”）的刑民交叉案件才适用“先刑后民”。这就要求裁判者就所涉案件是否满足所涉标准作出定性分析，若满足标准，则适用“先刑后民”原则；若不满足，则民事程序可与刑事程序并行。

然而，司法实践中，法院往往不予分析具体案件是否满足适用标准，而是径直适用《民刑交叉司法解释》第 11 条[①]的规定，从而直接驳回原告的起诉。另外，从司法解释条文被裁判文书的援引次数可以看出，在目前司法实践中，“先刑后民”是绝对主流，“刑民并行”是例外情况。根据威科先行数据库的统计，72,839 篇裁判文书援引了《民刑交叉司法解释》第 11 条“先刑后民”条款；与此相对应，仅 5155 篇裁判文书引用了该司法解释的第 1 条或第 10 条关于分开审理的条款，即前者与后者的比例约为 14:1。

就私募基金纠纷案件，笔者以“私募基金”“经济犯罪”作为关键词在威科先行案件数据库中进行检索，检索出 181 个相关案件，剔除实际上与私募基金不相关的案件以及重复案件，有效案件共计 153 个，一审法院以经济纠纷涉及犯罪嫌疑为由驳回起诉的共计 142 个（占比 93%），仅有 11 个（占比 7%）案件一审法院认为刑事程序与民事程序可以并行；二审裁判中，法院认为可以“刑民并行”的比例有所增加（提高到了 16%），但绝大部分还是支持“先刑后民”（84%），统计数据见表 7 – 1。这些统计数据显示，同一般的民刑交叉案件一样，若私募基金纠纷涉及刑事案件，法院大概率会适用“先刑后民”原则；相比较于二审法院，一审法院更倾向于适用“先刑后民”原则。

表 7 – 1　“先刑后民”与“刑民并行”情况对比

审级	“先刑后民”案件数量/占比	“刑民并行”案件数量/占比
一审	142/93%	11/7%
二审	128/84%	25/16%

二、案例分析

我们检索到的私募基金纠纷案判例中，适用“先刑后民”标准的尺度比较宽，即便民事程序被告与刑事犯罪主体不一致（非同一行为人）、非同一法律关系（民事程序是保证合同关系）、民事案件争议的事实与刑事案件事实不一致，法院也可能会认为存在犯罪嫌疑，从而驳回原告的起诉。按照民事主体的法律地位以及其是否与刑事责任主体一致，我们将判例分为以下几种类型。

① 最高人民法院《民刑交叉司法解释》第 11 条规定：“人民法院作为经济纠纷受理的案件，经审理认为不属经济纠纷案件而有经济犯罪嫌疑的，应当裁定驳回起诉，将有关材料移送公安机关或检察机关。”

类型一：私募基金管理人以及实际控制人涉及刑事案件，民事案件的被告为刑事责任主体。

私募基金管理人及其实际控制人涉及刑事案件是民刑交叉私募基金案件中最常见的情形，通常这种案件涉及投资者众多。对该类型案件，法院都适用了“先刑后民”原则。

例如，在徐某华与合星资产管理有限公司、合星金控投资集团有限公司金融委托理财合同纠纷案[①]中，投资者徐某华购买了合星资产管理有限公司作为管理人的私募基金产品，其向私募基金管理人及其母公司合星金控投资集团有限公司主张责任，一审法院认为，上海市公安局静安分局于2019年5月20日决定对合星金控投资集团有限公司非法吸收公众存款立案侦查，故本案被告涉嫌刑事犯罪，遂根据《民刑交叉司法解释》第11条的规定驳回原告起诉。

类型二：私募基金管理人涉及刑事案件，投资者要求非刑事案件责任主体的实际用款方承担责任。

实践中，私募基金将募得的资金对外投资时，往往要求实际用款方向私募基金（非投资者）提供担保。在管理人涉及刑事案件导致投资者不能按预期收回本金收益时，投资者往往希望实际用款方向投资者直接承担担保责任。在此种情形下，理论上投资者突破合同的相对性原则直接向实际用款方提起诉讼，是否满足合同相对性原则例外情形的适用条件有待商榷，因此合同相对性原则可作为法院驳回原告起诉的路径之一；但判例显示，法院更愿意依据“先刑后民”原则驳回原告起诉。

例如，在孙某君、国某东债权人代位权纠纷案[②]中，管理人深圳中汇盈信基金管理有限公司（以下简称中汇盈信）因其管理的“进取九号企业”基金被广州天河区人民法院认定为非法吸收公众存款罪；而本案所涉基金为中汇盈信设立的另一基金——“进取十号企业”基金（该基金最终未完成私募基金产品备案）。“进取十号企业”基金以委托贷款的方式将募集的资金借给被告黑龙江房地产开发有限公司（以下简称建成公司）使用，同时建成公司以房产抵押作为担

① 参见上海市杨浦区人民法院（2019）沪0110民初4112号民事裁定书。

② 参见黑龙江省高级人民法院（2018）黑民终54号民事裁定书。

保,被告国某东提供连带责任保证。原告孙某君通过债权受让的方式取得对“进取十号企业”的债权,其诉请通过债权人的代位权要求用款方以及担保人承担责任。根据法院认定的事实,本案的交易结构如图7-1所示。

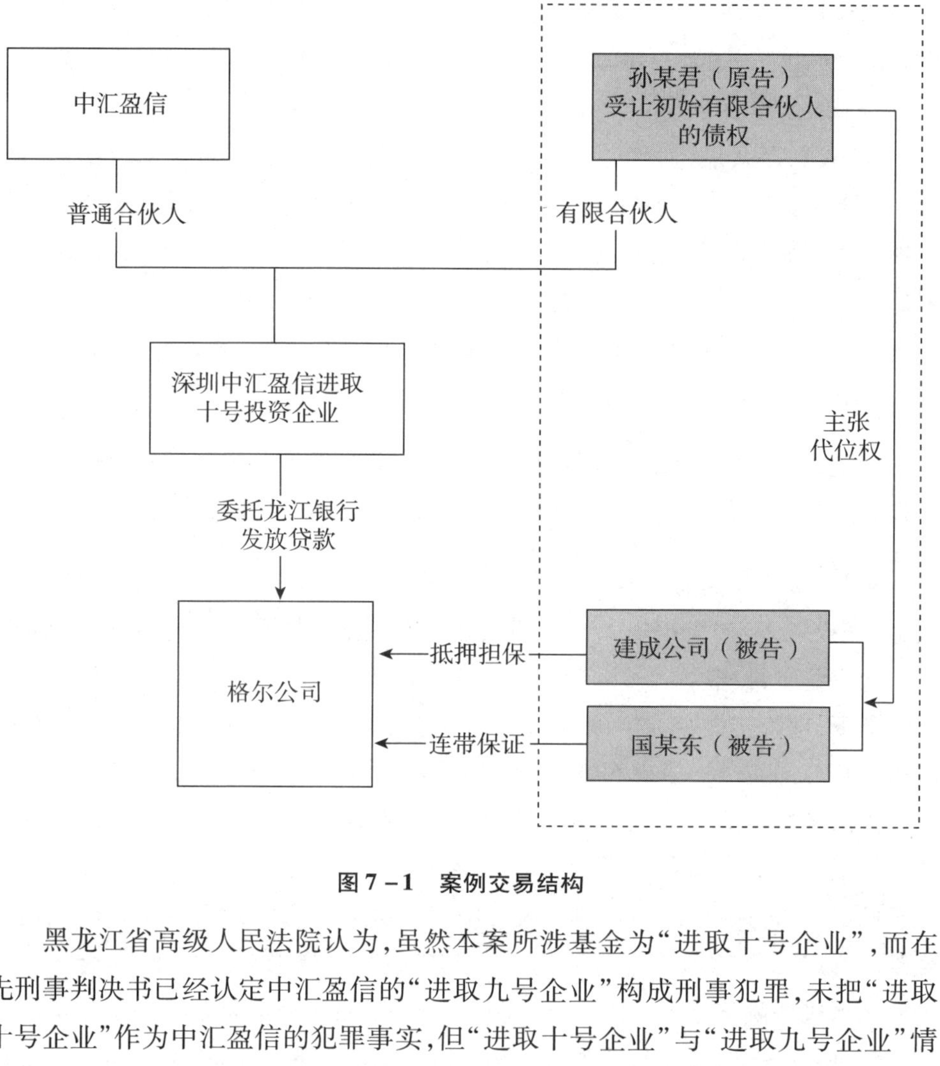

图7-1 案例交易结构

黑龙江省高级人民法院认为,虽然本案所涉基金为“进取十号企业”,而在先刑事判决书已经认定中汇盈信的“进取九号企业”构成刑事犯罪,未把“进取十号企业”作为中汇盈信的犯罪事实,但“进取十号企业”与“进取九号企业”情形相似,而前述生效刑事判决已经认定中汇盈信公司募集“进取九号企业”基金的情形构成非法吸收公众存款罪,故根据《民刑交叉司法解释》第11条的规定,维持一审判决,驳回投资者孙某君的起诉。

简析:本案中,民事案件与刑事案件的主体不相同:涉及刑事案件的责任主体是管理人,投资者起诉的是底层投资的实际用款方和担保人;民事案件下的法律行为与刑事案件下的法律行为也不一致。笔者认为,无论适用“同一法律关系标准”还是“同一事实”标准,将民事案件与刑事案件认定为刑民交叉从而驳回起诉都是值得商榷的。另外,从实体角度而言,在先刑事判决书未将民事案件下的基金认定为认罪事实,意味着投资者很难通过刑事退赃退赔程序获得救济,且实际用款方建成公司在庭审中表示愿意与合法债权人协商,积极偿还债务。在该等情况下,法院驳回原告对实际用款方的起诉,从实体角度对投资者难说公平。

其他类似案例中,如江苏省南京市中级人民法院二审受理的投资者要求私募基金实际用款方江苏省建设集团有限公司承担担保责任的系列案件[①]中也采用了如上裁判思路。在以上的系列案件中,虽然基金管理人北京汇通康泰公司并非上述系列案件中的被告,仅是第三人,但是南京市中级人民法院认为,投资者提供的认购合同、合伙协议书、股权回购协议书均系与北京汇通康泰公司签订,其主张省建集团承担保证责任的《回购担保函》亦系管理人向投资者出示,现管理人因涉嫌刑事犯罪,已被公安机关立案侦查,一审法院依据《民刑交叉司法解释》第11条的规定,裁定驳回投资者的起诉,于法有据,应予维持。

类型三:管理人涉及刑事案件,投资者要求非刑事责任主体非用款方的担保人承担责任。

非实际用款方为私募基金提供担保的情形比较少见,目前笔者仅检索到涉及江苏华盛天龙光电和北大未名生物两个公司的系列案件。

例如,在杨某生与江苏华盛天龙光电设备股份有限公司保证合同纠纷理案[②](以下简称杨某生案)中,投资者与案外人盛融财富投资基金(北京)有限公司(以下简称盛融公司,基金管理人)签署《北京盛融财富投资管理中心(有限合伙)合伙协议》以及《股权回购协议》等文件,被告江苏华盛天龙广电设备有限公司(以下简称天龙光电)就基金管理人的回购义务承担担保责任。法院查明,盛融公司涉嫌非法吸收公众存款被立案侦查,盛融公司负责人龚某锋因犯非法吸收公众存款罪被北京市某区人民法院判处有期徒刑7年6个月,该刑事

---

① 例如,上诉人蒋某明与被上诉人江苏省建设集团有限公司合同纠纷案[案号:(2016)苏01民终2730号]。

② 参见江苏省常州市金坛区人民法院(2016)苏0482民初1838号民事判决书。

判决书判决已查封的房屋在变价后,按比例发还各投资人;余款继续向龚某锋追缴,发还投资人。投资者要求天龙光电承担保证责任。根据判决书认定的事实,本案的交易结构如图7-2所示。

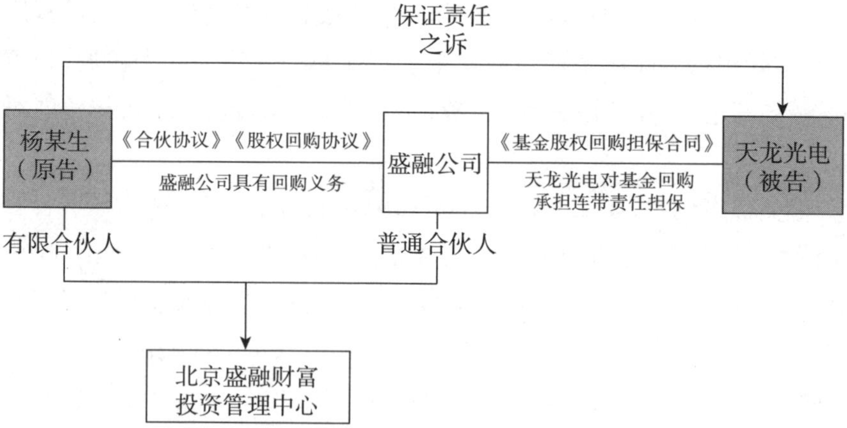

图7-2 杨某生案交易结构

法院认为,本案原告所诉的股权回购款已由生效刑事判决认定属于盛融公司人员非法吸收公众存款犯罪的构成部分,并判决责令罪犯退还投资款。所以,本案中原告与盛融公司签订的《合伙协议》以及《股权回购协议》违反了金融管理秩序相关法律规定,并触犯了刑律,属于违反法律、行政法规的强制性规定,合伙协议以及股权回购协议应认定无效。《担保法》第5条第1款①规定,担保合同是主合同的从合同,主合同无效,担保合同无效。由于本案《合伙协议》以及《股权回购协议》无效,所以本案所涉的担保合同应属无效。《担保法司法解释》第8条规定,主合同无效而导致担保合同无效,担保人无过错的,担保人不承担民事责任;担保人有过错的,担保人承担民事责任的部分,不应超过债务人不能清偿部分的1/3。天龙光电未核实盛融公司是否具备公开募集资金的经营资格,即为其回购股权提供担保,促成了盛融公司人员非法吸收公众存款的发生,显然存在过错。最终法院判决天龙光电就在盛融公司涉案人员非法吸收公众存款案刑事发还、追缴程序终结后30日内对盛融公司涉案人员应返还给原告杨某生94.5万元款项的不能清偿部分的1/3向原告杨某生履行支付

① 《民法典》第682条第1款规定,保证合同是主债权债务合同的从合同。主债权债务合同无效的,保证合同无效,但是法律另有规定的除外。

义务。

简析:本案判决思路非常新颖:一方面,法院认定案件涉刑而相关合同无效,遵循刑法评价优先于民法评价原则;另一方面,在认定案件涉及刑事后并没有中止民事程序,而是根据相关民事法律关系,认定担保人承担过错责任。同时,法院判决采用的责任承担方式也很新颖:(1)从时间上看,被告承担过错责任的时间起点为刑事退赃程序终结后;(2)被告承担责任的金额为刑事程序退赃不能弥补损失部分的1/3。如此判决,即从实质层面上遵循了刑事程序优先于民事程序;又尊重投资者的民事程序权利和民事实体权利,实现了尽早地定分止争。

在其他类似案例中,笔者检索到了同一私募基金的其他投资者在北京市东城区人民法院起诉以相同事实天龙光电的案例:梁某荣与江苏华盛天龙光电设备股份有限公司等合同纠纷案①(以下简称梁某荣案)。该判例中,北京市东城区人民法院认为,因公安机关已对盛融公司涉嫌非法吸收公众存款案立案侦查,故盛融公司向梁某荣等当事人募集资金一事存在经济犯罪的嫌疑,不属于民事诉讼的受理范围,从而驳回了梁某荣的起诉。相同案件事实下不同法院作出了不同的裁决,除了反映两地法院对刑民交叉案件不同的裁判思路之外,可能也与民事案件的提起时间与刑事案件的进展情况相关。江苏省常州市金坛区人民法院作出杨某生案裁判时,刑事案件已近尾声,针对部分犯罪嫌疑人的判决书已经生效,刑事案件的事实已经比较清楚。而北京市东城区人民法院作出梁某荣案裁判时,刑事案件立案不久,案件事实尚不清晰。

北京市第一中级人民法院二审审理的投资者要求出具担保函的北京北大未名生物工程集团有限公司承担担保责任的系列案件②中,案件所涉及的基金项目,其发起人全唐投资公司的法定代表人李某及主要负责人已因涉嫌犯罪被陕西省西安市公安局高新区高新路派出所立案侦查。法院认为,投资者在本案中向北大未名公司主张的保证合同法律关系,指向了《有限合伙协议》中约定的款项。本案涉及的案件事实及主要证据材料,因可能涉嫌经济犯罪而应先移送刑事侦查,相关民事责任应当根据刑事问题的认定结果再依法处理,从而支持

① 参见北京市东城区人民法院2015年东民(商)初字第07815号民事裁定书。

② 例如,白某燕与北京北大未名生物工程集团有限公司保证合同纠纷案[案号:(2017)京01民终3567号]。

了一审法院驳回投资者的起诉。

类型四：实际用款方涉及刑事案件，投资者要求私募基金管理人承担责任。

目前私募基金纠纷中也有一部分案例，基金管理人合规正常经营，但实际用款方涉及刑事案件。

上海奉贤法院作为一审法院受理了投资者起诉管理人上海欣岩管理有限公司作为管理人的系列私募基金纠纷案件。[①] 该系列案件中，私募基金实际用款方为国盈资产管理有限公司，而国盈资产管理有限公司的实际控制人被传刑事立案。一审法院以该系列可能涉及经济犯罪为由驳回投资者起诉。后部分投资者上诉于上海市第一中级人民法院，部分投资者上诉于上海金融法院。上海市一中院维持了奉贤法院的一审裁定；但上海金融法院撤销了一审裁定，要求一审法院继续审理。该系列案中，不同中院对"先刑后民"适用标准认定不一，裁判思路不同，导致相同事实情况下投资者所享有的诉讼权利不一致。

类型五：私募基金管理人失联，公安机关未正式立案。

根据笔者的代理经验，目前的私募基金纠纷案中，大量存在基金管理人失联的情况。对于该类型案件，法院多适用"刑民并行"原则。

例如，在周某芳与内蒙古经贸外语职业学院、深圳大元创投基金管理有限公司等合同纠纷案[②]中，原告周某芳与被告深圳大元创投基金管理有限公司（以下简称大元公司）签署了《深圳大元新鑫捌号投资合伙企业（有限合伙）入伙协议》，该私募基金实际投向内蒙古经贸外语职业学院的项目；后各方同意原告退伙，大元公司作为基金管理人、内蒙古经贸外语职业学院作为实际用款方又签署《股权投资还款协议书》，承诺向投资者归还投资本金以及利息，大元公司的高管提供连带责任担保。一审中，被告大元公司以及大元合伙企业经公告送达后未出席一审庭审，一审法院认为现有证据中存在用于向社会公开宣传的资料，以及银行工作人员在无合理解释的情况下对退还投资款进行担保。这些证据已使原审法院合理怀疑其存在向社会公众吸收存款的行为。故一审法院以

---

① 例如，李某娟诉上海欣岩投资管理有限公司委托理财合同纠纷案［案号：（2019）沪 01 民终 1578 号］。

② 参见广东省广州市中级人民法院（2016）粤 01 民终 14219 号民事裁定书。

本案可能涉及非法集资,依据最高人民法院《关于审理非法集资刑事案件具体应用法律若干问题的解释》驳回了原告的起诉。而二审法院经审理认为,第一,本案各方并未就涉案协议引起的纠纷向公安部门报案,也未有证据显示公安部门主动介入本案当事人因涉案协议而引起的纠纷中;第二,涉案基金的认购行为涉嫌构成非法集资犯罪仅是原审法院的推论,而该等推论缺乏证据支持。故二审法院认为一审法院认定事实部分错误,适用法律错误,从而撤销一审裁定,要求继续审理。

其他类似案例,如骆某山与深圳市骏业基金管理有限公司、何某如合同纠纷案。[①] 在该案中,被告何某如提出案件涉嫌刑事犯罪要求法院中止审理的抗辩,深圳前海法院认为,被告何某如已经向佛山市公安机关报案,但是公安机关认为该案是经济纠纷,不属于刑事管辖范畴而未受理。何某如没有向本院提供更多的本案涉嫌犯罪的证据,故不支持其要求中止审理的抗辩主张。

三、要点总结与建议

前述案例显示,各地法院对刑民交叉案件适用"先刑后民"的标准不一,甚至是相同的事实裁决却完全相反,正好印证了最高人民法院大法官胡云腾在19期案例大讲堂上的发言:"一直以来,对于刑民交叉案件的处理不论是程序还是实体,往往观点多元、做法不一,甚至结论还互相矛盾,严重损害了司法的公正和权威。"[②]对此,有赖于最高人民法院出具进一步的司法解释,尽量统一裁判尺度。

上述案例,对代理私募基金纠纷或者有一定的参考价值。若公安部门已经对私募基金的相关方,无论是基金管理人、基金管理人实际控制人抑或私募基金的实际用款方,采取刑事立案措施,则无论民事案件与刑事案件主体是否重合、所涉法律关系是否重合、事实竞合、牵连程度,法院均倾向于适用"先刑后民"原则,驳回原告起诉;若公安机关没有就私募基金相关方采取刑事立案措施,即使基金管理人已经失联,法院大多支持"刑民并行"。基于此,业内人士可以根据所涉基金的实际情况,所代表客户的法律地位,提供最合适的代理策略。

---

① 参见深圳前海合作区人民法院(2016)粤0391民初1193号民事判决书。

② 蒋安杰:《刑法不是万能的,不能以刑阻民更不能以刑代民:法检首次联手发布典型案例》,载微信公众号"法制日报",2019年7月11日。

例如，在公安部门已经就私募基金立案的情况下，若客户是投资者，提起民事诉讼有前期成本且被驳回起诉概率大，则通过刑事退赃退赔程序主张权利可为首选方案；若客户是出具过担保函的被告，“先刑后民”却可以成为抗辩理由。

第二节 “萝卜章”的法律风险及防范

印章是法人权力的象征，企业签章既体现了企业的真实意思表示，同时对该用印企业产生约束力。企业作为法律拟制的主体，其需要通过自然人加盖公章将其意思表示于外部行为。然而，近年来，涉及金融企业用印真实性乃至影响交易效力的所谓“萝卜章”事件层出不穷，不仅损害了正常的交易秩序，也严重损害了金融交易信用。在此种背景下，何为不当使用印章、不当使用印章的法律性质和效力如何认定、相关人员应当承担何种责任等问题，则尤为重要。

一、我国印章专项管理规定的发展历程

企业作为经营主体，对外开展经济活动时，通过签章来表明其最终的意思表示，同时该意思表示对企业形成法律上的约束力，因此统一规范的印章管理也是企业治理和交易秩序的必然要求。为了规范对印章的管理，我国也陆续颁布了一系列规章制度。

1. 1950 年中央政务院发布《印信条例》，对公章的字体、尺度、质料及制发办法作了统一要求。

2. 1955 年 1 月 27 日，国务院对国家机关印章重新规定并发布《关于国家机关印章的规定》，《印信条例》被废止。

3. 1979 年 9 月 24 日，国务院又发布《关于国家行政机关和企业、事业单位印章的规定》（已失效），对国家行政机关和国营企业、事业单位印章的规格、制发和管理办法加以规范。

4. 1993 年 4 月 1 日，国务院《关于国家行政机关和企业、事业单位印章的规定》（国发〔1993〕21 号）对 1979 年的规定作了部分修订。1993 年国务院《关于国家行政机关和企业事业单位印章的规定》，对于规范和加强国家行政机关和企业事业单位、社会团体的印章的管理工作，起到了重要的作用。但是，随着政府机构的变化，有些条款已不再适用。

5. 1999 年 10 月 31 日，为进一步规范和加强国家行政机关和企业事业单

位、社会团体的印章管理，国务院又印发了《关于国家行政机关和企业事业单位社会团体印章管理的规定》（国发〔1999〕25 号）。

6. 随着信息技术的发展，电子印章的优势逐渐被一些企业认可，并具有与传统物理印章同等效力。2004 年 8 月 28 日，第十届全国人民代表大会常务委员会第十一次会议审议通过了《电子签名法》，并于 2005 年 4 月 1 日起正式实施，首次确认"可靠的电子签名与手写签名或者盖章具有同等的法律效力"。该法分别于 2015 年、2019 年进行了修正。

二、企业印章的常用分类

（一）按照印章存在的形态分类

根据印章的存在形态，印章主要分为物理印章和电子印章：物理印章以实体形式存在，由公司专人保管，加盖于纸质文档；电子印章是数据电文中以电子形式所含、所附用于识别签名人身份并表明签名人认可其中内容的数据。

电子印章并不是物理印章的图像化。电子印章是一个能够识别出盖章人的电子数据密钥，以网络环境为媒介，以数字签名、信息加密为核心，实现印章管控的可追溯、电子化、移动化。相较于传统的物理印章，电子印章的优势更为明显。电子印章施行在线盖章，必须经过规范的用印流程，方可有效规避物理印章被盗用或者用印台账记录不全的风险。此外，随着企业分支机构的增多，使用物理印章必须将纸质材料反复寄送，影响交易效率，电子印章对于跨区域经营的企业提高沟通协作效率更有帮助。

（二）按照印章的功能分类

根据印章的功能，企业印章主要分为五种：

1. 公章。用于公司对外事务处理，如工商、税务、银行等外部事务处理时需要加盖。

2. 财务专用章。用于公司票据的出具，支票等在出具时需要加盖，通常称为银行大印鉴。

3. 合同专用章。顾名思义，通常在公司签订合同时加盖。

4. 法定代表人章。用于特定的用途，公司出具票据时也要加盖此印章，通常称为银行小印鉴。

5.发票专用章。内含公司单位名称、发票专用章字样、税务登记号等信息，用于领购和开具发票。

一般来说，公章在所有印章中具有最广的使用范围，是法人权力的象征，其重要性主要体现在以下几个方面：首先，在合同或其他文件上加盖公章可推定为企业的意思表示。在现行的立法和司法实践中，审查是否加盖法人公章成为判断民事活动是否成立和生效的重要标准。其次，公章具有极高的法律效力，除法律有特殊规定外（如发票的盖章①），凡是以企业名义发出的信函、公文、合同、介绍信、证明或其他材料，均可使用公章代表企业意志，对外签订合同及其他法律文件。同理，公章是可以替代合同专用章使用的，这在最高人民法院《民刑交叉司法解释》中也有体现。

三、企业印章管理中的常见问题

企业印章是企业信用和权力的象征，企业对印章的管理是企业内部控制、规范管理的关键环节。企业印章通常由专门的部门、专人保管，并建立专门的印章管理制度，用以规范印章的刻制、保管、使用和注销等。但现实中，企业印章管理存在很多问题，导致企业印章被伪造、私刻、盗用的情况依旧很多，也就产生了众多“萝卜章”事件。“萝卜章”并非用萝卜刻制的印章，而是一种通俗说法，通常用以指代存在权力瑕疵或者通过不法手段获取或刻制使用的印章。“萝卜章”不仅使企业面临巨大的法律风险，而且也严重影响了正常的交易秩序。印章管理的不当使用，可能埋下诸多风险隐患。

（一）印章刻制启用不规范

企业成立后可以刻制公章，企业公章刻制需要在公安机关备案并到指定单位刻制。有的企业对公章刻制、启用没有审批程序，不到公安部门指定的单位进行刻制，不在公安机关备案，刻完就用，为以后发生印章使用风险埋下了隐患。

（二）印章保管不当

企业对印章保管没有规范的制度约束，如印章保管者让印章脱离自己的控制或由用印申请人自己加盖，在没有监管人的情况下允许他人携带印章外出

① 《发票管理办法》中明确，发票只能加盖发票专用章。

等。印章保管不当为不法之徒提供了可乘之机，他们利用真实印章做出非企业意思表示的行为，并由企业承担法律责任。此外，印章保管不当使企业印章遗失或被盗的风险也大大增加。

（三）用印流程不规范

有的企业没有建立规范的用印审批流程，以及规范的印章使用登记台账，更有甚者，部分企业允许在空白介绍信或空白纸张上用印，导致企业对公章确认的内容失去有效监管，这些不规范用印行为会给企业带来未知的法律风险和经营风险。

（四）印章停用处理不及时

企业印章丢失或被盗后，企业没有及时挂失，公告原印章作废；企业名称变更后，印章更换、撤销后作废印章未及时回收、销毁造成印章流失，被他人利用等。

四、资本市场中的“萝卜章”事件

（一）国海证券“萝卜章”事件

2016 年 12 月 14 日，有报道称国海证券部分债券代持业务中用的公章系假章。国海证券拒绝回购这部分先前被代持的债券，合约金额约 200 亿元，涉及金融机构 20 余家。12 月 15 日，国海证券发布公告，称涉事员工张某和郭某在本次事件所涉债券代持协议中加盖的印章是伪造的，与公司在公安机关备案的印章不符。涉事员工已经离职，郭某已向公安机关投案。12 月 16 日，国海证券与涉及事件的金融机构代表进行沟通，一起商讨处理办法。12 月 17 日，市场上流出“关于国海证券相关债券违约处理的商讨会会议纪要”，事件继续发酵，涉事机构担心承担巨额亏损。12 月 20 日，为维护债券市场稳定，中国证券业协会组织召开了国海证券与涉事机构的协调会。经协商，涉事机构达成了关于如何处理此次事件的共识。虽然主要责任在于涉嫌刑事犯罪的个人，但为了维护大局、履行社会责任，国海证券认可债券交易协议，愿意与各方共同承担责任，同时将追究相关个人伪造公司印章的刑事责任。

2017 年 1 月 19 日，国海证券发布复牌公告，国海证券承担全部 35.9 亿元信用债；利率债中，国海证券买断 87.3 亿元，其余面值 44.6 亿元部分由涉事机构继续持有,其投资收益与资金成本差额由双方共担;个别涉事机构2016年12月20日前处置的债券,形成的实际损失按比例分担,国海证券分担损失共计约0.56亿元。

为查找事件原因,证监会对国海证券债券交易业务、资产管理业务等进行了全面现场检查。2017年5月19日,证监会发布公告,公布了对国海证券“萝卜章”事件的处理结果:对国海证券采取暂停资产管理产品备案一年、暂停新开证券账户一年及暂不受理债券承销业务有关文件一年的行政监管措施,责令公司在一年内限期改正,并增加内部合规检查次数;对张某、郭某两名违规人员认定为不适当人选(分别在10年、8年内不得担任证券公司资产管理业务相关职务),其涉嫌违法问题移交稽查部门调查处理,对与事件相关的5名违规人员移交中国证券业协会注销证券执业资格;对负有管理责任的2名分管高级管理人员撤销任职资格;对负有监督责任的3名历任的合规总监公开谴责;对其他有关人员责令公司进行处分。国海证券三项业务同时被暂停一年,这在证券业中还是头一次,也是众多针对证券公司的罚单中处罚最严重的一次。

(二)北京丰利挪用私募基金财产事件

丰利财富(北京)国际资本管理股份有限公司(以下简称北京丰利)旗下的私募基金产品长安丰利24号分级资产管理计划(以下简称长安丰利24号),因跌破止损线被停止交易,需补足资金才能恢复交易。为了能恢复交易,北京丰利伪造投资人签署的补充协议、说明函等文件,将北京丰利旗下私募基金丰利经证定向增发基金、丰利久赢证券投资基金的基金财产追加到长安丰利24号产品中,从而恢复交易权限。

北京丰利挪用私募基金财产向其管理的其他产品“补仓”的行为,是在投资人不知情的情况下,采用伪造文件签字、伪造印章等手段实现的。北京丰利向面临“平仓”风险的产品“补仓”、将其他产品的高风险转嫁于原投资者,增大了另外两只基金产品的风险,损害了投资者利益。而且在挪用基金财产的过程中,北京丰利通过采用多种非正常手段,实施法律法规所禁止的挪用基金财产行为,情节特别恶劣,时任丰利基金的董事长毛某丽被处以终身市场禁入、总经理张某辉采取10年市场禁入措施。

(三)广发银行虚假保函事件

2000年年初,侨兴集团是广发银行惠州分行的第一大客户,2007年开始随着侨兴集团的资金状况越来越差，其在广发银行的贷款难以如期履行。为此，广发银行内部员工与侨兴集团相关员工勾结，违法套取其他金融同业的信用，将广发银行的巨额不良资产和经营风险转嫁给十几家金融机构，涉及金额约120亿元。

侨兴集团在发行侨兴债时需要保险公司提供履约保证保险，该保证保险由浙商财险提供，浙商银行为了降低其免赔率为零的保险责任，引入侨兴集团董事长吴某林为侨兴债的还本付息提供不可撤销的无限连带责任担保，广发银行惠州分行则为其出具了两份无限连带责任的履约保函。但广发银行惠州分行的保函是银行内部员工与外部不法分子相互勾结通过私刻公章等方式违法违规出具的。2016年12月20日，侨兴集团在"招财宝"平台发行的10亿元私募债到期无法兑付，十余家金融机构拿着广发银行兜底保函等协议，先后向广发银行询问并主张债权。12月26日，广发银行官网发布公告，称有不法分子假冒该行惠州分行名义，出具虚假的银行履约保函，并称经该行鉴定，相关担保文件、公章、私章均系伪造，因此广发银行拒不承担担保责任。在各方协调下，浙商财险于2016年12月和2017年1月先后为侨兴债承担了11.46亿元的保险责任。

事件引起监管部门的高度关注，银监会启动了重大案件查处工作机制，牵头组织相关部门和地方政府成立风险处置部际协调小组，对广发银行和涉事各方进行调查。2017年12月，银监会针对广发银行内控制度不健全，特别是印章、合同、授权文件、营业场所、办公场所等方面管理混乱等问题，对广发银行总行、惠州分行及其他分支机构开出7.22亿元的罚单；对广发银行惠州分行原行长、2名副行长和2名原纪委书记分别作出取消5年高管任职资格、警告和罚款等处罚，对6名涉案员工终身禁止从事银行业工作，依法移交司法机关处理。

五、"萝卜章"的法律后果分析

根据前文第三部分所涉印章管理中的问题，"萝卜章"的出现有很多情形；从前述典型案例中也可以看出，"萝卜章"可能是不法分子伪造的公司印章，也可能是公司的真实印章，但被盗用或超越授权使用等。

（一）伪造印章的刑事责任

我国《刑法》对于伪造印章有专项规定，第280条第2款规定："伪造公司、企业、事业单位、人民团体的印章的，处三年以下有期徒刑、拘役、管制或者剥夺政治权利，并处罚金。”本罪是选择性罪名，只要行为人实施了伪造印章的行为就可构成本罪。具体罪名可根据伪造印章的单位来定，如伪造企业印章罪、伪造公司印章罪、伪造人民团体印章罪等。

实践中伪造企业印章犯罪会有犯罪竞合、疑难认定等情形，本书中仅针对本罪的一般构成分析见表7－2。

表7－2　伪造企业印章罪的一般犯罪构成

犯罪主体	伪造印章罪的主体属一般主体，凡年满16周岁，且具备刑事责任能力的自然人均可以构成本罪
主观方面	行为人存在主观故意，即行为人明知自己无权制作该印章，但为了达到目的而进行伪造。有的是为了取得某种利益，有的是为了营利，有的是为了实施其他犯罪活动而做准备等
犯罪客体	本罪所侵犯的直接客体是企业的声誉，同时侵害了社会公共秩序。本罪的犯罪对象是印章，对于伪造内部部门印章、分支机构的印章能否构成本罪，实践中存在争议。笔者认为，要看被伪造的内部部门印章在实际使用中是否具备代表公司具有对外效力，如果根据交易管理或者内部授权已经产生对外效力，由企业承担相关责任，则也应构成伪造印章罪的犯罪对象。如果公司内部部门章仅限于公司内部使用，不对外产生效力，则不应将伪造印章罪扩大到内部部门印章
客观方面	客观方面表现为行为人实施了伪造企业印章的行为。伪造，是指无制作权的人，冒用名义，非法制作该单位印章的行为

除了伪造印章外，“萝卜章”还可能是行为人盗用、超越职权使用真实的印章。这种情况下，行为人虽然不构成伪造公司印章罪，但可能构成合同诈骗罪或其他职务犯罪。前述资本市场典型“萝卜章”案件中，涉案的犯罪嫌疑人确因伪造印章等行为被移送司法机关处理。

（二）“萝卜章”的民事责任

无论加盖“萝卜章”的行为人是否构成犯罪，对于被冒用、伪造的企业和合同相对方来说，都将产生民事上的法律后果。与“萝卜章”民事责任相关的规定见表7－3。

表 7－3　与“萝卜章”民事责任相关的规定

法律法规	具体规定
《民法典》	第 172 条规定，行为人没有代理权、超越代理权或者代理权终止后，仍然实施代理行为，相对人有理由相信行为人有代理权的，代理行为有效。
《合同法》	第 49 条规定，行为人没有代理权、超越代理权或者代理权终止后以被代理人名义订立合同，相对人有理由相信行为人有代理权的，该代理行为有效。
《民刑交叉司法解释》	第 4 条规定，个人借用单位的业务介绍信、合同专用章或者盖有公章的空白合同书，以出借单位名义签订经济合同，骗取财物归个人占有、使用、处分或者进行其他犯罪活动，给对方造成经济损失构成犯罪的，除依法追究借用人的刑事责任外，出借业务介绍信、合同专用章或者盖有公章的空白合同书的单位，依法应当承担赔偿责任。但是，有证据证明被害人明知签订合同对方当事人是借用行为，仍与之签订合同的除外。 第 5 条规定，行为人盗窃、盗用单位的公章、业务介绍信、盖有公章的空白合同书，或者私刻单位的公章签订经济合同，骗取财物归个人占有、使用、处分或者进行其他犯罪活动构成犯罪的，单位对行为人该犯罪行为所造成的经济损失不承担民事责任。行为人私刻单位公章或者擅自使用单位公章、业务介绍信、盖有公章的空白合同书以签订经济合同的方法进行的犯罪行为，单位有明显过错，且该过错行为与被害人的经济损失之间具有因果关系的，单位对该犯罪行为所造成的经济损失，依法应当承担赔偿责任。
《九民纪要》	第 41 条规定，司法实践中，有些公司有意刻制两套甚至多套公章，有的法定代表人或者代理人甚至私刻公章，订立合同时恶意加盖非备案的公章或者假公章，发生纠纷后法人以加盖的是假公章为由否定合同效力的情形并不鲜见。人民法院在审理案件时，应当主要审查签约人于盖章之时有无代表权或者代理权，从而根据代表或者代理的相关规则来确定合同的效力。法定代表人或者其授权之人在合同上加盖法人公章的行为，表明其是以法人名义签订合同，除《公司法》第 16 条等法律对其职权有特别规定的情形外，应当由法人承担相应的法律后果。法人以法定代表人事后已无代表权、加盖的是假章、所盖之章与备案公章不一致等为由否定合同效力的，人民法院不予支持。代理人以被代理人名义签订合同，要取得合法授权。代理人取得合法授权后，以被代理人名义签订的合同，应当由被代理人承担责任。被代理人以代理人事后已无代理权、加盖的是假章、所盖之章与备案公章不一致等为由否定合同效力的，人民法院不予支持。

通过前文所列的法律规定可知，即使伪造印章构成犯罪，并不当然导致合同无效；即使所盖印章为“萝卜章”并不必然导致合同无效。在“萝卜章”案件中，第三人（合同相对人）的利益代表着潜在的公共利益，象征着正常的交易秩序；被代理人的利益相较于第三人（合同相对人）来说，主要是一种其与冒用行为人的内在关系，因此法律在这两种关系之间，更倾向于保护第三人（合同相对人）的利益，以保障正常和可以合理信赖的交易秩序，从而提高交易效率。因此，当第三人有合理理由相信行为人的意思表示代表了用印单位，或者被冒用的企业存在明显过错时，就会产生该企业为冒用行为人的行为承担责任的风险，即使不是企业的真实意思表示，所签合同也依然有效，第三人可以要求企业继续履行合同。

除此之外，如果未构成表见代理，合同被认定无效，相对人可以追究行为人的侵权责任；如果被伪造印章的单位有明显过错，且该过错行为与被害人的经济损失之间有因果关系的，行为人还可以向单位追究其过错行为所造成的损失。

六、“萝卜章”的法律风险防范

（一）企业用印管理角度

前文中已经分析了当前企业印章管理中存在的问题，包括印章的刻制、启用、保管、使用、注销等方面。严格规范的印章管理可以大大降低企业遭遇“萝卜章”的法律风险。建议企业，特别是金融机构按照有关法律法规要求申领刻制印章，完成备案手续，内部建立有效的管理制度，由专属部门指定专人管理，使用企业印章必须经过一定的审批手续，且应建立印章使用台账，确保用印内容、用印次数等与审批内容一致。对于印章携带外出使用情况，企业应设置更高的限制条件和审核标准，并由企业指定监印人监督印章外出使用期间的用印内容。当发生印章被盗、遗失情形时，企业应该第一时间向公安机关报案，并刊登遗失声明。对于部分企业设置部门印章或分支机构印章的，应明确印章的使用范围，尤其要加强部门印章对外使用权限的管理。

（二）交易相对人审查角度

通常情况下，我们无法通过肉眼判断合同上的印章是不是“萝卜章”，因为肉眼看不到备案正版印章中的芯片设计，但是通过审慎处理交易过程还是可以降低遭遇“萝卜章”的风险的。

一是加盖公司印章的同时，要求对方法定代表人签字，这样即使合同印章存在瑕疵，只要法人签字真实，也可以通过表见代理制度主张合同有效；

二是在合作协议签署伊始，要求交易对手方提供预留印鉴，此后合作协议均以此预留印鉴作为参照；

三是重要协议尽量面签，这样可以核实公司是否真实存在、相关人员是不是公司员工、法定代表人、总经理等高管，签字至少在形式上可以推定其代表公司的意思表示；

四是除了尾部用印外，需要加盖骑缝章，这样可以保证整份协议内容的完整性，其中单页内容不被篡改和替换。

七、遭遇“萝卜章”时的救济措施

(一)被冒用企业角度

1. 及时向公安机关报案，由公安机关查明情况，追究相关人员的刑事责任。同时，报案行为也有助于企业保护自身利益，为将来不被认定表见代理提供支持。

2. 及时通知遭遇“萝卜章”的相对人，否定合同效力，以免相对人在不知情的情况下继续履行合同，导致损失进一步扩大。

3. 可在媒体上作出澄清公告或者在公司网站上作出声明等，避免潜在的客户上当受骗。

4. 如果加盖“萝卜章”的协议最终被认定为有效或者企业承担了责任，企业可以向行为人提起侵权诉讼，要求行为人承担损害赔偿责任。

5. 如果仿冒企业印章的行为仍在发生或者仿冒印章没有得到有效控制，被仿冒企业的法律风险仍在加剧，企业可以考虑将现有印章作废，重新申领新的印章。

(二)合同相对方角度

1. 根据伪造印章合同签署过程，判断是否构成表见代理，构成表见代理，则可以要求被仿冒的企业承担责任，如继续履行合同义务。

2. 被伪造企业对合同相对方遭遇“萝卜章”事件是否存在过错，如果确实存在使用多套公章、公章管理混乱、没有及时撤销授权等明显过错的，合同相对人可以要求被冒用的企业承担赔偿责任。

3. 合同相对人因自身在协议签署过程中不够审慎,加盖“萝卜章”合同无效的,可以追究伪造印章行为人的侵权责任。

4. 根据自身损失情况,可以向公安机关报案,追究行为人的刑事责任。但是因为刑事程序的时间周期等不确定性因素较大,在事实清楚的情况下建议先通过民事程序解决问题,当民事程序因为缺乏证据而无法救济时,可以借助公安机关的侦查程序努力追回损失。

图书在版编目(CIP)数据

私募基金法律纠纷全方位实务指南 / 王伟斌，黄忠薇著. -- 北京 : 法律出版社，2021
ISBN 978 - 7 - 5197 - 4662 - 9

Ⅰ. ①私… Ⅱ. ①王… ②黄… Ⅲ. ①证券投资基金法－经济纠纷－中国－指南 Ⅳ. ①D922.287 - 62

中国版本图书馆 CIP 数据核字(2020)第 109328 号

私募基金法律纠纷全方位实务指南
SIMU JIJIN FALÜ JIUFEN QUANFANGWEI SHIWU ZHINAN

王伟斌 黄忠薇 著

责任编辑 张发靖 陈昱希
装帧设计 汪奇峰 臧晓飞

出版 法律出版社
总发行 中国法律图书有限公司
经销 新华书店
印刷 三河市兴达印务有限公司
责任印制 张建伟

编辑统筹 法规出版分社
开本 710 毫米×1000 毫米 1/16
印张 23.75
字数 379 千
版本 2021 年 2 月第 1 版
印次 2021 年 2 月第 1 次印刷

法律出版社/北京市丰台区莲花池西里 7 号(100073)
网址/www.lawpress.com.cn
投稿邮箱/info@lawpress.com.cn
举报维权邮箱/jbwq@lawpress.com.cn
销售热线/400 - 660 - 8393
咨询电话/010 - 63939796

中国法律图书有限公司/北京市丰台区莲花池西里 7 号(100073)
全国各地中法图分、子公司销售电话：
统一销售客服/400 - 660 - 8393/6393
第一法律书店/010 - 83938432/8433
西安分公司/029 - 85330678
重庆分公司/023 - 67453036
上海分公司/021 - 62071639/1636
深圳分公司/0755 - 83072995

书号:ISBN 978 - 7 - 5197 - 4662 - 9
定价:78.00 元
(如有缺页或倒装，中国法律图书有限公司负责退换)